Karl Josef Klauer • Detlev Leutner
Lehren und Lernen

Karl Josef Klauer • Detlev Leutner

Lehren und Lernen

Einführung in die Instruktionspsychologie

Anschrift der Autoren:

Prof. Dr. Karl Josef Klauer
Institut für Erziehungswissenschaft
RWTH Aachen
Eilfschornsteinstr. 7
52056 Aachen

Prof. Dr. Detlef Leutner
Lehrstuhl für Lehr-Lernpsychologie
FB Bildungswissenschaften
Universität Duisburg-Essen
Postfach
45117 Essen

1. Auflage 2007

© Beltz Verlag, Weinheim, Basel 2007
Programm PVU, Psychologie Verlags Union
http://www.beltz.de

Herstellung: Anja Renz
Druck und Bindung: Druckpartner Rübelmann GmbH, Hemsbach
Printed in Germany

ISBN 978-3-621-27618-4

Inhalt

Lehrfunktionen

Lehrmethoden

Lernerfolgsmessung

Vorwort

In den letzten Jahrzehnten haben die Lehr-Lern-Forschung und die Instruktions-psychologie eine stürmische Entwicklung erlebt, die so erhebliche Forschritte brachte, dass es sinnvoll erscheint, eine zusammenfassende Übersicht zu bieten. Denn wer sich heute in die Thematik einarbeiten will, begegnet angesichts der Fülle von Einzelbefunden den allergrößten Schwierigkeiten. Der vorliegende Text soll es insbesondere Studierenden ermöglichen, einen Überblick über den derzeitigen Stand des Wissens zu gewinnen. In der Erforschung des Lehrens und Lernens dominiert der Königsweg aller empirischen Forschung, nämlich das Experiment. Hier geht es insbesondere darum zu ermitteln, welche Lehrbedingungen welchen Effekt auf die Lernprozesse und das Lernen selbst ausüben. So wird man in die Lage versetzt, wissenschaftlich begründet Instruktionsprozesse zu optimieren.

Nun erschöpft sich Wissenschaft nicht im empirischen oder experimentellen Forschen. Wissenschaft ist stets theoriegeleitet, und die Forschung dient dazu, Theorien zu testen, um zu entscheiden, ob die Theorien beibehalten werden können oder ob sie geändert werden müssen. Deshalb wird in diesem Buch zunächst der theoretische Rahmen abgesteckt, innerhalb dessen sich Lehr-Lern-Forschung und Instruktionspsychologie bewegen. Grundlagen stellt die kognitivistisch orientierte Psychologie mit ihren Modellen der Informationsverarbeitung bereit. Auf dieser Grundlage wird ein Lehr-Lern-Konzept vorgestellt, das geeignet ist, einerseits die vorhandenen Phänomene zu erklären, andererseits aber auch Anleitung gibt, Lehr-Lern-Prozesse möglichst günstig zu steuern. Dementsprechend werden dann die hier zentralen Fragen im Wechselspiel theoretischer Leitlinien und experimenteller Forschungsergebnisse erarbeitet. Inhaltlich werden alle wichtigen Bereiche abgedeckt, beginnend bei der Lehrzieldefinition und der Curriculumkonstruktion, weiterführend über die Planung und Durchführung der Instruktion und über verschiedene Lehrmethoden und Lernwege bis hin zum Lernen mit neuen Medien und zur Lernerfolgsmessung, die den Prozess abschließt.

Neben den kognitivistisch orientierten Ansätzen finden sich in der Instruktionspsychologie allerdings noch einige weitere Strömungen, die mehr oder minder fruchtbar zur Lehr-Lern-Forschung beitragen, deren Ansätze und Ergebnisse deshalb auch entsprechend einzubeziehen sind.

Empirische Forschungen können stets nur vorläufige Ergebnisse bringen. Neue Forschungsansätze und neue Konzepte führen zu neuen Sichtweisen und Befunden, so dass sich im Einzelnen manches vielleicht schon bald als überholt erweisen wird. So wird es auch in Zukunft immer wieder sinnvoll sein, die Summe zu ziehen, also einen Überblick über den jeweiligen Stand der Dinge vorzulegen. Darüber hinaus erscheint es angebracht, auf Fragestellungen hinzuweisen, die noch weiterer Erforschung bedürfen – auch um den Studierenden zu zeigen, dass noch Vieles in der Forschung zu tun bleibt.

Die Thematik, die in dem vorliegenden Text behandelt wird, läuft traditionell auch unter dem Begriff der Didaktik. Insofern könnte man den hier vorgelegten Text als Einführung in eine Didaktik bezeichnen, die durch psychologische Theorien begründet und durch empirische, weitgehend sogar durch experimentelle Forschung umfangreich getestet ist.

Die Verfasser

1 Grundlagen der Lehr-Lern-Forschung

In diesem Kapitel geht es darum, Lehr-Lern-Forschung und Instruktionspsychologie einzuordnen in das System der Wissenschaften und ihre speziellen Fragestellungen und Methoden gegenüber denen der Erziehungswissenschaft, der Psychologie und der Philosophie herauszuarbeiten. Im Zentrum der Instruktionsforschung stehen weder die Analyse der Unterrichtswirklichkeit noch die Identifizierung übergeordneter Bildungsziele, sondern Forschungen darüber, wie *Instruktionsziele möglichst optimal erreicht* werden können. Die wichtigsten *Aufgabenfelder* werden skizziert, historische Zusammenhänge kurz angesprochen und Möglichkeiten der *empirischen Lehrzielforschung* aufgezeigt.

1.1 Die herkömmliche Didaktik

Lehr-Lern-Forschung und Instruktionspsychologie haben viele ihrer Arbeitsgebiete gemeinsam mit der Didaktik, wie sie herkömmlich im Rahmen erziehungswissenschaftlicher Studiengänge gelehrt wird. Während die Didaktik

▶ auf eine lange Tradition zurückblicken kann,

▶ vornehmlich historisch und geisteswissenschaftlich orientiert ist und

▶ auf informellem Erfahrungswissen von Generationen von Pädagogen beruht,

ist die Instruktionspsychologie relativ jung und streng an empirischer Forschung orientiert. Man hat die Allgemeine Didaktik und die empirische Lehr-Lern-Forschung als zwei fremde Schwestern bezeichnet, deren Verhältnis zueinander weitgehend durch Sprachlosigkeit und Unverständnis gekennzeichnet sei, so der Erziehungswissenschaftler Terhart (2002). Tatsächlich unterscheiden sie sich in Theorien und Methoden ganz erheblich. Gleichwohl ist es wegen der vielen inhaltlichen Berührungspunkte sinnvoll, kurz auf einige Aspekte der traditionellen Didaktik einzugehen, die für die Instruktionspsychologie bedeutsam sein können.

Der Terminus „Didaktik" geht auf den tschechischen Geistlichen Johann Amos Comenius (1592 – 1670) zurück. Im Titel seiner Didactica Magna (Große Unterrichtslehre) kündigt er eine *allgemeingültige Kunst* an, *allen alles zu lehren*. Was war damit gemeint?

Didaktik gilt demnach zunächst nicht als eine *Wissenschaft*, die etwas erforscht, sondern als eine *Kunst*, eine Fertigkeit, mit der man etwas bewirken kann. Das ist eine Besonderheit der Didaktik, die wir auch im Rahmen der Instruktionspsychologie antreffen werden. So schrieb Skinner (1954) einen wegweisenden Artikel mit dem Titel „The science of learning and the art of teaching": Lernpsychologie als Wissenschaft, aber Unterrichten als Kunst. Ähnlich formulierte Gage (1978) "The scientific basis of the art of teaching" und Mayer (1992) in einem Untertitel "The science of psychology and the practice of education".

Didaktik ist nach Comenius darüber hinaus eine *allgemeingültige* Kunst, das heißt eine Kunst, die in der Lage ist, allen alles zu lehren, also allen Adressaten jeden Lehrstoff wirksam zu vermitteln. Auch dieser Aspekt wird im Prinzip von der Instruktionspsychologie geteilt: Selbstverständlich wird man nach der Art des Lehrstoffs wie nach dem Lebensalter, dem Vorwissen, den Interessen der Lernenden differenzieren müssen, aber im Grunde sollen Didaktik wie Instruktionspsychologie Anleitung geben können, eben allen alles zu lehren.

Im Laufe der Jahrhunderte wurde dann stärker differenziert, was die Lehrkunst betrifft. Insbesondere unterschied man begrifflich zwischen Lehrinhalten und Lehrmethode. Wir werden sehen, dass es auch im Rahmen der Instruktionspsychologie sinnvoll ist, die Was-Frage von der Wie-Frage des Lehrens und Lernens zu unterscheiden. Die Lehre von den Lehrverfahren wurde in der Folge von Pädagogen oft *Methodik* genannt, Unterrichtsmethodik, während andere Autoren das Wort „Didaktik" für die Frage nach den Lehr*inhalten* reservierten. *Didaktik* und *Methodik* wurden dann in einem jeweils engen Sinn gebraucht, wobei in dem Fall allerdings ein Oberbegriff fehlte. Als ein solcher boten sich „Unterrichtswissenschaft" einerseits und „Schulpädagogik" andererseits an, wobei letztere natürlich auch noch Fragen der Lernorganisation in Schulklassen, Schulstufen und Schulformen zu behandeln hat. Die Fachdidaktiken sprengen allerdings diese Terminologie, weil sie sich wieder auf den älteren, umfassenderen Didaktikbegriff zurückziehen, und es gibt sogar manche Fachdidaktiken, die terminologisch hochstapeln wie etwa die Musikerziehung oder die Sportpädagogik. Aber das soll hier nicht vertieft werden.

> Wichtig ist noch hinzuzufügen, dass der Begriff „Didaktik" heute von Pädagogen im doppelten Sinn gebraucht wird, einmal in dem umfassenden Sinn wie bei Comenius, dem dieser Text ebenfalls folgt, und einmal in dem speziellen Sinn als Lehre von den Lehrinhalten, wie dies viele, aber nicht alle Pädagogen tun. Aus dem jeweiligen Kontext lässt sich in der Regel entnehmen, was im einzelnen gemeint ist.

Abschließend hierzu und als Leitmotiv für alles Folgende verdient noch ein weiterer Gedanke des Comenius Beachtung. Im Vorspruch seiner Didactica Magna stellt er eine Lehrweise in Aussicht, „wobei die Lehrenden weniger lehren, die Lernenden aber mehr lernen". Man könnte meinen, Comenius habe damit an das Lehren des Lernens und das selbstgesteuerte Lernen gedacht. Das war aber doch nicht der Fall, jedenfalls nicht in dem Sinne, wie wir das heute verstehen.

1.2 Lernende und Lehrende in der Sicht der modernen Instruktionspsychologie

In der älteren Didaktik, aber auch bei vielen Lehrkräften war und ist die Rolle von Lehrenden und Lernenden klar definiert: Lehrer lehren, und die Schüler haben zu lernen, was die Lehrer lehren. Die Vorstellungen der Instruktionspsychologie darüber, wie Lernende optimal lernen, haben sich im Laufe des 20. Jahrhunderts erheblich gewandelt. In einem *Centennial Feature* der *American Psychological Association* hat Mayer (1992) drei Sichtweisen dargelegt, die das Verständnis von Lernen und Lehren im vorigen Jahrhundert gekennzeichnet haben:

▶ Lernen als Erwerb von Reaktionen,
▶ Lernen als Wissenserwerb und
▶ Lernen als Wissenskonstruktion.

Diesen drei Konzepten ist unschwer die behavioristische, die kognitivistische und die konstruktivistische Psychologie zuzuordnen. Nachträglich wurde unterstellt, diese drei Ansätze seien auch durch unterschiedliche Sichtweisen der Lernenden gekennzeichnet:

Lernende als passive Rezipienten, als aktive Rezipienten und als aktive Konstrukteure (Schmitz, 1998) – wenngleich es ein wenig schwierig sein mag, zwischen den beiden letzteren zu unterscheiden.

Tatsächlich dominierte der Behaviorismus in der ersten Hälfte des vorigen Jahrhunderts. Diese Richtung der Psychologie hielt psychische Vorgänge wie Denken, Fühlen und Wollen nicht für wissenschaftlich zugänglich, weil sie nicht objektiv erfassbar seien. Man beschränkte sich deshalb auf die Erforschung des Verhaltens, wobei Lernen im wesentlichen als Erwerb neuer Verhaltensweisen und neuer Reaktionen in bestimmten Situationen verstanden wurde. Beachtenswert ist, dass der Behaviorismus etwa in der Skinnerschen Variante zu klaren pädagogischen Anweisungen kam. Lehrende mussten danach feststellen, was als Verstärker bei den Lernenden wirksam war, und dann ging es darum, die richtige Antwort zu evozieren, um sie möglichst unmittelbar zu verstärken. Lernen als Erwerb richtiger Reaktionen auf entsprechende Reize erschien vom Lernenden aus gesehen nur teilweise als ein passiver Prozess, denn ohne seine Aktivität war kein Lernen möglich. Zum Lernen war jedoch auch die Verstärkung notwendig, die vom Lehrenden abhing. Der programmierte Unterricht entwickelte sich als unmittelbare Anwendung des behavioristischen Ansatzes. Aus heutiger Sicht kann kein Zweifel daran bestehen, dass die behavioristische Lehr-Lern-Theorie in manchen Bereichen wirksam ist, insbesondere beim Lernen von Emotionen und Affekten. So findet sie auch heute noch Anwendung, beispielsweise in Teilen der klinischen Psychologie. Aber sie spielt praktisch keine Rolle mehr, wo es um die Vermittlung von Wissen und Können geht.

In den fünfziger und sechziger Jahren des vorigen Jahrhunderts setzte sich in der Psychologie die kognitive Wende durch und verdrängte den Behaviorismus weitgehend. Dabei stand die Erforschung von Kognitionen im Vordergrund, also von Prozessen der Wahrnehmung, des Denkens und der Erinnerung. Zentral erschien nun der Gedanke, dass Lernende aktiv Informationen verarbeiten und dadurch Kenntnisse erwerben, die die weitere Informationsverarbeitung beeinflussen. Im letzten Drittel des Jahrhunderts rückte die Einsicht in den Vordergrund, dass der Beitrag des Lernenden in besonderem Maße entscheidend ist für seinen eigenen Lernprozess.

Um die Bedeutung des aktiven Anteils der Lernenden am Lernprozess hervorzuheben, wurde später vielfach formuliert, Lernende seien Konstrukteure ihres Wissenserwerbs. Es wurde sogar in der Entwicklungs- und Instruktionspsychologie Mode, sich zu einer solchen konstruktivistischen Konzeption zu bekennen. Zweifellos war es an der Zeit, den Beitrag der Lernenden an ihrem Lernen stärker zu betonen: Es wird nie einen Nürnberger Trichter geben, bei dem Lernende nichts anderes zu tun haben, als den Kopf hinzuhalten, damit Lehrende den Lehrstoff optimal hineinflößen können. Allerdings lässt sich leicht zeigen, dass die konstruktivistischen Ideen keineswegs neu sind, sondern in ähnlicher Form schon von vielen Psychologen und Pädagogen vertreten wurden. Die konstruktivistische Grundidee, dass das Lernen ein aktiver Prozess des Lernenden ist, hatte Dewey (1902) schon zu Anfang des 20. Jahrhunderts formuliert. Forscher wie Piaget oder Wygotzki, die sozusagen als Großväter des Konstruktivismus in Anspruch genommen werden, haben diesen Begriff allerdings genau so wenig wie Dewey je verwendet. Man kann also sehr gut auf ihn verzichten.

Fasst man Wissenserwerb als Wissenskonstruktion durch die Lernenden selbst auf, so wird ihnen, gewollt oder nicht, jedoch auch eine größere Verantwortung für ihr Lernen beigemessen. Wie viel die einzelnen lernen und was sie lernen – Richtiges oder Falsches – wird dann in stärkerem Maße auch den Lernenden selbst zuzuschreiben sein.

Jedenfalls stellt sich das *selbstregulierte* oder *selbstgesteuerte Lernen* als ein allgemein akzeptiertes Ziel dar, das möglichst früh angestrebt werden sollte. Tatsächlich sind die Anforderungen in Beruf und Alltag heute so, dass ein lebenslanges und möglichst eigenständiges Lernen außerordentlich hilfreich ist. In der Konsequenz ändert sich auch die Rolle der Lehrkräfte. Die Lehre stellt sich dann als Assistenz des Lernens dar. Ihr fällt die Aufgabe zu, das Lernen optimal zu unterstützen und – möglichst frühzeitig – das Lernen selbst zu lehren. Dabei geht es darum, schon Kinder daran zu gewöhnen, ihr eigenes Lernen schrittweise zu steuern und zu überwachen, also Techniken des Lernens zu vermitteln, die dem jeweiligen Lehrstoff und dem jeweiligen Medium angepasst sind. Auf diese Weise sollten die Lernenden dann auch in die Lage versetzt werden, mehr und mehr Verantwortung für ihr Lernen selbst zu übernehmen. Das entspräche der Vorstellung des Comenius, wonach die Lehrenden weniger lehren, die Lernenden aber mehr lernen sollten.

Allerdings ist dies nur die eine Seite der Medaille. Es gehört nämlich heute zum gesicherten Bestand pädagogisch-psychologischen Wissens, dass fachspezifisches Vorwissen das Lernen am stärksten fördert, noch stärker als die allgemeine Intelligenz: Wer schon mehr Kenntnisse auf dem fraglichen Gebiet mitbringt, wird leichter und rascher Neues dazulernen als andere (Weinert & Helmke, 1995; Helmke & Schrader, 2001). Wenn man also dafür sorgen will, dass jemand leichter Neues auf einem bestimmten Gebiet lernen kann, so erreicht man dies durch die Vermittlung großen Wissens auf dem in Frage kommenden Gebiet. Und sollte das Ziel sein, allgemein, also auf vielen Gebieten rasch Neues erlernen zu können, so ist eine umfassende Allgemeinbildung eine gute Vorbereitung dazu.

Von daher gab und gibt es immer wieder Tendenzen, abwechselnd mal das mehr selbstgesteuerte Entdeckenlassen und mal das mehr vom Lehrer gesteuerte Unterrichten in den Vordergrund zu rücken. In der Geschichte der Didaktik ist dieser Wechsel der Erziehungs- und Lehrstile offenkundig, insbesondere seit der Reformpädagogik um die Wende vom 19. zum 20. Jahrhundert, und er wiederholt sich immer wieder in leicht wechselnder Verpackung (Wilhelm, 1977). Selbst viele Instruktionspsychologen ließen sich darauf ein, die konstruktivistisch orientierte Instruktionspsychologie als neues Forschungsparadigma zu beschwören. Solche nahezu ideologischen Vorentscheidungen bringen indes wenig und werden von einer nachfolgenden Forschergeneration meist wieder verworfen. Es stünde der Lehr-Lern-Forschung und der Instruktionspsychologie gut an, dieses Hin und Her zu verlassen, um durch Forschungen empirisch herauszufinden, wann welches Vorgehen günstiger ist.

1.3 Deskriptive, präskriptive und normative Zugänge

Wie bereits erwähnt, stellen die Was-Frage und die Wie-Frage des Unterrichts, also die Fragen nach den Lehrinhalten und den angemessenen Lehrverfahren Kernfragen der Lehr-Lern-Forschung dar. Diese Differenzierung spannt die erste der beiden Dimensionen auf, die ihr Feld strukturieren. Die zweite Dimension bezieht sich auf die Unterscheidung von deskriptiver, präskriptiver und normativer Forschung (Klauer, 1973).

Wirklich neueren Datums ist an der zweiten Dimension die Unterscheidung von deskriptiver und präskriptiver Forschung, die auf Bruner (1964; vgl. auch Gage, 1967) zurückgeht. Gage erörterte die Frage, ob nicht die Lernforschung erst vorangetrieben werden müsse, ehe man sich der optimalen Gestaltung der Lehre zuwenden könne, ob also die Lerntheorie der Lehrtheorie vorangehen müsse. Zur Beantwortung der Frage

griff er das Beispiel des Landwirts auf, der zwar eine Menge von der Physik und Chemie des Bodens, von der Biologie von Tieren und Pflanzen verstehen müsse. All dieses
Wissen würde aber nicht ausreichen, vielmehr müsse er wissen, wie der Boden zu bearbeiten sei, wann und wie zu düngen und zu pflanzen sei, wie man Tiere aufziehen und
mästen könne und schließlich wie der Landwirt seine Produkte zu vermarkten habe.
Ebenso wenig wie Physik, Chemie und Biologie dem Landwirt diese Frage beantworteten, beantworte auch die Lernpsychologie nicht die Frage, was gelehrt werden solle und
wie die Lehre für unterschiedliche Adressaten und unterschiedliche Lehrstoffe auszuse-
hen habe.

Allgemeiner gefasst geht es hier um den Unterschied von deskriptiver und präskriptiver Forschung. Die deskriptive Forschung, wie sie etwa in den Disziplinen der Allgemeinen Psychologie betrieben wird, beschränkt sich nicht auf die *Beschreibung* wie das
Wort „deskriptiv" andeutet. Im Gegenteil steht bei aller deskriptiven Forschung die
Erklärung der Realität im Vordergrund der Forschung. Deshalb wäre die Bezeichnung
deskriptiv-explanativ angemessener. Sachverhalte werden erklärt, indem man die Gesetzmäßigkeiten erforscht, denen sie gehorchen. Ob Erklärungen richtig sind, lässt sich
durch Vorhersagen testen. Von daher sind Beschreibung, Erklärung und *Vorhersagen*
zentrale Aufgaben jener Wissenschaften, die Realität erforschen (Westmeyer, 1973).
Daneben gibt es aber auch Wissenschaften, die nicht erklären, was warum so ist und
nicht anders, sondern die Anleitung geben, um bestimmte Aufgaben zu bewältigen, um
bestimmte Ziele zu erreichen. Sie produzieren also Antworten auf die Frage, was man
tun soll, wenn man ein Vorhaben realisieren will. Dazu gehört auch die Instruktionspsychologie. Keine Lernpsychologie, keine Allgemeine und keine Sozialpsychologie geben
Anweisung, was man tun soll, um ein bestimmtes Ziel zu erreichen, obschon Kenntnisse
in diesen Fächern instruktionspsychologisch sicher wertvoll und hilfreich sind.

Präskriptive, also „vorschreibende", besser Anleitung erzeugende Wissenschaften
gibt es in den verschiedensten Fakultäten. Anatomie, Physiologie und Pathologie bieten
unabdingbare wissenschaftliche Grundlagen für Ärzte. Die moderne Medizin beschränkt sich aber nicht auf diese deskriptiv-explanativen Wissenschaften, sondern stellt
umfangreiches präventives wie diagnostisch-therapeutisches *Handlungswissen* bereit.

Man spricht entsprechend von einem *Kunst*fehler, wenn ein Arzt das verfügbare Handlungswissen missachtet. Handlungswissen erlernen aber auch Ingenieure, Betriebswirte und Architekten, Pädagogen, Therapeuten und Instruktionspsychologen, um nur einige zu nennen. Die Erzeugung von Handlungswissen ist demnach ein kennzeichnendes Merkmal präskriptiver Disziplinen. Sie werden oft auch als präskriptiv-technologische Wissenschaften bezeichnet, da sie *Technologi en* entwickeln und anwenden. Darüber hinaus entwickeln diese Disziplinen *Hilfsmittel*, die vorher so nicht existiert haben: Ingenieure entwickeln neue Maschinen, Architekten neue Formen des Haus- und Brückenbaus, Instruktionspsychologen neue *Lernsoftware, Lernmodule, Trainingsprogramme* und dergleichen mehr. Forschung ist die klassische Tätigkeit deskriptiver Wissenschaften, Forschung *und* Entwicklung die klassische Tätigkeit präskriptiver Wissenschaften. Im englischen Sprachraum spricht man entsprechend von *Research and Development (R & D)*.

Früher hat man den Unterschied zwischen deskriptiv-explanativen und präskriptiv-technologischen Wissenschaften sehr wohl gesehen. Man sprach dann von *Grundlagenwissenschaften* einerseits und *Anwendungswissenschaften* andererseits. Damit verband sich aber auch eine kräftige Aufwertung und Abwertung, denn grundlagenwissenschaftlich wollte jeder arbeiten, der wissenschaftlich arbeitete, und zu anwendungsbezogener Arbeit ließ man sich nur gelegentlich herab oder schob sie Einrichtungen minderen Ranges zu, etwa den Fachhochschulen. Angesichts der hochrangigen Forschung in den vielen präskriptiven Disziplinen ist die von Anwendern oft als diskriminierend empfundene Unterscheidung von Grundlagen- und Anwendungsforschung obsolet geworden. Tatsächlich ist die Unterscheidung in weiten Bereichen nicht mehr zutreffend: Wer etwa die unterschiedliche Wirksamkeit von verschiedenen Bildschirmformaten eines PC-Programms erforscht – im älteren Sinne durchaus angewandte Forschung – stellt Grundlagen bereit, auf die ein Programmentwickler zurückgreifen kann.

Neben der deskriptiven und der präskriptiven gibt es auch noch die *normative*, also normsetzende Disziplin. Bei vielen präskriptiven Wissenschaften stellt sich zwar keine gewichtige normative Problematik: Architekten erfahren vom Bauherrn, welche Eigenschaften ihr Haus haben soll, der Ingenieur erhält die Aufgabe gestellt, ein Gerät zu konstruieren, das ganz bestimmte Leistungen erbringen soll, der Arzt soll kranke Menschen heilen und der Betriebswirt das Betriebsergebnis optimieren und dabei gegebene Randbedingungen beachten. Freilich gibt es in allen diesen Fällen Grenzbereiche, in denen normative Fragen akut werden. Beispielsweise erfahren manche medizinischen Probleme normativer Art breitere Aufmerksamkeit wie etwa die Frage der aktiven Sterbehilfe oder der Präimplantationsdiagnostik. So ganz ohne normsetzende Aktivitäten kommen auch diese Disziplinen nicht aus.

Auf den ersten Blick scheint der normative Aspekt in pädagogischen Kontexten jedenfalls ungleich bedeutender zu sein. Instruktionspsychologisch stellt sich eben nicht nur die Frage, *wie* gelehrt werden soll, sondern auch, *was* gelehrt werden soll. In der Tat geht die Was-Frage der Wie-Frage vernünftigerweise voraus. Nun lässt sich aber trefflich darüber streiten, ob Kinder heute noch Latein und Griechisch lernen sollen und wozu man linke Nebenflüsse kennen soll. Tatsächlich hat man eine Lehr-Lern-Forschung, die sich der Frage nach den Zielen entzieht, unter Technologieverdacht gestellt, dass sie also bereit sei, technologisches Wissen für beliebige Erziehungsziele bereitzustellen. Dieser Vorwurf ist nur dann unberechtigt, wenn die Lehr-Lern-Forschung den normativen Aspekt nicht wirklich ausklammert, sondern bewusst aufgreift.

Allerdings sind normative Entscheidungen letztlich nicht auf der Basis empirischer Forschung möglich, obschon empirische Forschung viel zu vernünftigen normativen Entscheidungen beitragen kann (Klauer, 1982a). Im Kern sind normative Fragen von der Art, wie sie Religionen, Weltanschauungen, philosophische Ethik und politische Parteien beantworten, und das gilt auch für die Frage, was im Unterricht wem beigebracht werden soll. Allerdings werden wir sehen, dass die normsetzenden Institutionen nicht für jedes Detail etwa eines Lehrplans notwendigerweise gefragt sind. Vielmehr kann die Planung im Detail auf wissenschaftlich nachprüfbarer Basis vorgenommen werden, wenn die übergeordnete Zielstellung normativ vorgegeben ist. Verantwortbare präskriptive Forschung und Entwicklung setzen deskriptive Forschung einerseits und normative Festlegungen andererseits voraus. Insofern verklammert sie diese beiden Bereiche und bedient sich ihrer.

1.4 Aufgabenfelder der Lehr-Lern-Forschung

Zwei Dimensionen sind es also, die den Raum aufspannen, innerhalb dessen Lehr-Lern-Forschung und Instruktionspsychologie angesiedelt sind. Die erste Dimension bestimmt die Art der zu beantwortenden Frage (Was-Frage und Wie-Frage), die zweite die Art des Zugangs mit den drei Arten von Disziplinen. Tabelle 1.1 zeigt, wie diese beiden Dimensionen einmal zu zwei (J, K), einmal zu drei (G, H, I) und einmal zu sechs (A – F) Aufgabenfeldern führen. Die Tabelle bedarf einiger Erläuterung. Wir beginnen mit dem unteren Rand der Matrix, in dem sich die Disziplinen der *Empirischen Unterrichtsforschung*, der *Instruktionspsychologie* und der *Erziehungsphilosophie* befinden. Diese seien nun der Reihe nach kurz erläutert.

1.4.1 Empirische Unterrichtsforschung

Die empirische Unterrichtsforschung entstand in nennenswerten Anfängen erst im 20. Jahrhundert und wird heute im wesentlichen von Pädagogischen Psychologen durchgeführt. Frühere Jahrhunderte waren zwar an der Verbesserung des Unterrichts interessiert, nicht jedoch an dessen Erforschung.

Tabelle 1.1. Der instruktionstheoretische Raum

		Art des Zugangs		
		deskriptiv	präskriptiv	normativ
Art der Frage	Was-Frage J	Inhaltsanalyse der Instruktion A	Curriculum B	Übergeordnete Ziele C
	Wie-Frage K	Interaktions- und Wirkungs- analyse der Instruktion D	Gestaltung des Lehr-Lern- Prozesses E	berufsethische Standards des Lehrens F
Disziplinen		Empirische Unterrichts- forschung G	Instruktions- forschung H	Erziehungs- philosophie I

Feld A bezieht sich auf die Inhaltsanalyse aktuellen Unterrichts, aber auch von Material, das im Unterricht eingesetzt werden kann. Ein Beispiel für die Analyse von Unterrichtsmaterial stellt die Schulbuchforschung dar (z. B. Olechowski, 1995), die relativ intensiv betrieben wird und die sich zweckmäßig der Methoden der Inhaltsanalyse bedient, die seit einigen Jahren auch computergestützt durchgeführt werden kann (Bos & Tarnai, 1996; Lissmann, 2001). Mit Hilfe solcher Methoden hat man beispielsweise ermitteln können, dass Grundschullesebücher noch lange Zeit ein tradiertes Familienbild von heiler Welt und überkommener Rollenverteilung zwischen Mann und Frau anboten, als dies alles schon längst veraltet war.

Darüber hinaus sind aber auch Analysen der Inhalte bedeutsam, die im aktuellen Unterricht tatsächlich behandelt werden. Beispielsweise kommt es vor, dass Themenbereiche geprüft werden, die nicht zuvor im Unterricht entsprechend behandelt worden sind – wie auch umgekehrt, dass etwas im Unterricht thematisiert wird, das in keiner Prüfung auftaucht. In amerikanischen Schulen, bei denen überörtliche Vergleichstest schon seit langer Zeit eine ungleich größere Rolle spielen als bei uns, kommt es darüber hinaus vor, dass sich der Unterricht an den späteren Testinhalten statt am Lehrplan orientiert (Chase, 1974; Ysseldyke, 1979), was ebenfalls nicht sinnvoll ist. Man spricht dann vom Backwash-Effekt (Stern & Hardy, 2001), den man durchaus als unfair anderen Schülern gegenüber werten kann.

Feld D repräsentiert das Gebiet, das für lange Zeit die empirische Unterrichtsforschung dominiert hat. Dabei geht es darum, das aktuelle Unterrichtsgeschehen zu erforschen, das durch fortgesetzte Interaktionen zwischen Schülern und Lehrkraft und den Schülern untereinander charakterisiert ist. Zu diesem Zweck wurden verschiedene Klassifikationssysteme entworfen, von denen das FIAC (Flanders Interaction Analysis Categories) besonders bekannt geworden ist, insbesondere auch seine deutsche Version von Hanke, Mandl und Prell (1973, vgl. auch Klauer, 2001a). Heute stehen zwar andere Zugänge zur Interaktionsanalyse im Vordergrund wie Perrez, Huber und Geißler (2001) darlegen, und andere Techniken, so etwa Video-Aufnahmen, wie sie auch im Rahmen der internationalen TIMSS-Studie vorgenommen wurden (Klieme, Knoll & Schümer, 1998; dokumentiert im Internet unter www.mpib-berlin.mpg.de/TIMSS-Video). Aber dennoch ging und geht es bei der Interaktionsanalyse im Grunde unverändert darum zu erforschen, wie sich Lehrkraft und Lernende und Lernende untereinander im Unterrichtsgeschehen gegenseitig steuern und beeinflussen.

Selbstverständlich gibt es auch andere Varianten der empirischen Unterrichtsforschung, die etwa der Frage nachgehen, wie Persönlichkeitsmerkmale der Lehrenden oder/und der Lernenden das Interaktionsgeschehen und deren Ergebnisse beeinflussen (vgl. hierzu Hofer, 1997). Insbesondere die *experimentelle* Unterrichtsforschung (Klauer, 1980) hat inzwischen eine wesentlich größere Bedeutung gewonnen. Hier geht es insbesondere darum, auf der Basis einer Lehr-Lern-Theorie Hypothesen nach dem *Prozess-Produkt-Modell* zu entwickeln und experimentell zu überprüfen (Niegemann, 2001a).

Lehr-Lern-Theorien machen Annahmen darüber, in welcher Weise Lehraktivitäten das Lernen beeinflussen. Überprüft werden solche Theorien experimentell, weil es ja darauf ankommt, den Kausalzusammenhang zu sichern, nämlich dass es tatsächlich diese speziellen Lehraktivitäten sind, die zu den bestimmten Lerneffekten bei den Schülern führen. Solche Experimente zielen also darauf ab, einen bestimmten Lerneffekt (*Produkt*) auf bestimmte, durch den Lehrenden beeinflussbare *Prozess*variablen zurückzuführen – häufig also auf Aktivitäten des Lehrenden selbst, weil er seine eigenen ja am ehesten steuern kann. Lässt sich ein solcher Prozess–Produkt-Zusammenhang zwischen *beeinflussbaren* Prozessvariablen und Lernergebnissen herstellen, so kann er auch bewusst nach Bedarf eingesetzt werden.

Anders liegen die Dinge, wenn *unbeeinflussbare* Schülervariablen in Beziehung zum Schulerfolg gesetzt werden: Untersuchungen etwa zwischen Sozialschicht der Lernenden einerseits und ihrem Lernerfolg andererseits bringen durchaus konsistente Ergebnisse (Keller, Weinert & Zebergs, 1975; Krapp, 1973), aber was nützen sie den Lehrenden? Den Sozialstatus eines Kindes können Lehrende nicht ändern. Völlig anders liegen die Dinge aber, wenn beeinflussbare Variablen untersucht werden. Kann man beispielsweise nachweisen, dass Lernende dann selbst lernen, wenn sie anderen etwas beibringen sollen, also durch Lehren, so lässt sich dieses Wissen sehr gut nutzen – etwa im tutoriellen Lernen (Renkl, 1997a).

Experimentelle Instruktionsforschung nach dem Prozess-Produkt-Modell spielt wegen ihrer Verwertbarkeit heute eine weit größere Rolle als die nur empirische Interaktionsforschung. Ein weiterer Grund für die zunehmende Bedeutung der experimentellen

Instruktionsforschung liegt in der zweifelsfreien *Kausalinterpretation* ihrer Befunde. Das sei an einem Beispiel verdeutlicht. Im Zusammenhang mit der Interaktionsanalyse wurden auch Lehr- und Erziehungsstile unterschieden, und man fand einen Zusammenhang zwischen einem nicht lenkenden, relativ freien, also einem nicht-autoritären Erziehungsstil einerseits und guten Unterrichtsergebnissen andererseits. Tausch und Tausch (1965) haben über Jahrzehnte hinweg dieses Thema verfolgt. Allerdings weiß man bei einem solchen Befund nicht, welche Variablen was bewirken: Fördert der weniger strenge Erziehungsstil das Lernen der Schüler oder passt der Lehrer seinen Erziehungsstil dem Stand der Klasse an, etwa dass er bei schwachen Leistungen die Zügel straffer anzieht und sie bei hohem Leistungsniveau lockerer lässt? Interpretatorisch lassen solche Ergebnisse zweifellos wichtige Fragen offen. So gibt es also triftige Gründe, warum die experimentelle Instruktionsforschung nach dem Prozess-Produkt-Modell stark an Bedeutung gewonnen hat. In den letzten Jahrzehnten hat sich dieser Trend eher noch verstärkt.

1.4.2 Instruktionsforschung

Der Begriff der Instruktionspsychologie ist relativ neu. Im internationalen Schrifttum ist tatsächlich weniger von Instruktionspsychologie als von der *Instructional Design Theory* die Rede (vgl. etwa Reigeluth, 1999; Sweller, 1999; Tennyson, Schott, Seel & Dijkstra, 1997). „Instructional design" kann man als Instruktionsplanung oder Instruktionsgestaltung übersetzen. Diese Ausdrücke erinnern terminologisch an die Unterrichtsplanung, wie sie im Rahmen der traditionellen Didaktik bekannt ist und die Auskunft darüber gibt, wie eine Unterrichtsstunde konkret zu planen ist. Schaut man allerdings in den entsprechenden Texten des „Instructional Design" genauer nach, so stellt sich rasch heraus, dass hier nicht nur eine Theorie der Planung des Lehr-Lern-Prozesses vorgestellt wird, sondern ebenso Fragen der Lehrzieldefinition, des Curriculums und der Lehrstoffanalyse behandelt werden. Insofern korrespondiert die „Instructional Design Theory" inhaltlich eher mit unserer Instruktionspsychologie (vgl. auch Leutner, 2001a).

Die zentralen Aufgabengebiete der Instruktionspsychologie sind nach Tabelle 1.1 das Curriculum einerseits und die konkrete Gestaltung des Lehr-Lern-Prozesses andererseits. Die *Curriculumkonstruktion* (Feld B) erfordert zunächst ein Verfahren, wie aus übergeordneten Zielvorgaben im einzelnen hergeleitet werden kann, welche Teilziele und Inhalte vermittelt werden sollen, um das übergeordnete Ziel zu erreichen. Vielfach erfordert es empirische Lehrzielforschung, um festzustellen, welchen Anforderungen die Lernenden später gerecht werden müssen. Darüber hinaus müssen die Ziele so analysiert werden, dass daraus Hinweise für die Umsetzung in *Lehr-Lern-Prozesse* (Feld E) erfolgen. Bei dieser Umsetzung sind zahlreiche Randbedingungen zu berück-sichtigen, insbesondere solche der Lernenden und des einzusetzenden Lehrmediums. Der Anwendungsbereich erstreckt sich in beiden Feldern vom Kindergarten (Küspert & Schneider, 2003) über alle Formen der schulischen und beruflichen Bildung (Weinert, 1997) bis hin zu Trainingsseminaren für Führungskräfte (Rauen, 2003), wobei nicht nur Instruktion faktisch zu realisieren ist, sondern eben auch Instruktionsmaterialien entwi-ckelt werden müssen (Leutner, 2001b).

An dieser Stelle möge es genügen, das Aufgabengebiet der Instruktionspsychologie zunächst nur andeutungsweise zu umreißen. Schließlich ist die Instruktionspsychologie das Thema aller folgenden Kapitel.

1.4.2 Erziehungsphilosophie

Dass man jungen Menschen Lesen, Schreiben und Rechnen beibringen soll, lässt sich relativ leicht zeigen, denn wer als mündiger Bürger in der heutigen Zeit selbständig leben und seinen Beitrag leisten will, muss eine Menge an Wissen und Können mitbrin-gen, das ihm nicht einfach zufällt. Die Teilhabe an unserer Kultur setzt weiterhin eine gewisse Vertrautheit mit Literatur und Kunst, Geschichte und Rechtsnormen voraus, was alles ebenfalls in dem Maße gelehrt und gelernt werden muss, in dem die jungen Menschen zu dieser Teilhabe geführt werden sollen oder wollen. Ebenso leicht lässt sich zeigen, dass erhebliche Kenntnisse in Mathematik notwendig sind, wenn man Ingenieur werden will, und in Fremdsprachen, wenn man in viele Länder wird reisen wollen oder müssen.

Zu all dem braucht man keine Erziehungsphilosophie – zumindest nicht auf den ersten Blick. Tatsächlich ist ein tragendes Prinzip in der Gewinnung von Lehrzielen, im ersten Schritt übergeordnete Ziele zu setzen, um dann deduktiv oder empirisch zu ermitteln, welche Teilziele oder Elemente dieses übergeordnete Ziel umfasst (Feld C). Erziehungsphilosophische Erörterungen werden daher nur für das übergeordnete Ziel erforderlich – und das auch nicht, wenn sich zeigen lässt, dass das übergeordnete Ziel selbst nur Teilziel eines noch weiter übergeordneten Zieles darstellt. Faktisch ist das Bestreben erkennbar, auf diese Weise den Bereich des wissenschaftlich Begründbaren immer stärker auszudehnen, so dass erziehungsphilosophische Wertungen erst für ganz grundlegende Entscheidungen gefordert sind.

In der Tat lässt sich nicht an solchen basalen Entscheidungen vorbeigehen: Ist es wirklich ein erstrebenswertes Ziel, mündige Bürger für ein demokratisches Staatswesen zu erziehen? Gibt es keine Alternativen? Selbstverständlich gibt es solche Alternativen, und man kann sowohl die westlich-abendländische Kultur, die Demokratie, das Christentum und die Lebensbedingungen des 21. Jahrhunderts in Frage stellen oder gar ablehnen. Für den Instruktionspsychologen ist insofern wichtig zu realisieren, dass jeder, der in irgendeiner Weise pädagogisch-instruktiv tätig wird, grundlegende Entscheidungen mitträgt, wie sie in der philosophischen Reflexion erörtert und von Religionen und politischen Parteien vertreten werden.

Erziehungsphilosophisch sind aber nicht nur übergeordnete Ziele relevant. Viele Berufe kennen darüber hinaus berufsethische Standards (Feld F), die letztlich ebenfalls nur mit Bezug auf sehr fundamentale philosophische Positionen zu begründen sind. Für Psychologen sind solche Standards bereits kodifiziert, nicht aber für Pädagogen. Werden Pädagogen allerdings in öffentlichem Auftrag tätig, so unterliegen sie natürlich einer Reihe von Normen positiven Rechts, die ihrerseits in übergeordneten Prinzipien verankert sind. Diese Normen sind zweifellos für alle verbindlich, die Instruktionsmaterial entwickeln und erproben, das in der Erziehung junger Menschen eingesetzt werden soll.

1.5 Zusammenfassung

Instruktionspsychologie und Lehr-Lern-Forschung bearbeiten vielfach die gleichen Inhalte wie die Didaktik, doch verwenden sie andere Theorien und Methoden. Die

Instruktionspsychologie ist relativ jung. Bis Mitte des 20. Jahrhunderts stand sie unter dem Einfluss des Behaviorismus, der eine eigene Lehr-Lern-Theorie entwickelte. Der programmierte Unterricht ist eine weithin bekannte Anwendung behavioristischer Lehrkonzepte. Heute dominieren jedoch kognitivistische Ansätze, bei denen die Informationsverarbeitung der Lernenden im Vordergrund steht.

Die Lehr-Lern-Forschung gliedert sich in deskriptive, präskriptive und normative Disziplinen. Deskriptive Forschung bemüht sich um die Erforschung von Realität, hier insbesondere um die Erforschung der Bedingungen, die das Lehren und Lernen beeinflussen. Die empirische Unterrichtsforschung stellt ein prominentes Beispiel deskriptiver Lehr-Lern-Forschung dar.

Präskriptive Forschung beantwortet die Frage, was zu tun ist, wenn ein Problem gelöst werden soll. Im Rahmen der Lehr-Lern-Forschung beantwortet die Instruktionspsychologie, wie im einzelnen vorzugehen ist, um ein gegebenes Lehrziel zu erreichen.

Normative Reflexion befasst sich schließlich mit der Frage, welche Lehrziele erreicht werden sollen. Die übergeordneten Lehr- und Erziehungsziele sind letztlich auf Grund philosophischer, religiöser, weltanschaulicher oder politischer Erwägungen und Entscheidungen zu ermitteln. Stellvertretend für alle anderen Einflussgrößen sei hier auf die Erziehungsphilosophie verwiesen. Die untergeordneten Teilziele, die zu einem übergeordneten Ziel hinführen, können allerdings durch präskriptive Forschung ermittelt werden.

Neben der Unterscheidung von deskriptiver, präskriptiver und normativer Disziplinen ist noch die Unterscheidung der Was-Frage und der Wie-Frage bedeutsam. Im Rahmen der empirischen Unterrichtsforschung ist entsprechend zu differenzieren zwischen der Kontentanalyse (Was-Frage) und der Interaktionsforschung (Wie-Frage) des Unterrichts. Innerhalb der Instruktionsforschung stellen sich analog die Aufgaben der Curriculumkonstruktion einerseits und der Steuerung des Lehr-Lern-Prozesses andererseits. Entsprechend sind in der Erziehungsphilosophie zwei Arten von Festlegungen abzuwägen, die Entscheidung für übergeordnete Ziele und die Definition berufsethischer Verhaltensstandards.

Vom Lehrziel zum Curriculum

2 Starten mit der Definition des Lehrziels

Bei weitem nicht alle Lehrprozesse und schon gar nicht alle Lernprozesse sind zielorientiert. Wenn es jedoch darum geht, Lernenden eine bestimmte Qualifikation zu vermitteln, so muss die Qualifikation so definiert sein, dass sie den Lehr-Lern-Prozess *steuern* kann und dass die *Erreichung des Lehrziels überprüfbar* ist. Das Kapitel stellt die Grundzüge lehrzielorientierten Unterrichts dar und zeigt auf, wie Lehrziele früher umschrieben wurden, welche Fortschritte die behavioristische Lehrzieldefinition brachte und wie Lehrziele heute als Persönlichkeitsmerkmale und - im Fall kognitiver Lehrziele - als Kompetenzen definiert werden.

Will man etwas lehren, so muss man zunächst wissen, was genau man vermitteln will. Jede Lehrplanung beginnt also mit der Bestimmung eines Lehrziels. Lehren wird demnach als ein zielstrebiger Prozess aufgefasst, als ein Prozess, in dem Ziele erreicht werden sollen. Instruktionsziele müssen allerdings, wie im Folgenden deutlich wird, gewisse formale Bedingungen erfüllen, damit sie den Lehr-Lern-Prozess steuern können und darüber hinaus entscheiden lassen, ob das Ziel erreicht ist oder noch nicht.

Bevor jedoch auf diese Bedingungen näher einzugehen ist, sollten einige terminologische und grundsätzlichere Vorfragen geklärt werden. In der Literatur findet man oft den Ausdruck „Lernziel" statt „Lehrziel", ohne dass damit prinzipiell etwas anderes gemeint wäre. Manche Autoren sprechen jedoch grundsätzlich von Lernzielen, weil sie Ziele für das Lernen oder für die Lernenden meinen. Allerdings kann man nicht wissen, welche Ziele sich Lernende für ihr Lernen tatsächlich setzen, ob sie wirklich etwas lernen oder nur die Prüfung bestehen oder das Lernen rasch hinter sich bringen wollen, um für sie Interessanteres tun zu können. Andere Autoren sind hingegen der Meinung, Lehrziele müssten zu Zielen der Lernenden werden, damit sie wirksam sein könnten, eine motivationspsychologisch sicher fragwürdige Annahme. Eine kritische Analyse des Begriffs „Lernziel" findet man bei Brezinka (1974, Seite 130 ff).

In diesem Text wird terminologisch differenziert: Wenn es um Ziele geht, die der Lehrende im Lehr-Lern-Prozess ansteuert, wird von Lehrzielen gesprochen. Wenn aber

Ziele von Lernenden gemeint sind, etwa im Fall des selbstgesteuerten Lernens, wird von Lernzielen die Rede sein. Wichtiger als die Wortwahl ist indes die Frage, ob Ziele überhaupt vorgegeben werden sollen.

2.1 Wozu überhaupt definierte Lehrziele?

Es gibt nicht wenige Pädagogen, die die Notwendigkeit der Festsetzung und der Definition von Lehrzielen bestreiten: Bildungswirksamer Unterricht – was immer man darunter verstehen mag – sei auch möglich ohne klar umrissene Lehrziele. Wenn sich Lehrer und Schüler beispielsweise intensiv mit Goethes Faust auseinandersetzten, so könne das sehr wertvoll und bildend sein, ohne dass man dazu präziser Lehrziele bedürfe. Oder wenn Schülern ein Problem gestellt werde, das sie kooperativ lösen sollen, um dabei Möglichkeiten einer produktiven Zusammenarbeit kennen zu lernen, so könne das ebenfalls eine wertvolle Erfahrung sein. Solche Argumente sind zweifellos ernst zu nehmen. In Fällen dieser Art geht es aber gar nicht um vorher festgelegte Lehrziele, deren Erreichung später auch überprüfbar sein soll.

Motivationspsychologisch spricht manches dafür, dass die Vorgabe von Lehr- und Leistungszielen mitunter sogar problematisch ist, etwa wenn Lernende ein schwaches Selbstkonzept ihrer eigenen Leistungsfähigkeit besitzen, wenn sie sich allgemein oder nur in dem fraglichen Fach wenig zutrauen (Rost, Dickhäuser, Sparfeldt & Schilling, 2004; Spinath & Stiensmeyer-Pelster, 2003). Allerdings bedeutet das keineswegs, die Lehrenden sollten darauf verzichten, zielgerichteten Unterricht zu erteilen. Adressat von Lehrzielen sind zunächst die Lehrenden, nicht notwendig die Lernenden.

Unabhängig von solchen Erwägungen war es im Schulsystem seit langem üblich, Unterrichtsziele vorzugeben, an die sich die Lehrkräfte zu halten hatten. Die Ziele waren jedoch bewusst offen formuliert und ließen viel Spielraum für die Auswahlentscheidungen der Lehrkräfte. Wenn dann die Vorgaben in Unterricht umgesetzt wurden, so gab es bei der anschließenden Prüfprozedur wiederum einen großen Spielraum für die Lehrkraft, eigene Akzente zu setzen. In Abbildung 2.1 (siehe nächste Seite) ist dieses Vorgehen veranschaulicht.

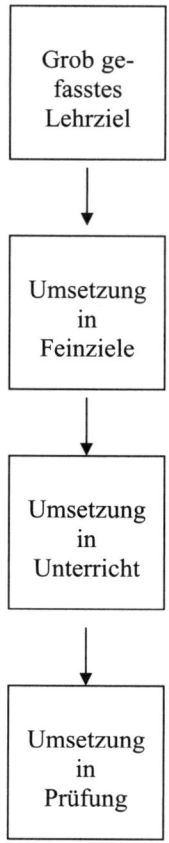

Abbildung 2.1. Von den Richtzielen über die Unterrichtsziele zu den Inhalten der Prüfung: Das hermeneutisch – interpretative Modell

Die Umsetzung von der obersten Zielvorgabe bis zu den Prüffragen am Ende des Verfahrens geschieht nach Abbildung 2.1 nicht durch ein eindeutiges Verfahren. Auf der jeweils niederen Stufe werden die Forderungen der vorangehenden Stufe spezifiziert, und zwar durch einen Prozess der Auslegung, der *hermeneutischen Interpretation,* wie er auch Juristen nicht fremd ist. Ein solches Vorgehen gewährleistet natürlich nicht, dass bei der Serie von Interpretationsschritten an einem Ort dasselbe herauskommt wie an einem anderen Ort oder bei einem Lehrer dasselbe wie bei einem anderen Lehrer. Das ist allen Beteiligten klar, wird aber als vertretbar hingenommen: Jede Interpretationskette stellt danach zwar eine individuelle, aber doch vollgültige Interpretation der übergeordneten Vorgabe dar. Entsprechend gelten alle Lehrgänge unter derselben Vorgabe zwar nicht als *gleichartig*, aber doch als *gleichwertig*. Für viele wissenschaftliche Studiengänge gilt im Grunde noch heute dasselbe Verfahren.

Ist das alles aber nicht eine Fiktion? Tatsächlich wurde und wird nach diesem System Unterschiedliches gelehrt, und man besteht einfach nur durch Festlegung darauf, die so entstandenen Ergebnisse als gleichberechtigt zu akzeptieren. Trotz der vorgegebenen Rahmenrichtlinien für die Ausbildung von Psychologen und Pädagogen wird beispielsweise an verschiedenen Universitäten sehr Verschiedenes gelehrt und gelernt. Modularisierte Lehrgänge sind oft nicht einmal innerhalb eines Bundeslandes aufeinander abgestimmt.

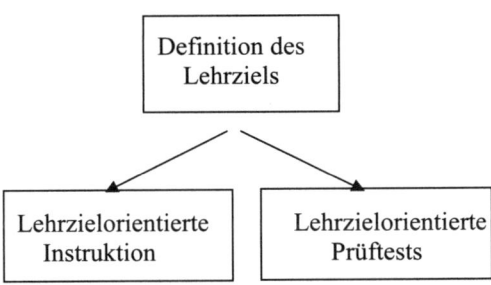

Abbildung 2.2. Das lehrzielorientierte Modell von Instruktion und Prüfung

Wenn es aber darum geht, dass am Ende des Lehr-Lern-Prozesses alle Lernenden wirklich die gleiche Qualifikation besitzen, so bietet sich als Alternative zu dem traditionellen hermeneutisch–interpretativen Modell das *lehrzielorientierte* Modell an, das in Abbildung 2.2 dargestellt ist. Das ist auch dann angezeigt, wenn es darum geht, den Lernenden etwas Bestimmtes beizubringen, etwa das Lösen von quadratischen Gleichungen, den Stoffwechsel bei Einzellern, die Bedienung einer Herz–Lungen–Maschine oder das Lesen von Bilanzen. In all diesen Fällen ist von vornherein beabsichtigt, ein bestimmtes Lehrziel zu erreichen. Dabei ist es zweckmäßig, erst das Ziel zu *definieren*, um in der Folge sowohl die *Instruktion* als auch die *Erfolgskontrolle* am zuvor festgelegten Ziel auszurichten.

Im Folgenden wird unterstellt, dass Lehrziele vorgegeben sind, dass die Lernenden also etwas Bestimmtes lernen sollen und dass hinterher geprüft werden soll, ob das Ziel auch erreicht worden ist. In dem Fall ist es angezeigt, sowohl die Instruktion als auch die Erfolgskontrolle auf die Zielvorgabe zu beziehen. Lehrziele erhalten dann eine doppelte Funktion, sie sollen erstens den Lehr-Lern-Prozess inhaltlich steuern und zweitens entscheiden lassen, ob das Lehrziel erreicht worden ist, das heißt ob zum nächsten Lehrziel fortgeschritten werden kann oder noch nicht.

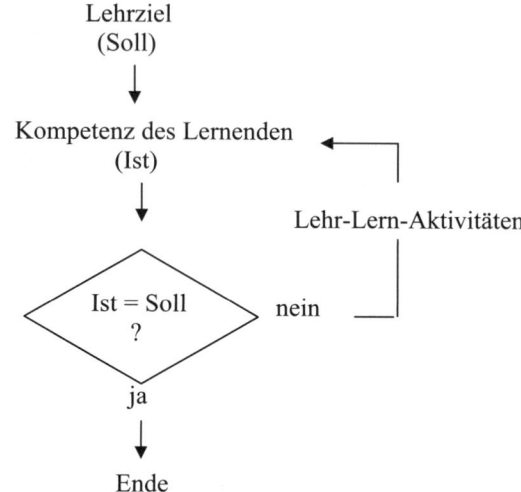

Abbildung 2.3. Regelkreismodell des Lehr-Lern-Prozesses

Lehrziele haben also eine *Steuerungs-* und eine *Evaluations*funktion. Wann immer keine der beiden Funktionen gefordert ist, kann man auf Lehrziele verzichten. Damit Lehrziele aber den Unterricht steuern und die Unterrichtsergebnisse evaluierbar machen können, müssen sie gewisse Anforderungen erfüllen. Das sei an dem Regelkreismodell von Abbildung 2.3 kurz erläutert.

Im Zentrum des Regelkreises steht eine diagnostische Entscheidung. Einerseits wird das Lehrziel oder die Solllage festgestellt, andererseits die Istlage, also der Leistungsstand der Lernenden. Danach ist zu entscheiden, ob das Ist gleich dem Soll ist oder nicht, das heißt ob das Lehrziel erreicht worden ist. Solange der Istzustand nicht in den Sollzustand überführt ist, sind Lehr-Lern-Aktivitäten erforderlich, die diese Überführung leisten. Der Soll-Ist-Vergleich gibt Hinweise darauf, welche Lehr-Lern-Aktivitäten die Lehrenden realisieren sollen und wie lange unterrichtet werden muss, um das vorgegebene Ziel zu erreichen. Diese Steuerungsfunktion des Lehrziels wird in Abbildung 2.3 durch den nach oben weisenden Pfeil symbolisiert, die Evaluationsfunktion durch die nach unten weisenden Pfeile. Die Lehr-Lern-Aktivitäten können eingestellt werden, sobald das Ziel erreicht ist.

Hauptfunktion des diagnostischen Soll-Ist-Vergleichs ist also die Steuerung des Lehr–Lern–Prozesses. Schüler und manche Lehrende glauben zwar, die Evaluation diene primär der Überprüfung des Erfolgs der Lernenden, aber das ist für zielorientierten Unterricht so nicht korrekt. Evaluiert wird dabei der Erfolg der Instruktion, um entscheiden zu können, ob das Ziel erreicht ist oder nicht. Man erkennt das an den Folgen der Evaluation: Wurde das Ziel der Instruktion noch nicht erreicht, so muss weiter instruiert werden. Haben dagegen die Lernenden das Ziel erreicht, so kann man zur nächsten Unterrichtseinheit überleiten. Und haben sie es nur partiell erreicht, so müssen eben die Partien erneut angegangen werden, die noch nicht richtig beherrscht werden.

Konkret empfiehlt es sich, mit Hilfe von *Zahlenpaaren* oder Wahrscheinlichkeitspaaren im Voraus festzulegen, wann in einer *Gruppe von Lernenden* das Ziel als erreicht gelten soll. Beispiel: Wird festgesetzt, dass das Lehrziel erreicht ist, wenn am Ende 90 % der Lernenden 90 % der auf das Lehrziel bezogenen Aufgabenmenge lösen können, so lässt sich zweifelsfrei entscheiden, ob dieses Kriterium erfüllt ist oder nicht. Wendet sich die Instruktion dagegen an einen einzelnen Lernenden wie etwa im Fall des computergestützten Lehrens und Lernens, so genügt die Angabe des geforderten Kompetenzgrads, dass jeder Lernende etwa 90 % der fraglichen Aufgabenmenge richtig lösen können soll.

2.2 Wie Pädagogen früher Lehrziele angaben

Schon das ganze 20. Jahrhundert hindurch gab es für alle Schulformen Lehrpläne, in denen festgelegt war, was die Lehrer lehren und die Schüler lernen sollten. Dabei wurden Sachverhalte angegeben, wie sie in Kapitelüberschriften von Lehrbüchern stehen konnten, also etwa

► der dreißigjährige Krieg oder
► die anaerobe Gärung oder
► die a – Deklination.

Um beim Beispiel vom dreißigjährigen Krieg zu bleiben, so kann man sich vorstellen, dass verschiedene Lehrkräfte höchst Unterschiedliches dabei vermittelten, eben weil auch nicht annähernd festgelegt war, was damit gemeint war. Es ist klar, dass ein solches Vorgehen nicht gewährleisten kann, dass alle Lernenden einigermaßen gleiche Lernchancen erhalten. Eine wesentliche Änderung setzte sich erst in der zweiten Hälfte des 20. Jahrhunderts durch.

2.3 Die behavioristische Lehrzieldefinition

Im Jahr 1962 veröffentlichte R. F. Mager ein kleines, witzig gemachtes Lehrprogramm mit dem Titel „Preparing objectives for programmed instruction", das international ein ungewöhnlich großer Erfolg wurde und die Technik der Lehrzieldefinition in allen Kulturländern revolutionierte. Vergleichsweise rasch erschien der Titel auch in deutscher Übersetzung (Mager, 1965), und in der Folge wurden Lehrzielformulierungen auch im ganzen deutschen Sprachraum behavioristisch modifiziert.

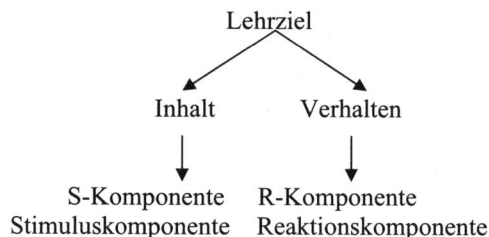

Abbildung 2.4. Struktur der behavioristischen Lehrzieldefinition

Magers Grundidee war einfach, und das war sicher ein Grund für den durchschlagenden Erfolg seines Büchleins. Er legte dar, dass es nicht genüge, einen Inhalt zu benennen, sondern dass man hinzufügen müsse, was die Lernenden an oder mit dem Inhalt *tun können* sollten. Sollen sie etwa Fakten- oder Wissensfragen zum dreißigjährigen Krieg beantworten können oder sollen sie an Hand von Kriterien Wertungen und Beurteilungen abgeben können oder geht es vielleicht darum, welche Lehren für das Hier und Heute zu ziehen sind ?

Konkret schlug Mager vor, einen Inhalt zu benennen und in Form von Verben anzugeben, was die Lernenden mit dem Inhalt am Ende tun können sollen. Außerdem sollte der situative Kontext geklärt werden durch Angabe, unter welchen Bedingungen das Verhalten gezeigt werden soll und welche Hilfsmittel erlaubt seien. Wie Abbildung 2.4 zeigt, entspricht diese Art der Lehrzieldefinition dem Grundkonzept des Behaviorismus. Gut behavioristisch konnten dafür nicht alle Verben in Frage kommen, also zum Beispiel nicht Verben wie „wissen", „wertschätzen" oder „bedenken", weil man ja nicht zweifelsfrei erkennen kann, ob diese mentalen Prozesse stattfinden oder nicht. Deshalb sollten „point-at able" Verben eingesetzt werden, also solche, die beobachtbares, draufzeigbares Verhalten beschreiben.

In der Folge wurden alle schulischen Lehrpläne umgeschrieben. Geradezu stereotyp wurden zu Inhalten entsprechende Verben hinzugefügt wie

▶ die Frage nach den Ursachen des dreißigjährigen Kriegs beantworten können,

▶ die Voraussetzungen der anaeroben Gärung angeben können oder

▶ Formen der a-Deklination sicher bestimmen, bilden und anwenden können.

Später wurde es zwar nicht mehr so genau genommen mit den behavioristisch tolerablen Verben. Im Prinzip herrscht dieses Verfahren aber noch heute in vielen schulischen Lehrplänen vor.

Die behavioristische Lehrzieldefinition eignet sich durchaus, um konkrete Aufgaben festzulegen: Die Stimuluskomponente gibt an, was den Probanden vorzulegen ist, die Responsekomponente gibt an, was die Probanden daran oder damit tun können sollen. Auf diese Weise lassen sich Aufgaben, die die Lernenden hinterher beherrschen sollen, mehr oder minder genau definieren. Aus heutiger Sicht stellt sich die behavioristische Lehrzieldefinition jedoch als eine Übergangslösung dar.

2.4 Lehrziele als Persönlichkeitsmerkmale

Ein Nachteil der behavioristischen Lehrzieldefinition besteht darin, dass sie zwar einzelne Aufgaben präzise angeben lässt, die hinterher gekonnt sein sollen, dass es in der Instruktion aber in der Regel nicht darum geht, am Ende einzelne Aufgaben, sondern ganze Aufgabenmengen lösen zu können. Insbesondere soll Instruktion nicht bloße Verhaltensänderungen bewirken, was zwar dem behavioristischen Konzept von Lernen entspräche, aber nicht berücksichtigt, dass Verhaltensänderungen bald wieder verschwinden können. In der Instruktion geht es um relativ überdauernde Effekte. Instruktion soll Aspekte der Persönlichkeit ändern, genauer Persönlichkeitsmerkmale aufbauen oder abbauen. Wissen und Können, Kompetenzen, Interessen, Einstellungen und Neigungen sind Persönlichkeitsmerkmale, die durch Lehr-Lern-Prozesse modifiziert werden sollen.

Fasst man das Lehrziel als Persönlichkeitsmerkmal, so lassen sich Sollzustand wie Istzustand jeweils als Persönlichkeitsmerkmal verstehen: Sollzustand oder Lehrziel ist der anzustrebende Ausprägungsgrad eines Persönlichkeitsmerkmals, während der Istzustand dem tatsächlichen Ausprägungsgrad entspricht. Operational lässt sich ein Persönlichkeitsmerkmal durch einen Test erfassen, wenn er gewisse Bedingungen erfüllt. Auf diese Weise ist es möglich, Soll und Ist vergleichbar festzulegen.

Der Einfachheit halber seien Persönlichkeitsmerkmale im Folgenden unterteilt in Kompetenzen einerseits und Verhaltensdispositionen (Charaktereigenschaften) andererseits. *Kompetenzen* basieren auf Wissen. Seit Anderson (1976) hat sich die Unterscheidung von

▶ deklarativem und

▶ prozeduralem Wissen

durchgesetzt. Die Unterscheidung geht auf den analytischen Philosophen Ryle (1949) zurück, der vom „Wissen, dass" und vom „Wissen, wie" sprach. „Wissen, dass" betrifft Faktenwissen, „Wissen, wie" dagegen Fertigkeiten oder Können, also Änderungswissen oder präskriptives Wissen. Analog bezieht sich deklaratives Wissen nach Anderson auf Sachverhalte, prozedurales Wissen dagegen auf Handlungen. Schulisches Wissen ist meist deklaratives Wissen, doch keinesfalls ausschließlich. Innerhalb der Mathematik ist prozedurales Wissen relativ oft gefragt, zum Beispiel beim Bruchrechnen. Zu diesen Unterscheidungen sind einige Erläuterungen sinnvoll.

Dem deklarativen und prozeduralen Wissen entsprechend lassen sich deklarative und prozedurale Kompetenzen unterscheiden, kurz Wissen und Können, Fähigkeiten und Fertigkeiten. Eine Kompetenz bedeutet, dass man einen bestimmten Sachverhalt beherrscht. Kompetenzen kann man daher definieren durch die Aufgabenmengen, zu deren Lösung sie befähigen. Lehrzielvalide Tests enthalten repräsentative Stichproben aus solchen Aufgabenmengen. Mit ihrer Hilfe kann festgestellt werden, in welchem Ausmaß ein Lehrziel erreicht worden, eine Kompetenz ausgeprägt ist. Nähere Einzelheiten hierzu werden im letzten Kapitel dargestellt.

Etwas anders liegen die Dinge bei *Verhaltensdispositionen*, bei - im engeren Sinne – Charaktereigenschaften. Ein typisches Beispiel wäre etwa das Interesse, das für ein bestimmtes Sachgebiet vorhanden ist oder das als Lehrziel erreicht werden soll. Beispielsweise scheint es sinnvoll, als Lehrziel für Mädchen jenseits der Grundschule die Erhöhung des Interesses an Mathematik und Naturwissenschaft anzustreben (vgl. etwa Köller, Daniels, Schnabel & Baumert, 2000). Solche Persönlichkeitsmerkmale lassen sich ebenfalls durch Tests operationalisieren, also testmäßig erfassen. Dabei handelt es sich jedoch um eine andere Art von Aufgaben, die den Probanden vorgelegt wird, und es wird keine rein kognitive Leistung als Antwort erwartet, sondern eine subjektive Einschätzung oder Wertung.

Zusammenfassend kann man also festhalten, dass Persönlichkeitsmerkmale durch Angabe der Aufgabenmengen präzisierbar sind, zu deren „Lösung" oder erfolgreichen Bearbeitung das fragliche Merkmal qualifiziert. Aufgabenmengen spielen daher eine zentrale Rolle bei der Definition von Lehrzielen sowie bei der Erfassung der Ausgangslage und bei der Messung der Zielerreichung (Schott und Seidl, 1997; vgl. auch Schott, 1992).

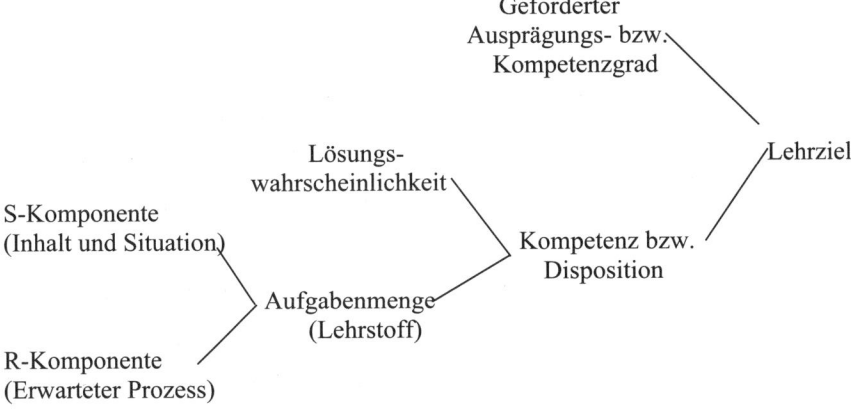

Abbildung 2.5. Schritte zur Definition von Lehrzielen als Persönlichkeitsmerkmale

Abbildung 2.5 bietet eine Zusammenfassung und Spezifizierung des Vorgehens bei der Definition von Lehrzielen (Klauer, 1987a). Die S-Komponente bezieht sich auf den Lehrinhalt oder Sachverhalt und auf die Art und Weise, wie dieser präsentiert werden soll, während die R-Komponente die am Inhalt erwartete Handlung kennzeichnet, den Prozess, der auf den Inhalt anzuwenden ist. S-Komponente und R-Komponente sind zwar unmittelbar von der behavioristischen Lehrzieldefinition übernommen, aber doch mit entscheidenden Modifikationen. Diese Komponenten sind nämlich so zu konzipieren, dass sie zusammen nicht eine einzelne Aufgabe, sondern eine Aufgaben*menge* definieren. Die Aufgabenmenge, deren Beherrschung gelehrt werden soll, heißt traditionell auch *Lehrstoff*.

Für jeden Lernenden ist die Wahrscheinlichkeit erfassbar, mit der er Aufgaben der Menge erwartungsgemäß beantworten kann. Diese Lösungswahrscheinlichkeit ist der Kompetenzgrad, den der Lernende aktuell erreicht hat. Fügt man noch hinzu, welcher Kompetenzgrad (zum Beispiel bei Busfahrern) erreicht werden soll, so ist das Lehrziel präzise definiert und die Erreichung des Lehrziels prüfbar. Wie oben Seite 27 bereits angedeutet, empfiehlt es sich im Klassenunterricht, noch zusätzlich den Anteil der Schüler zu definieren, die das so präzisierte Ziel erreicht haben sollen, wenn unterstellt wird, die ganze Klasse habe das Ziel erreicht. Im Falle von Charaktereigenschaften wird man zwar nicht von Kompetenzgraden sprechen, aber formal ist das Ausmaß einer Verhaltensdisposition analog angebbar.

2.5 Lehrzieltaxonomien

Die Ausdifferenzierung der *Inhaltskomponente* von Lehrzielen hängt von den jeweiligen Inhalten ab. Bei rein kognitiven Zielen kann man sich beispielsweise am Lehrbuch orientieren. Was allerdings die *Verhaltens- oder Prozesskomponente* angeht, so empfiehlt sich ein anderer Ansatz.

Für den kognitiven Bereich hat Bloom (1956; 1972) ein Klassifikationssystem entwickelt, das er als Lehrzieltaxonomie bezeichnete und das sich auch heute noch eignet, um den Verhaltensaspekt kognitiver Lehrziele auszudifferenzieren. Das System besteht aus diesen sechs Hauptkategorien:

1. Wissen, Kenntnis (Sachverhalte wiedergeben können)
2. Verständnis (Mit eigenen Worten wiedergeben und interpretieren)
3. Anwendung (Regeln, Gesetzmäßigkeiten auf Sonderfälle übertragen und so Probleme lösen)
4. Analyse (Sachverhalte in ihre Struktur zerlegen)
5. Synthese (Elemente zu einem neuen Komplex zusammenführen)

6. Bewertung (Sachverhalte nach Kriterien beurteilen)

An Blooms Projekt zur Klassifikation des Verhaltensaspekts von Lehrzielen waren viele Schulpsychologen beteiligt. Von daher verwundert es nicht, dass jeder Kategorie eine Aufgabenform für *Testaufgaben* zugeordnet wurde. Ein solches Vorgehen ist außerordentlich hilfreich, wenn es darum geht, Aufgaben zu generieren, sei es für den Lehrprozess, sei es für den Prüfgang. Das soll am Beispiel der ersten drei Hauptkategorien erläutert werden (Tylermatrix von Tabelle 2.1).

Die Tabelle zeigt eine Matrix, die eine Verknüpfung von Inhaltsdimension und Verhaltens- oder Prozessdimension darstellt, und zwar so, dass die zum Lehrziel gehörigen Teilmengen von Aufgaben systematisch erzeugt werden können. Geht es etwa um Wissensaufgaben zum ersten Teilkomplex, so könnte man einen Lehrtext zu Hilfe nehmen, die wichtigsten Sätze herausgreifen und in Mehrfach-Wahlaufgaben (Multiple-Choice Aufgaben) umformen. Entsprechend kann man mit den anderen Teilzielen verfahren. Im Beispiel von Tabelle 2.1 resultieren neun Teilziele, von denen vorgegeben ist, wie die zugehörigen Aufgaben zu erzeugen sind. Diese Art der Darstellung von Lehrzielen in Form einer Matrix geht auf Ralph Tyler (1950; 1973) zurück. Dabei werden die Aufgabenmengen von Lehrzielen zweidimensional präzisiert.

Tabelle 2.1. Tylermatrix

Prozesse / Inhalte	Wissen (MC-Aufgaben)	Verständnis (Aufgaben mit freier Antwort)	Anwendung (Problemaufgaben)
Elektrischer Strom und Stromkreis			
Stromstärke und Spannung			
Ohmsches Gesetz			

Später wurden weitere Lehrzieltaxonomien entwickelt, so für den affektiven Bereich, den psychomotorischen Bereich und für viele Unterrichtsfächer. Nähere Details zu diesen Taxonomien finden sich in einem älteren Lehrbuch von Herbig (1976). Manche Lehrziele erfordern tatsächlich zu ihrer Präzisierung mehrere Dimensionen, so etwa die Inhalts- und die Verhaltensdimension, ferner die Produktdimension, die psychomotorische oder, wenn beispielsweise auch Interessen geweckt werden sollen, die affektive Dimension. Für rein kognitive Ziele genügen dagegen oft die beiden Dimensionen der Tylermatrix, wobei mitunter die Produkt- statt der Verhaltensdimension einzusetzen ist, etwa wenn ein Aufsatz geschrieben oder ein Vortrag gehalten werden soll. In solchen Fällen kommt es ja mehr auf das Ergebnis als auf das Verhalten an.

Eine Lehrzielmatrix eignet sich nicht nur zur Unterrichtsplanung und zur Entwicklung lehrzielorientierter Tests. Mit einer ähnlichen Matrix lässt sich auch das Lehrangebot besser beurteilen. So wurde auf diesem Wege entdeckt, dass ein Psychologisches Institut in seinem Lehrangebot einerseits nicht alles abdeckte, was geboten war, andererseits aber auch Verdoppelungen bot, Redundanzen, die unnötig waren (Levy et al., 1999).

2.6 Bildungsstandards und Kompetenzmodelle

Die internationalen Leistungsvergleiche in Schulen, wie sie etwa mit der *Third International Mathematics and Science Study TIMSS* (Baumert, Lehmann u. a., 1997), mit dem *Programme for International Student Assessment PISA* (Deutsches PISA-Konsortium, 2000a; 2000b) oder mit IGLU (Bos, Lankes, Prenzel, Schwippert, Walther & Valtin, 2004) für die vierte Grundschulklasse vorgelegt wurden, haben in der Bundesrepublik größte Beachtung gefunden und die Bildungspolitiker zum Handeln bewegt. Dabei war schon die Teilnahme an diesen internationalen Leistungserhebungen ein großer Durchbruch, hatten die deutschen Bildungspolitiker doch jahrzehntelang erfolgreich verhindert, dass bundesweite Leistungsvergleiche durchgeführt werden durften. Dahinter stand die Sorge von Landespolitikern, ihr Bundesland könne unter Umständen weniger gut abschneiden. Insofern war also die Teilnahme an den internationalen Leistungsvergleichen ein echter Fortschritt.

Die Erschütterung, die von den Ergebnissen ausging, führte allerdings sehr rasch dazu, dass neue Überlegungen angestellt wurden, um das deutsche Bildungssystem von Grund auf umzustrukturieren. Bundesweite Leistungsvergleiche sind nun kein Tabu mehr. Einen wesentlichen Aspekt stellt dabei die Forderung von Bildungsstandards und Kompetenzmodellen dar, die vom Bundesministerium für Bildung und Forschung vorangetrieben wurde (Bundesministerium für Bildung und Forschung, 2003). Der Text enthält eine Expertise, die von Pädagogen, Psychologen und Fachdidaktikern unter dem Vorsitz von *Klieme* erarbeitet worden ist. Darin werden Grundsätze entwickelt, die manches von dem aufgreifen, was in den vorhergehenden Abschnitten dargestellt worden ist. Dazu gehört auch die Forderung nach nationalen Bildungsstandards.

Nationale Bildungsstandards sind dabei nicht zu verwechseln mit der Normierung von Bildungstests auf nationaler Ebene, wie sie etwa bei der Konstruktion eines Schulleistungstests durchgeführt wird. Solche Normierungen orientieren sich an den real vorfindbaren Verhältnissen, so dass es möglich wird, mit Hilfe eines Tests festzustellen, ob ein Schüler oder eine Schulklasse ein durchschnittliches, ein unter- oder gar ein überdurchschnittliches Leistungsniveau aufweist. In den USA existieren viele solcher landes- oder gar bundesweit standardisierter Schulleistungstests, so dass es üblich ist, das Ergebnis von Schulen, Klassen und Schülern am Durchschnitt der übrigen Schulen, Klassen und Schüler zu messen. Brophy (2005) kritisiert, dass die Orientierung an solchen Zielen mehr das Wettbewerbsmotiv fördert als das Interesse an den Sachen selbst, um die es da geht. Er setzt sich dafür ein, mehr die intrinsische als die extrinsische Motivation zu fördern, worauf weiter unten noch einzugehen sein wird. Außerdem plädiert Brophy dafür, den Unterricht nicht auf die Vergleichstests auszurichten, sondern auf die Lehrziele. Wer auf die Vergleichstests hin unterrichtet, verschafft sich zwar vordergründig Vorteile durch scheinbar bessere Erfolge, doch ist dies unfair nicht nur gegenüber anderen Schulen, Klassen und Schülern, sondern auch den eigenen Schülern gegenüber, die das nur nicht merken können. Die Forderung, auf Bildungsziele hin zu unterrichten, entspricht dem hier empfohlenen Ansatz des lehrzielorientierten Unterrichts, dessen Erfolg mit lehrzielorientierten Tests zu messen ist (zu diesen Tests bringt das letzte Kapitel eine Einführung). Auf der Schiene des zielorientierten Unterrichts liegt auch die Forderung nach Bildungsstandards in unserem Lande. Dieses Konzept aktualisiert den Ansatz auf Bundesebene.

Mit nationalen Bildungsstandards sind also Leistungsnormen gemeint, Anforderungen, die erfüllt werden sollen, anzustrebende Lernergebnisse. Gedacht ist an bundesweite Normen als Mindeststandards, die für alle und jeden Gültigkeit haben sollen. Die Bildungsstandards sollen jedoch mehr sein als die üblichen Kataloge allgemeiner Bildungsziele und die Auflistung von Lehrstoffen. Vielmehr sollen sie die Bildungsziele konkretisieren, indem sie die *Kompetenzen* präzisieren, die die Schule zu vermitteln hat. Der Kompetenzbegriff entspricht dabei dem Verständnis, wie es oben in Zusammenhang mit Abbildung 2.5 (Seite 31) entwickelt worden war: Kompetenzen sind Leistungsdispositionen in bestimmten Fächern oder Fähigkeiten. Die Fähigkeiten oder Kompetenzen sind so konkretisiert, dass sie einerseits die Generierung geeigneter Unterrichtsaufgaben, andererseits die Erzeugung angemessener Testaufgaben ermöglichen sollen. Darauf ist unten im Kapitel zur Lernerfolgsmessung noch näher einzugehen. Insofern wird mit der Lehrzielvorgabe zugleich die Möglichkeit eröffnet, die Erreichung des Lehrziels und damit den Unterrichtserfolg überprüfbar zu machen.

Kompetenzmodelle heißen in der erwähnten Expertise die systematisch geordneten Kompetenzen, wie sie sich etwa als System oder Struktur von Lehrzielen für ein ganzes Schuljahr und/oder in den verschiedenen Fächern darstellen. Damit soll zum Ausdruck kommen, dass die Anforderungen miteinander verschränkt sind und sich gegenseitig mindestens teilweise gegenseitig stützen können. Darüber hinaus bieten Kompetenzmodelle eine Sequenz des Erwerbs der einzelnen Kompetenzen und Stufen der Kompetenz.

2.7 Empirische Lehrzielforschung

Der Instruktionsforschung fallen bei der Entwicklung von Lehr–Lern-Programmen häufig Aufgaben zu, bei denen das anzustrebende Lehrziel nur durch empirische Untersuchungen näher konkretisiert werden kann. Das sei an einigen Beispielen kurz erläutert.

In der Gegenwart ist es unerlässlich geworden, das Anforderungsprofil der Berufe immer wieder zu überprüfen, um das Curriculum der Berufsausbildung entsprechend anzupassen. Flugzeugpiloten müssen eine Menge Kenntnisse mitbringen, die sich stetig verändern, und sie sind Anforderungen physischer und psychischer Art ausgesetzt, die bekannt sein müssen, wenn man ein entsprechendes Ausbildungsprogramm plant oder modifiziert. Solche Kenntnisse lassen sich letztlich nur durch geeignete Untersuchungen in Erfahrung bringen. Analoges gilt aber auch für Bankangestellte, Elektroniker oder Buchhalter. Vielfach werden Klagen darüber laut, dass in der Berufsausbildung nicht wirklich auf die Realität des Berufs vorbereitet wird, ein Indiz dafür, dass es an der erforderlichen empirischen Lehrzielforschung mangelt. Spezielle Schulungsmaßnahmen, etwa in EDV, sind wenig sinnvoll, wenn sie an den wirklichen Bedürfnissen der Lernenden vorbeigehen (Bannert, 1996).

Beispielsweise ergaben Befragungen bei englischen Managern, dass Buchhalter in den oberen Etagen der Geschäftsführung mehr über kaufmännische Tätigkeiten erfahren sollten als dies bislang der Fall ist, wobei sich konkret einige Fertigkeiten herauskristallisierten, die zukünftig in das Curriculum eingebaut werden müssten (Hassall, Joyce, Montano & Anes, 2003). In der Forschungspraxis stellt die *Befragung* der Abnehmer eine Methode dar, um Lehrziele der beruflichen Bildung zu ermitteln.

Befragungen sollten aber durch andere Verfahren wie etwa die unmittelbare *Beobachtung* ergänzt werden. Beeindruckt von den Kontroversen, ob die moderne Industrie die Anforderungen an Arbeiter erhöht oder absenkt, unternahm Smith (1999) eine umfangreiche Serie von Untersuchungen in 16 amerikanischen Betrieben der Automobilindustrie und ihrer Zulieferindustrie. Er bezog nur Arbeiter ein, die in der Produktion tätig waren und für die ein Abschluss der *High School* genügte. Außerdem beschränkte er sich auf die Anforderungen *mathematischer* Art, die die Arbeiter konkret im Arbeitsvollzug zu erbringen hatten. Bei seinen Beobachtungen vor Ort stellte sich heraus, dass die mathematischen Anforderungen von Betrieb zu Betrieb stark variierten, im Allgemeinen aber relativ mäßig waren. Häufig gebraucht wurden Messoperationen, und zwar im englischen wie im (dort ungewohnten) metrischen System, Umgang mit ganzen und mit rationalen Zahlen, etwas deskriptive Statistik sowie graphische Darstellungen univariater und bivariater Art sowie elementare Algebra. Dies alles gehört zu den Curricula der meisten amerikanischen *High Schools*. Stärker betont werden sollte nach der Beobachtung des Verfassers jedoch der Umgang mit benannten Zahlen statt des rein formalen Rechnens, ferner das Messen in Verbindung mit geometrischen Aufgaben und schließlich die Verknüpfung von Algebra und Geometrie. In diesen Punkten seien die Schulen der Hauptkonkurrenten besser, nämlich die deutschen und die japanischen Schulen, wobei sich der Autor auf die TIMSS-Studie (Baumert, Lehman et al., 1997) beruft.

Die Grundidee der empirischen Lehrzielforschung lässt sich überdies verallgemeinern. Das Leben in der modernen Gesellschaft wird immer komplexer und stellt immer höhere Anforderungen. Die Schule soll nicht für die Schule, sondern für das Leben

Hilfe geben, forderten schon die Lateiner. Aber tut sie das wirklich heute? Bereitet unsere Allgemeinbildung wirklich auf die Anforderungen vor, die das Leben in der modernen Gesellschaft kennzeichnen? Man muss damit rechnen, dass zunehmend mehr Menschen Schwierigkeiten haben werden, den sich fortwährend ändernden Anforderungen gerecht zu werden. Denkt man etwa an schwach begabte Kinder und daran, was sie heute erlernen müssen, um ein selbständiges Leben führen zu können, so braucht man sich nicht zu wundern, wenn die Zahl hilfsbedürftiger Menschen eher zu- als abnimmt. Leider wissen wir nicht wirklich hinreichend, welches Wissen und Können heute erforderlich ist, etwa um in einer Großstadt selbständig leben und einer Arbeit nachgehen zu können. Hätten wir dieses Wissen, so könnten Sonderpädagogen ungleich gezielter und effektiver ihre Erziehung gestalten. Man kann sich ferner auch vorstellen, dass blinde Kinder besondere Schwierigkeiten haben, sich in die moderne Informationstechnologie einzuarbeiten, selbst wenn diese für sie entwickelt worden ist, und ähnlich dürfte es gehörlosen jungen Menschen ergehen. Wer mit der Entwicklungsarbeit für solche Programme befasst ist, wird nicht umhin können, empirisch sorgfältig abzuklären, was genau in der Lehre vermittelt werden sollte.

Ähnlich stellt sich die Situation dar für die große Zahl von Immigranten und deren Kindern, wenn sie nicht nur sprachliche Anpassungsschwierigkeiten haben, sondern aus einem völlig anderen Kulturkreis kommen. Spezielle Schulungsprogramme für Immigrantenkinder sind sicher sehr hilfreich (De Koning, 2000), doch leiden sie noch immer an einer nicht durch empirische Forschung hinreichend angepassten Zielstruktur.

Empirische Untersuchungen zeigen, dass selbst für Senioren, die immer hier gelebt haben, Anpassungsprobleme entstehen, so etwa bei neuen technischen Entwicklungen. Es konnte beispielsweise nachgewiesen werden, dass neu installierte Fahrkartenautomaten vielen älteren Menschen, die doch auf den öffentlichen Personennahverkehr angewiesen sind, größte Schwierigkeiten bereiten (Rudinger, Espay, Neuf & Simon, 1992) und dass hier systematische Schulungen ebenso sinnvoll wie möglich sind.

Ein völlig anderer Aspekt von Lehrzielforschung sei am Beispiel des prosozialen Verhaltens erläutert. Die Bereitschaft, anderen Menschen und insbesondere solchen in Not zu helfen, ist psychologisch schon einigermaßen gut erforscht (Halisch & Hoffmann, 1980; Schuch & Lück, 1980, vgl. Herbig & Becker, 1992; Leutner, 1984; Dumke & Mergenschröer, 1990). Nimmt man zur Kenntnis, dass Hilfsbereitschaft bei Männern oft anders psychisch verankert ist als bei Frauen oder dass Introvertierte eher konservativer sind als Extravertierte (Verma, 1978), so würde man entsprechend in der Erziehung differenzieren müssen, bei Jungen anders vorgehen als bei Mädchen, bei Introvertierten anders als bei Extravertierten.

Bekannter ist das geringere Interesse vieler Mädchen jenseits der Pubertät für Mathematik, Physik und Technik (z. B. Beermann, Heller & Menacher, 1992; Köller, Daniels, Schnabel & Baumert, 2000; Rost, Sievers, Häußler, Hoffmann & Langeheine, 1999; Zeldin & Pajares, 2000). Sollte man das einfach hinnehmen oder durch entsprechende Programme zu ändern suchen? Allgemeiner ausgedrückt ergibt sich durch *Analysen der psychischen Verankerung von Lehrzielen* die Notwendigkeit, in der Lehre auf individuelle Differenzen einzugehen, um die Erreichung des Zieles bei einem Teil der Lernenden nicht unnötig zu erschweren. Weiterführende Analysen zur empirischen Forschung über Lehr- und Erziehungsziele findet man bei Tarnai (2001a) und Trommsdorff (1984).

Ein anderer, gleichfalls bedeutsamer Aspekt stellt die Erforschung erziehungsleitender Vorstellungen bei Lehrern (Hofer, 1984) oder Eltern (Engfer & Schneewind, 1984) dar. Dabei handelt es sich um Erziehungsziele und Lehrziele, die empirisch durchaus erfassbar sind und in irgendeiner Form auch das Erzieherverhalten beeinflussen. Allerdings bringen diese Autoren auch Hinweise auf Diskrepanzen zwischen deklarierten Zielen und faktischem Handeln. Kontrastiert man hierzu die Ziele, die Schülerinnen und Schüler selbst verfolgen, so kommt man zu erstaunlichen Übereinstimmungen, aber auch zu konfliktträchtigen Konstellationen, mit denen Lehrkräfte oft nicht rechnen (Lemos, 1996).

2.8 Zusammenfassung

Unterricht ohne klare Lehrziele hat es immer schon gegeben, und er kann auch sinnvoll sein. Soll jedoch eine bestimmte Kompetenz oder Qualifikation vermittelt werden, so ist ein klar definiertes Lehrziel unerlässlich. In dem Fall hat das Lehrziel eine doppelte Funktion: Steuerung des Lehr-Lern-Prozesses und Kontrolle des Lehrerfolgs.

Früher wurden Lehrziele durch bloße Angabe der Thematik gekennzeichnet. Die behavioristische Variante fügte zum Inhalt noch das geforderte Verhalten hinzu, das die Lernenden an dem Inhalt erbringen können sollen. Heute werden Lehrziele als Persönlichkeitsmerkmale definiert. Ein Persönlichkeitsmerkmal lässt sich durch die Aufgabenmenge abgrenzen, zu deren „Lösung" es befähigt. Stichproben aus der Aufgabenmenge können entnommen werden (a) zum Zweck der Instruktion und (b) zum Zweck der Prüfung, ob das Lehrziel erreicht ist. Auf diese Weise lassen sich lehrzielorientierte Instruktion wie lehrzielorientierte Erfolgskontrolle gewährleisten.

Zusätzlich zur Definition der Aufgabenmenge ist der geforderte Kompetenzgrad festzulegen, den die Lernenden erreichen sollen. Das ist die Wahrscheinlichkeit, mit der die Lernenden die Aufgaben der definierten Menge lösen können sollen. Lehrzieltaxonomien ermöglichen, Lehrziele nach zwei oder mehr Dimensionen zu spezifizieren. Sie erweisen sich zur Instruktionsplanung wie zur Leistungsmessung als nützlich.

Nationale Bildungsstandards und Kompetenzmodelle können gewährleisten, dass auf nationaler Ebene in den einzelnen Bundesländern die gleichen Kompetenzen angestrebt und die Ergebnisse vergleichbar überprüft werden können. Das erhöht die Chancen angemessener nationaler wie internationaler Vergleichsstudien.

Die Ziele der Berufsausbildung und der beruflichen Weiterbildung müssen den sich verändernden Bedingungen immer wieder angepasst werden. Das gilt aber auch für die sich verändernden Anforderungen, die das Leben in der modernen Gesellschaft bestimmen. Insofern ist empirische Lehrzielforschung unerlässlich, eben weil sich das Anforderungsprofil in Beruf und Alltag fortwährend ändert.

3   Curriculumkonstruktion

Curriculum ist in diesem Kontext ein anderes Wort für Lehrplan. Komplexe Lehrziele lassen sich in Teilziele zerlegen. Deren Anordnung zu einer *optimalen Lehrsequenz* stellt allerdings ein Problem dar, weil es oft zu viele mögliche Sequenzen gibt und weil hier der *Lerntransfer* eine große Rolle spielt. Lehrzielhierarchien können die Problematik erheblich abschwächen. Darüber hinaus stehen einige *Arten von Lehrgängen* zur Verfügung, die sich in der jüngeren Forschung bewährt haben.

3.1   Worum geht es bei der Curriculumkonstruktion ?

Wie ein internationales Handbuch der Curriculumforschung belegt, gibt es noch immer eine Menge konkurrierender Ansätze in der Curriculumkonstruktion (Pinar, 2003). Ein wesentlicher Unterschied besteht darin, inwieweit das Curriculum streng auf ein zuvor festgelegtes Lehrziel ausgerichtet ist. Der vorliegende Text behandelt nur diesen Fall, dass ein Curriculum zu entwickeln ist, welches ein klar definiertes Lehrziel vermitteln soll.

Im typischen Fall wird ein Curriculum im schulischen Kontext entwickelt. An diesem Fall sollen im Folgenden auch die Grundlagen der Curriculumkonstruktion demonstriert werden. Dabei darf man allerdings nicht übersehen, in wie vielen außerschulischen Bereichen Curriculumkonstruktion heute gefordert ist, insbesondere in der beruflichen Aus-, Weiter- und Fortbildung. Hier einige Beispiele, die das Spektrum möglicher Anwendungen verdeutlichen sollen.

An der Universität Münster wurde ein Curriculum entwickelt, um Spezialisten in Zahnhygiene auszubilden. Zahnhygieniker werden in Zahnkliniken und Praxen von Zahnärzten tätig, um weitgehend selbständig Maßnahmen der Zahnhygiene durchzuführen, ein Beruf, der in Deutschland noch relativ selten ist, aber auch hier zunehmend an Bedeutung gewinnt. Der zur Ausbildung von Zahnhygienikern erarbeitete Lehrgang umfasst 950 Stunden Vollzeitausbildung und ist auf sechs Jahre angelegt (Petersilka, Neuhoff & Flemmig, 2004). Man kann sich vorstellen, dass hierzu ein differenzierter Lehrplan zu entwickeln war.

Im gleichen Jahr wurde in Kalifornien ein kurzes, nur auf 13 Stunden angesetztes Curriculum entwickelt und erprobt, das Assistenzärzte befähigen sollte, Unterricht zu erteilen. Dort müssen Assistenzärzte relativ oft lehrend tätig werden, etwa in der Ausbildung von Krankenschwestern, Zahnhygienikern, Erste-Hilfe Spezialisten oder von Gehörlosenlehrern. Es erschien sinnvoll, den Ärzten eine Hilfestellung zu geben, damit sie ihre Lehrtätigkeit besser angehen können. An der Entwicklung des Curriculums waren sinnvoller Weise neben Medizinern auch Psychologen und Pädagogen beteiligt (Morrison et al., 2004).

In Schweden gibt es seit einiger Zeit verstärkt Bemühungen, die kulturelle Kompetenz von Ärzten zu verbessern. Kulturelle Kompetenz soll das Verständnis für Menschen anderen kulturellen Hintergrunds und die Kommunikation mit ihnen erleichtern, insbesondere im Hinblick auf deren Verständnis von Gesundheit, Krankheit und den Körper. Wachtler und Troein (2003) konnten ermitteln, dass zwar kein offizielles, aber doch eine Art geheimes Curriculum in der Medizinerausbildung zumindest mancherorts existiert, das zweifellos verbessert werden könnte.

Zukünftig wird die Entwicklung netzbasierter Curricula sicher an Bedeutung gewinnen. Ein Beispiel hierfür ist das Curriculum, das Zebrack und Mitarbeiterinnen – Ärztinnen und eine Psychologin - entwickelt, erprobt und ins Netz gestellt haben (Zebrack et al., 2005). Mit Hilfe dieses Programms können sich Frauen selbst im Internet über spezielle gesundheitliche Fragen und Probleme unterrichten

Aber sogar in Schulen gibt es immer wieder Anlass, weniger schultypische Curricula zu entwickeln, also solche, die nicht in den Rahmen der üblichen Schulfächer passen. So häuften sich in den letzten Jahren die sozialen Konflikte und Schwierigkeiten in niederländischen Schulen. Diese Entwicklung wurde zum Anlass genommen, um die vorhandenen Curricula zu sichten, die die soziale Kompetenz von Kindern und Jugendlichen verbessern sollen. Insbesondere ging es darum, Möglichkeiten zu finden oder zu entwickeln, um antisoziales Verhalten zu vermeiden, Konflikte zu verhindern oder doch angemessener zu lösen (Van Overveld & Louwe, 2005).

Vor ähnlichen Problemen standen die Autoren, die in den USA ein Antidrogen-Curriculum für Siebtklässler mit unterschiedlichen ethnischen Herkünften entwickelten (Gosin, Marsiglia & Hecht, 2003). Insbesondere sollten dabei neben den afrikanisch-amerikanischen Jugendlichen auch solche mexikanisch-amerikanischer Herkunft angesprochen werden. In Fällen dieser Art ist das Lehrziel relativ klar, doch kommt es hier entscheidend darauf, das angemessen zu erfassen, was im Folgenden die Ausgangslage der Lernenden bezeichnet wird. Es geht also darum, die speziellen Bedürfnisse, aber auch die Stärken und Schwächen der betreffenden Adressaten zu berücksichtigen.

Dieser letztere Aspekt wurde von kanadischen Forscherinnen berücksichtigt: Es ging um die Entwicklung und Erprobung eines Curriculums zu Aspekten der Gesundheitserziehung für heranwachsende Mädchen, speziell auch um die Verhütung von Geschlechtskrankheiten. Hierbei liegt es besonders nahe, von den Bedürfnissen und Problemen der Mädchen auszugehen, die zuvor differenziert zu erfassen sind. Wenn so Ausgangslage und das angestrebte Ziel gesichert sind, kann man daran gehen, ein angemessenes Curriculum zur Verhütung gesundheitlicher Schwierigkeiten zu entwickeln, wie dies Begoray und Banister (2005) getan haben.

Das Grundkonzept zur Entwicklung eines Curriculums oder Lehrplans ist recht einfach. Wenn das Lehrziel feststeht und wenn bekannt ist, was die Lernenden an Vorwissen schon erworben haben, so lässt sich ermitteln, was noch gelehrt und gelernt werden muss, damit das Lehrziel erreicht wird. Auf diese Weise kann der Lehrstoff konkretisiert werden, der bei den Lernenden ansteht. Weiterhin kann der so konkretisierte Lehrstoff in Teilziele zerlegt werden, die danach in eine angemessene Reihenfolge zu bringen sind. Als Ergebnis resultiert ein Lehrplan oder Curriculum. Im Detail ergeben sich dabei jedoch eine Reihe von Problemen und Schwierigkeiten, auf die im Folgenden näher einzugehen ist. Eine erste Übersicht resultiert, wenn die einzelnen Stationen von Abbildung 3.1 näher analysiert werden.

Im vorhergehenden Kapitel wurde die Technik behandelt, wie *Lehrziele* zweckmäßig definiert werden. Zur Curriculumkonstruktion ist nun aber erforderlich, die *Ausgangslage der Lernenden* ebenso präzise zu kennen, um sie in Rechnung stellen zu können. Ein Curriculum, das die Lernenden überforderte, wäre ebenso ungünstig wie ein Curriculum, das sie unterforderte. Daher ist es notwendig, diesem Teil des Vorhabens volle Aufmerksamkeit zuzuwenden. Um die Istlage der Lernenden festzustellen, gibt es verschiedene Möglichkeiten.

▶ Am einfachsten ist es, die Eingangsvoraussetzungen definitorisch festzulegen. Dieses Verfahren bietet sich beispielsweise dann an, wenn man ein Lehrprogramm entwickelt. Man kann dann festlegen, welche Voraussetzungen erwartet werden.

▶ Im fortlaufenden Unterricht steht man vor einer anderen Situation: Hier schafft man heute die Lernvoraussetzungen für morgen. Bei einer guten Planung weiß man dann, mit welchen Voraussetzungen man bei jedem folgenden Abschnitt rechnen kann.

▶ Steht man jedoch am Anfang einer solchen Unterrichtsreihe oder hat es mit nicht hinreichend bekannten Lernenden zu tun, so bleibt nichts anderes übrig, als den vorhandenen Leistungsstand sorgfältig zu erfassen, beispielsweise mit Hilfe lehrzielorientierter Tests.

Kennt man Soll und Ist hinreichend genau, so lässt sich der *Lehrstoff* ermitteln, um den es in der konkreten Situation geht. Es handelt sich um die Differenz zwischen Lehrziel und Ausgangslage. Schott spricht in dem Zusammenhang vom Netto-Lernstoff (vgl. Schott, Grzondziel & Hillebrand, 2002).

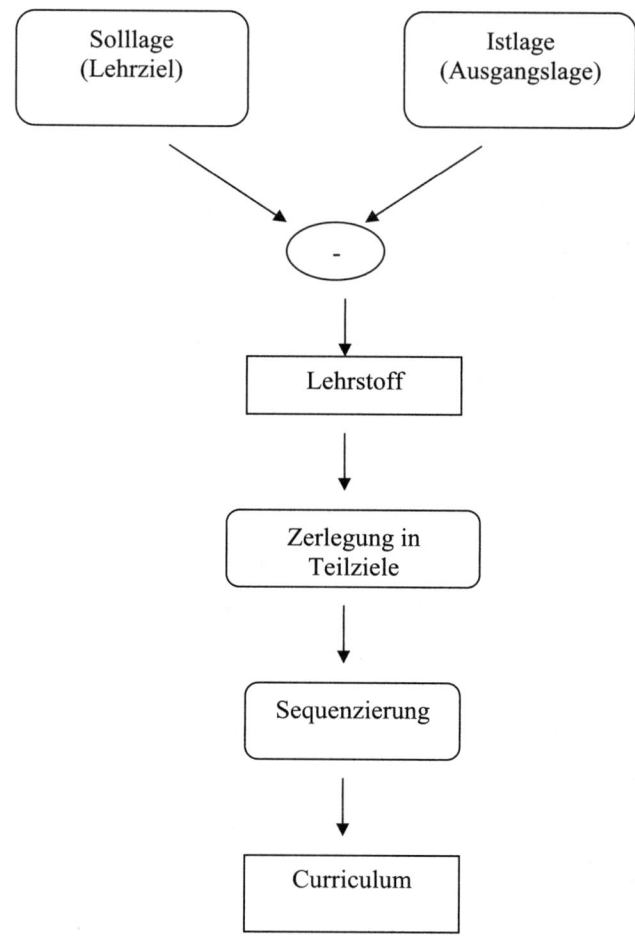

Abbildung 3.1. Vom Lehrziel zum Curriculum

Hat man Lehrziel und Ausgangslage in Form einer Tylermatrix gemäß Tabelle 2.1 von Seite 33 erhoben, so kann man die beiden Matrizen regelrecht subtrahieren, um den Lehrstoff zu erhalten. In dem Fall ist dann auch schon die Aufgabenmenge gut bekannt, die es zu vermitteln gilt.

Im nächsten Schritt folgt die *Lehrstoffanalyse*. Dabei ist die Aufgabenmenge in *Teilmengen* zu zerlegen. Dieser Schritt kann sehr einfach sein, denn schließlich lässt sich jede Menge in Teilmengen zerlegen. Psychologisch gesehen wird aber nicht jedes Ergebnis einer solchen *rationalen* Analyse gleich günstig für den Lehr–Lern–Prozess sein. Die Teilmengen oder Teilziele stehen je nach Lehrstoff in bestimmten Beziehungen zueinander, die das Lernen erschweren oder erleichtern können. Diese Beziehungen werden durch die Lehrzielhierarchisierung aufgedeckt, auf die anschließend eingegangen wird. Durch *empirische* Untersuchungen können solche Zusammenhänge getestet werden. Insofern ist es Aufgabe der instruktionspsychologischen Forschung, die empirisch optimale Zerlegung eines Lehrziels in Teilziele herauszufinden. Wer aber konkret vor der Aufgabe steht, ein Curriculum zu entwickeln, muss sich hierbei auf eine rationale Analyse und seine psychologischen Mutmaßungen verlassen.

Hat man den Lehrstoff erschöpfend in Teilkomplexe zerlegt und somit das Lehrziel vollständig in Teilziele, so geht es nur noch darum, die Teilziele in eine günstige Sequenz zu bringen. Diese Sequenz von Teilzielen stellt dann das *Curriculum* dar, das im Lehrgang systematisch abgearbeitet werden kann. Ebenso wie die Lehrstoffanalyse stellt auch die Sequenzierung der Teilziele eine Problematik dar, die – wie wir sehen werden – noch eingehender instruktionspsychologischer Forschung bedarf. Solange hier nicht die optimalen Möglichkeiten zur Verfügung stehen, muss man in der Praxis darauf achten, trotz suboptimaler Lösungen doch eine vertretbare Sequenz herstellen zu können.

3.2 Lehrzielhierarchien

Rein theoretisch kann man, wie bereits angedeutet, Mengen beliebig in Teilmengen zerlegen. Entsprechend ist es theoretisch möglich, ein *Lehrziel* beliebig in *Teilziele* zu zerlegen. In solchen Fällen kann man tatsächlich so vorgehen, bei denen die Teilkomplexe mehr oder minder unabhängig voneinander sind.

Instruktionspsychologisch ist das aber nicht immer empfehlenswert, da man die Beziehungen, die zwischen den Teilzielen bestehen, nicht ungestraft vernachlässigen sollte. Mitunter ist ein Teilziel A notwendige Voraussetzung für ein Teilziel B, und dann ist es sinnvoll, erst Teilziel A anzugehen, ehe man sich Teilziel B zuwendet, weil man sonst kaum Chancen hat, das Teilziel B zu erreichen. Gagné (Gagné & Paradise, 1961) hat die Aufmerksamkeit der Forscher auf solche *Voraussetzungsstrukturen* gelenkt. In vielen, aber nicht in allen Fächern existieren solche Voraussetzungsstrukturen. Man findet sie besonders oft in Mathematik, Physik und Chemie, aber auch in der Grammatik oder in der Rechtswissenschaft.

Im ersten Schritt stellt man die Frage, welche Voraussetzungen beim Lernenden gegeben sein müssen, damit er das Lehrziel erfolgreich angehen kann. Man kommt dann beispielsweise auf zwei solcher Voraussetzungen. Die kann man dann als untergeordnete Teilziele auffassen. Aber auf dieser untergeordneten Ebene kann man erneut die Frage nach den notwendigen Voraussetzungen stellen und kommt dann wiederum auf Teilziele, die noch eine Stufe tiefer anzusetzen sind. Theoretisch lässt sich die Voraussetzungsstruktur beliebig weiter analysieren, was kognitive Psychologen auf ihre Weise auch tun würden. Instruktionspsychologisch hat man jedoch ein klares *Abbruchkriterium* zur Hand: Man hört dann mit der Analyse auf, wenn man zu Voraussetzungen kommt, die von den Lernenden schon beherrscht werden. Das Ergebnis stellt dann eine *Lehrzielhierarchie* dar (Abbildung 3.2).

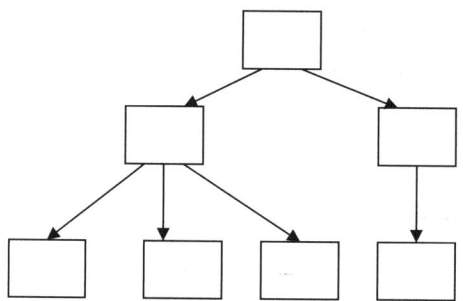

Abbildung 3.2. Formales Beispiel einer Lehrzielhierarchie

Man muss sich darüber im Klaren sein, dass das Ergebnis einer solchen Analyse eine *Theorie* darstellt, eine Theorie über die Voraussetzungstrukturen, die im jeweiligen Lehrziel stecken. Weiterhin kann man sich denken, wie verschiedene Forscher oder Lehrer zu verschiedenen Lösungen kommen, die vermutlich nicht alle gleich gut sind. Wer einen Lehrgang plant, hat natürlich keine Möglichkeit, seine Theorie über die Zusammenhangsstruktur zu testen. Für Forscher ist das jedoch denkbar.

Im Wesentlichen gibt es zwei Möglichkeiten zur Prüfung solcher Theorien, eine experimentelle und eine psychometrische. Die *experimentelle* Variante ist besonders aufwändig, denn sie erfordert im Prinzip so viele Experimente wie die Struktur Pfeile aufweist: Jede behauptete Voraussetzungsbeziehung ist dann experimentell zu testen, beispielsweise in einem Zwei–Gruppen-Plan. Die Experimentalgruppe wird in den für notwendig erachteten Voraussetzungen unterrichtet und die Kontrollgruppe in einem Lehrstoff, der nichts damit zu tun hat. Im nächsten Schritt erhalten beide Gruppen Unterricht im übergeordneten Teilziel. Wenn die Voraussetzungshypothese stimmt, so sollte die Experimentalgruppe dabei (praktisch wie statistisch) signifikant besser abschneiden als die Kontrollgruppe. Ein Beispiel für solche Untersuchungen aus dem Bereich der Mathematik bietet Elisabeth Sander (1986).

Ein Vorgehen dieser Art nimmt enorm viel Zeit in Anspruch, eben weil alle Voraussetzungsbeziehungen entsprechend zu testen sind. Die experimentelle Überprüfung ist instruktionspsychologisch allerdings das optimale Vorgehen, weil hier wirklich die Lehrsequenz erprobt wird, was bei Alternativmethoden psychometrischer Art nicht der Fall ist. Die *psychometrische* Überprüfung der Lehrzielhierarchie ist zwar auch sehr aufwändig, kann aber in einem Zuge durchgeführt werden. Man braucht dazu einerseits lehrzielorientierte Tests für alle Teilziele der Hierarchie und andererseits Lernende, die noch nicht alles gut beherrschen. Diese Gruppe von Lernenden absolviert dann alle Tests möglichst in zufälliger Reihenfolge. Danach prüft man für jeden Lernenden, welche Teilziele er oder sie beherrscht und welche nicht. Wenn die Hypothese stimmt, so darf nicht vorkommen, dass Lernende ein *übergeordnetes* Ziel beherrschen, nicht aber eines oder mehrere der *untergeordneten* Teilziele. Sollten solche Fälle öfters vorkommen, so wäre die angenommene Voraussetzungsstruktur insoweit nicht haltbar. Im Ergebnis resultiert bei der psychometrischen Überprüfung nicht eine Lernhierarchie, sondern eine Leistungshierarchie (Resnick, 1973). Sie informiert darüber, wie die komplexe Leistung des übergeordneten Ziels mit untergeordneten Zielen zusammenhängt.

Inzwischen stehen auch Verfahren der Clusteranalyse zur Verfügung, die mit einem Voraussetzungskoeffizienten arbeiten und danach selbständig eine Lehrzielhierarchie generieren. Solche Programme können zum Finden von Hierarchiehypothesen eingesetzt werden, aber auch konfirmatorisch (bestätigend), wenn man bereits eine gute Vermutung über die zugrunde liegende Struktur hat (Kleiter & Probst, 1994). Außer Clusteranalysen wurden Guttmanskalen eingesetzt (Ludlow & Hillocks, 1985), die Graphentheorie (Tatsuoka, 1986) und Netzwerke (Leutner & Nussbaum, 1986), aber auch die multidimensionale Skalierung (Dansereau, Long, Evans & Atkinson, 1980). Ferner wurden spezielle statistische Tests entwickelt (Bart & Read, 1984) und psychometrische Validierungsversuche unternommen (Sander & Berger, 1984; Sander, 1986). Natürlich hat es besonders in den USA intensive Forschungen zur Testung von Lehrzielhierarchien gegeben, wie sie etwa von Resnick (1973) dokumentiert worden sind.

In den neunziger Jahren des vorigen Jahrhunderts riss die Forschung in diesem Bereich ziemlich abrupt ab, ohne dass der Ansatz als solcher in Frage gestellt worden wäre. Allerdings muss man sehen, dass es kaum möglich sein wird, sozusagen ein für allemal die Voraussetzungsstruktur komplexer Lehrziele zu erforschen: Andere Probanden bringen andere Lernvoraussetzungen mit, und mit dem Einsatz immer neuer Lehrverfahren ändert sich auch manches in dieser Hinsicht.

Unabhängig davon wird man aber, wenn ein umfassenderes Lehrziel vermittelt werden soll, das komplexe Ziel in Teilziele zerlegen und, sollten die Teilziele durch Voraussetzungsbeziehungen miteinander verknüpft sein, diese in einer entsprechenden Hierarchie aufdecken. Geht es um Anwendung statt um Forschung, würde man ohnedies nicht in der Lage sein, die Hierarchievermutung angemessen zu testen. Aber man ist gut beraten, solche begründet vermuteten Zusammenhänge bei der Curriculumkonstruktion zu berücksichtigen.

In anderen Bereichen hat man mehr Freiheit, einen größeren Lehrstoff in Teilkomplexe zu zerlegen. Das ist der Fall bei manchen Stoffen aus Erdkunde und Geschichte, aus Literaturwissenschaft und Staatsbürgerkunde, aus Pädagogik und Psychologie.

3.3 Die Sequenzproblematik

Es ist sinnvoll, zunächst zwischen Makrosequenz und Mikrosequenz zu unterscheiden. Die Makrosequenz bezieht sich auf die Folge von Teilzielen eines Lehrgangs und ist Thema des vorliegenden Abschnitts. Die Mikrosequenz ist gefordert, wenn es um die Reihenfolge geht, in der die einzelnen Komplexe des Lehrstoffs innerhalb einer Lektion oder Lehreinheit angeordnet werden. Darauf wird später einzugehen sein.

Hat man den Lehrstoff in Teilziele zerlegt, so müssen die in eine Reihenfolge gebracht werden, damit ein Curriculum entsteht, das man einem Lehrgang zugrunde legen könnte. Die mit der Sequenzierung verbundenen Probleme werden leicht unterschätzt, alleine schon deshalb, weil die Zahl möglicher Reihenfolgen im Allgemeinen sehr groß ist. Tatsächlich gibt es bei n Teilzielen n! mögliche Reihenfolgen, also bei 2 Teilzielen 1 x 2 = 2, bei 3 Teilzielen 1 x 2 x 3 = 6, bei 4 Teilzielen 24, bei 5 schon 120 und bei 10 über dreieinhalb Millionen möglicher Reihenfolgen.

Instruktionspsychologisch muss man weiterhin bedenken, dass mit der Reihenfolge die *Transferproblematik* unmittelbar verbunden ist, eben weil früheres Lernen späteres Lernen beeinflusst. Insofern ist die Reihenfolge alles andere als unwichtig. Wenn die Zahl möglicher Reihenfolgen mit der Anzahl der Teilziele so exorbitant anwächst, gibt es praktisch keine Möglichkeit, die optimale Sequenz für eine bestimmte Gruppe von Probanden empirisch zu ermitteln. Selbst wenn man nur die Situation bei fünf Teilzielen gedanklich durchspielt, so müsste man ein Experiment planen, bei dem 120 Stichproben aus der gleichen Grundgesamtheit von Probanden in einem Zufallsverfahren zu ziehen wären, und jede der Stichprobe hätte eine der möglichen Reihenfolgen zu bearbeiten. Hinterher müssten alle denselben lehrzielorientierten Test erhalten, um zu ermitteln, welche der 120 Varianten am effektivsten ist. Ein solcher Versuchsplan ist praktisch nicht realisierbar.

Hat man eine *Lehrzielhierarchie* vor sich, so grenzt sich die Problematik jedoch erheblich ein. Das sei am Beispiel der Abbildung 3.2 von Seite 46 erläutert. Dort hat man es mit zwei Ästen der Hierarchie zu tun. Auf der untersten Ebene liegen beim linken Ast drei Teilziele gleichberechtigt nebeneinander. Man wird am besten mit diesen drei beginnen, wobei die sechs möglichen Varianten hochwahrscheinlich gleich gut sind. Praktisch wird man mit dem Teilziel beginnen, das den Probanden vom Vorwissen oder den Interessen her am nächsten liegt, um dann die beiden anderen anzuschließen. Danach dürfte sich empfehlen, das den drei Teilzielen übergeordnete Ziel anzustreben: Dies müsste jetzt leicht zugänglich sein, und es verknüpft die drei vorher relativ unabhängigen Teilkomplexe miteinander. In der Folge dürfte es nahe liegen, das unterste Teilziel des rechten Astes anzugehen, das scheinbar zu einer ganz anderen Problematik gehört. Danach nimmt man sich zweckmäßig das unmittelbar übergeordnete Ziel vor und hat damit den zweiten Ast erarbeitet, zugleich auch alle Voraussetzungen für das eigentliche Ziel des Lehrgangs. Damit werden beide Äste, die unabhängig voneinander erarbeitet wurden und anscheinend wenig miteinander zu tun hatten, direkt verknüpft. Man hat diese Technik auch die Fulda–Werra-Technik genannt, die mitunter Aha–Erlebnisse auslöst und durch die Verknüpfung der beiden Äste die kognitive Einbettung des neuen Wissens in älteres erleichtert.

So gesehen, hat man nur Freiheitsgrade auf der untersten Ebene, wo drei Teilziele nebeneinander angeordnet sind. Insgesamt bleiben sieben verschiedene mögliche Reihenfolgen, da man ja auch erst mit dem rechten Ast beginnen könnte. Bei sechs Teilzielen sind theoretisch 720 Reihenfolgen möglich, die dank der Hierarchisierung auf sieben geschmolzen sind. Und von diesen kann man begründet vermuten, dass es nicht allzu wichtig ist, welche man wählt. Wir werden zwar sehen, dass es noch einige weitere Möglichkeiten gibt, aber das Beispiel macht in jedem Fall deutlich, wie hilfreich es ist, vorhandene Voraussetzungsbeziehungen sorgfältig zu analysieren.

Leider gibt es noch keinen brauchbaren Ansatz, um die Transfertheorien der Lernpsychologie auf die Erarbeitung von Lehrsequenzen anzuwenden. Deswegen erscheinen hier neue Ansätze dringend geboten.

Unter Lerntransfer versteht man den Einfluss früheren Lernens auf späteres Lernen, der proaktiver Transfer heißt, aber auch den Einfluss späteren Lernens auf früher Gelerntes, der retroaktiver Transfer heißt. Beide Varianten können positiv oder negativ ausfallen oder ganz ausbleiben. Eine israelische Dissertation beispielsweise wies Transfer in schulischem Kontext nach: In der siebten Klasse erhielten zwei Gruppen von Schulklassen den gleichen Kurs in Physik, wobei nur die eine Gruppe weiterführenden Physikunterricht in der achten Klasse erhielt. Dabei konnte proaktiver Transfer nachgewiesen werden, weil der Physikunterricht in der siebten Klasse das Physiklernen in der achten Klasse erleichterte. In der neunten Klasse wurden beide Gruppen erneut getestet im Hinblick auf das Wissen, das zwei Jahre zuvor vermittelt worden war. Dabei stellte sich positiver retroaktiver Transfer heraus, weil die Gruppe, die weiterhin Physikunterricht hatte, mehr von dem Lehrstoff der siebten Klasse wiedergeben konnte, obwohl dieser Stoff nicht in der achten Klasse wiederholt worden war (Arzi, Ben-Zvi & Ganiel, 1985). Eine solche Untersuchung wirft ein interessantes Licht auf die Möglichkeit von Kursabwahlen, aber eben auch auf subtile Einflüsse des Transfergeschehens.

Die Psychologie kennt Verfahren der Ordnungsanalyse wie zum Beispiel solche der multidimensionalen Skalierung, die sich mitunter einsetzen lassen, um die Sequenzproblematik zu lösen. In einem Versuch ging es darum, Lernenden chinesisch–

japanische Kanji Schriftzeichen beizubringen, ein Lehrstoff, bei dem keinerlei Vorwissen anzunehmen war. Zuvor wurden die Schriftzeichen und zugeordnete mnemotechnische Hilfen mittels multidimensionaler Skalierung in eine hierarchische Ordnung gebracht. Danach wurden die Lernenden in vier Gruppen aufgeteilt. Die Gruppen erhielten entweder eine hierarchische oder eine Zufallsreihenfolge, und zwar mit oder ohne mnemotechnische Hilfen. Dabei stellte sich heraus, dass sowohl die hierarchische Ordnung als auch die Einprägungshilfen zu besserem Lernen führten, wobei die Kombination von geordneter Darbietung und Gedächtnishilfen *keine* zusätzliche Hilfe darstellte (Lu, Webb, Krus & Fox, 1999). Zuvor hatten schon Dansereau, Long, Evans und Atkinson (1980) die Technik der multidimensionalen Skalierung eingesetzt, um Lehrmaterial in eine vorteilhafte Sequenz zu bringen. Leutner und Nussbaum (1986) setzten dagegen die ordinale Netzwerktechnik ein, um Kommaregeln der deutschen Rechtschreibung in eine gute Reihenfolge zu bringen. Man wird noch mit weiteren Möglichkeiten rechnen können, das Sequenzproblem anzugehen.

3.4 Arten von Lehrgängen

3.4.1 Analytische versus synthetische Lehrgänge

Der Lehrgang, der oben im Zusammenhang mit der Lehrzielhierarchie von Abbildung 3.2 beschrieben wurde, heißt *synthetischer* Lehrgang. Ein solcher Lehrgang beginnt bei den Voraussetzungen, in der Hierarchie also ganz unten, und arbeitet sich Zug um Zug hoch zum übergeordneten Ziel. Im Gegensatz hierzu steht der *analytische* Lehrgang, der umgekehrt mit dem obersten Ziel beginnt und sich Zug um Zug die dazu nötigen Teilkenntnisse und Voraussetzungen verschafft. Beispiel: Das Bruttosozialprodukt eines Staates oder der *Cash flow* von Unternehmen sind durch komplexe Formeln definiert, in die Größen eingehen, die ihrerseits komplex definiert sind. Im synthetischen Lehrgang würde man mit den Voraussetzungen der Voraussetzungen beginnen, wobei die Lernenden im einzelnen oft nicht wüssten, wozu es gut ist, die Definition einzelner Größen zu kennen, und worauf das alles hinaus soll. Beginnt man aber mit der übergeordneten Formel, so ist für jede Größe klar, welche Bedeutung ihr zukommt, und Lernende können eher die Notwendigkeit einsehen, jede einzelne der Größen definieren und berechnen zu können.

> Hat man es mit psychomotorischen Sequenzen zu tun, dass etwa im Chemielabor eine Folge komplexer Handlungen nacheinander auszuführen ist, so wird von behavioristischen Psychologen empfohlen, mit dem Abschluss der Handlungssequenz zu beginnen und den Lernprozess Schritt für Schritt von rückwärts her aufzurollen, so dass man als letztes zum Ausgangspunkt der Sequenz kommt. Bei diesem Vorgehen wird jeder Versuch mit dem Teil abgeschlossen, der schon beherrscht wird, was lernverstärkend wirken dürfte.

Kognitiv orientierte Forscher empfehlen vielfach den analytischen Lehrgang, eben weil die Bedeutung jeder neuen Einzelheit von vornherein klar ist. Ausubel, einer der ersten kognitiv orientierten Instruktionspsychologen, warb für sein *Prinzip des progressiven Differenzierens* (Ausubel, 1968), also für den analytischen Lehrgang: Beginnend mit dem obersten Teilziel differenziert man dessen Implikationen Zug um Zug aus und ermöglicht auf diese Weise sinnvolles Lernen. Sinnvoll ist Lernen nach Ausubel dann, wenn das Neue in bereits Bekanntes eingebettet wird.

Der synthetische Lehrgang schreitet dagegen vom Einfachen zum Zusammengesetzten vor, er beginnt mit den Fundamenten und arbeitet sich dann hoch, er baut aus eigenen Steinen, wie der Philosoph Herbart dies im 19. Jahrhundert ausgedrückt hatte. Die Forschung kann heute noch nicht entscheiden, wann und für wen welcher der beiden Lehrgänge günstiger ist. Das wäre eine reizvolle Aufgabe für instruktionspsychologische Forschung. Rein pragmatisch ist aber zu vermuten, dass sehr umfangreiche und voraussetzungsreiche Lehrstoffe nicht analytisch, sondern nur synthetisch angegangen werden können: Es wäre unsinnig, in der ersten Klasse Grundschule mit Analysis beginnen zu wollen. Aber innerhalb eines größeren synthetischen Lehrgangs kann es oft sinnvoll sein, abgrenzbare Teilkomplexe analytisch zu behandeln.

3.4.2 Spiralige versus epochale Lehrgänge

Spiralige Lehrgänge wurden von Bruner (1960; 1966) bereits empfohlen. Bruners Grundgedanke war, man solle alle wirklich wichtigen Sachverhalte schon sehr früh mit Kindern besprechen, aber auf eine Weise, die sie verstehen können. Die Einschränkung bewirkt, dass schwierige und voraussetzungsvolle Sachverhalte nicht immer angemessen vermittelbar sind. Deshalb empfiehlt Bruner, später und auf höherem Verständnisniveau wiederholt auf den Sachverhalt zurückzukommen, um das Verständnis dafür zu erweitern und auszudifferenzieren. Überträgt man diesen Grundgedanken auf die Problematik von Lehrsequenzen, so resultiert ein spiraliges Curriculum.

Würde man in Abbildung 3.2 von Seite 46 erst die vier unteren Teilziele erarbeiten, danach die beiden darüber angeordneten und am Schluss das übergeordnete Ziel, so hätte man einen kleinen spiraligen Lehrgang. *Spiralige Lehrgänge* erarbeiten erst die unterste Ebene von Teilzielen, dann die darüber liegende Ebene und so fort. Als ihr Vorteil gilt, dass man immer wieder auf frühere Teilziele zurückkommt, aber stets auf einer höheren Ebene, so dass die Teilziele in immer anderer Verwendung erscheinen und zugleich systematisch wiederholt werden. *Epochale Lehrgänge* verweilen dagegen für längere Zeit – eine Epoche lang – bei ein und demselben Themenstrang, etwa dass in einer Hierarchie ein ganzer Ast systematisch erarbeitet wird oder dass – bei lockerer miteinander verbundenen Teilkomplexen – ein Themenbereich zusammenhängend gelehrt wird. Epochale Lehrgänge zeichnen sich durch längere Perioden aus, in denen eine bestimmte Thematik vertiefend erarbeitet wird, um danach zu einer anderen Thematik zu wechseln, die ebenfalls für längere Zeit im Mittelpunkt stehen wird.

Beide Varianten von Lehrgängen haben typische Vorteile und Nachteile. Dem spiraligen Lehrgang spricht man den Vorteil der regelmäßigen Wiederholung früherer Lehrstoffe auf höherer Ebene zu, dem epochalen Lehrgang das vertiefende Verweilen bei einer Thematik. Als Nachteil des spiraligen Lehrgangs kann man werten, dass viele Einzelheiten zunächst isoliert, unverbunden vermittelt werden, um erst später sinnvoll eingebettet zu erscheinen. Nachteil des epochalen Lehrgangs ist der große zeitliche Abstand, mit dem Inhalte oder Sachverhalte früherer Epochen wiederholt werden. Beispielsweise klagen Mathematiklehrer, die Kindern die Bruchrechnung bis zur allgemeinen Ermüdung beigebracht haben, dass elementarste Aufgaben nicht mehr gelöst werden, wenn ein halbes Jahr später zufällig eine Bruchrechenaufgabe begegnet.

Tatsächlich erinnert das epochale Vorgehen an die Technik des massierten Lernens, das spiralige Vorgehen an die Technik des verteilten Lernens. Diese beiden Übungsformen wurden intensiv erforscht, als man noch Lern- und Gedächtnisforschung mit sinnlosem Material betrieb. Underwood (1961) fasste die Forschung von zehn Jahren hierzu zusammen und kam (etwas vereinfachend) zum Ergebnis, dass man mit massiertem Lernen Inhalte schneller erlernt als mit verteiltem Lernen, sie aber auch schneller vergisst. Eine neuere Metaanalyse über 63 Untersuchungen fand zwar im Durchschnitt einen größeren Effekt beim verteilten Lernen in der Größenordnung von 0,46 Standardabweichung. Doch zeigten nachfolgende Analysen, dass (a) die Art des Lehrstoffs, (b) das Zeitintervall zwischen den verteilten Übungen und (c) die Interaktion zwischen beiden Variablen den Effekt signifikant beeinflussten (Donovan & Radosewich, 1999).

Leider sind Forschungen noch ziemlich selten, die der Frage bei sinnvollem Material, wie es in Schule und Studium begegnet, hinreichend differenziert nachgingen. In der Ausbildung von Medizinstudenten erwies sich beispielsweise eine Variante der verteilten Übung wirkungsvoller beim Erlernen der Fertigkeit der Laparoskopie, einer Technik der chirurgischen Endoskopie (Mackay, Morgan, Datta, Chang & Darzi, 2002). Allerdings dauerte das Training hier insgesamt nur 20 Minuten. Für die Curriculumkonstruktion kommt es jedoch vordringlich darauf an, *längerfristiges* Lernen sinnvollen Materials zu berücksichtigen. Ein interessantes Beispiel hierfür ist die Untersuchung von Collins, Halter, Lightbown und Spada (1999). Diese Autoren verglichen die Effekte des Zweitsprachlernens bei frankokanadischen Schülern, die Englisch als Zweitsprache zu lernen hatten. Von den 700 Schülern erhielt die Hälfte für fünf Monate den regulären Unterricht auf Französisch, um die restlichen fünf Monate nur Unterricht im Englischen zu erhalten. Das war die Bedingung des massierten Lernens. In der verteilten Bedingung erhielten die Schüler gleich viel Unterricht im Englischen, aber verteilt auf die zehn Monate des Schuljahres. Hier war die massierte Bedingung eindeutig vorteilhafter, das „Eintauchen" in die neue Sprache erwies sich als günstiger. Die Art des Lehrstoffs dürfte also auch eine Rolle spielen.

3.4.3 Lineare versus verwebte Lehrgänge

Lineare Lehrgänge präsentieren den Lehrstoff in einer Reihenfolge, die vom Verfasser festgelegt wird und die er sachlich für sinnvoll hält. Synthetische und analytische Lehrgänge können in dieser Weise linear strukturiert sein. Demgegenüber wurde von Norman (1973) die Webtechnik eingeführt, die einerseits berücksichtigt, was die Lernenden schon an Vorwissen mitbringen, andererseits berücksichtigt, in welcher Weise die neuen Sachverhalte untereinander in Beziehung stehen. Die Webtechnik bedient sich einer Sequenz, bei der man mit den Inhalten oder Begriffen beginnt, die dem Vorwissen der

Lernenden am nächsten stehen und zugleich möglichst eng verwoben sind mit zentralen Elementen des neuen Lehrstoffs, um dann schrittweise schließlich zu den Teilen des Lehrstoffs zu kommen, die den Lernenden noch völlig neu oder/und die auch nicht sehr eng mit anderen Inhalten des Lehrstoffs vernetzt sind. Der Lehrstoff wird dabei so geordnet, dass die Sequenz von vertrauten und zugleich zentralen Teilen des neuen Lehrstoffs hin zu den wenig vertrauten und zugleich eher peripheren Elementen führt. Diese Art der Anordnung hat den Vorteil, den Lernenden, für die die Lehrsequenz konstruiert ist, sehr entgegenzukommen, jedoch den Nachteil, dass die in Webtechnik erstellten Sequenzen für andere Lernende wohl nicht so hilfreich sein mögen. Immerhin gibt es einige empirische Evidenz für die Wirksamkeit der Webtechnik, so etwa durch eine Untersuchung in den Niederlanden (Tillema, 1983).

Lehrstoffstrukturen lassen sich in vielen Fällen als *Netzwerke* darstellen. Dabei können die Beziehungen zwischen den Sachverhalten weit differenzierter als durch Lernhierarchien herausgearbeitet werden. Leutner und Nussbaum (1986) haben das an den Beispielen der Kommasetzungsregeln sowie an Aufgaben zum Bruchrechnen demonstriert. Der Vorteil solcher Verfahren besteht darin, dass sie einerseits empirisch prüfbare Voraussagen ermöglichen, die also getestet werden können, und dass sie andererseits in der Sequenzierung Berücksichtigung finden können. Viele Lehrstoffe sind in der Tat angemessener als Netzwerke darzustellen, so dass sich von hier aus neue Ansätze zur Sequenzierung ergeben, die die Möglichkeiten synthetischer und analytischer wie epochaler und spiraliger Lehrgänge deutlich übersteigen. Man wird von Fall zu Fall entscheiden, in welcher Weise dabei dem Vorwissen der Lernenden Rechnung getragen werden kann.

3.4.4 Lehrgänge nach der Zoomtechnik

Reigeluth (1983; 1999, vgl. auch Reigeluth, Merrill, Wilson & Spiller, 1980) hat im Anschluss an Ausubel eine Elaborationstheorie der Unterrichtsplanung entwickelt. Ein wesentlicher Aspekt dieses Ansatzes besteht gerade darin, durch eine spezielle Lehrsequenz das Verständnis der Lernenden für einen komplexen Lehrstoff zu erhöhen. Konkret bedient man sich dabei einer Technik, die vom Fotografieren und Filmen her bekannt ist: Hier ist es möglich, eine Totalansicht zu präsentieren, die den Überblick vermittelt, um sodann eine Einzelheit mittels Zoom heranzuholen und genauer zu inspizieren. In der Folge lassen sich andere Einzelfakten heranzoomen, und damit der Überblick nicht verloren geht, kann man die Totale wieder herstellen, um zu erkennen, wo der jeweilige Detailkomplex im Gesamtkomplex einzuordnen ist. Ein Lehrgang, der dieser Technik folgt, besteht dann aus absteigenden Sequenzen (von der Totale zu Einzelheiten) und aufsteigenden Sequenzen (von Einzelheiten zur Totale), wodurch immer wieder deutlich wird, welchen Platz welcher Einzelheit zukommt.

Die Zoomtechnik stellt eine Weiterführung von Ausubels Prinzip der progressiven Differenzierung dar. Ausubel (1963; 1968) war besonders am sinnvollen Lernen interessiert. Sinnverstehend ist das Lernen nach Ausubel dann, wenn der neue Stoff in schon vorhandenes Wissen eingebettet werden kann. Deswegen empfiehlt Ausubel gemäß seinem *Prinzip des progressiven Differenzierens*, mit einer groben Übersicht über den neuen Lehrstoff zu beginnen, wobei diese Übersicht sehr einfach gehalten sein kann und nur die Grundstruktur vermitteln soll. In der Folge sollen dann Zug um Zug die Teilkomplexe erarbeitet werden, aber so, dass das Neue jeweils in die Grundstruktur eingebettet wird. Man sieht, dass der Schritt von diesem Prinzip zur Zoomtechnik Reigeluths nicht weit ist.

Es gibt noch nicht allzu viele experimentelle Studien zu dieser Sequenzierungstechnik, so dass die Befundlage kaum Verallgemeinerungen zulässt (z. B. English & Reigeluth, 1996; Chou 1999). Eine besonders interessante Untersuchung wurde in Deutschland von Weidenmann, Paechter und Hartmannsgruber (1998) zur Sequenzierung komplexer Text–Bild–Kombinationen durchgeführt. Sie brachte Erfolg versprechende Ergebnisse, wenn umfangreicheres Text- und Bildmaterial integriert zu vermitteln ist.

3.5 Von Hypertexten oder Geht es nicht auch einfacher?

Manche Autoren von computergestützten Lehrprogrammen gehen der Curriculumproblematik, also der Schwierigkeit der optimalen Sequenzierung und der Entscheidung für einen angemessenen Lehrgang, ganz einfach aus dem Weg. Sie stellen den Lehrstoff, den sie in Teilkomplexe (Module) zerlegt haben, als Hypertext ins Netz oder auf CD-ROM gespeichert zum Abruf bereit. Verfügen die Lernenden über hinreichendes Vorwissen und Lernerfahrungen, wie dies etwa bei Studierenden der Fall ist, so kann die Bereitstellung etwa eines Hypertextes durchaus hilfreich sein. Kommen noch Übersichten, „Fahrpläne" oder Navigationshilfen hinzu, so können die Lernenden ganz individuell ihren Weg zu finden, wie beispielsweise Müller-Kalthoff und Möller (2005) gezeigt haben. Werden überdies noch Verknüpfungen („links") zu anderen Modulen oder anderen Darstellungen desselben Lehrstoffs in Abbildungen, Graphen und dergleichen mehr offeriert, so verbessert diese erhöhte Kohärenz die Lernchancen (Brünken, Seufert & Zander, 2005). Im übrigen sei nur darauf hingewiesen, dass hypertextbasierte Lehrprogramme nicht gänzlich auf Lehrsequenzen verzichten müssen. Beispielsweise hat Chou (1999) die Zoomtechnik der Elaborationstheorie auf einen Hypertext angewandt, ein Vorgehen, das sich gerade bei komplexen Sachverhalten anbietet.

Vorgegebene oder selbstgewählte Sequenz?

39 Gymnasiasten aus elften Klassen arbeiteten ein Computerprogramm über die Anatomie des Auges und die physiologischen Grundlagen des Sehens durch. Ein Teil der Schülerinnen und Schüler konnte nur den Vorwärts- und Rückwärtsknopf bedienen, während der andere Teil die Möglichkeit hatte, an Hand von Bildern die Reihenfolge selbst zu bestimmen, in der sie arbeiten wollten. Diese größere Wahlfreiheit führte zu einer größeren Akzeptanz und zum besseren Einsatz einzelner Lernstrategien. Der Lerneffekt wurde durch zwei Variablen ermittelt: Durch einen Wissenstest und durch einen Test, bei dem Abbildungen, die im Programm vorkamen, zu beschriften waren. Beim Wissenstest schnitten diejenigen besser ab, die keine Wahl der Reihenfolge hatten, beim Bildbeschriften diejenigen, die selbst die Reihenfolge wählen konnten (Stiller & Mate, 2003). Die abhängige Variable modifizierte also den Reihenfolgeeffekt.

Mitunter wird der Einsatz von Hypertexten mit der Erwartung begründet, Lernende könnten wohl selbst besser entscheiden, welche Reihenfolge für sie gut ist, oder es wird darauf verwiesen, Lernende müssten Gelegenheit haben, sich den Lehrstoff selbst aktiv zu erarbeiten. Tatsächlich bedeutet das Durchfinden durch einen Hypertext eine höhere Beanspruchung mentaler Ressourcen der Lernenden, was jedoch nicht notwendig ungünstig ist. Insbesondere Lernende mit guten Vorkenntnissen könnten davon sogar profitieren.

Erfreulich ist, dass Forscher der Frage schon wiederholt nachgegangen sind, ob vorgegebene oder frei gewählte Sequenzen zu günstigeren Lernerfolgen führen. Bislang sind die Erfahrungen mit solchen Angeboten nicht immer so, wie man sich das gewünscht hat (vgl. zum Beispiel Heiß, Eckhardt & Schnotz, 2003; Williams, 1993). Die experimentellen Vergleiche zwischen vorgegebenen und frei gewählten Lehrsequenzen zeigen typischerweise ein gemischtes Bild: Mitunter erweist sich die lernerbestimmte und individuell angepasste Sequenz als besser, mitunter als schlechter, und in anderen Fällen findet man keine wesentlichen Unterschiede. Man kann sich vorstellen, dass die verschiedenen Arten von Lehrstoffen eine Rolle spielen, dass unterschiedliche Arten und Grade von individuell modifizierbaren Sequenzen eingesetzt werden und dass die Lernerfahrung der Schüler wie die Art der abhängigen Variablen von Bedeutung ist. So fanden Möller und Müller-Kalthoff (2000), dass Studierende mit geringerem Vorwissen mehr von den Navigationshilfen profitierten als Studierende mit höherem Vorwissen. Schnotz und Zink (1997) hatten schon den Einfluss spezieller Lernziele zeigen können: Erhielten Studierende mit insgesamt geringen Vorkenntnissen spezifische Lernziele, so erwies sich ein Hypertext als günstiger, da die Lernenden zielorientiert vorgehen konnten. Erhielten sie dagegen keine spezifischen Lernziele, sondern den Auftrag, möglichst viel zu lernen, so war die traditionelle Variante mit linear angeordnetem Lehrtext günstiger.

Man wird also die weitere Forschung abwarten müssen, ehe ein begründetes Urteil möglich ist.

3.6 Evaluation von Curricula

Noch im 20. Jahrhundert war es kaum üblich, Lehrpläne nach ihrer Einführung zu testen, um zu prüfen, ob sie sich bewährt haben oder nicht. Meist hat man die vorhandenen Lehrpläne, wenn sie nach vorherrschender Meinung veraltet erschienen, überarbeitet und danach wieder flächendeckend eingeführt. Empirische Überprüfungen sind auch heute noch nicht durchgängig üblich: Sie sind zum einen relativ aufwändig, und zum anderen muss man vergleichsweise lange warten, bis es sinnvoll ist, an die Über-prüfung heranzugehen.

Beispielsweise wurde in den Niederlanden im Jahre 1993 ein stark überarbeitetes Curriculum für den Mathematikunterricht eingeführt, was zu der Zeit in mehreren Län-dern geschah. Im Zusammenhang mit den internationalen TIMSS-Vergleichen hat man dort aber die Gelegenheit wahrgenommen, sechs Jahre nach seiner Einführung die Bewährung des Mathematikcurriculums zu testen. Das geschah durch systematisch angelegte Befragungen der Lehrkräfte zusätzlich zu den bereits vorliegenden Leistungs-daten der Schülerinnen und Schüler. Ergänzend hierzu wurden analoge Daten im fland-rischen Teil von Belgien erhoben. Unterm Strich kamen die Autoren zu dem Ergebnis, dass sich das Mathematikcurriculum im Lichte der Leistungsdaten wie auch im Urteil der Lehrkräfte durchaus bewährt hat und nicht bald schon wieder grundlegend modifi-ziert werden muss (Vos & Bos, 2005). Für die Bundesrepublik gab es keine vergleich-bare Studie.

Andere Schlussfolgerungen resultierten jedoch, als in den Niederlanden die zu An-fang des Kapitels bereits erwähnten Curricula untersucht wurden, die dort angeboten werden, um die soziale Kompetenz von Kindern, Jugendlichen und Heranwachsenden zu verbessern. Die meisten wurden allerdings zuvor nicht oder nicht zureichend empi-risch erprobt. Wo jedoch Erprobungen vorgenommen worden waren, ließen die Ver-suchsanordnungen oft zu wünschen übrig, und die Zahl der einbezogenen Schulen war viel zu gering. Eine Analyse der später vorhandenen Datenlage veranlasste jedoch, Schulen Zurückhaltung zu empfehlen, wenn sie ein solches Programm implementieren wollten (Van Overveld & Louwe, 2005).

Ein Mathematikcurriculum auf universitärer Ebene hat die Kritik australischer Wis-senschaftler auf sich gezogen. Die Autoren Petocz und Reid kommen zum Ergebnis, dass die Interessenlage vieler Studierender der Mathematik nicht hinreichend beachtet würde: Die meisten Studierenden seien daran interessiert, Mathematik zu erlernen, um sie in ihrem späteren Beruf einsetzen zu können. Darauf nehme aber die universitäre Lehre viel zu wenig Rücksicht (Petocz & Reid, 2005). Anderswo mag das auch vor-kommen.

Die Evaluation von Curricula steckt zweifellos noch in den Anfängen. Prinzipiell sollte es zwar keine Schwierigkeit sein, Curricula angemessen zu testen. Dabei geht es zunächst darum zu prüfen, ob das jeweilige Curriculum tatsächlich das leistet, was es leisten soll, also ob es zu den angestrebten Zielen tatsächlich hinführt oder nicht. Wenn die Anforderungen zu hoch sind, so wird man das relativ leicht nachweisen können. Anders liegen die Dinge jedoch, wenn die Anforderungen zu leicht oder nicht angemessen auf die Lernenden zugeschnitten sind. Weiterhin ist denkbar, dass sich Curricula zwar hinsichtlich ihrer Schwierigkeit und der Anordnung der Lehrziele als vertretbar erweisen, trotzdem aber an den eigentlichen Lernbedürfnissen vorbeigehen. In solchen Fällen sind die übergreifenden Lehrziele nicht adäquat berücksichtigt worden, vielleicht weil es an der empirischen Lehrzielforschung mangelte, oder aber die Ausgangslage auf Seiten der Lernenden wurde falsch eingeschätzt.

Wie wird man aber im typischen Fall bei der Curriculumevaluation vorgehen? Eine bloße Materialanalyse kann keinesfalls genügen, wie dies Stern und Roseman (2004) taten. Die Autoren untersuchten die naturwissenschaftlichen Curricula und Unterrichtsmaterialien, die in neun Schulen eingesetzt worden sind, und fanden sie unbefriedigend. Aus solchen Aussagen lässt sich aber nicht entnehmen, was und wieviel die Kinder tatsächlich gelernt haben – wegen oder trotz des Materials. Es genügt auch nicht zur Curriculumevaluation, vor Beginn und nach Abschluss der Intervention Tests zu erheben. Man kann in dem Fall zwar eventuell Zuwächse feststellen, was Buchanan und Mitarbeitern (2004) gelang. Die Autoren hatten ein Curriculum von zwei Wochen Dauer für Ärzte erarbeitet, bei dem es um die gesundheitliche Betreuung Obdachloser ging. Es konnten zwar verständliche Veränderungen erhoben werden – doch muss in kritischer Sicht offen bleiben, ob die Veränderungen der Intervention oder der bloßen Testwiederholung zuzuschreiben sind.

Unerlässlich ist ein echtes Evaluationsexperiment mit Experimental- und vergleichbarer Kontrollgruppe, wobei beide Gruppen Prä- und Posttests erhalten. Nur auf diese Weise lässt sich ermitteln, wie viel tatsächlich *gelernt* wurde und ob ein bedeutsamer Unterschied im Lernzuwachs zwischen den Lernenden mit dem neuen und den Lernenden mit dem alternativen Curriculum besteht. Fügt man weitere Tests hinzu, so lassen sich auch weitergehende Fragen beantworten, etwa wie die Lernenden die Curricula beurteilen oder welche Art von Schülerinnen und Schüler von welchem der beiden Curricula am meisten profitieren.

Bei einem relativ kurzen Lehrgang lässt sich eine solche Evaluation relativ gut durchführen. Das oben erwähnte 13-Stunden Curriculum zur Förderung der Lehrtätigkeit von Assistenzärzten wurde so in einer Interventions- und einer Kontrollgruppe von jeweils um die 30 Teilnehmern getestet. Hierzu wurden neben einem ausführlichen Examen mehrere objektive Tests eingesetzt. In allen Aspekten hatte die Experimentalgruppe erhebliche und statistisch bedeutsam bessere Ergebnisse erzielt als die Kontrollgruppe (Morrison et al., 2004).

Allerdings wird es schwierig, ein Curriculum, das ein ganzes Schuljahr oder noch länger dauert, ebenso zu testen. Dann handelt es sich schon um ein großes Unternehmen, das möglichst auf Landesebene geplant und durchgeführt werden sollte, wobei Fachleute heranzuziehen sind, die so etwas können.

3.7 Zusammenfassung

Lehrstoff ist die Differenz zwischen dem Lehrziel und der Ausgangslage der Lernenden, also die Differenz zwischen Soll und Ist. Sind Lehrziel und Ausgangslage durch Aufgabenmengen definiert, so stellt sich der Lehrstoff ebenfalls als eine Aufgabenmenge dar, nämlich als Differenz zwischen den beiden Mengen.

Die Ausgangslage kann durch Definition festgelegt werden, etwa wenn man ein Computerprogramm entwickelt, das ein bestimmtes Lehrziel vermitteln soll. Im fortlaufenden Unterricht schafft man dagegen heute die Lernvoraussetzungen für morgen, so dass die Ausgangslage dann bekannt ist. Steht man allerdings vor einer Gruppe von Lernenden, deren Leistungsstand nicht bekannt ist, so bleibt nichts anderes übrig, als den Kenntnisstand sorgfältig zu erfassen, etwa durch geeignete Tests.

Bei der Lehrstoffanalyse wird das Ziel in Teilziele zerlegt. Lehrzielhierarchien zeigen dabei die Voraussetzungsstrukturen auf, indem sie darlegen, welche Voraussetzungen notwendig sind, um ein übergeordnetes Ziel zu erreichen. Solche Hierarchien erweisen sich als hilfreich, um die Teilziele in eine geeignete Lehrsequenz zu ordnen.

Unter Lerntransfer versteht man den Einfluss des Lernens auf späteres Lernen. Lerntransfer kann sich als positiv und negativ, vorauswirkend und rückwirkend erweisen. Die Art der Lehrsequenz entscheidet über die Qualität des Lerntransfers.

Es gibt verschiedene Arten von Lehrgängen. Analytische Lehrgänge gehen vom Lehrziel aus und erarbeiten rückwärts die dazu notwendigen Voraussetzungen. Dabei ist den Lernenden stets bewusst, wofür das Neue erforderlich ist. Synthetische Lehrgänge gehen von den Voraussetzungen aus, die die Lernenden mitbringen, und nähern sich schrittweise dem Lehrziel. Spiralige Lehrgänge wechseln häufig die Thematik; sie kommen aber immer wieder, wenngleich auf höherem Niveau, auf die früher schon angesprochenen Themenbereiche zurück. Epochale Lehrgänge verweilen dagegen länger bei einem Themenstrang, um später einen ganz anderen Themenstrang aufzugreifen. Verwebte Lehrgänge beginnen mit den Teilzielen, die den Lernenden von ihrem Vorwissen her relativ vertraut und zugleich für den neuen Lehrstoff besonders wichtig sind, um dann zu weniger vertrauten und/oder weniger zentralen Lehrzielen voranzuschreiten. Im Gegensatz dazu folgen lineare Lehrgänge stärker einer sachlich statt psychologisch begründeten Ordnung. Lehrgänge gemäß der Zoomtechnik bieten immer wieder einen Blick darauf, wo das jetzige Teilziel im Gesamtrahmen einzuordnen ist.

Hypertexte stellen einen komplexen Lehrstoff in Modulen per Computer bereit, ohne eine spezielle Sequenz vorzugeben. Stattdessen bieten sie Verknüpfungen („links") und/oder Navigationshilfen an, damit die Lernenden eine ihnen genehme Sequenz selbst bestimmen können.

Curricula bedürfen der empirischen Überprüfung. Dabei ist zu ermitteln, ob die Lehrgänge diejenigen Ziele erreichen lassen, die durch sie erreicht werden sollen, was keineswegs selbstverständlich ist. Dazu sind Experimente mit Interventions- und Kontrollgruppe sowie mit Prätests und Posttests unerlässlich.

Lehrfunktionen

4 Das Lehr–Lern–Prozessmodell

Dieses Kapitel nimmt eine zentrale Stelle ein. Hier wird nämlich ein Modell vorgestellt, das von vielen anderen psychologischen Modellen abweicht, weil es nicht beansprucht, tatsächlich stattfindende Prozesse (wie etwa die des Lehrens und Lernens) zu beschreiben. Vielmehr geht es darum, ein *optimales* Modell zu entwickeln, an das man sich halten kann, um die Lehre so zu gestalten, dass sie auch lernwirksam ist. Es geht also um ein präskriptives Modell, um eine Art Algorithmus, der zur *Steuerung eines wirksamen Lehr-Lern-Prozesses* dienen kann.

Ausgangspunkt der Ableitungen ist allerdings ein informationstheoretisches Modell des Lernens, das wesentliche Stationen erfolgreich ablaufender Lernprozesse beschreibt und heute als weitgehend gesichert angesehen wird. Man findet das Modell mit leichten Variationen bei vielen Autoren. Es soll die Grundlage für das präskriptive Lehr–Lern–Prozessmodell abgeben.

4.1 Lernen als Informationsverarbeitung

Seit dem Durchbruch der kognitivistischen Psychologie wird Lernen als ein Prozess der Informationsverarbeitung verstanden. Manche konstruktivistisch orientierten Forscher würden zwar eher von Informations*konstruktion* als von Informations*verarbeitung* sprechen, sie würden also den Beitrag des Subjekts an den einzelnen Stationen betonen, was aber in der Sache selbst nicht umstritten ist: Sicher ist es das Subjekt, das aktiv die Information verarbeitet, so dass auch subjektive Komponenten in die Informationsverarbeitung eingehen (Bartlett, 1951).

Im Zentrum von Abbildung 4.1 sieht man zwei Rückpfeile, die von der Informationsspeicherung ausgehen. Sie bringen den Einfluss früher gelernter und gespeicherter Kenntnisse und Erfahrungen auf die Informationsaufnahme und die Informationsverarbeitung zum Ausdruck: *Frühere* Erfahrungen beeinflussen *neue* Erfahrungen, so dass also Lernende mit unterschiedlichen Vorerfahrungen unter Umständen auch Unterschiedliches aufnehmen und verarbeiten. Ansonsten zeigt Abbildung 4.1 die gängige Folge von der Informationsaufnahme und ihrer Verarbeitung über die Speicherung hin zur Anwendung in neuen Zusammenhängen, zum Lerntransfer. Informationsverarbeitung und –speicherung sind als rein mentale Prozesse in einem eigenen Kasten dargestellt: Die Informationsverarbeitung findet im Kurzzeit- oder Arbeitsgedächtnis statt, die Speicherung im Langzeitgedächtnis.

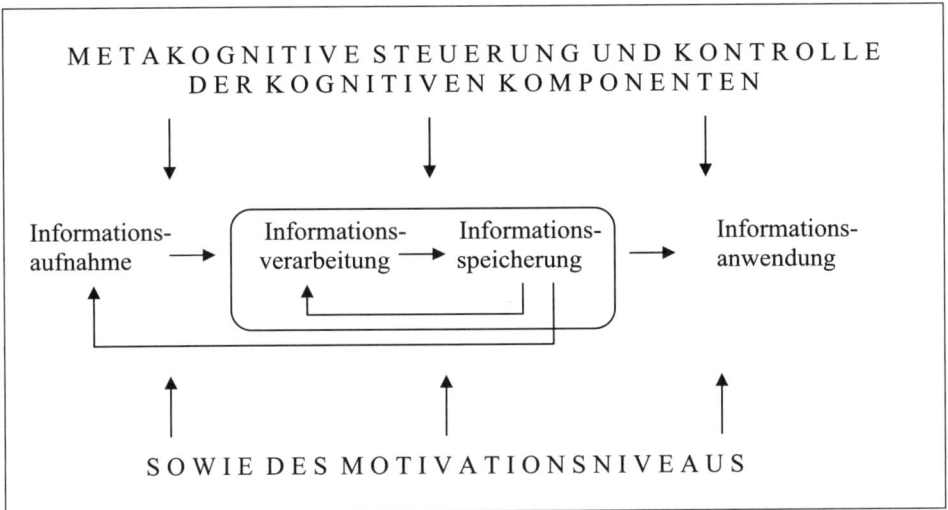

Abbildung 4.1. Lernen als Informationsverarbeitung

Zwei weitere zentrale Aspekte macht Abbildung 4.1 deutlich, den Einfluss *metakognitiver* Komponenten zur Steuerung und Kontrolle der Informationsverarbeitung wie der Motivationslage. Davon zu unterscheiden sind die *kognitiven* Komponenten, die die Aufnahme und Verarbeitung von Information gewährleisten.

Der Prozess der Informationsverarbeitung erfordert ein Mindestmaß an *Motivation*, um überhaupt in Gang zu kommen und abzulaufen. Wird dieses Mindestmaß unterschritten, so beginnt der Prozess erst gar nicht oder wird abgebrochen. Die Lernenden müssen bereit und willens sein, aktiv Ressourcen einzusetzen, ein Minimum an Interesse und Engagement aufzubringen, sonst bricht der Prozess in sich zusammen, und es findet kein Lernen statt. *Metakognitive* Komponenten überwachen und steuern die eigene Lernmotivation. Daneben sind aber auch spezielle metakognitive Komponenten gefordert, die den Lernprozess über seine gesamte Dauer begleiten und steuern. Meta-kognitionen beziehen sich auf das *Wissen* vom eigenen Wissen und auf das *Wissen* vom eigenen Können, also auch darauf, in welcher Weise man die eigenen Kognitionen *steuern* und *kontrollieren* kann. Tatsächlich steuern Menschen ihre Lern- und Denkpro-zesse, verweilen länger hier oder kürzen da ab. Dabei kommen eigene Kontrollinstanzen zum Zuge, etwa bei der Entscheidung, ob man richtig verstanden hat oder nicht, ob man etwas richtig wiedergeben kann oder nicht. Zusammenfassend lässt sich feststellen, dass metakognitive Komponenten den Lernprozess begleiten, steuern und motivational aufrechterhalten. Sie gehören zu den unerlässlichen Rahmenbedingungen, unter denen Lernen stattfindet. Über Metakognitionen informiert ein weiterführender Beitrag von Hasselhorn (2001).

Im Folgenden stellen wir uns die Frage, welche Konsequenzen sich für den Lehr–Lern-Prozess aus einem solchen Modell ergeben. Leitend ist dabei die Frage, was erfor-derlich ist, damit Lernen in Gang kommt und zum Ziel führt. Welche Prozesse müssen gewährleistet sein, damit Lernen stattfinden kann?

Unter *Lehrfunktionen* versteht man die Effekte, die die Lehre erzielt. Fragen wir aber nach den Prozessen oder Effekten, die die Lehre erzielen *sollte*, um die *gewünsch-ten* Ergebnisse zu erreichen, so ist das die Frage nach den *angestrebten* Wirkungen. Das sind die Funktionen, die die Lehre bewirken soll, um ein Lehrziel zu erreichen. Es handelt sich also um *Soll-Funktionen*. Wir nennen diese Funktionen der Einfachheit halber auch Lehrfunktionen. Mit Hilfe von Abbildung 4.1 ist es möglich, diese erforder-lichen Funktionen der Lehre erschöpfend aufzuzählen. Es handelt sich um folgende sechs Funktionen (Klauer, 1985; Bannert, 1996; Schreiber, 1998; vgl. auch Snow & Swanson, 1992),

► die Steuerung,

► die Motivierung,

► die Informierung,

► die Informationsverarbeitung,

► die Speicherung und der Abruf von Information sowie

► der Transfer.

Das sei kurz erläutert: Der Lehr–Lern-Prozess muss irgendwie *gesteuert* werden, dass er in die erwünschte Richtung verläuft, und er bedarf der dauernden Kontrolle, damit er nicht vom Ziel abkommt und damit nicht zu früh abgebrochen wird. Ein Mindestmaß an *Lernmotivation* ist auf Seiten der Lernenden unerlässlich, damit sie überhaupt bereit sind, in den Lehr–Lern-Prozess einzusteigen und ihn durchzuhalten. Wenn die fragliche Information noch nicht bekannt ist, geht natürlich auch kein Weg daran vorbei, die Lernenden irgendwie zu *informieren.* Die *Informationsverarbeitung* sowie *Speicherung* und *Abruf* sind, wie noch zu zeigen sein wird, entscheidend für das Verständnis und den überdauernden Lernerfolg. Darüber hinaus sollte der *Transfer* eingeübt werden, also die Übertragung und Anwendung des Gelernten auf neue Zusammenhänge.

Ein wesentlicher Punkt ist nun, dass diese sechs Funktionen erschöpfend sind, sofern Abbildung 4.1 den Prozess gelungenen Lernens angemessen beschreibt. Danach sind es genau diese sechs Sollfunktionen, die *notwendig* sind, um einen Lernprozess erfolgreich in Gang zu setzen, aber auch *hinreichend.* Allerdings sollte man beachten, dass es eine Reihe von Möglichkeiten gibt, jede dieser Sollfunktionen zu realisieren, und nicht selten gibt es Handlungen, die gleichzeitig mehr als eine der Funktionen realisieren, was zu einer Vielfalt von Möglichkeiten führt. Dennoch empfiehlt es sich, angesichts der letztlich nicht überschaubar großen Zahl möglicher Varianten den zentralen Kern all dieser Bemühungen nicht zu übersehen: Es sind eben diese sechs Funktionen, nicht mehr und nicht weniger, die erforderlich sind, um einen Lehr–Lern–Prozess erfolgreich abzuschließen.

4.2 Der Lehralgorithmus

Einen Leitfaden, wie diese Sollfunktionen zu einem Lehr–Lern–Prozess umgesetzt werden können, bietet der Lehralgorithmus von Abbildung 4.2. Ein Algorithmus ist eine Anleitung oder eine Vorschrift, die besagt, wie man vorgehen muss, um Aufgaben einer definierten Klasse angemessen zu lösen. Der Lehralgorithmus ist für *kognitive* Lehrziele konzipiert und könnte auch geeignet sein, eine Reihe von psychomotorischen Lehrzielen zu erreichen. Sicher ist er nicht für affektive Ziele konzipiert, also etwa um übergreifende Interessen, Werthaltungen und dergleichen zu etablieren. Da im schulischen, beruflichen und akademischen Unterricht die kognitiven Lehrziele jedoch weit überwiegen, dürfte der Algorithmus sich dort auch besonders bewähren.

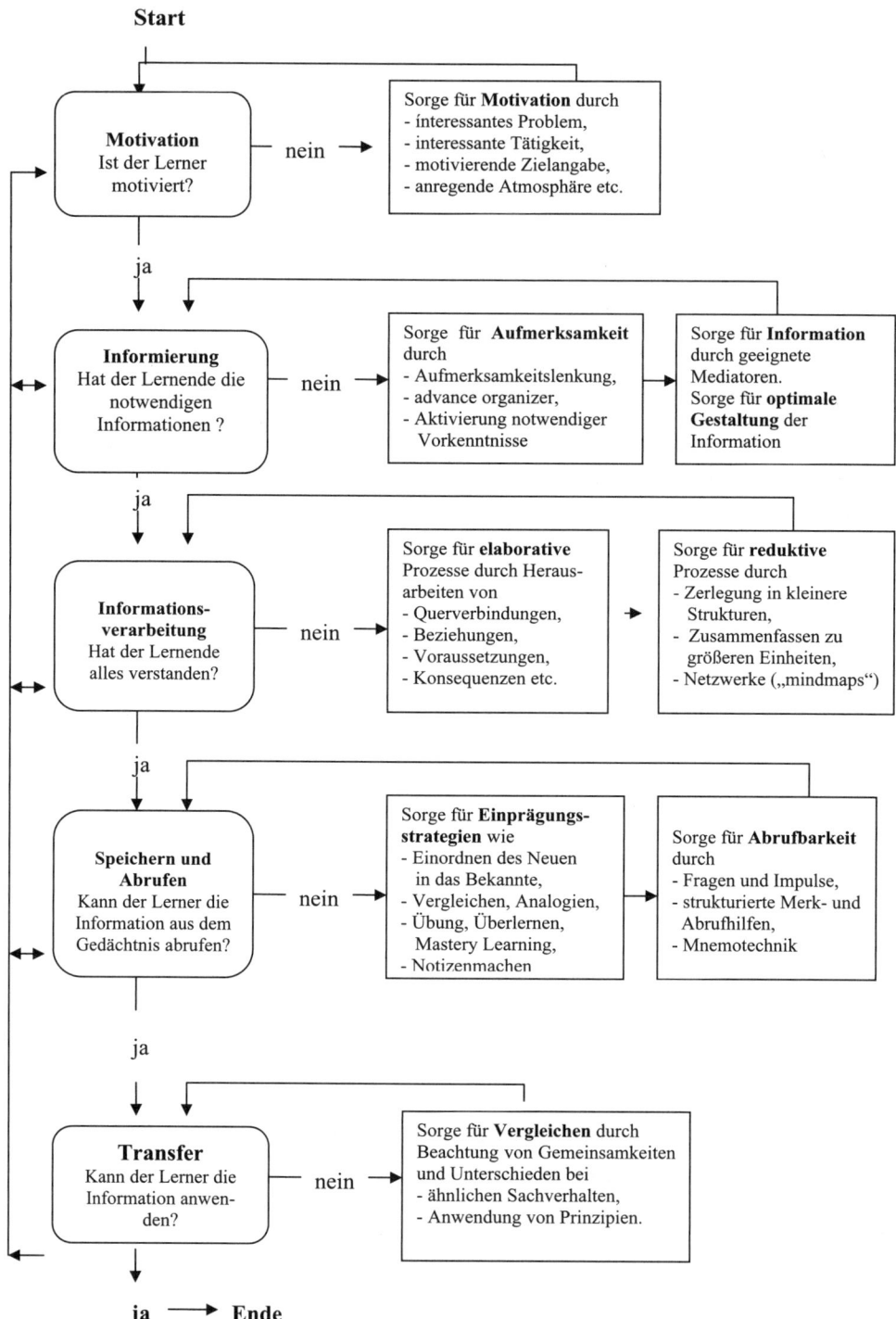

Start

Motivation Ist der Lerner motiviert?	nein →	Sorge für **Motivation** durch - interessantes Problem, - interessante Tätigkeit, - motivierende Zielangabe, - anregende Atmosphäre etc.

ja

Informierung Hat der Lernende die notwendigen Informationen ?	nein →	Sorge für **Aufmerksamkeit** durch - Aufmerksamkeitslenkung, - advance organizer, - Aktivierung notwendiger Vorkenntnisse	Sorge für **Information** durch geeignete Mediatoren. Sorge für **optimale Gestaltung** der Information

ja

Informations-verarbeitung Hat der Lernende alles verstanden?	nein →	Sorge für **elaborative** Prozesse durch Herausarbeiten von - Querverbindungen, - Beziehungen, - Voraussetzungen, - Konsequenzen etc.	Sorge für **reduktive** Prozesse durch - Zerlegung in kleinere Strukturen, - Zusammenfassen zu größeren Einheiten, - Netzwerke („mindmaps")

ja

Speichern und Abrufen Kann der Lerner die Information aus dem Gedächtnis abrufen?	nein →	Sorge für **Einprägungs-strategien** wie - Einordnen des Neuen in das Bekannte, - Vergleichen, Analogien, - Übung, Überlernen, Mastery Learning, - Notizenmachen	Sorge für **Abrufbarkeit** durch - Fragen und Impulse, - strukturierte Merk- und Abrufhilfen, - Mnemotechnik

ja

Transfer Kann der Lerner die Information anwenden?	nein →	Sorge für **Vergleichen** durch Beachtung von Gemeinsamkeiten und Unterschieden bei - ähnlichen Sachverhalten, - Anwendung von Prinzipien.

ja ⟶ Ende

Abbildung 4.2. Der Lehralgorithmus

Ein flüchtiger Blick auf Abbildung 4.2 zeigt, dass dort nur fünf der sechs Lehrfunktionen in Erscheinung treten. Offensichtlich fehlt die an erster Stelle genannte Funktion der Steuerung. Der Grund hierfür ist sehr einfach: Der Algorithmus ist selbst eine Realisation der Steuerungsfunktion. Selbstverständlich gibt es auch andere Möglichkeiten zur Realisierung der Steuerungsfunktion, doch stellt der Algorithmus sicher, dass der weitere Fortgang des Prozesses entsprechend gesteuert wird und dass alle für den Lehrerfolg erforderlichen Schritte auch durchgeführt werden.

Der Algorithmus bietet ein *Steuerprogramm* für Lehr–Lern–Prozesse in fünf Hauptschritten. Bei jedem Schritt wird eine *Entscheidung* gefordert, die positiv oder negativ ausfallen kann. Im negativen Fall schließen sich daran bestimmte Konsequenzen an, im positiven Fall kann weiter geschritten werden zum nächsten Punkt. Insofern handelt es sich um ein *adaptives* Programm. Es passt sich den Besonderheiten des oder der Lernenden an, so dass vermieden wird, ein zuvor fixiertes Programm „abzuspulen". So wird nicht nur Lernzeit gespart, es kommt auch nicht zu Langeweile, zu Sättigungsreaktionen und zum vermeidbaren Motivationsverlust, weil Lernende sich mit Inhalten abgeben müssen, die ihnen längst hinreichend vertraut sind.

Am linken Rand befindet sich ein System von Rückpfeilen, das besonderer Beachtung bedarf. Die Pfeile bringen zum Ausdruck, dass der Algorithmus *rekursiv* ist, wie dies nun näher erläutert werden soll. Gemeint sind damit Rückwirkungen auf vorausgegangene Wirkungen, also kreisprozessartige Effekte, die für Lehr–Lern–Prozesse kennzeichnend sind: Aktivitäten, die zum Beispiel Transfer auf andere Inhalte bewirken, können Rückwirkungen auf alle anderen Funktionen des Lehr–Lern–Prozesses bis hin zur Motivation der Lernenden zeitigen. Man braucht sich nur vorzustellen, wie mit dem Transfer auf neue Inhalte Lernenden klarer werden kann, welchen Nutzen das neu Gelernte eigentlich bietet, um nicht nur anschließend die Motivation zu fördern, sondern auch das soeben Gelernte in neuem Licht erscheinen zu lassen. Dasselbe gilt auch für die Lehrfunktionen des Informierens, der Informationsverarbeitung und des Speicherns und Abrufens. Bei der Darstellung im einzelnen werden diese Rückwirkungen noch deutlich werden. Das System der Rückpfeile bringt darüber hinaus zum Ausdruck, dass diese Rückwirkungen stattfinden können, ohne dass es dazu notwendig einer weiteren Aktivität oder einer zusätzlichen Entscheidung von Seiten des Lehrenden bedürfte – die allerdings auch nicht ausgeschlossen sind, wie man sehen wird. Trotz des linearen

Fortschreitens der Lehraktivitäten haben wir es also mit einem Prozess zu tun, bei dem später Gelerntes auf früher Gelerntes modifizierend wirkt, was eben zu einem kreisprozessartigen Geschehen führt.

Es gibt neben der Steuerung des Lehr–Lern–Prozesses weitere Möglichkeiten zum Einsatz des Algorithmus. So kann er nachträglich als ein *Prüfprogramm* eingesetzt werden, wenn sich der angestrebte Lernerfolg nicht eingestellt hat. In dem Falle kann man systematisch danach forschen, woran genau es von Seiten der Lehre gemangelt haben könnte, was zu kurz gekommen sein mag. Die Verwendung des Algorithmus als Prüfprogramm verhindert, den unbefriedigenden Erfolg den Lernenden anzulasten, wozu manche Lehrer neigen mögen. Es gibt fast immer einige Lernende, die mitbekommen haben, worum es geht, vielleicht weil sie überdurchschnittlich befähigt sind oder schon viel einschlägiges Vorwissen mitbrachten: Diese erfolgreich Lernende können jederzeit als Rechtfertigung dienen, um fälschlich zu schließen, dass der Misserfolg anderer wohl nicht an der Lehre gelegen haben mag.

Weiterhin kann der Algorithmus eingesetzt werden, um *Forschungshypothesen* zu erzeugen. Mehr oder minder offenkundig liegen ihm theoretische Annahmen über erfolgreiche Lehr–Lern–Prozesse zugrunde, die empirisch zu testen sind. Beispielsweise impliziert jeder Pfeil, der zwei Kästen miteinander verbindet, eine zwar gut begründete, aber empirisch prüfbare Hypothese.

Der Lehralgorithmus heißt nicht so, weil er den Lehrenden Handlungsanweisungen gibt. Selbst wenn es in den vorgeschlagenen Reaktionen heißt „Sorge für …", so ist damit nicht notwendig eine Lehrerhandlung gemeint. Adressaten können zwar die Lehrkräfte sein, es können darüber hinaus Mitschüler oder Tutoren in Betracht kommen, ferner Lehrmaterialien und natürlich auch moderne Lernmedien wie etwa Computer oder interaktive Lernprogramme aus dem Internet. Im Extremfall mag sogar der Lernende selbst Adressat sein. In dem Fall wird jemand für sich selbst, für sein eigenes Lernen den Algorithmus heranziehen. Er oder sie übernimmt dann selbst die Lehrfunktionen. *Selbstgesteuertes Lernen* wird in dem Maße effektiv sein, in dem Lernende die Lehrfunktionen für sich realisieren. Um selbstgesteuertes Lernen zu vermitteln, ist es daher angezeigt, Lernende Schritt um Schritt mit den Grundzügen des Lehralgorithmus auf angemessene Weise vertraut zu machen (Schreiber, 1998). Es wäre also ein Missverständnis anzunehmen, der Lehralgorithmus von Abbildung 4.2 lege einen lehrerzentrierten Unterricht nahe.

Wenn eine der fünf Fragen negativ zu bescheiden ist, so leitet der Algorithmus zu einem oder zwei Kästchen mit Aufforderungen, was Konkretes zu unternehmen („Sorge für …"). Damit sind, wie angedeutet, nicht Handlungen gemeint, sondern Effekte, die zu erzielen sind, und mögliche Hilfsmittel hierzu. Diese Kästchen bedürfen noch der weiteren Erläuterung unten. Aber schon hier sollte beachtet werden, dass die Hilfsmittel, die angesprochen werden, nur beispielhaft zu verstehen und keinesfalls erschöpfend sind.

4.3 Zusammenfassung

Die moderne Psychologie versteht Lernen als einen Prozess der Informationsverarbeitung. Die vier zentralen Stadien dieses Prozesses sind die Informationsaufnahme, die Verarbeitung und Speicherung der Information sowie ihr Transfer auf neue Zusammenhänge. Dabei handelt es sich um kognitive Prozesse. Metakognitive Prozesse steuern den Ablauf der kognitiven Prozesse und unterhalten sie motivational.

Damit ein Lehr-Lern-Prozess erfolgreich ablaufen kann, muss die Lehre bestimmte Effekte erzielen. Diese sechs Lehrfunktionen sind erforderlich, soll die Lehre wirksam sein: Die Steuerung und Kontrolle des Prozesses, die Motivation der Lernenden, ihre Informierung, ferner die Informationsverarbeitung, die Speicherung und Abrufbarkeit der Information und der Transfer, d. h. ihr Einsatz in neuen Zusammenhängen.

Ein Lehralgorithmus gibt an, in welcher Sequenz die einzelnen Lehrfunktionen umzusetzen sind, damit das Lehrziel erreicht wird. Der dargestellte Lehralgorithmus eignet sich für kognitive Lehrziele. Er bietet beispielhaft Wege, wie die sechs Lehrfunktionen in Lehrschritte umgesetzt werden können und kann von verschiedenen Instanzen realisiert werden.

Die Lehrfunktionen dienen also dazu, Unterricht systematisch zu planen und zu realisieren. Darüber hinaus können sie aber auch herangezogen werden, um tatsächlichen Unterricht oder verschiedene Lehrmethoden daraufhin zu beurteilen, wie gut dabei die Lehrfunktionen realisiert werden.

5   Steuerungs- und Motivierungsfunktion

Der Lehralgorithmus sorgt für die Steuerung des Lehr-Lern-Prozesses, so dass es nicht notwendig ist, zunächst näher auf die Steuerungsfunktion einzugehen. Im Mittelpunkt steht daher als erstes die *Motivierung*. Bedeutsam ist die Unterscheidung von *intrinsischer* und *extrinsischer* Motivation, wobei in erster Linie die intrinsische Form interessiert. Die Leser erfahren hierzu geeignete *Strategien*, lernen *Kausalattributionen* und *Selbstwirksamkeitsüberzeugungen* kennen sowie deren Einflüsse auf die Lernmotivation.

5.1   Steuerungsfunktion

Lehrende, die sich am Algorithmus von Abbildung 4.2 Seite 68 oder an einem anderen Konzept orientieren, nehmen auf diese Weise die Steuerungsfunktion wahr. Lernende übernehmen im Laufe der Entwicklung immer stärker diese Funktionen für sich selbst, und zwar innerhalb des regulären Unterrichts und insbesondere beim selbstgesteuerten Lernen. Wir sprechen dann von den metakognitiven Komponenten des Lernens, die in den letzten Jahrzehnten besonders stark beachtet worden sind. Diese metakognitiven Aspekte des Lernens werden hier zurückgestellt und im Kapitel zum selbstgesteuerten Lernen systematisch behandelt, weil Lernende dann die Steuerungsfunktion für ihr eigenes Lernen übernehmen.

5.2   Motivierungsfunktion

Im Lehralgorithmus steht die Motivierung zwar an erster Stelle, aber das bedeutet nicht, mit einer einmaligen Motivierung sei getan, was getan werden sollte. Streng genommen müsste der Algorithmus so gezeichnet werden, dass die notwendige Motivation über den gesamten Lehr–Lern–Prozess stabilisiert wird, wie dies auch Abbildung 4.1 Seite

65 verdeutlicht: Wenn die Motivation des Lernenden an irgendeiner Stelle abreißt, so bricht der Lernprozess ab. Insofern kommt es darauf an, die Frage nach der Motivation nicht aus den Augen zu verlieren, sondern durchgehend zu beachten. Zutreffend am Lehralgorithmus ist indes, dass der Motivation am Beginn einer Lehr–Lern–Phase besondere Bedeutung zukommt.

Eine Möglichkeit, Lernende für einen Sachverhalt zu motivieren, besteht darin, ein *interessantes Problem* aufzuwerfen. Statt einfach nur ein Thema anzukündigen, kann man insbesondere bei älteren Kindern, Jugendlichen und Erwachsenen das Interesse oft dadurch wecken, dass man ein Problem skizziert, für das sich keine offenkundige Lösung anbietet. Vielfach eignen sich dazu Positionen oder Konzepte, die auf den ersten Blick gegensätzlich sind und unvereinbar erscheinen, man denke etwa an die Partikel- oder Wellentheorie des Lichts. *Kognitive Konflikte* zu wecken oder zu nutzen, ist ein Gedanke, der schon bei Piaget nahe lag und der später beispielsweise von Case (1985) ausgebaut wurde. Piaget (1969) war der Meinung, dass die intellektuelle Entwicklung des Kindes unter anderem durch widersprüchliche Erfahrungen ausgelöst würde, Erfahrungen, die zu einer Lösung des Konflikts drängen. „Lehren durch Konflikt" (Murray, 1982) gilt seither als ein probates Mittel. So wird beispielsweise empfohlen, nicht einfach eine neue Strategie oder Technik einzuführen, sondern vorher zu zeigen, dass die bisherige Strategie nicht oder nur bedingt geeignet ist, ein bestimmtes Problem zu lösen (etwa das Überschreiten von Zehnern in der Addition und Subtraktion durch Zähloperationen). Auf diese Weise wird dann begründet, warum es sinnvoll ist, etwas Neues zu lernen.

Kinder erwerben im Laufe der Entwicklung manches Wissen, insbesondere im naturwissenschaftlichen Bereich, das objektiv falsch ist („Die Sonne geht im Osten auf …") und später korrigiert werden muss. Geht es um die Kugelform der Erde (Vosniadou & Brewer, 1992), um die Photosynthese bei Pflanzen (Mikkilä-Erdmann, 2001) oder um physikalische Phänomene wie Schall und Hitze (Lautrey & Mazens, 2004), so widerspricht das bisher naiv erworbene Wissen dem Wissen, das im Unterricht gelernt werden soll. Auch im Bereich der Mathematik entwickeln sich naiv viele falsche Vorstellungen, die zum Beispiel den Erwerb des Verständnisses von rationalen und reellen Zahlen vor dem Hintergrund der natürlichen Zahlen erschweren (Vamvakoussi & Vosniadou, 2004). Vielfach übertragen Schülerinnen und Schüler auch das Prinzip linearer oder proportionaler Beziehungen auf Bereiche, wo dies unangemessen ist, etwa in der Geometrie: Wenn die Seite eines Quadrats um den Faktor k wächst, so wächst dessen Fläche nicht auch um den Faktor k, was manchen Kindern große Schwierigkeiten bereitet (Van Dooren et al., 2004). Vielfach erweisen sich solche Misskonzepte als sehr widerstandsfähig, haben sie sich doch bislang bewährt und werden mitunter auch von der alltäglichen Erfahrung gestützt. Der Unterricht muss jedoch auf eine Korrektur hinarbeiten.

Diese Thematik wird unter dem Stichwort *Cognitive Change* behandelt (Schnotz, 2001). Kognitive Konflikte stellen dabei häufig den Auslöser dar, oder sie werden in der Instruktion bewusst provoziert, um solche Korrekturen des Wissens herbeizuführen. Spontan zeigen junge Menschen eine Reihe von Reaktionen auf kognitive Konflikte wie ignorieren, zurückweisen, unentschieden halten, neu interpretieren, oberflächliche Veränderungen vornehmen oder die Theorie umbauen (Chan, Burtis & Bereiter, 1997). Kognitive Konflikte im Unterricht einzusetzen erweist sich jedoch auch nicht immer als der Königsweg (Limón, 2001): Was Lehrer für einen kognitiven Konflikt halten, wird von Schülern nicht immer so nachvollzogen, und mitunter fehlen den Lernenden die notwendigen Kenntnisse und Voraussetzungen, um die Notwendigkeit der Modifikation ihres bisherigen Wissens einzusehen.

Erfolgreich erwies sich hingegen der Weg, der in einer finnischen Studie eingeschlagen wurde (Mikkilä-Erdmann, 2001). Fünftklässler wurden in zwei Varianten über die Photosynthese unterrichtet: Die erste Variante bediente sich eines gängigen Lehrbuchtextes, während die zweite Variante einerseits bekannte Missverständnisse von Kindern aufgriff und sie klar stellte (z. B. dass Pflanzen die einzigen Lebewesen sind, die ihre Nahrung mit Hilfe des Sonnenlichts selbst herstellen und Sauerstoff als Abfallprodukt erzeugen) und andererseits metakognitive Unterstützung bot, damit die Kinder das neue Wissen richtig einzuordnen verstanden („Es ist wichtig zu verstehen, dass Pflanzen nicht Nahrung über die Wurzeln aufnehmen; Pflanzen essen nicht, sondern erzeugen ihre Nahrung selbst in den Chloroplasten"). Im Ergebnis stellte sich diese zweite Variante als wesentlich effektiver im Vergleich zum traditionellen Text heraus. Ähnlich angelegt war eine Untersuchung in Zypern ebenfalls bei Fünftklässlern, die über die Form der Erde und den Tag-Nacht-Rhythmus unterrichtet wurden. Dabei stellte sich ebenfalls die Variante, die die bei Kindern vorherrschenden Missverständnisse aufgriff, als wesentlich wirksamer heraus (Diakidoy & Kendeou, 2001).

Widersprüchliche Erfahrungen und kognitive Konflikte aktivieren auch leicht die *Neugier*, die ihrerseits dazu motiviert, den gegensätzlichen Erfahrungen auf den Grund zu gehen (Berlyne, 1981; Loewenstein, 1994). Wird dagegen etwas langweilig, das heißt sinkt das allgemeine Aktivierungsniveau und droht *psychische Sättigung* einzukehren, so wird eine *ungerichtete* Neugier geweckt, die auf Veränderung drängt und in der Klasse zu Unaufmerksamkeit und Unruhe führt. In dem Fall genügt häufig schon der *Wechsel der Tätigkeit*, um wieder zu konzentrierter Arbeit zu führen.

Unabhängig davon ist es eine weitere Möglichkeit, *interessante Tätigkeiten* anzubieten. Manche Tätigkeiten werden als solche so positiv erlebt, dass sie sogar als Belohnung eingesetzt werden können. In dem Fall macht die Tätigkeit als solche Spaß, und weitere Motivierungsversuche sind überflüssig. Mit dem Lebensalter ändern sich allerdings die jeweils bevorzugten Aktivitäten sehr: Spiele, Wetteifer und Wettkämpfe, Diskussionsrunden, Aktivitäten in Kleingruppen, „forschendes" Lernen oder berufstypische Tätigkeiten werden von Lernenden unterschiedlichen Alters und Niveaus bevorzugt. Häufig braucht man nur eine Möglichkeit zu finden, den neuen Lehrstoff in gerade bevorzugte Aktivitäten einzukleiden, um die Lernenden zu engagierter Mitarbeit zu gewinnen. Beispielsweise macht es vielen Spaß, selbständig etwas herausfinden oder entdecken zu können. Nicht selten gelingt es durch solche Maßnahmen, eine so anregende *Arbeitsatmosphäre* zu schaffen, dass sich die Lernenden regelrecht gegenseitig anstecken und mitreißen.

Instruktionspsychologisch sind *Motivierungshilfen* besonders relevant, kann man doch auf solche zurückgreifen, um die Motivierung von Lernenden zu fördern. Rheinberg und Krug (1999) halten einen differenzierten Ansatz nach drei Dimensionen für zweckmäßig, um Motivierungshilfen zu klassifizieren. Sie unterscheiden nach dem Ansatzpunkt einer Motivierungshilfe, nach ihrer Zeitperspektive und nach der Verhaltenserwartung.

Motivierungshilfen, die der behavioristischen Tradition entsprechen, sind alle Varianten von Verstärkung, wie etwa Anerkennung und Lob. Belohnungen sind dagegen obsolet geworden. Lediglich der Einsatz indirekter Belohnungen wie etwa *Tokens* ist gelegentlich noch anzutreffen, denn man weiß inzwischen, dass Tokens nicht notwendig extrinsische Motivation aufbauen und intrinsische reduzieren, wie befürchtet worden war – obwohl dieser Punkt umstritten ist (Cameron & Pierce, 1994, Deci, Koestner & Ryan, 1999; Eisenberg, Pierce & Cameron, 1999; Deci. Koestner & Ryan, 2001; Cameron, 2001). Die Vergabe von *Credit Points* in Studium und Weiterbildung lässt sich ebenfalls als eine Variante von (immateriellen) Tokens verstehen. Bei *Credits* geht es aber sicher um langfristige Perspektiven. Im Allgemeinen stehen heute andere Motivierungshilfen im Vordergrund. Hidi und Harackiewicz (2000) halten es zwar auch für eine entscheidende Aufgabe des 21. Jahrhunderts, Unmotivierte zum Lernen zu motivieren. Die Autorinnen plädieren ebenfalls dafür, Motivation als eine facettenreiche Größe anzusehen und fordern dementsprechend, *keine* Facette und *keine* Möglichkeit außer Acht zu lassen, um Uninteressierte doch noch zum Lernen zu bewegen. Deshalb solle man die Möglichkeit der Motivierung durch Belohnungen nicht voreilig ausschließen. Dennoch stehen im Folgenden die mittel- und langfristigen Motivierungshilfen im Vordergrund (vgl. Rheinberg & Krug, 1999).

5.3 Förderung der Lern- und Leistungsmotivation

Besonders günstig für das Lernen ist es, wenn es gelingt, das Lern- und Leistungsmotiv langfristig zu stabilisieren, weil es dann auch in späteren Situationen leichter zu aktivieren ist. Dabei kommt der Entwicklung intrinsischer Motivation und dem Aufbau entsprechender Interessen besondere Bedeutung zu, wie Krapp (1999) nachweist. Theoretische Konzepte, die in der Lage sind, die Entwicklung von Interessen beim Individuum zu erklären, hat Krapp (2002) übersichtlich und kritisch zusammengestellt. Um die schulfachspezifischen *Interessen* von Schülerinnen und Schülern ebenso wirksam wie ökonomisch zu testmäßig erfassen, haben Sparfeldt, Rost und Schilling (2004) ein besonders einfach einzusetzendes Verfahren entwickelt.

Neben der Motivierung der Lernenden, wenn es um konkrete Instruktion geht, ist die übergreifende Förderung des Lern- und Leistungsmotivs bedeutsam. Deshalb sei auf diese Thematik noch kurz eingegangen. Einen umfassenden Überblick bieten Rheinberg (2000; 2001b), Wild, Hofer und Pekrun (2001, Seite 218 ff) sowie Hofer (2003). Diese Autoren stellen die relevanten theoretischen Konzepte dar und bieten einen Überblick über die empirische Forschung zur Effektivität von Maßnahmen zur Förderung der Lern- und Leistungsmotivation. Linnenbrink und Pintrich (2002) halten insbesondere vier Aspekte der Lern- und Leistungsmotivation für bedeutsam: Schulische Selbstwirksamkeit, Attributionen, intrinsische Motivation und Leistungsziele. Diese Aspekte sollen kurz erläutert werden.

Vor allem im Bereich der Pädagogischen Psychologie wird gerne zwischen *intrinsischer* und *extrinsischer* Motivation unterschieden (vgl. etwa Schiefele & Köller, 2001). Intrinsisch ist man motiviert, wenn die geforderte Tätigkeit selbst als interessant, spannend und herausfordernd erscheint, so dass man keiner zusätzlichen Belohnung bedarf. Extrinsisch heißt die Motivation, wenn man etwas tun will, um eine Belohnung zu bekommen oder etwas anderes, das mit der Aufgabe selbst eigentlich nichts zu tun hat. Auf Dauer ist die intrinsische Motivation natürlich erstrebenswerter (siehe auch Schiefele & Schreyer, 1994).

Weiterhin besteht Einigkeit darüber, dass *Kausalattributionen* die Motivation beeinflussen. Gemeint sind damit die Ursachen, die man seinem eigenen Erfolg oder auch seinem Misserfolg zuschreibt, attribuiert. Wenn man seinen Erfolg einer leichten Aufgabenstellung oder dem Zufall zuschreibt statt dem eigenen Können, so ist das nicht sehr förderlich für die Anstrengungsbereitschaft. Und wenn man seinen Misserfolg auf mangelnde Begabung statt auf ungenügendes Lernen zurückführt, so ist das ebenfalls wenig förderlich für weiteres Lernen (Möller, 2001). Anders liegen die Dinge, wenn Erfolg der eigenen Anstrengung und Misserfolg der eigenen Faulheit zugeschrieben wird. Möller und Jerusalem (1987) sowie Möller (2001) bieten umfassend informierende Überblicke über die schulisch relevante Attributionsforschung.

In dem Zusammenhang sind auch die Selbstwirksamkeitserwartungen von Interesse. Unter *Selbstwirksamkeit* versteht man seit Bandura (1977) die Überzeugung, ein Handlungsergebnis selbst herbeigeführt zu haben. Wenn etwa einem Schüler die Überzeugung fehlt, selbst seine guten oder schlechten Leistungen bewirkt zu haben, so ist das sicher für seinen weiteren Lerneifer nachteilig (Moschner, 2001). Umgekehrt beeinflussen Variablen der Selbstwirksamkeit das Lernen (Zimmerman, Bandura & Martinez-Pons, 1992), insbesondere wenn die Selbstwirksamkeit spezifisch bezogen auf die fraglichen Leistungen erhoben werden (Pajares, 1996). Seegers und Boekaerts (1993) konnten in einer großen Untersuchung im Matheunterricht von sechsten und siebten

Klassen nachweisen, dass solche Motivationsvariablen tatsächlich in der aktuellen Situation zum Zug kommen.

Fachspezifische *Selbstkonzepte* beeinflussen ihrerseits ebenfalls die Lernmotivation (Köller, Klemmert, Möller & Baumert, 1999; Rost, Dickhäuser, Sparfeldt & Schilling, 2004). Solche fachbezogenen Selbstkonzepte lassen sich besonders elegant mit dem Verfahren von Rost und Sparfeldt (2002) messen.

Basierend auf Heckhausens Selbstbewertungsmodell (Heckhausen, 1975, vgl. auch Rheinberg, 2000) entwickelte Fries ein Trainingsprogramm zur gleichzeitigen Förderung kognitiver Kompetenzen und des Lern- und Leistungsmotivs. Für die Motivförderung formulierte er drei Ziele, die zugleich erfolgreiche Ansätze markieren (Fries, 2002, Seite 148 f).

(1) Die Lernenden sollen zunächst dahin geführt werden, sich selbst ein *realistisches Anspruchsniveau* zu setzen. Misserfolgsängstliche Menschen neigen dazu, sich entweder zu niedrige oder aber zu hohe Ziele zu setzen. Im ersteren Fall vermeiden sie den Misserfolg, strengen sich aber auch nicht sehr an. Im zweiten Fall rechnen sie von vornherein mit einem Misserfolg, weil der Anspruch viel zu hoch gegriffen war, und sie haben die Erklärung hierfür auch schon parat, nämlich dass sie nicht gut genug sind. Man nimmt in beiden Fällen das Ziel nicht wirklich ernst. Deshalb ist wichtig zu lernen, sich realistische Ziele zu setzen, damit man sich auch ernsthaft anstrengt.

(2) Als zweites Ziel einer systematischen Motivförderung kommt es darauf an, dass die Lernenden ein *erfolgszuversichtliches Attributionsmuster* zeigen. Nach einem Erfolg sollten sie ihren Erfolg nicht dem Zufall zuschreiben oder der zu leichten Aufgabe, sondern ihrem eigenen Fleiß und ihrer Begabung. Einen Misserfolg sollten sie dagegen keinesfalls auf Unvermögen zurückführen, sondern auf fehlenden Fleiss.

(3) Das dritte Ziel bezieht sich schließlich auf die *Selbstbewertungsbilanz in Leistungssituationen*. Hier geht es darum, die Lernenden zu ermuntern, sich mehr über Erfolge zu freuen als über Misserfolge zu ärgern oder gar daran zu verzweifeln. Für nachfolgende Leistungen ist es vorteilhaft, Misserfolge vor sich selbst herunterzuspielen.

Diese drei Komponenten helfen nachweislich, die Lernmotivation zu stabilisieren. Insofern ist man gut beraten, in Lehr – Lern – Prozessen die Komponenten realistisches Anspruchsniveau, erfolgszuversichtliche Attributionen und positive Selbstbewertungsbilanzen systematisch zu fördern. Das gilt selbstverständlich auch für das eigene Lern- und Leistungsverhalten.

In den USA bewährt sich seit einigen Jahrzehnten ein Motivierungsmodell, das aus vier Komponenten besteht und unter dem Kürzel ARCS bekannt geworden ist. Entwickelt wurde es von Keller (1987; vgl. Small, 1997) unter Rückgriff auf verschiedene psychologische Motivationstheorien, so dass es Einseitigkeiten vermeidet und die Motivation auf relativ breiter Basis zu fördern sucht. Manches davon dürfte mittlerweile bekannt sein.

Die vier ARCS-Strategiekomponenten lauten so.

▶ A steht für Aufmerksamkeitsstrategien *(attention strategies)* zur Weckung und Unterhaltung von Aufmerksamkeit, Neugier und Interessen. Dies kann auf dreifache Weise geschehen. (1) Präsentation anregender oder überraschender Information, zum Beispiel durch Information, die bisherigen Erkenntnissen zu widersprechen scheinen, also kognitive Konflikte erzeugen und verunsichern. (2) Weckung von Forschungsinteressen etwa durch interessante oder provozierende Fragen an die Klasse oder durch Probleme, die von den Lernenden gemeinsam gelöst werden sollen. (3) Durch eine geeignete Variabilität der Tätigkeiten, also durch Abwechslung in den geforderten Aktivitäten, so dass Langeweile gar nicht erst aufkommt.

▶ R steht für Strategien, den Lehrstoff relevant für die Lernenden werden zu lassen *(relevance strategies)*. Sie verknüpfen den Lehrstoff mit den Bedürfnissen, Interessen und Motiven der Lernenden. Dies geschieht (1) durch Zielangaben, auf die weiter unten noch eingegangen wird, (2) durch Anpassung der Ziele an die Motive und Interessen der Lernenden – etwa durch die Zielangabe des persönlichen Bezugs, die unten vorgestellt werden wird – und (3) durch Rückgriff auf Vertrautes, etwa auf die eigenen Erfahrungen der Lernenden.

▶ C steht für Strategien der Erfolgszuversicht *(Confidence strategies)*, die den Lernenden helfen sollen, zuversichtlich den eigenen Lernerfolg zu erwarten. In Frage kommen (1.) Informationen darüber, was genau gefordert ist, worauf es entscheidend ankommt und wie die Beurteilungskriterien sind. Ferner (2.) Unterstützung erfolgreichen Lernens durch entsprechend angepasste Aufgabenstellungen und (3.) positive Kausalattributionen, indem man Erfolge der Fähigkeit und dem Fleiß der einzelnen zuschreibt.

►S steht für Belohnungsstrategien *(satisfaction strategies)*, die extrinsische oder intrinsische Befriedigung verschaffen sollen. Hierzu eignet sich alles, was (1) die Freude am Lernen und den zugehörigen Tätigkeiten unterstützt, (2) Belohnungen etwa in Form von Zertifikaten, *credit points* und ähnliches und (3) schließlich verlässliche Bedingungen für die Lernenden, etwa dass am Ende genau die Kriterien angelegt werden, die vorher angekündigt worden waren.

In jüngerer Zeit wird die Bedeutung von *Emotionen* für die Lernmotivation stärker beachtet, seien es negative Emotionen wie Schulangst oder Langeweile, seien es positive wie Freude am Lernen, an der Zusammenarbeit mit anderen und am eigenen Erfolg (Pekrun, 1992; Pekrun, Götz, Titz & Perry, 2002). Eine Arbeitsgruppe der Ludwigsburger Pädagogischen Hochschule hat dies zum Anlass einer größeren Untersuchung in achten und neunten Klassen von Hauptschulen, Realschulen und Gymnasien genommen (Gläser-Zikuda, Fuß, Laukenmann, Metz & Randler, 2005). Die Autoren nannten das Unterrichtskonzept, das sie überprüfen wollten, ECOLE (*E*motional and *CO*gnitive aspects of *LE*arning) und definierten es durch folgende fünf Merkmale und deren zugeordnete Instruktionsstrategien.

►Selbststeuerung mittels schülerzentrierter Instruktion und aktiver Beteiligung der Lernenden.

►Kompetenz erzielen mittels Differenzierung und Klarheit der Anforderungen bei individueller Rückmeldung.

►Soziale Interaktion durch kooperative Tätigkeiten und spielartiges Lernen.

►Strukturiertes Vorgehen durch klar gegliederte Instruktion und gut übersichtliches Unterrichtsmaterial.

►Interessante Inhalte für die Lernenden durch lebensnahe Aufgaben und Anwendungen.

Diese fünf Merkmale des Unterrichts sollten eben die Freude am Lernen, an der Zusammenarbeit und am eigenen Erfolg stützen. Insgesamt waren 37 Klassen mit 1010 Schülerinnen und Schülern aus den drei Schulformen einbezogen, aber es konnten nicht die Daten aller Teilnehmer ausgewertet werden. Dennoch verblieb eine beachtlich große Stichprobe. Der ECOLE-Unterricht wurde in den Fächern Deutsch, Biologie und Physik erteilt, wobei jeweils etwa die Hälfte der Klassen traditionellen, mehr lehrerzentrierten Unterricht und die andere Hälfte die ECOLE-Variante erhielt. Nach dem Unterricht wurden lehrzielorientierte Tests gegeben, um den Lernerfolg zu ermitteln. Sechs Wochen später wurde ein weiterer, also nicht identischer lehrzielorientierter Test erhoben, um festzustellen, wie sich der Lernerfolg in längerer Perspektive darstellt. Die Ergebnisse sind bemerkenswert: In allen drei Fächern waren die Experimentalgruppen den herkömmlich unterrichteten Kontrollgruppen überlegen, und nach sechs Wochen war dieser Unterschied noch größer geworden. Gerade dieser längerfristige Effekt gibt zu denken – sollte er sich weiterhin bestätigen. Die Fächer waren übrigens unterschiedlich betroffen: In Biologie waren die Effekte relativ klein, im Deutschen waren sie am größten, während die Effekte im Physikunterricht zwischen denen der beiden anderen Fächern lagen. Maße über emotionale Reaktionen waren ebenfalls erhoben worden, zeigten aber keine so klaren Ergebnisse. Hervorzuheben bleibt allerdings, dass der Experimentalunterricht von den Lernenden nach verschiedenen Aspekten hin eindeutig die besten Noten von den Schülern erhielt. Ob hier der Unterschied zum gewohnten Unterricht vielleicht am größten war?

5.4 Zusammenfassung

Die Motivierung der Lernenden muss über den gesamten Lehr-Lern-Prozess aufrechterhalten bleiben. Lehrende müssen daher das Motivationsniveau der Lernenden fortlaufend beachten und notfalls intervenieren.

Zu den motivierenden Eröffnungsstrategien gehören interessante Probleme, interessante Tätigkeiten, kognitive Konflikte und Zielangaben, etwa die Zielangabe des persönlichen Bezugs, auf die unten noch eingegangen wird. Zielangaben fördern das Lernen, weil sie die Aufmerksamkeit auf wichtige Aspekte des Lehrstoffs hinlenken.

Intrinsisch Motivierte finden die Aufgabe, den Sachverhalt, die Tätigkeit als solche interessant und spannend. Extrinsisch Motivierte strengen sich dagegen an, um eine Belohnung zu erreichen, die für die Anstrengung ausgesetzt ist. Es ist sinnvoll, die intrinsische Motivation der Lernenden zu fördern.

Unter Kausalattribution versteht man einen Zuschreibungsprozess, nämlich welchen Ursachen man seine eigenen Erfolg oder Misserfolg zuschreibt. Positiv für die Lern- und Leistungsmotivation wirkt sich eine Kausalattribution aus, die den Erfolg der eigenen Fähigkeit, den Misserfolg aber mangelnder Anstrengung zuschreibt. Selbstwirksamkeitsüberzeugung heißt die Überzeugung, ein Handlungsergebnis selbst herbeigeführt zu haben. Diese Überzeugung fördert das Anspruchsniveau, das man sich selbst setzt, die Zielsetzungen, die Erfolgserwartungen und damit auch die Lern- und Leistungsmotivation. Deshalb sollten drei Komponenten bei den Lernenden unterstützt werden: realistisches Anspruchsniveau, erfolgszuversichtliche Kausalattributionen und positive Selbstbewertungsbilanzen. Das Lern- und Leistungsmotiv kann durch ein spezielles Training gefördert werden.

Das ARCS-Modell der Motivierung verknüpft mehrere Motivierungstheorien miteinander. A steht für Aufmerksamkeitsstrategien, R für Strategien, den Lehrstoff relevant werden zu lassen für die Lernenden, C für Strategien, die den Lernerfolg und die Zuversicht *(confidence)* in den Erfolg unterstützen, S für Belohnungsstrategien *(satisfaction)*.

In jüngerer Zeit wird der Einfluss von Emotionen auf die Lernmotivation stärker beachtet. Positive Emotionen können auf verschiedene Weise geweckt werden und fördern dann das Lernen. Dazu gehört auch das ECOLE-Konzept, bei dem es um emotionale und kognitive Aspekte des Lernens ging.

6 Informationsfunktion

Auch beim Unterrichten ist es nicht immer sinnvoll, mit der Tür ins Haus zu fallen. Um zu einem *neuen* Lehrstoff hinzuführen, haben sich verschiedene *Techniken* in der Forschung bewährt. Darüber hinaus existiert relativ umfangreiche Forschung darüber, unter welchen Bedingungen es sinnvoll ist, den neuen Lehrstoff von den Lernenden *erarbeiten* zu lassen oder ihn *darzubieten*, wobei im letzteren Fall mehrere Mediatoren in Frage kommen. Schließlich werden jene Möglichkeiten zur *Gestaltung* der Information ausführlich vorgestellt, die in den letzten Jahren besonders gründlich experimentell untersucht worden sind.

Betrachtet man den Lehralgorithmus von Abbildung 4.2 Seite 68, so wird deutlich, dass den Lernenden nur dann Informationen angeboten werden sollen, wenn sie die Information nicht schon besitzen. Diese Forderung erscheint trivial, aber selbst Studierende erleben es immer wieder, dass sie sich des Langen und Breiten etwas anhören sollen, was sie schon kennen. Ein solches Vorgehen erhöht sicher nicht die Lernmotivation, im Gegenteil kann sie Überdruss und psychische Sättigung wecken. Man wird also nur solche Information anbieten, die nicht schon bekannt ist. Selten ist es jedoch sinnvoll, den Lernenden ohne Übergang etwas Neues zu offerieren.

6.1 Eröffnungsstrategien

Im Lehralgorithmus von Seite 68 sind der Informationsfunktion zwei Kästchen in fester Reihenfolge zugeordnet. Danach sollte die Lenkung der Aufmerksamkeit auf das Neue der eigentlichen Präsentation oder Erarbeitung des Neuen vorangehen. Dieser Punkt hängt zweifellos eng mit der Motivierung zusammen, und zwar auch in dem Sinne, dass die Aufmerksamkeit nicht nur einmalig und zu Beginn, sondern über die ganze Dauer auf den Lehrstoff konzentriert werden sollte. Gleichgültig, ob die Information selbst erlesen oder erarbeitet, ob sie vom Lehrer oder einem Computer präsentiert oder interaktiv erstellt wird, so ist doch verständlich, dass ohne Aufmerksamkeit keine Informationsaufnahme möglich ist. Jeder kennt aus eigener Erfahrung, dass man einen Lehrtext liest und liest und auf einmal bemerkt, wie man gar nicht mehr richtig aufnimmt, was man da liest. Diese metakognitive Wahrnehmung der abgelenkten eigenen Aufmerksamkeit zeugt schon von fortgeschrittenem Lernverhalten und hilft, sein eigenes Lernen besser zu steuern.

Aufmerksamkeitslenkend wirken Problemstellungen und Fragestellungen, für die man die Lernenden interessieren kann. Dazu sei auf den vorigen Abschnitt verwiesen. In vielen Fällen genügt auch nur die Erläuterung, worum es bei der neuen Lehreinheit inhaltlich geht, was ihr Sinn und Zweck ist und welche Stellung ihr im Fortgang des Lernens zukommt. Hierzu bieten sich verschiedene Möglichkeiten an.

6.1.1 Vorstrukturierende Lernhilfen

Diese wurden als „advanced organizer" von Ausubel (1960; 1968) eingeführt und nachdrücklich empfohlen. Bei vorstrukturierenden Lernhilfen handelt es sich um eine Information über das Kommende, die nicht in die Einzelheiten geht, sondern einen *allgemeinen Überblick* gibt. Hintergrund war Ausubels Theorie des sinnvollen Lernens. Danach resultiert sinnvolles Lernen, wenn Lernende über solches Vorwissen verfügen, das ihnen erlaubt, das Neue einzuordnen und mit dem vorhandenen Wissen zu verknüpfen. Weiterhin nimmt Ausubel an, Vergessensprozesse führten im Laufe der Zeit dazu, dass die kognitive Struktur nicht allzu viele konkreten Einzelheiten mehr enthalte, sondern nur noch das Grundgerüst. Ein „advance organizer" soll daher auch nur ein Grundgerüst anbieten, keine Einzelheiten enthalten, abstrakter, allgemeiner und umfassender Sein als die zu übermittelnde Information. Ein solches Grundgerüst sei geeignet, neue Information einzubauen und so sinnvolles Lernen zu ermöglichen.

Inzwischen sind vorstrukturierende Lernhilfen in ihrer Wirksamkeit instruktionspsychologisch ausgiebig erforscht worden. Allerdings stellten sie sich in der empirischen Forschung nicht immer als wirksam heraus (Weidenmann, 2001). Luiten, Ames und Ackerson (1980) hatten beispielsweise eine Metaanalyse über 135 Untersuchungen durchgeführt und fanden eine mittlere Effektstärke von $M_d = 0,21$, also im Durchschnitt doch einen kleinen positiven Effekt von rund 1/5 Standardabweichung. Längerfristig erschien der Effekt etwas größer, und mündliche waren wirksamer als schriftliche. Ausubel fand die Effekte dennoch oft als zu klein und war der Meinung, viele so genannte „advance organizer" seien nicht immer richtig formuliert worden, seien also gar nicht echte „advance organizer" gewesen. Diese Argumentation veranlasste Hartley und Davies (1976) zu der bissigen Bemerkung, es sei nach Ausubels Meinung wohl nur dann ein echter „advance organizer" gewesen, wenn er wirksam war, und keiner, wenn er wirkungslos blieb.

So werden Effektstärken gemessen

Das am häufigsten verwendete Maß für Effektstärken ist die standardisierte Mittelwertsdifferenz d zwischen einer Experimental- und einer Kontrollgruppe. Durch die Standardisierung wird die Mittelwertsdifferenz unabhängig von den konkreten Punktwerten der verwendeten Tests und daher vergleichbar gemacht.

$$d = \frac{M_{EG} - M_{KG}}{s_p}$$

M bedeutet Mittelwert, s_p die gemittelte Standardabweichung zwischen den beiden Gruppen. Seit Cohen (1977) gelten folgende Konventionen:

d = 0,2 kleiner Effekt

d = 0,5 mittlerer Effekt

d = 0,8 großer Effekt

Der mittlere durchschnittliche Schüler hat definitionsgemäß den Prozentrang 50. Bei einem d = 1 verbessert er sich um knapp 35 Prozentränge fast auf den Prozentrang 85.

Wird eine vorstrukturierende Lernhilfe im Sinne Ausubels nicht richtig formuliert, so dürfte öfters eine Art *Zusammenfassung* resultieren. Vorangestellte Zusammenfassungen lenken sicher auch die Aufmerksamkeit und führen dazu, dass die nachfolgende Information teilweise eine Wiederholung darstellt, die ebenfalls lernwirksam ist. Tatsächlich konnte Peeck (1977; 1978; 1994) zeigen, dass vorangestellte Zusammenfassungen nicht unbedingt weniger wirksam sind. Überdies waren die Effekte eines „advance organizers", wenn er nachgestellt statt vorangestellt war, nicht bedeutsam schlechter (Woodward, 1967), was nach Ausubel keinesfalls möglich sein sollte. Denkbar wäre also, dass der Effekt einer vorangestellten Lernhilfe anders zu erklären wäre, etwa durch die Lenkung der Aufmerksamkeit, durch die so erzeugte partielle Wiederholung – und vielleicht auch durch Weckung von Neugier, Interesse und Lernmotivation.

Gegenwärtig wird daher eher die Frage gestellt, unter welchen Bedingungen vorstrukturierende Lernhilfen wirksam sind und unter welchen nicht (Mayer, 2003). In diesem Sinne hatten schon West und Fensham (1976) in einer klugen Versuchsanordnung herausfinden können, dass diese Lernhilfen denjenigen Schülern nützen, die über geringes relevantes Vorwissen verfügen, während die Schüler mit mehr spezifischem Vorwissen nicht von ihnen profitierten. Hier zeigt sich eine „Aptitude – Treatment – Interaktion", auf die später noch zurückzukommen sein wird. Im konkreten Fall wirkte die vorstrukturierende Lernhilfe kompensatorisch, indem sie denjenigen am meisten half, die ihrer auch am ehesten bedurften. So gesehen wäre dann nicht unter allen Umständen zu vorstrukturierenden Lernhilfen zu raten, sondern nur bei lernschwächeren Probanden.

Was ist eine Metaanalyse?

Seit Glass (1976) unterscheidet man die primäre, die sekundäre und die Metaanalyse von Untersuchungsergebnissen. Die primäre Analyse legt der Forscher selbst vor. Analysiert er oder ein anderer später die Daten erneut, so handelt es sich um eine sekundäre Analyse. Werden aber alle Untersuchungen zu einem Thema zusammengefasst und statistisch analysiert, so liegt eine Metaanalyse vor. Die technischen Einzelheiten hierzu findet man bei Fricke und Treinies (1985) und Rustenbach (2003).

Metaanalysen berechnen unter anderem das arithmetische Mittel der Effektstärke d, hier bezeichnet als M_d. Bessere Schätzungen des mittleren Effekts resultieren, wenn bei der Schätzung die unterschiedlichen Stichprobengrößen berücksichtigt werden. Dann resultieren mittlere *gewogene* Schätzungen, die mit d+ bezeichnet werden. In der Regel ist d+ kleiner als das arithmetische Mittel der einzelnen d-Werte, M_d.

Ein wichtiges Teilergebnis ist dabei, ob die die einzelnen Schätzungen aus einer homogenen Grundgesamtheit stammen. Ist das nicht der Fall, so spielen noch andere Einflussgrößen eine Rolle, die man auch Moderatoren nennt.

Auf einen anderen Aspekt machten Kloster und Winne (1989) aufmerksam. Diese Autoren entwickelten eine Möglichkeit, die Nutzung von „advance organizers" durch Achtklässler im Lernprozess selbst zu verfolgen. Dabei stellte sich heraus, dass keineswegs alle Lernenden diese Hilfen tatsächlich nutzten. Allerdings profitierten jene Schülerinnen und Schüler, die die Lernhilfen nutzten, auch deutlich mehr als die anderen. Für manche waren die „advance organizer" möglicherweise zu schwerverständlich formuliert und daher zu wenig attraktiv.

6.1.2 Zielangaben

Die traditionelle Didaktik forderte schon, jede Unterrichtseinheit mit einer Zielangabe zu beginnen, die die Lernenden *motivieren* sollte, die ferner ihre Aufmerksamkeit auf das Thema *hinlenken* und von anderen Inhalten *ablenken* sollte (Rein, 1899). Der Zielangabe wurde demnach eine motivierende und zugleich aufmerksamkeitslenkende Funktion zugeschrieben. In der traditionellen Didaktik hat beispielsweise die *Zielangabe des persönlichen Bezugs* eine lange Tradition. Man versteht darunter die Zielangabe, die einen persönlichen Bezug zwischen dem Stoff und den Lernenden herstellen sollte. Dabei kann man den Lernenden etwa darlegen, welchen Nutzen sie zu erwarten haben, wenn sie den Stoff lernen. Empirische Untersuchungen zeigten zwar, dass die Zielangabe des persönlichen Bezugs mal wirksam ist und mal nicht (Klauer, 1982b, 1984a), doch gehört sie noch heute zum möglichen Reservoir von Motivierungshilfen, wie in einem Trainingsexperiment bei Studierenden gezeigt werden konnte (Leutner, Barthel & Schreiber, 2001).

Ein Schwerpunkt zur Erforschung der Wirksamkeit von Zielangaben lag in der zweiten Hälfte des 20. Jahrhunderts. Auf Grund einer Sichtung der einschlägigen Forschung von 1969 bis 1980 kamen Locke, Saari, Shaw und Latham (1981) zu bemerkenswerten Schlussfolgerungen. Generell konnten sie feststellen, dass mit Zielangaben besser und mehr gelernt wird als ohne Zielangaben. Darüber hinaus sind Zielangaben dann besonders effektiv, wenn sie spezifisch sind und wenn sie eine Herausforderung darstellen. Dieser letztere Gesichtspunkt hängt auch mit dem Schwierigkeitsgrad der gestellten Ziele zusammen. Für Misserfolgsängstliche stellen sicher nur leichtere Ziele eine Herausforderung dar, während Erfolgszuversichtliche von leichten Zielen gerade nicht herausgefordert werden.

Lehrtexten wird mitunter ein Katalog von Zielen vorangestellt, so dass die Lernenden schon im Vorhinein erfahren, worauf es beim Lesen ankommt. Zur Wirksamkeit dieser vorangestellten Zielangaben beim Lernen aus Lehrtexten gibt es eine umfangreiche Forschung. Eine Metaanalyse über zehn Jahre einschlägiger Forschung kam zum Ergebnis, dass solche Zielangaben zwar *nicht* generell motivieren, wohl aber die Aufmerksamkeit lenken (Klauer, 1984b). Die mittleren Effektstärken M_d der Zielangabe betrugen nämlich

$M_d = 0,43$ bei den Inhalten, auf die sich die Zielangaben bezogen, und

$M_d = -0,44$ bei den Inhalten, auf die sich keine Zielangaben bezogen.

Zielangaben lenken demnach die Aufmerksamkeit auf die angegeben Inhalte, sie lenken die Aufmerksamkeit jedoch auch weg von den anderen Inhalten, die der Lehrtext enthält, die aber nicht im Zielkatalog aufgeführt sind (man vergleiche hierzu auch Hager & Westermann, 1986). Zielangaben haben jedoch *keine* generell motivierende Wirkung, wie dies in der älteren Didaktik angenommen worden war (Rein, 1899). Wäre dies nämlich der Fall, so müssten *beide* mittleren Effektstärken positiv und statistisch bedeutsam größer als Null sein. Die Annahme einer generell motivierenden Wirkung solcher Zielangaben kann also ausgeschlossen werden.

Eine differenziert weiterführende Untersuchung stammt von Hager, Barthelme und Hasselhorn (1989). Die Autoren überprüften erneut die Hypothesen der aufmerksamkeitslenkenden und der motivierenden Funktion von Zielangaben. Sie berücksichtigten allerdings eine weitere Bedingung, nämlich die Auslastung der Verarbeitungskapazität der Lernenden. Die Autoren stellten dabei folgende Überlegung an: Haben die Lernenden genügend Aufnahmekapazität zur Verfügung, so besteht keine Notwendigkeit der Lenkung der Aufmerksamkeit auf bestimmte Inhalte. Das ist erst der Fall, wenn nicht alle Informationen unter den gegebenen Bedingungen aufgenommen werden können. So vermuteten die Autoren, dass die Funktion der Aufmerksamkeitslenkung von Zielangaben nur bei Überlast der Verarbeitungskapazität zum Zuge kommt. Dagegen vermuteten sie, eine etwaige Motivationsförderung durch Zielangaben sei nur möglich, wenn keine Überlast gegeben sei, wenn die Lernenden also noch Kapazität frei hätten, um mehr Information aufzunehmen.

In Oberstufenklassen von sechs Gymnasien zogen die Autoren 388 Schülerinnen und Schüler zu einem Versuch heran. Diese Probanden bekamen einen Lehrtext mit etwas über 2000 Wörtern zur Durcharbeitung. Dabei standen ihnen entweder 25 oder 35 Minuten zur Verfügung. Die kürzere Zeit war hinreichend knapp bemessen, um zu einer Überlastung der Aufnahmekapazität zu führen. Ein Teil der Lernenden bekam eine spezielle Zielvorgabe, der andere Teil dagegen die globale Vorgabe, alles zu lernen. Anschließend wurde ein Test gegeben, der 11 für die spezielle Zielvorgabe relevante und 11 dafür irrelevante Fragen enthielt.

Unter *beiden* zeitlichen Bedingungen wurden mit der speziellen Zielvorgabe mehr relevante Fragen und weniger irrelevante Fragen richtig beantwortet, was sich in der statistischen Analyse so auch bestätigte. Diese Daten stützen die Hypothese der *Aufmerksamkeitslenkung* durch Zielangaben. Sie liefern aber keinerlei Stütze für die *Motivierungshypothese* – auch nicht unter der Bedingung ausreichender Lernzeit: Bei ausreichend langer Zeit wurde zwar insgesamt mehr gelernt, die spezielle Zielangabe führte aber nicht zu einer höheren Gesamtleistung im Vergleich zur globalen Vorgabe.

Vergleicht man in ihrer Lernwirksamkeit speziellere Zielangaben mit allgemeineren Zielangaben, so findet man relativ klare Ergebnisse. Speziellere Zielangaben sind effektiver als allgemeinere, und zwar sowohl im Hinblick auf Fakten und Begriffe als auch im Hinblick auf Beziehungen zwischen Sachverhalten (Nishikura, 2000).

Ob der Effekt von Zielvorgaben bei Lehrtexten in der vermuteten Weise tatsächlich von der Belastung der Verarbeitungskapazität abhängt, ist eine interessante Hypothese, die noch weitere Untersuchungen erfordert. Die vorgelegten Daten stützen nicht die Vermutung. Wird die Belastung der Informationsaufnahme durch die Anzahl der Wörter des Lehrtexts gemessen, so resultieren jedenfalls teilweise andere als die erwarteten Ergebnisse. Klauer (1984b) fand in der bereits erwähnten Metaanalyse abnehmende statt zunehmende Effekte von Lernaufträgen, wenn die verwendeten Texte länger wurden. Die Korrelation zwischen der Textlänge, gemessen durch die Anzahl der Wörter, und dem Effekt von Lernzielangaben auf relevantes Lernen betrug $r = -0,58$ und war statistisch gesichert. Dabei variierten die Textlängen zwischen 500 und mehr als 4 000 Wörtern. Die Testschwierigkeit erwies sich jedoch als ein modifizierender Faktor: Je leichter ein Test war, desto mehr Fragen wurden richtig beantwortet, die für den Lernauftrag *irrelevant* waren. Freie Kapazitäten ermöglichen danach, auch noch andere Inhalte zusätzlich zu verarbeiten.

Bemerkenswert im Zusammenhang mit Zielangaben bei Lehrtexten ist der vielfach bestätigte Befund, wonach den Überschriften und Zwischenüberschriften in Lehrtexten eine wichtige Rolle zukommt. Sie determinieren weitgehend, worauf die Lernenden achten und was sie später wiedergeben können (Lorch, Lorch, Ritchey, McGovern & Coleman, 2001). Das konnte sogar in einer aufwändigen Studie nachgewiesen werden, die in einer finnischen Universität mit Studierenden durchgeführt wurde. Hier ging es nicht nur wie sonst üblich darum, den Effekt an den Lernergebnissen zu zeigen, sondern primär durch die Registrierung der Blickbewegungen und der Fixationen der Blicke während des Lesens direkt nachzuweisen – ein Verfahren, das eine anspruchsvolle Versuchsanordnung erfordert. Die Studierenden mussten zwei Lehrtexte durcharbeiten. Die eine Hälfte der Studierenden erhielt die Texte mit regulären Überschriften, während bei der anderen Hälfte die Überschriften fehlten. Ansonsten waren die Bedingungen gleich. Es zeigte sich ganz deutlich bei den Blickfixationen und den Blickbewegungen, dass die Überschriften erheblich die Aufmerksamkeit der Lernenden auf sich zogen, und zwar in mehrfacher Hinsicht. Außerdem gab es beachtliche Unterschiede bei den schriftlichen Zusammenfassungen, die alle Teilnehmer abschließend zu schreiben hatten. Die Studierenden, die Überschriften hatten, notierten deutlich mehr relevante Informationseinheiten als ihre Kommilitonen, die ohne Überschriften auskommen mussten (Hyönä & Lorch, 2004). Überschriften, die Lehrtexte gliedern und die Thematik kennzeichnen, haben also eine wichtige Orientierungsfunktion für das Lernen.

Im regulären Unterricht dürfte die *Klarheit* des vom Lehrenden angestrebten Ziels und der Zusammenhang der einzelnen Lehrziele untereinander wesentlich sein für das Engagement der Lernenden (Krapp, 2002). Tatsächlich fanden Helmke und Weinert (1997) positive Zusammenhänge zwischen klaren Zielvorgaben, Inhalten und Aufgabenstellungen einerseits und dem Lernerfolg andererseits. Für klar strukturierte Lektionen sprechen danach Überblicke und Rückblicke, vorstrukturierende Lernhilfen im Sinne von *advanced organizers*, aber auch Zusammenfassungen und dergleichen mehr. Seidel, Rimmele und Prenzel (2005) nahmen Befunde dieser Art zum Anlass für eine sehr differenzierte Studie am Kieler IPN, dem Institut für Pädagogik der Naturwissenschaften. Die Autoren verfolgten den Physikunterricht von 13 siebten und achten Klassen von Realschulen und Gymnasien über ein ganzes Schuljahr, wobei sie in jeder Klasse per Video zweimal drei zusammenhängende Unterrichtsstunden aufnahmen. Beide Aufnahmeserien bezogen sich auf die Einführungsstunden zu einer neuen Thematik. Diese Videos wurden nach bestimmten Gesichtspunkten hin analysiert, insbesondere aber im Hinblick auf die Klarheit, die Strukturierung und den Zusammenhalt der dabei vermittelten Lehrziele. Darüber hinaus wurden die Schülerinnen und Schüler wiederholt um ihre Einschätzung gebeten, wie förderlich sie den Unterricht fanden, wie sie sich zum Lernen ermutigt und motiviert fühlten und Ähnliches mehr. Schließlich waren zu Beginn des Schuljahrs die Leistung in und das Interesse an Physik erhoben worden, und diese Erhebungen wurde am Ende des Schuljahrs wiederholt.

In einer anspruchsvollen Analyse der komplexen Daten fielen zahlreiche Befunde an, von denen die folgenden besonders herausragen: *Klarheit* und *Strukturiertheit* der Lehrzielvorgaben, wie sie sich in den Videoanalysen darstellten, hatten einen deutlich fördernden Einfluss sowohl auf die von den Lernenden erlebte Unterstützung, das Engagement im Unterricht und die Art der eingesetzten Lernaktivitäten. Am Ende des Schuljahrs war in jenen Klassen mehr in Physik gelernt worden, die wohlstrukturierte Einführungsstunden erhalten hatten. Allerdings war das überdauernde Interesse an der Physik nicht von der Qualität der Einführungsstunden beeinflusst worden.

Insgesamt sprechen diese Befunde sehr für die Vermittlung klarer und für die Lernenden überschaubarer Lehrziele. Schülerinnen und Schüler sind zweifellos besser dran, wenn sie möglichst genau wissen, was von ihnen erwartet wird, was wichtig und was weniger wichtig ist und worauf Wert gelegt wird. Allerdings sollte man Befunde dieser Art nicht überbewerten. Es handelt sich ja nicht um ein Experiment, bei dem der Kausalzusammenhang relativ klar wäre. Vielmehr wurden vorgefundene Zusammenhänge aufgedeckt, bei denen man nie sicher sein kann, alles Wesentliche erfasst zu haben. Beispielsweise wäre ja denkbar, dass die Lehrkräfte, die klare, gut strukturierte Einführungsstunden hielten, auch in den übrigen Stunden des Schuljahrs besser gegliederten und übersichtlicheren Unterricht boten – kurz und gut, dass sie vielleicht die besseren Lehrkräfte waren. Die Einführungsstunden kann man dann als Stichproben ansehen, die einschätzen lassen, von welcher Qualität der Unterricht der jeweiligen Lehrkraft sein dürfte.

6.2 Informierungsstrategien

Zielangaben, aber auch die sonstigen Eröffnungsstrategien von Instruktion bewirken im Allgemeinen bereits eine Aktivierung der Wissensbestände, die zum Umkreis der neuen Thematik gehören. Das ist sinnvoll, weil auf diese Weise die neue Information leichter in den bereits vorhandenen Wissensbestand integriert werden kann.

Wenn man den Eindruck hat, die notwendigen Vorkenntnisse würden auf diese Weise nicht hinreichend aktiviert, so ist es eine gute Strategie, durch eine Wiederholungsphase all das wieder bewusst zu machen, was im Folgenden gebraucht wird. Eine solche gezielte Wiederholung bereitet gute Voraussetzungen für die Aufnahme neuer Information und neuen Wissens.

Es gibt darüber hinaus Fälle, in denen es angezeigt erscheint, vor der eigentlichen Informationsphase einiges Wissen sogar zu vermitteln. Das gilt für spezielles Wissen, das zum Verständnis des Neuen notwendig ist und den Lernenden noch nicht zur Verfügung steht. Das ist jedoch nur dann sinnvoll, wenn es sich um Wissenskomplexe handelt, die etwas längere Zeit zu ihrer Vermittlung beanspruchen. Würde man solche Details während der eigentlichen Informationsphase erklären wollen, so müsste man diese Phase unterbrechen und zwischendurch Vorkenntnisse erarbeiten, die das weitere Verständnis erst ermöglichen. Deshalb ist es mitunter eine empfehlenswerte Strategie, solche Einzelheiten im Vorab zu klären.

6.2.1 Wer soll informieren?

Lernende können die Information selbst erarbeiten, sie können sich gegenseitig belehren, sie können mit Hilfe von Materialien, von Computern und anderen Hilfsmitteln Information interaktiv erwerben, und schließlich können sie von Lehrenden unterrichtet werden. Mehrere dieser Aspekte werden in speziellen Kapiteln behandelt, so beispielsweise das Lernen mit modernen Medien oder das entdeckenlassende Lernen. Deshalb seien hier nur die Aspekte behandelt, die nicht an anderer Stelle ausführlicher dargestellt sind. Dabei geht es hier darum, wer informieren soll, wie die Information zweckmäßig zu gestalten ist und was bei der Sequenzierung von Informationen beachtet werden sollte.

Im traditionellen Unterricht, aber auch in der beruflichen Bildung und im Hochschulunterricht sind es weitgehend Lehrpersonen, die als Übermittler der Information fungieren. Mit Ausnahme der Hochschullehrer erhalten diese Fachkräfte eine entsprechende Ausbildung, damit sie lernen, wie ihre Lehre optimal zu gestalten sei. Auf der anderen Seite gibt es aber gute Gründe, Lernende in die Lage zu versetzen, unabhängig von Lehrkräften selbst weiteres Wissen und Können zu erwerben. Ein wesentlicher Grund stellt sich mit der Notwendigkeit des lebenslangen Lernens, das sicher nicht immer lehrergesteuert sein kann. Wer heutzutage im Beruf vorankommen will, wird sich fortwährend weiterbilden und immer neues Wissen erwerben müssen. Das ist aber nur zu gewährleisten, wenn Lernende in der Lage sind, unabhängig und selbständig ihr eigenes Lernen zu steuern. Von daher gewinnt Lernmaterial zunehmend Bedeutung, mit dessen Hilfe Lernende sich selbst weiterbilden können. Damit kommen aber auch auf Instruktionspsychologen und Pädagogen neue Aufgaben zu, nämlich in der optimalen Gestaltung entsprechenden Lehrmaterials und dessen experimenteller Erprobung.

Auf dem Weg zum selbständigen Lernen kann das *Lernen in der Gruppe* eine gute Vorbereitung darstellen. Dabei tritt die Steuerung durch eine Lehrkraft bereits erheblich zurück, während die Gruppe selbst Verantwortung übernimmt für den Fortgang des eigenen Lernens. Hinzu kommt, dass vielen Lernenden das Lernen in der Gruppe deutlich mehr Freude macht als das lehrergeleitete Lernen. An dieser Stelle zeigt sich erneut eine modifizierende Rückwirkung der Information durch Gruppenaktivität auf die zuvor erzielte Motivierung. So gibt es auch motivationale Gründe für den Einsatz des Gruppenunterrichts, auf den unten noch gesondert zurückzukommen sein wird.

Einen Spezialfall des kooperativen Lernens stellt das *tutorielle Lehren und Lernen* dar. Ursprünglich ist damit die Unterrichtung eines Lernenden durch einen anderen Lernenden gemeint, der dann Tutor heißt. Inzwischen ist aber das interaktive Lernen mit einem Computer so weit fortentwickelt worden, wobei der Computer mehr oder minder die notwendige Steuerung übernimmt, so dass man heute unter tutoriellem Lernen auch das Lernen mit einem solchen Medium versteht. Hier soll aber kurz auf die ursprüngliche Bedeutung eingegangen werden, nämlich auf das Lernen mit Hilfe eines anderen Lernenden.

In der Regel ist der Tutor in dem fraglichen Fach etwas besser oder sogar schon weiter als der Lernpartner (englisch „tutee") und daher in der Lage, diesem sein Wissen und Können weiterzugeben. Allerdings gibt es doch Veranlassung, nicht einfach und ohne Vorbereitung andere Lernende als Tutoren einzusetzen. Deswegen wurde eine Reihe von Programmen entwickelt, wie Lernende zu Tutoren herangebildet werden können. Renkl (1997a) informiert darüber ausführlich. Solchen Programmen liegen vielfach Untersuchungen zu Grunde, in denen die Interaktion zwischen Tutor und seinem Lernpartner analysiert worden ist. Beispielsweise haben Aschersleben und Weber (1988) das Verhalten von Tutoren untersucht, die eine Programmiersprache vermitteln sollten und dabei beachtenswerte Erkenntnisse gewonnen, worauf bei Tutorprogrammen zu achten ist. Andere Autoren instruierten Tutoren entsprechend, wie sie ihren Partner unterrichten sollten, um dann den Effekt der Tutorenschulung an deren Leistung zu überprüfen. Ein besonders bemerkenswertes Beispiel hierfür ist eine Arbeit, bei der sogar lernbehinderte Schüler lernten, wie sie lernbehinderten Mitschüler ein Rechtschreibtraining vermitteln sollten, das auf behavioristischen Konzepten beruhte und offenbar wirksam war (Telecsan, Slaton & Stevens, 1999). Man sieht, die Spannweite von Tutorenprogrammen ist sehr weit. Sie reicht etwa von Zweitklässlern, die anderen Zweitklässlern helfen, Mathematikaufgaben zu verstehen (Fuchs, Fuchs, Hamlett & Phillips, 1997) bis zur Ausbildung von Piloten der US Air Force, die dank Tutorenprogrammen erheblich kostengünstiger wurde (Hungerland, Taylor & Brennan, 1976).

Wie wirksam sind solche Tutorprogramme denn im Allgemeinen? Ellson (1976) kam in einer zusammenfassenden Untersuchung amerikanischer Programme zu dem Ergebnis, die Programme seien erfolgreich unter der Voraussetzung, dass die Tutoren sorgfältig eingewiesen worden sind oder dass sie ein klar strukturiertes Programm bekommen, an das sie sich zu halten haben. Eine Metaanalyse über 65 unabhängige Untersuchungen kommt zum Ergebnis, dass Tutoren im großen ganzen leichte, aber doch positive Lerneffekte erzielen (Cohen, Kulik & Kulik, 1982). Interessant ist darüber hinaus der Befund der Autoren, wonach die Tutoren selber durch ihr Tutoring lernen. Also durch Lehren lernen („docendo discimus")? Renkl (2001) bleibt da etwas skeptischer, aber es ist wohl unbestritten, dass man sich selbst den Stoff erst richtig klar machen muss, wenn man ihn wirksam vermitteln will. Webb und Palincsar (1996) erklären die Lerneffekte der Tutoren genau auf diese Weise: Wer anderen etwas erklärt, profitiert durch die kognitive Restrukturierung des Gelernten, die dazu veranlassen kann, eigene Wissenslücken und Missverständnisse zu entdecken und zu überwinden. Der erfolgreiche Tutor verarbeitet die zu vermittelnde Information tiefer und gründlicher als er es sonst tun würde.

Einen weiteren Sonderfall des tutoriellen Lehrens stellt das *reziproke Lehren* dar, das von Brown und Palincsar (1989) eingeführt, beschrieben und untersucht worden ist. Eine praxisnahe Anleitung zur Förderung des sinnverstehenden Lesens mittels reziprokem Lehren bieten Demmrich und Brunstein (2004). Das reziproke Lehren eignet sich speziell dazu, bestimmte Strategien oder Techniken *einzuüben*. Dabei wird eine Gruppe zunächst von einem Lehrer in der Strategie unterrichtet, beispielsweise in vier definierten Schritten die Durcharbeitung eines Textes anzugehen mit dem Ziel eines optimalen Textverständnisses. Wenn es danach an die Einübung geht, übernimmt jeder der Teilnehmer einmal die Rolle des Lehrenden, um die anderen anzuhalten, einen bestimmten Schritt der Strategie einzuwenden. In der Folge werden so alle Schritte einzeln und die ganze Folge von Strategieschritten eingeübt und gefestigt. Die Autoren selbst waren recht angetan von den Erfolgen, die Reaktion der Fachkollegen war überwiegend positiv, doch fehlen bislang noch unabhängige Überprüfungen in nennenswerter Anzahl für diese Variante des reziproken Lehrens. Im Kapitel über die Sozialformen des Unterrichts folgt weitere Information zu dieser Lehranordnung.

6.2.2 Wie die Information zu gestalten ist

Die Frage der optimalen Gestaltung der Information lässt sich vor dem Hintergrund der kognitiven Belastungstheorie behandeln. Die Theorie wurde von dem Australier Sweller (1988; 1994) unter der Bezeichnung *cognitive load theory* (abgekürzt CLT) eingeführt und ist geeignet, Richtlinien zur Gestaltung der Information abzuleiten.

Sweller greift die schon ältere Unterscheidung von Arbeitsgedächtnis und Langzeitgedächtnis auf, wobei für das Langzeitgedächtnis im Prinzip eine unbegrenzte Kapazität angenommen wird, für das Arbeitsgedächtnis jedoch eine äußerst begrenzte Kapazität (Baddeley, 1986; vgl. auch Hasselhorn & Schumann-Hengsteler, 2001). Alle Information, die als Wissen oder Können im Langzeitgedächtnis gespeichert werden soll, muss aber den „Flaschenhals" des Arbeitsgedächtnisses passieren – wobei eine einmalige Aufnahme ins Arbeitsgedächtnis in aller Regel nicht genügt. In der Begrenztheit des Arbeitsgedächtnisses gibt es darüber hinaus deutliche individuelle Unterschiede, die zu unterschiedlichen Lernkapazitäten führen. So konnte nachgewiesen werden, dass intellektuell beeinträchtigte Kinder deutlich geringere Leistungen im Arbeitsgedächtnis erbringen, wobei offenbar ungünstigere Strategien im Einsatz des Arbeitsgedächtnisses eine Rolle spielen (Henry & MacLean, 2002). Ferner ist bekannt, dass das Arbeitsgedächtnisses im Laufe der Entwicklung an Kapazität gewinnt, bei jüngeren

Kindern also noch wesentlich begrenzter ist als bei älteren Kindern oder bei Erwachsenen. So vermutete Case (1980), die Entwicklung des Arbeitsgedächtnisses stelle den zentralen Mechanismus dar, der die psychische Entwicklung im Kindesalter vorantreibt.

Die *Cognitive Load* Theorie erlaubt nun vorherzusagen, unter welchen Bedingungen Lernen möglich ist und unter welchen nicht. Danach kommt es zentral darauf an, das Arbeitsgedächtnis nicht übermäßig zu belasten. Nun ist aber der Lehrstoff in seinem Umfang nicht veränderbar, sondern vorgegeben. Also ist es unvermeidbar, Wege zu finden, um den Lehrstoff komplett, aber ohne kognitive Überlastung verarbeiten zu können. Ein Weg besteht zum Beispiel in der Aufteilung oder Portionierung des Lehrstoffs in kleinere Einheiten, die nach und nach zu erarbeiten sind. Das ist das Thema der Lehrstoffanalyse und der Curriculumkonstruktion, das bereits oben angesprochen worden war.

Eine weitere Möglichkeit besteht darin, detailreichere Komplexe, wenn sie verstanden worden sind, unter einem gemeinsamen Dach zu vereinen, einem Stichwort oder Oberbegriff („Superzeichen"), so dass es in der Folge genügt, das Stichwort zu nennen, um den umfangreicheren Komplex mit einbezogen zu haben. Man spricht in der Psychologie in dem Zusammenhang von Schemabildung, die im Arbeitskreis von Sweller stark betont wird. Beispiel: Im Satz

„*Die Cognitive Load Theorie erlaubt Hinweise zur Gestaltung des Informationsprozesses*"

fungiert die Cognitive Load-Theorie nur noch als *eine* Informationseinheit, die, wenn nötig, in einem weiteren Schritt näher charakterisiert werden kann, die aber ansonsten als ein einziges gedankliches Element im Arbeitsgedächtnis auftritt. Innerhalb der kognitiven Psychologie nimmt man an, unser Wissen sei großenteils in Form solcher Schemata repräsentiert. Schemata sind mentale Einheiten, die sprachlich meist als Oberbegriffe einzustufen sind wie etwa „Blume", „Sonnensystem" oder „Gotik", die ferner im Einzelnen mit Wissen angereichert (elaboriert) oder auch vereinfacht (reduziert) werden können und mehr oder minder miteinander vernetzt sind (vgl. McVee et al., 2005). Im vorliegenden Zusammenhang ist dabei von besonderem Interesse, dass jedes Schema als mentale Einheit das Arbeitsgedächtnis nur als ein einziges Element belastet.

Das Arbeitsgedächtnis wird ferner durch vor- und nachgestellte Übersichten entlastet. Solche Hilfen erlauben, einen Überblick über komplexere Zusammenhänge zu schaffen und zu bewahren. Dieser Aspekt war ebenfalls bereits mit dem „advance organizer", der vorstrukturierenden Lernhilfe, thematisiert worden. Weitere Entlastungsmöglichkeiten des Arbeitsgedächtnisses bieten sich, wenn statt Problemlöseprozesse zu fordern beispielhaft gelöste Aufgaben vorgegeben werden, die analog lösbar sind. Aufgaben lösen nach dem Vorbild gelöster Beispiele führt zu relativ raschem Lernen wie Renkl, Gruber, Weber, Lerche und Schweizer (2003) zeigen konnten.

Deutliche Entlastungen können auch durch *Bilder* und *anschauliche Darstellungen* erreicht werden. Nach Paivio (1971; 1986) verfügen wir über zwei Kodierungssysteme, ein verbales und ein bildhaftes. Seinen Befunden nach ist das Lernen mit Bildern schon deshalb erfolgreicher als das Lernen aus Lehrtexten, weil Bilder doppelt kodiert werden, nämlich piktoral *und* verbal – verbal etwa bei der Identifikation der einzelnen Objekte des Bildes. Dagegen werden sprachlich aufgenommene Informationen nur sprachlich kodiert. Die doppelte Kodierung soll dementsprechend zu besserem Lernen und Behalten führen. Man weiß heute, dass diese Theorie in ihrer Generalität nicht haltbar ist. Vielmehr kommt es auf Quantität und Qualität der Bilder an.

Mayer und Moreno (1998) haben die Theorie der doppelten Kodierung von Paivio mit Swellers Cognitive Load – Theorie kombiniert zur *Split Attention* – Hypothese. Danach überlastet die Kombination von Texten und Bildern das Arbeitsgedächtnis, wenn beides visuell dargeboten wird. In dem Fall muss der Lernende die Aufmerksamkeit zwischen Text und Bild aufspalten. Werden dagegen die Textpassagen auditiv und die Bilder visuell dargeboten, so kommt der Vorteil der doppelten Kodierung voll zum Tragen. Entsprechend konnten Mousavi, Low und Sweller (1995) bessere Lernergebnisse bei der Kombination von auditiver und visueller Präsentation geometrischer Lehrsätze nachweisen. Eine Metaanalyse, die 43 unabhängige Untersuchungen umfasste, bestätigte diesen Trend eindeutig: Wurden der Text auditiv und die Abbildungen visuell dargeboten, so war diese Bedingung der rein visuellen Darbietung von Text und Bildern deutlich überlegen ($M_d = 0,72$), insbesondere dann, wenn der Lehrstoff anspruchsvoll war oder wenn das Lerntempo vom System vorgegeben und nicht selbstbestimmt war (Ginns, 2005).

Visuelle oder audiovisuelle Darbietung

In einer Untersuchung von Brünken und Leutner (2001) stellten sich recht differenzierte Ergebnisse ein. 40 Schülerinnen und Schüler einer gymnasialen Oberstufe erhielten am PC eine etwas umfangreichere Lektion zum Thema Herz, Kreislauf und System des Bluttransports. Das Programm umfasste 28 Seiten Lehrtext, jede mit Text und Bildern versehen, sowie vier Seiten Instruktion. Die Schülerinnen und Schüler wurden zufällig einer von zwei Bedingungen zugewiesen, der ausschließlich visuellen oder der audiovisuellen Variante. Bei letzterer wurden die Texte auditiv über Kopfhörer vermittelt. Zur Feststellung des Lernerfolgs waren zwei lehrzielorientierte Tests entwickelt worden: Der eine bezog sich nur auf die als Text gebotene Information, der andere nur auf die bildlich gebotene Information. Erwartet wurde eine Überlegenheit der audiovisuellen Lernbedingung bei beiden Testvarianten. Bei dem durch Texte dargebotenen Wissen trat der erwartete Effekt tatsächlich ein, nicht aber bei dem durch Bilder vermittelten Wissen. Brünken und Leutner vermuteten, dass die Probanden bei bloß visueller Darbietung ihre Aufmerksamkeit stärker auf die bildlich gebotenen Information lenkten (und deshalb dort gleich gute Werte erzielten), jedoch wegen Überlastung des Arbeitsgedächtnisses nicht ausreichend Aufmerksamkeit auf den Text wenden konnten.

Ist ein Bild mehr wert als tausend Worte? Schnotz und Bannert (2003) verteilten 60 Studierende auf drei Gruppen zu je 20. Alle drei Gruppen bekamen den gleichen Hypertext zur Durcharbeitung, bei dem es um die Zeitverschiebung rund um den Erdglobus ging. Eine Gruppe arbeitete nur den Text durch, die beiden anderen erhielten zusätzlich noch graphische Illustrationen, entweder eine Weltkarte mit den Zeitzonen oder ein Kreisdiagramm, an dem man ebenfalls die Zeiten ablesen konnte, die zu einem gegebenen Zeitpunkt an verschiedenen Orten herrschten. Die Studierenden hatten am Schluss Aufgaben zu lösen, so beispielsweise, welcher Tag und wie viel Uhr es in Los Angeles ist, wenn es in Tokio Dienstagnachmittag und 2 Uhr ist. Unerwartet und im Kontrast zu Paivios Theorie schnitten die Studierenden dabei am besten ab, die nur den Lehrtext zur Verfügung hatten. Die Abbildungen wirkten sich sogar schädlich aus – bei dieser Aufgabe erwies sich die Weltkarte als besonders ungünstig. Nicht jede graphische Darstellung ist also hilfreich.

Texte mit Bildern sind im Allgemeinen *beliebter* als Texte ohne Bilder, und farbige Bilder werden den schwarz–weißen vorgezogen (Weidenmann, 2001). Auch deshalb ist denkbar, dass bildlich dargebotene Information höhere Aufmerksamkeit auf sich zieht als verbal oder als Text gebotene Information. In jedem Fall ist die aufmerksamkeitslenkende Funktion von Bildern empirisch gut belegt (Peek, 1978; 1994).

In Zeiten, als Bilder noch relativ selten im Unterricht gezeigt wurden oder in Lehrtexten erschienen, boten Bilder oder gar Unterrichtsfilme eine willkommene *Abwechslung*, die ihrerseits schon *Interesse* geweckt haben dürfte in der Eintönigkeit manchen Unterrichts. Als Computer noch seltener im Unterricht eingesetzt wurden, fanden sich beim Computereinsatz ähnliche Ergebnisse. Allerdings dürfte die Überflutung mit Bildern, die vor allem junge Menschen heute erfahren, in der Hinsicht einiges ändern. Bei einer Überflutung mit Bildern mag ein nicht illustrierter Text sogar eine willkommene Abwechslung darstellen.

Im Allgemeinen gilt, dass realistischere Bilder vorzuziehen seien, aber selbst diese Annahme lässt sich so nicht halten. In einer berühmten Serie von Untersuchungen hat Dwyer (1978) den Realismusgehalt von Anatomiebildern systematisch variiert und dabei festgestellt, dass etwa ein fotografiertes menschliches Herz deutlich weniger Information vermittelt als ein gezeichneter Schnitt durch das Herz, dem mit Pfeilen Hinweise beigefügt sind. Eine noch unrealistischere schematische Darstellung erwies sich unterm Strich sogar als günstiger. Es kommt also auf den Informationsgehalt des Bildes an. Realistische Bilder bringen nicht selten ein Zuviel an Information, und wenn manches davon noch irrelevant ist, so wird ein solches Bild nicht allzu hilfreich sein. Das gilt insbesondere für Lernende mit schwächeren Lernvoraussetzungen, wie schon Dwyer (1978) feststellen konnte.

Meist unterstützen Abbildungen eine verbal gebotene Information, sei sie mündlich vorgetragen oder als Lehrtext geboten (Schnotz, 2001). Man erklärt dies durch die doppelte Kodierung, verbal und visuell, aber auch dadurch, dass die anschauliche Information die Bildung eines angemessenen mentalen Modells erleichtere. Insofern sind Text – Bild – Kombinationen zu Recht beliebt. Dabei ist aber nach den Untersuchungen von Mayer (1993) jedoch darauf zu achten, den Text einerseits sehr klar zu formulieren und andererseits im Text auf die relevanten Partien des Bildes zu verweisen. Demnach bringt es nicht viel, einen Lehrtext zu formulieren und gelegentlich durch Bilder anzureichern, ohne dass eine inhaltliche Beziehung zwischen beiden Elementen hergestellt wird. Infographiken bringen eine enge Verschränkung von Text und Abbildungen, die mitunter recht hohe Anforderungen an die Verarbeitungskapazität stellt (Weidenmann, Paechter & Hartmannsgruber, 1998).

Es gibt Hinweise, wonach die Reihenfolge von Text und Bild nicht gleichgültig ist (Kulhavy, Stock & Caterino, 1994): Bringt man erst den Text mit seinen Erläuterungen und danach das Bild, so ist das günstiger als umgekehrt zu verfahren und das Bild voranzustellen. Erklären kann man das so: Im ersteren Fall müssen die Lernenden sich selbst zunächst ein mentales Modell an Hand der Beschreibung konstruieren, das dann durch die Abbildung bestätigt oder modifiziert wird. Im zweiten Fall, wenn das Bild vorangestellt ist, wird ein mentales Modell ohne größere Anstrengung geliefert, und der Text modifiziert allenfalls das Modell. Auf diese Weise kommt man zwar schneller zu einem angemessenen Modell, aber das Verständnis der Zusammenhänge wird verbessert, wenn es selbst erarbeitet worden ist.

So genannte *logische Bilder* bieten keine Abbildungen von sichtbaren Objekten, sondern stellen abstrakte Sachverhalte schematisch dar. Beispiele hierfür sind die Abbildungen 4.1 und 4.2 auf den Seiten 65 und 68. Schnotz (1994) konnte den Einfluss von vorgängigen Lernerfahrungen und kulturellen Unterschieden auf das Verständnis solcher Darstellungen nachweisen. Wenn sie von den Lernenden verstanden werden sollen, so ist es notwendig, entweder nur graphische Elemente zu verwenden, die von den Lernenden eindeutig interpretiert werden, oder die Bedeutung der Elemente klar darzulegen. Das kann beispielsweise in der zugehörigen Legende geschehen oder im Kommentar, den der Lehrer gibt oder der beigefügt ist. Solche logischen Bilder können abstrakte Sachverhalte auf prägnante Weise verständlich machen, wenn sie denn relativ einfach und klar und verständlich sind. Dabei hat sich gezeigt, dass Teil–Ganzes–Relationen, Klasse–Element–Relationen und konditionale beziehungsweise kausale Beziehungen in vertikalen Darstellungsformen besser ankommen als in horizontalen, insbesondere wenn die allgemeineren Begriffe oben stehen (Runde, Bromme & Stahl, 2003). Überladene Schemata mit einer Fülle von Beziehungen zwischen den einzelnen Elementen helfen allerdings wenig. Offenbar haben viele Menschen auch Probleme mit der Analyse statistischer Daten, wenn sie in Form von Tabellen vorliegen, kommen jedoch mit demselben Material ungleich besser zu Recht, wenn die Daten in Form von Säulendiagrammen geboten werden (Jacobs, 1994).

Sprachlich formulierte Informationen werden mündlich oder schriftlich übermittelt. Auch hierbei ist Verständlichkeit ein zentrales Gebot. Eine Hamburger Autorengruppe hat zahlreiche Untersuchungen durchgeführt, um herauszufinden, unter welchen Bedingungen Sprache oder Texte optimal verständlich sind (Langer, Schulz von Thun & Tausch, 1981). Im Einzelnen ergaben sich dabei vier Gesichtspunkte. (1) Die Formulierungen müssen *einfach* sein, insbesondere was die Wortwahl und den Satzbau angeht. (2) Sie müssen klar *gegliedert* und *übersichtlich* sein. Das geschieht mittels Absätzen, Pausen und strukturierenden Vor- wie Rückverweisen. (3) Die Formulierungen müssen möglichst *kurz* und *prägnant* sein. (4) Sie sollen *belebende Elemente* enthalten wie Beispiele, Fragen, Scherze etc.

Dabei ist zu beachten, in welcher Weise sich mündliches und schriftliches Informationsangebot unterscheiden. Beim mündlichen Vortrag geht der Überblick sehr viel leichter verloren, den man bei einem Text rascher nachvollziehen kann. Deshalb empfiehlt es sich, beim mündlichen Vortrag strukturierende Übersichten, Wiederholungen des Wichtigen und Zusammenfassungen zu geben – jedenfalls mehr als bei einem Lehrtext. Auf der anderen Seite kann man im mündlichen Vortrag viel stärker auf die Hörer eingehen, ihren aktuellen Stimmungen Rechnung tragen, ihre Vorlieben und Abneigungen berücksichtigen. Bei jüngeren Schülerinnen und Schülern wird man ohnedies weitgehend auf mündliche Information angewiesen sein, weil deren Lesefertigkeit noch nicht so weit gediehen ist, dass sie sich in größerem Umfang Sachinformationen an Hand von Texten erarbeiten könnten.

6.2.3 Mikrosequenzierung

Den Lehrplan kann man als eine Makrosequenz bezeichnen. Er gibt an, wie die Lehrstoffe etwa eines Faches im Schuljahr anzuordnen sind. Wie aber soll der Lehrstoff innerhalb einer Unterrichtsstunde oder innerhalb einer kurzen Lehreinheit angeordnet werden? In dieser Frage geht es also um Mikrosequenzen, über die Lehrpersonen jeden Tag zu entscheiden haben. Untersuchungen über optimale Mikrosequenzen sind noch recht selten. Allerdings wurde es auch erst im Zusammenhang mit dem programmierten Unterricht und erst recht beim multimedialen Lernen leicht möglich, Modifikationen kurzer Lehrsequenzen in ihrer Effektivität zu vergleichen.

Zunächst kann man sich die Frage stellen, ob die Reihenfolge auf der Mikroebene überhaupt eine Rolle spielt. Tatsächlich gab es in den 60iger und 70iger Jahren des vorigen Jahrhunderts mehrfach Untersuchungen, die eine Zufallssequenz programmierter Instruktion gegen eine für optimal gehaltene Sequenz testeten. Literaturübersichten über diese Forschungen brachten keine klaren Schlussfolgerungen, denn nicht immer stellte sich die optimierte Sequenz der Zufallssequenz gegenüber als überlegen heraus (Natkin & Moore, 1972; Van Patten, Chao & Reigeluth, 1986): Bei manchen Lehrstoffen dürfte die Reihenfolge wichtiger und bei anderen weniger wichtig sein, und Lernende, die gut befähigt sind oder mehr Vorwissen haben, kommen wahrscheinlich auch mit ungünstigeren Sequenzen zurecht. Im Übrigen können Lehrkräfte sich darin täuschen, was sie für eine günstige Sequenz halten. Hier fehlt es tatsächlich noch an gesichertem Wissen.

Als die programmierte Instruktion die Forschungen dominierte, entwickelten die Autoren Evans, Homme und Glaser (1962) ein Konzept, um Regeln und zugehörige Beispiele zu lehren. Bekannt geworden ist es unter den Bezeichnungen RULEG und EGRUL, Zusammensetzungen aus „rule" (Regel) und „e. g." (für lateinisch *exempli gratia,* entsprechend unserem z. B., englisch gelesen als „*for example"*).

▶ RULEG steht dann für die Sequenz Regel – Beispiele,

    bei der also erst die Regel gegeben wird, der dann Beispiele folgen.

▶ EGRUL steht umgekehrt für die Folge Beispiele – Regel,

    bei der erst Beispiele gegeben werden und die Regel am Schluss folgt.

RULEG wird mitunter als ein deduktives Verfahren bezeichnet oder auch als eine Variante der darbietenden Methode, EGRUL als ein induktives Verfahren oder als ein Beispiel des entdeckenlassenden Vorgehens. Noch komplexer ist die EGRULEG – Variante, bei der man mit Beispielen beginnt, die Regel danach folgt und anschließend weitere Beispiele vorgesetzt werden. Die meisten der experimentellen Studien, die hierzu stattfanden, brachten allerdings kaum bemerkenswerte Unterschiede zwischen den Varianten im Hinblick auf die Lernergebnisse oder die Akzeptanz durch die Lernenden (vgl. zum Beispiel Hermann, 1978; Van Hout & Mettes, 1976).

Klassifikationsaufgaben erfordern, Beispiele zu Allgemeinbegriffen richtig zuzuordnen. Dabei kommt es darauf an, im Einzelnen zugehörige von nicht zugehörigen Beispielen zu unterscheiden. Es kann sich um Allgemeinbegriffe wie etwa „Pflanze", „Diebstahl", „Ursache-Wirkung" oder „Grund-Folge" handeln, bei denen am Ende der Instruktion richtig entschieden werden soll, was darunter fällt und was nicht. Drei Prinzipien wurden vorgeschlagen, wie die Beispiele anzuordnen sind, wenn die Zuordnung zu einem Allgemeinbegriff gelehrt werden soll, d. h. wenn beispielsweise entschieden werden soll, ob es Diebstahl ist oder nicht, wenn Fritz sich das Fahrrad des Freundes ungefragt ausleiht. Hier die drei Prinzipien:

▶ Systematischer Wechsel zwischen Beispielen und Nichtbeispielen: Diese beiden Gruppen sollen in allen anderen Merkmalen einander möglichst gleichen, sich aber in mindestens einem relevanten Merkmal unterscheiden (Tennyson, 1980).

▶ Systematischer Kontrast: Bei den aufeinander folgenden Beispielen und Nichtbeispielen sollen die irrelevanten Merkmale möglichst unähnlich sein (Merrill, Olson & Coldeway, 1976).

▶ Ansteigender Schwierigkeitsgrad: Man beginnt zweckmäßig mit leichten Unterscheidungen, um den Schwierigkeitsgrad zunehmend zu steigern (Klausmeier & Feldman, 1975).

Wie die angegebenen Studien zeigen, haben sich diese drei Prinzipien in entsprechenden Lehr-Lern-Versuchen experimentell bewährt. In der Gegenwart wird zwar das Lehren von Beispielen wieder intensiv erforscht, doch geschieht dies in einem etwas anderen Kontext (vgl. Seite 166 f.).

Wie auch später noch deutlich wird, gibt es in der Gegenwart wenig Forschung darüber, wie Lehrkräfte ihre Information zweckmäßig *anordnen* oder *sequenzieren* sollten. Hier nur ein älteres Beispiel dazu aus Großbritannien, das entfernt an die RULEG-EGRUL-Thematik erinnert. Boreham, Ellis und Morgan (1985) boten Medizinstudierenden im vorklinischen Studium einen Lehrstoff in zwei Reihenfolgen an, nämlich in den Abfolgen Anwendungen → Theorie oder Theorie → Anwendungen. Inhaltlich waren die Sequenzen völlig gleich. Die Studierenden bevorzugten eindeutig die Sequenz, die mit Anwendungen begann und die Theorie dazu folgen ließ. Das geschah allerdings auf Kosten des Wissenserwerbs: Von der Theorie bekamen jene Studierenden weit mehr mit, die die umgekehrte Reihenfolge bekommen hatten.

Etwas mehr Forschung existiert über die lernwirksame Reihung von Lehrtexten. So hat Schnotz (1983) die Wirksamkeit zweier Textvarianten untersucht. Thematisch ging es um einen Vergleich von Psychoanalyse und Verhaltenstherapie. In einer Textvariante wurden beide Komplexe in dieser Reihenfolge abgehandelt, in der anderen Variante wurden dieselben Inhalte geboten, nur abwechselnd nach den wichtigsten Aspekten (so zum Beispiel die theoretischen Grundlagen beider, die Prinzipien ihrer Therapien, ihre Auffassung von Neurosen, ihre Einschätzung von Symptomen und die wissenschaftliche Orientierung). Diese abschnittweise kontrastierende Variante war insbesondere bei den Studierenden besser, die bereits über mehr Vorwissen verfügten. Weiter unten wird deutlich, dass die kontrastierende Variante zum *Vergleichen* anregt und daher zur vertieften Informations*verarbeitung* beitragen kann, und dies hilft natürlich besonders denen, die mindestens schon über einen Teil der Information verfügen.

Bei der Gestaltung von Lehrtexten spielt die so genannte Kohärenz oder der rote Faden eine wichtige Rolle. Gemeint sind damit Hilfen, die den Fluss der Gedankenführung verdeutlichen, etwa durch Verweise vor und zurück, durch Überleitungen und Zwischenbilanzen, Zusammenfassungen und dergleichen mehr (Schnotz, 1994; Ballstaedt, 1997). So konnte Seufert (2003) in einem komplexen Lehrversuch zeigen, wie solche Kohärenz stiftenden Hilfen wirksam sind – zwar nicht für diejenigen, die schon über gutes Vorwissen verfügen, wohl aber für die, deren Vorkenntnisse noch nicht so gut sind. Untersuchungen in diesem Bereich können zweifellos Anregung für die Gestaltung mündlicher Lehrerdarbietungen vermitteln.

6.3 Zusammenfassung

Wie auch immer Lernende neue Information aufnehmen sollen, so ist es angezeigt, zunächst die Aufmerksamkeit auf den neuen Lehrstoff zu lenken. Dies kann geschehen durch entsprechende Fragestellungen, Problemstellungen und durch Zielangaben. In Frage kommen auch vorstrukturierende Lernhilfen („advanced organizer"), die einen groben Überblick über das Neue bieten. Der Überblick soll dabei als Rahmen dienen, in den später die Einzelheiten eingeordnet werden. Alle diese Eröffnungsstrategien bewirken im Durchschnitt leicht positive Effekte auf das Lernen, insbesondere bei schwächeren Lernenden.

Neue Lehrstoffe setzen bestimmte Vorkenntnisse voraus. Die notwendigen Vorkenntnisse sind zweckmäßig vorher zu aktivieren. Das geschieht oft schon durch die Eröffnungsstrategien, die die Aufmerksamkeit auf die Thematik lenken. Mitunter erweist es sich auch als zweckmäßig, eine kurze Phase der Wiederholung vorzuschalten. Sollte dies nicht genügen, so empfiehlt es sich, die erforderliche Information zu bieten.

Die Information kann von der Lehrperson, von einem Lehrbuch oder vom PC präsentiert werden. Wichtig aber ist, dass Lernende lernen, sich selbständig Information zu erarbeiten. Das Lernen in der Gruppe und das tutorielle Lernen können Schritte auf diesem Weg darstellen. Tutoren lernen oft selbst beim Lehren. Ihre Effekte bei anderen Lernenden sind im Allgemeinen klein, aber positiv.

In der Informationsphase ist darauf zu achten, die Kapazität des Arbeitsgedächtnisses der Lernenden nicht zu überlasten, worauf die *Cognitive Load* -Theorie aufmerksam macht. Der Entlastung des Arbeitsgedächtnisses dienen Superzeichen oder Schemata, aber auch Graphiken, Bilder und anschauliche Darstellungen. Nach Paivio hilft die doppelte Kodierung im verbalen und piktoralen Arbeitsgedächtnis, neuen Lehrstoff besser zu verankern.

Realistische Bilder sind oft, aber nicht immer lernwirksam, insbesondere dann nicht, wenn die relevante Information nicht zu sehen oder zu überladen ist. Farbige Bilder kommen meist besser an als schwarz-weiße Bilder. Lernwirksamer sind sie aber nur, wenn die Farbe Information trägt. Text-Bild-Kombination sind gemäß der Theorie der doppelten Kodierung wirksam, wenn beide aufeinander abgestimmt sind. Bilder, die nur illustrieren und keine eigene Information tragen, sind wenig lernwirksam. Sie können bestenfalls Interesse wecken. Insgesamt gilt, dass Abbildungen, Filme und neue Medien oft Interesse wecken, insbesondere wenn der Unterricht ansonsten eintönig zu werden droht. Eine Überflutung mit Bildern etc. ist jedoch nicht empfehlenswert, denn Überflutung kann den positiven Effekt konterkarieren.

Sprachlich gegebene Informationen müssen verständlich sein. Es bewährt sich, wenn einfache statt komplexe Satzkonstruktionen verwendet werden, wenn die Information klar gegliedert ist, übersichtlich, kurz und prägnant bleibt. Außerdem sollten belebende Elemente eingebaut sein.

Mikrosequenzierung bezieht sich auf die Anordnung der Teilkomplexe innerhalb einer Unterrichtseinheit. Hierzu gibt es in der Gegenwart nur relativ wenige Forschungen. Dazu gehören die älteren Arbeiten zur RULEG- Thematik und jüngere Untersuchungen zum Lehren und Lernen mit Lehrtexten.

7 Informationsverarbeitungsfunktion

In diesem Kapitel wird deutlich, dass eine bloße Aufnahme von Information nicht genügt. Die Informationsverarbeitung dient in erster Linie dem *Verständnis* des Neuen. Verständnis wird erzielt, indem man einerseits den neuen Sachverhalt in seinen *Details* gründlich analysiert, andererseits dann aber auch dafür sorgt, dass das *Wichtige* klar herausgehoben wird und nicht in der Menge der Einzelheiten untergeht. Vor lauter Bäumen soll man den Wald nicht übersehen. Diese beiden gegenläufigen Strategien laufen unter der Bezeichnung *elaborativer* und *reduktiver Prozesse*. Deren Wirksamkeit wurde intensiv erforscht. Wird der Lehrstoff in Form von Lehrtexten geboten, so stehen spezielle Verarbeitungsstrategien zur Verfügung, die sich experimentell bewährt haben.

Craik und Lockhart (1972) haben die Unterscheidung von oberflächlicher und tiefer Verarbeitung eingeführt, eine Unterscheidung, die in weiten Bereichen der Psychologie große Beachtung gefunden und viele Untersuchungen angeregt hat. Im Allgemeinen darf man damit rechnen, dass tiefe Verarbeitung zu besserem Lernen und Behalten und zu weiterem Transfer führt. Allerdings besteht in didaktischen Zusammenhängen die Gefahr, unbeabsichtigt einer oberflächlichen Verarbeitung Vorschub zu leisten: Manche Schulbuch-, Lehrbuch- und Programmautoren, aber auch manche Lehrkräfte neigen dazu, eine Fülle von Bildern und Anschauungsmaterial bereitzustellen, das bewusst leicht verständlich aufbereitet ist, um das Interesse der Lernenden wach zu halten. Solche gut gemeinten Hilfen können aber zu oberflächlicher Verarbeitung mit wenig Einsatz verführen, wie Weidenmann (2001) überzeugend zeigen konnte. Statt dessen eignen sich elaborative und reduktive Prozesse dazu, den Lehrstoff tiefer zu verarbeiten. *Elaborative* Prozesse erweitern die Informationsmenge, *reduktive* Prozesse vermindern sie und führen auf die zentralen Punkte zurück. Man kann diese gegenläufigen Lehrstrategien mit einem Zoomvorgang vergleichen, bei dem mal Einzelheiten herangeholt und dann wieder zurückgefahren werden. Das soll nun etwas genauer erläutert werden. Das Wechselspiel von elaborativen und reduktiven Verarbeitungsprozessen erinnert insofern an die Elaborationstheorie von Reigeluth (1999) und seinen Lehrgang gemäß der Zoom-technik, die uns oben schon begegnet waren (vgl. Seite 55 f).

In der amerikanischen Instruktionspsychologie wird Wittrocks Theorie des *generativen Lernens* stark beachtet (z. B. Wittrock 1990; Wittrock & Alesandrini, 1990). Es handelt sich um eine Theorie des *Lernens aus Unterricht und Instruktion*, und sie besagt, dass Verstehen und Lernen unter der Bedingung der Lehre stattfindet, wenn

▶ die Lernenden Beziehungen innerhalb der gebotenen Information herstellen sowie

▶ Beziehungen zwischen der neuen Information und ihrem bisherigen Kenntnisstand.

Dieser letztere Punkt erinnert an Ausubels Theorie des sinnvollen Lernens. Viele Untersuchungen bestätigen die Brauchbarkeit auch der Weiterführung durch Wittrock. Es geht also darum, die Einzelheiten der neuen Information untereinander richtig zu verknüpfen, aber auch mit dem bereits früher Gelernten. Beides kann durch elaborative Prozesse realisiert werden.

7.1 Elaborative Prozesse

In aller Regel stecken in einer Information mehr inhaltliche Aussagen als, wörtlich genommen, gegeben sind. Es geht hier um *implizit* mitgelieferte Information, die *explizit* zu machen ist. Gemeint sind unausgesprochene Voraussetzungen und Bedingungen, Konsequenzen, die nicht ausdrücklich formuliert, jedoch voraussagbar sind, und Beziehungen zwischen den einzelnen Elementen des Lehrstoffs, aber auch Vergleiche des Neuen mit dem bereits Bekannten. Um die Sachzusammenhänge wirklich zu verstehen, sind diese unausgesprochenen, aber mitgemeinten Einzelheiten notfalls vollständig herauszuarbeiten. Wie auch immer die elaborativen Prozesse angeregt und gesteuert werden, so führen sie oft zu einem viel umfassenderen und detailreicheren Verständnis als die Lernenden selbst vermutet hätten – vorausgesetzt, es wurde wirklich alles herausgearbeitet, was im Lehrstoff drinsteckt.

Nicht selten enthält die fragliche Information aber auch Lücken, Unklarheiten oder gar Diskrepanzen und scheinbare oder wirkliche Widersprüche, die aufzuklären sind. Es muss also untersucht werden, ob es sich wirklich um Unvereinbarkeiten oder Unklarheiten handelt oder ob die Probleme mehr auf Seiten der Lernenden bestehen. Beispielsweise kann sich herausstellen, dass den Lernenden zum Verstehen notwendige Voraussetzungen fehlen, so dass es angezeigt ist, Wissenslücken aufzuarbeiten, ehe man fortfahren kann.

Widersprüchen, Informationslücken und Inkonsequenzen kann man durch die *Strategie des Vergleichens* auf die Spur kommen. So haben Elliott-Faust und Pressley (1986) Drittklässler trainiert, Paare von Sätzen miteinander zu vergleichen. Eingeschoben waren dabei Satzpaare, bei denen der zweite Satz im Widerspruch zum ersten stand. So enthielt eine Information über Seepferdchen nach fünf konsistenten Satzpaaren ein sechstes, widersprüchliches.

6a. Das Seepferdchen bewegt sich langsam durch das Wasser.

6b. Das Seepferdchen rettet sich vor einem Feind, indem es rasch wegschwimmt.

Die Kinder mit dem Vergleichstraining entdeckten nicht nur unmittelbar nach dem Training mehr Widersprüche, sondern auch noch eine Woche später. Die Autoren nahmen das als Beweis dafür, dass die Kinder in der Lage waren, die Strategie des Vergleichens auch noch eine Woche später anzuwenden.

In einer niederländischen Studie wurde Kindern der fünften und sechsten Klasse eine Lernstrategie vermittelt, bei der es unter anderem darum ging, den neuen Lehrstoff mit schon Bekanntem zu vergleichen, um Gemeinsamkeiten und Unterschiede zu entdecken („*comparing and contrasting*"). Das Training fand am Computer statt, und die Kinder waren während des Trainings gehalten, bei der Anwendung der Strategie laut zu denken und ihr Vorgehen zu kommentieren. Auf diese Weise konnte ermittelt werden, welche Elemente der Strategie wie intensiv von den Kindern angewandt wurde. Im Transferversuch bekamen sie eine neue Aufgabe gestellt, die so schwierig war, dass sie nur von gut der Hälfte der Kinder gelöst wurde, und auch hier sollten sie laut denkend ihr Vorgehen erläutern. So konnte man herausfinden, bei welchem Strategieschritt sich die erfolgreichen von den nicht erfolgreichen Kindern unterschieden. Der *zentrale* Unterschied lag beim *Vergleichen* und *Kontrastieren* des Neuen mit dem schon Bekannten: Die erfolgreichen Kinder erzeugten 83 % korrekte Vergleiche, wohingegen die nicht erfolgreichen in 87 % der Fälle falsche Vergleiche zogen (Biemans, Deel & Simons, 2001). - In Kapiteln weiter unten wird deutlich werden, dass die Strategie des Vergleichens eine zentrale Leistung des induktiven Denkens darstellt (vgl. Seite 123 f, Seite 134 f und Seite 298-301).

Wie aber werden solche elaborativen Prozesse in Gang gesetzt? Wie dargelegt, ist in manchen Fällen ein spezielles Strategietraining angezeigt. Insbesondere im Unterrichtsgespräch werden vielfach Unklarheiten entdeckt, Missverständnisse aufgeklärt und Zusammenhänge festgestellt, die manche übersehen haben. Wir werden weiter unten sehen, dass gezielte *Fragen* ein probates Mittel darstellen, um alles das herauszuarbeiten, was die einzelnen übersehen haben mögen.

Darüber hinaus bieten sich verschiedene Möglichkeiten in Abhängigkeit vom jeweiligen Lehrstoff. Bei mathematischen Textaufgaben beispielsweise besteht bei den Lernenden oft Unklarheit über den *Sachverhalt*, um den es gerade geht. Es fehlt dann ein Stück Weltwissen, das mit dem mathematischen Problem eigentlich nichts tun hat, aber erforderlich ist, um die Aufgabe zu verstehen und zu lösen. Dann kann sich alles als hilfreich erweisen, was den Lernenden die Situation klar macht, die mathematisch modelliert werden soll.

Angenommen, eine rechteckige Wiese soll eingezäunt werden. Pfähle im Abstand von drei Metern sollen den Zaun halten. Wie viele Pfähle sind nötig, wenn die Wiese 30 m lang und 21 m breit ist? Manche rechnen dann den Umfang mit 102 m aus und dividieren durch 3, macht 34. Ergebnis: 34 Pfähle sind erforderlich. Hätte man vorher eine Zeichnung angelegt, so wäre deutlich geworden, dass man einen Pfahl weniger braucht. Diese Erkenntnis hat aber streng genommen nichts mit Mathematik zu tun, sondern mit der Einsicht in den Sachverhalt.

Mitunter erweisen sich verschiedene Arten der Problemrepräsentation als günstig, um einen Sachverhalt klarer zu durchschauen. In einer kalifornischen Studie wurden sechs Klassen dreier *Junior High Schools* zum Versuch herangezogen. Die Kinder der Experimentalgruppe wurden darin unterrichtet, eine Textaufgabe vor der Lösung erst einmal auf verschiedene Weise darzustellen. Beispiel: Die Aufgabe

Mary Wong hat soeben eine Stelle in einem Süßwarengeschäft angetreten. Sie besitzt schon $ 42. Sie verdient $ 7 in der Stunde. Wie viele Stunden muss sie arbeiten, bis sie $ 126 zusammen hat?

kann als Gleichung der Form $y = mx + b$, als Graph oder in Form einer Tabelle dargestellt werden. Die Gruppen, die geübt hatten, solche Aufgaben mehrfach zu repräsentieren, übertrafen in den Posttests die traditionell unterrichteten Mitschüler erheblich in der Lösung vergleichbarer Textaufgaben (Brenner, Mayer, Moseley, Brar, Durán, Smith Reed & Webb, 1997). Die Darstellung des Sachverhalts auf unterschiedliche Weise förderte offensichtlich das Verständnis. Große und Renkl (2006) fanden allerdings mal positive und mal eher negative Effekte, wenn im Mathematikunterricht mehrere Lösungswege beschritten wurden. Sie folgerten daraus, dass genauer untersucht werden sollte, wann mehrere Lösungswege hilfreich sind und wann nicht.

Gruppendiskussionen haben sich in einer sorgfältigen Untersuchung als außerordentlich wirksam erwiesen, um die Interpretation von Kurzgeschichten in zehnten Klassen markant zu verbessern (Fall, Webb & Chudowsky, 2000): Die unterschiedlichen Erfahrungen und Kenntnisse, die die Diskussionsteilnehmer einbringen, helfen den Schülerinnen und Schülern, neue Perspektiven zu beachten und bereichern so deren Interpretationshorizont. Wenn dies systematisch fortgesetzt wird, bestehen gute Chancen, dass zukünftig neue Texte aspektreicher interpretiert werden, was eine Bereicherung der literarischen Bildung darstellt. In andern Fällen genügt es, die Lernenden nur anzuregen oder anzuleiten, beispielsweise durch eine Serie von *Fragen, Impulsen, Hinweise* und dergleichen. Auf diese Weise entwickelt sich vielfach ein *Unterrichtsgespräch*, bei dem die Schülerinnen und Schüler schrittweise angeregt werden, die erforderlichen Prozesse selbst zu vollziehen. Bei erfahrenen Lernenden kann es genügen, nur an diese Strategien zu erinnern.

Zahlreiche Untersuchungen wurden durchgeführt, die zeigen, dass es sehr hilfreich ist, wenn Schülerinnen und Schüler Gelegenheit bekommen, das Fragen selbst zu erlernen und einzuüben. Dabei kann es zunächst darum gehen, W-Fragen zu stellen (wer, was, wann, wie, wo, warum). Man spricht in dem Fall von *Signalwörtern*, die helfen, sinnvolle Fragen zu erzeugen. Darüber hinaus werden insbesondere *generische* (allgemeine) *Fragenstämme* verwendet, wie sie in dem Kasten zu finden sind. Solche Fragenstämme lassen sich an die jeweilige Thematik durch Einsetzungen anpassen (King, 1990; 1992a). Eine Frankfurter Studie bei Drittklässlern, die ein Fragetraining im Stil von King erhielten, brachte allerdings kaum positive Effekte (Kronenberger & Souvignier, 2005). Möglicherweise sind Kinder in diesem Alter noch nicht aufnahmefähig für eine solche Intervention. Allerdings war der Anteil von Migrantenkindern in den Klassen sehr hoch (46% - 82%).

Davey und McBride (1986) konnten zeigen, wie schon Kinder der sechsten Klasse von einem kurzen Training profitierten, bei dem es darum ging, während der Bearbeitung eines Textes zwei Arten von Fragen zu generieren und zu beantworten, Fragen, die die Aussage zweier Sätze miteinander verbinden, und Fragen, die sich auf einen Hauptpunkt des Absatzes beziehen. Vier Kontrollgruppen bearbeiteten alle dieselben Übungstexte, eine Gruppe ganz ohne Fragen und drei Gruppen mit verschiedenartigen vorgegebenen Fragen, die zu beantworten waren. Im Kontrast zu den vier Kontrollgruppen zeigten die Kinder, die zuvor trainiert worden waren, selbst Fragen zu stellen, die besten Werte im Verständnis eines neuen Textes.

Fragestämme, die für Fragen in Frage kommen

Was muss vorausgegangen sein, damit ….. stattfindet?
Worin unterscheiden sich ….. und ….. ?
Was haben ….. und ….. gemeinsam?
Welche Folge ist zu erwarten, wenn …. stattgefunden hat?
Wie beeinflusst ….. …..?
Was geschieht, wenn …..?
Was muss stattgefunden haben, wenn …… eingetreten ist?
Wie kann man erklären, dass …..?
Was ist der Grundgedanke von …..?
Wozu dient …..?

Den Effekt speziell von „Was-wenn" Rückfragen hat Renkl (1997b) untersucht. Pädagogikstudenten lernten einige Wahrscheinlichkeitsrechnungen an Hand von Lösungsbeispielen. Danach erklärte ein Teil der Studenten die Lösungen einem Strohmann, der sich weitgehend passiv verhielt. Der andere Teil von Studenten erklärte die Lösungen ebenfalls einem Strohmann, der jedoch halbstandardisierte Rückfragen stellte. Der Lernerfolg war besser, wenn die Rückfragen korrekt beantwortet worden waren. Außerdem profitierten diejenigen mehr von den Rückfragen, die nur wenig intrinsisch motiviert waren.

Lehrtexte werden mitunter ebenfalls mit Fragen versehen, sei es mit vorangestellten oder mit nachgestellten Fragen. Schon im vorigen Jahrhundert fanden intensive Untersuchungen über die Wirksamkeit von Fragen statt (Klauer, 1984a; Anderson & Biddle, 1977). Dabei stellte sich heraus, dass mit Fragen besser gelernt wird als ohne Fragen, dass vorangestellte Fragen weniger lernförderlich sind als nachgestellte Fragen und dass Fragen, die Denkprozesse erfordern, mehr bringen als einfache Fragen nach Fakten. Diese Ergebnisse lassen sich sehr gut mit Blick auf die Elaborationsprozesse erklären. Beispiel: Vorangestellte Fragen engen den Blickwinkel der Lernenden ein, so dass sie schon bei der Informationsaufnahme manche Details ausblenden. Nachgestellte Fragen engen den Blickwinkel nicht ein, lassen die Lernenden bei der Informationsaufnahme offen sein für alle Aspekte. Erst hinterher werden sie angehalten, bestimmte wichtige Punkte genauer zu analysieren.

Die Theorie vom vorauswirkenden Transfer nachgestellter Fragen bezieht sich auf das Lernen bei Lehrtexten mit nachgestellten Fragen (Mayer, 1975). Danach wirken Fragen, die einem Textabschnitt angehängt sind, auf die Informationsaufnahme bei nachfolgenden Textabschnitten. Sagerman und Mayer (1997) bildeten drei Gruppen von je 24 Collegestudenten. Alle drei Gruppen bekamen dieselben drei Lehrtexte zum Durcharbeiten. Einer der Texte befasste sich mit dem Pflanzenwachstum, der andere mit Chemie und der dritte mit dem Leben von Bakterien. Auf diese Weise sollte ausgeschlossen werden, dass der Transfer an einen spezifischen Inhalt gebunden sein könnte. Eine der drei Gruppen erhielt Verständnisfragen angehängt an jeden Text, die andere Fragen, die wörtlich zu beantworten waren, während die dritte Gruppe als Kontrollgruppe keine Fragen bekam. Darüber hinaus erhielten alle drei Gruppen einen vierten Text über instinktives Verhalten, wobei diesem Text keinerlei Fragen angehängt waren. Dafür erhielten aber alle einen Test zu dem vierten Text, in dem es sowohl um Verständnis als auch um wörtliches Behalten ging. Und das Ergebnis? Die Gruppe ohne Fragen, also die Kontrollgruppe, zeigte unter beiden Aspekten mittlere Leistungen. Beide anderen Gruppen brachten in drei von vier Fällen die besseren Lernergebnisse. Ferner zeigte sich ein Einfluss der Art der angehängten Fragen. Während die Gruppe mit den Verständnisfragen in beiden Aspekten die besten Antworten lieferte, zeigte die Gruppe mit den wörtlich zu beantwortenden Fragen nur bei den wörtlich zu beantwortenden Testfragen höhere Leistungen. Offensichtlich wurden die Lerngewohnheiten auf neues Lernen übertragen.

Der Einfluss der Schwierigkeit angehängter Fragen wurde von Nußbaum und Leutner (1986a) untersucht. Sie boten Studierenden einen etwa 2000 Wörter langen Lehrtext über spezielle physikalische Vorgänge im Sonnensystem, die Studierenden in der Regel nicht bekannt sind. Die Versuchspersonen wurden per Zufall auf vier Bedingungen verteilt, (a) hohe versus niedrige Denkanforderungen (bei hohen Denkanforderungen waren die Antworten zu erschließen, bei niedrigen konnten sie dem Text wörtlich entnommen werden); (b) hohe versus niedrige Anforderungen an das Gedächtnis (bei hohen Gedächtnisanforderungen folgten die Fragen erst nach einigem Abstand den relevanten Textstellen, bei niedrigen Gedächtnisanforderungen folgten sie unmittelbar im Anschluss an die relevanten Textstellen).

Lerntests wurden unmittelbar nach Durcharbeitung des Textes und – unerwartet – noch einmal eine Woche später gegeben. Im Ergebnis erwiesen sich die höheren Gedächtnisanforderungen als wirksam, nicht jedoch die höheren Denkanforderungen. Fragen die unmittelbar den Textstellen folgen, auf die sie sich beziehen, sind offenbar wenig hilfreich. Vom Lehrstoff wird mehr und länger behalten, wenn die Lernenden veranlasst werden, den Lehrstoff wiederholt im Arbeitsgedächtnis zu aktivieren und zu prüfen.

Abschließend hierzu sei auf die umfangreiche Metaanalyse verwiesen, die Rosenshine, Meister und Chapman (1996) vorgelegt haben. Dabei wurden die Untersuchungen zusammengefasst, bei denen Schülerinnen und Schüler trainiert worden waren, sich selbst Fragen zum Lesestoff vorzulegen. Im Ergebnis zeigte sich, dass die Lernenden, die sich selbst Fragen vorlegten, deutlich bessere Verständnisleistungen erzielten, und zwar gute wie schwache Lernende gleichermaßen. Im Durchschnitt lag der Effekt bei $M_d = 0,36$, wenn standardisierte Tests verwendet wurden, aber bei $M_d = 0,86$, wenn auf den Lehrstoff zugeschnittene Tests zum Zug kamen (zur Messung der Effektstärke d vgl. oben Seite 85; zur Metaanalyse Seite 86).

7.2   Reduktive Prozesse

In dieser Gruppe von Verarbeitungsprozessen geht es darum, die Information zu strukturieren, zu ordnen, übersichtlich zu gestalten. Verschiedene Prozesse kommen hierzu in Frage, wobei eine wesentliche Rolle spielt, in welcher Form die Information vorgegeben wurde.

Viele Untersuchungen befassen sich mit Möglichkeiten, Lehrtexte so zu strukturieren, dass die großen Zusammenhänge deutlich werden. Eine beliebte Technik besteht darin, für jeden Abschnitt eine Überschrift in Form einer Kurzzusammenfassung zu formulieren. Schon mit jüngeren Kindern kann man weiterhin üben, die zentralen Wörter oder Begriffe eines Abschnitts zu unterstreichen. Im Ergebnis erhält man dann zentrale Begriffe und Fakten. Solche zentralen Begriffe und Fakten lassen sich in einer Liste zusammenstellen, die allerdings noch nicht systematisch geordnet ist.

Man kommt einen wesentlichen Schritt weiter, wenn man diese Liste von Begriffen oder Fakten als *Elemente* betrachtet, die in bestimmten *Beziehungen* zueinander stehen. Die Beziehungen können Handlungssequenzen ergeben, aber auch Kausalreihen, Kreisprozesse, wechselseitige Beeinflussungen und dergleichen mehr. Es liegt nahe, solche Zusammenhänge graphisch als logische Bilder darzustellen. Im englischen Sprachraum bezeichnet man die Technik der Herstellung solcher *Strukturierungshilfen* als *mindmapping* oder *networking*. Abbildung 7.1 zeigt ein Beispiel für ein solches Netzwerk.

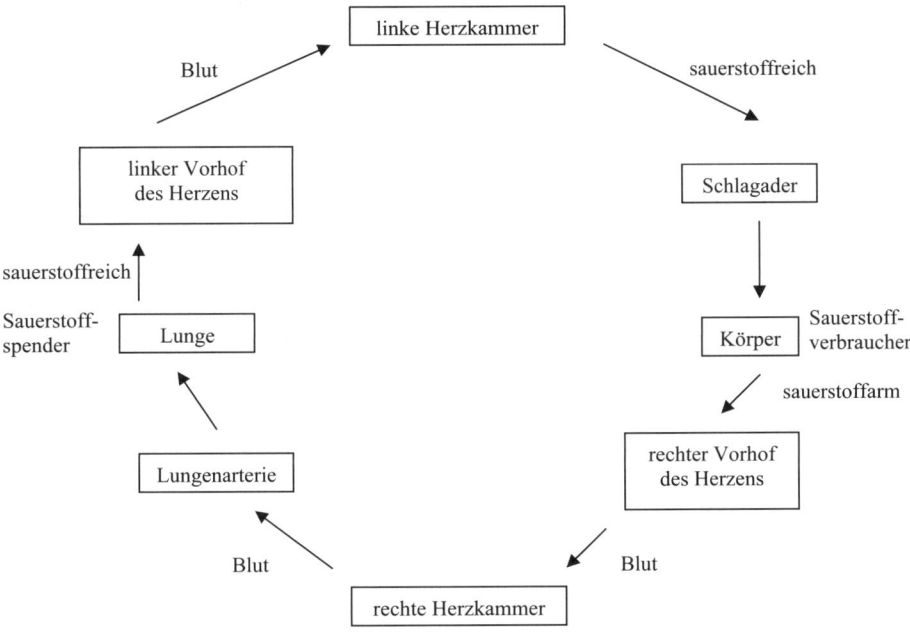

Abbildung 7.1. Netzwerk Blutkreislauf (nach Klauer, 1993)

Eine solche Struktur fasst die wesentliche Information übersichtlich zusammen, die – mündlich vorgetragen oder schriftlich dargestellt – recht umfangreich sein würde. Wissensrepräsentationen oder Netzwerke dieser Art sind nicht unbedingt optimal, um daraus zu lernen. Sie könnten zu oberflächlicher Verarbeitung verleiten. Sie sind jedoch optimal, wenn der Lehrstoff mündlich oder schriftlich gegeben ist und wenn es darum geht, die Sachzusammenhänge gründlicher zu verstehen (Dansereau, 1985; Mandl &

Fischer, 2000; Steiner, 2001; Weidenmann, 2001). Zu diesem Zweck muss erarbeitet werden, welche tragenden Elemente gegeben sind, wie und in welcher Reihenfolge sie verknüpft sind, welche Querverbindungen eine Rolle spielen und dergleichen mehr.

Und was bringt's?

Zwei von drei Realschulklassen erhielten ausführliche Instruktion, wie man einen Lehrstoff als Netzwerk darstellt. Dabei hatten sie Gelegenheit, die Erstellung eines Netzwerks zu üben, und zwar am Beispiel von Abbildung 7.1. Die dritte Klasse erhielt nur eine kurze mündliche Information, wie man ein Netzwerk erstellt. Danach erhielten alle einen Lehrtext zur Physiologie des Hörens mit der Aufgabe, ein Netzwerk zu erarbeiten. Die Ergebnisse wurden entsprechend der Anzahl im Netzwerk berücksichtigter Elemente und Beziehungen ausgewertet. Dabei erzielten die beiden Klassen mit vorlaufendem Training der Netzwerkstrategie erwartungsgemäß die besseren Leistungen. Der Unterschied zwischen den Gruppen war statistisch bedeutsam. Unerwartet erhielten die Schülerinnen und Schüler einen *Wissenstest*, mit dessen Hilfe festgestellt werden sollte, wie viel unter den Bedingungen an Wissen erworben worden war. Hier stellte sich ebenfalls ein deutlicher Unterschied zugunsten der Netzwerkgruppen heraus.

Sind Lernende gehalten, solch ein *mind map* selbst zu entwickeln, muss das Ergebnis in irgendeiner Form bewertet werden. Zu diesem Zweck wurde ein Punktesystem entwickelt, das im Wesentlichen die einzelnen möglichen Aussagen (Propositionen) bewertet. Empirische Überprüfungen zeigten, dass das Bewertungssystem angemessene Ergebnisse lieferte. So konnten hohe Korrelationen zwischen diesen Punktwerten und Testleistungen zum gleichen Lehrstoff gefunden werden (Rice, Ryan & Samson, 1998). Das Bewertungssystem war also valide.

7.3 Strategien beim Verarbeiten von Lehrtexten

Wenn der Lehrstoff in Form von Texten präsentiert wird, lassen sich Netzwerke der besprochenen Art sehr gut erstellen. Allerdings wird man sehen, wie aufwändig ein solches Vorhaben ist: Es erfordert viel Zeit, sorgfältiges Nachprüfen und vielfältige

Modifikationen, bis man ein stimmiges Ergebnis erarbeitet hat. Belohnt wird man natürlich durch entsprechende Lerneffekte. Unabhängig von diesem Vorgehen wurden aber schon seit längerem Strategien erarbeitet und vielfältig erprobt, mit deren Hilfe Texte mit geringerem Aufwand und doch relativ gründlich durchgearbeitet werden können. Dabei werden elaborative mit reduktiven Elementen kombiniert.

In den USA hat die *PQ4R – Methode* eine lange Tradition. Jeder Buchstabe steht für eine Aktivität: *Preview:* Sich im Vorhinein klar machen, worum es hier geht, z. B. an Hand der Überschrift, und dabei schon einschlägiges Vorwissen aktivieren. *Question:* Sich im Voraus relevante Fragen zum Thema stellen und beantworten. *Read:* Den Text nun lesen. *Reflect:* Den Inhalt sorgfältig überdenken. *Recite:* Den Inhalt mit eigenen Worten wiedergeben und *Review:* Zum Schluss den Inhalt wiederholen.

Ein etwas vereinfachtes Programm zur Förderung des verständigen Lesens wurde in den Niederlanden bei lernbehinderten Kindern durchgeführt und brachte ermutigende Erfolge (Brand-Gruwel, Aarnoutse & Van den Bos, 1998). Danserau und Mitarbeiter (1979, vgl. auch Weidenmann, 2001) haben ein stärker differenziertes Lesestrategieprogramm erarbeitet und mit gutem Erfolg empirisch erprobt, das mit dem Akronym MURDER (deutsch „Mord") abgekürzt wird.

Mood	Eine gute Lernatmosphäre schaffen, Ablenkungen reduzieren.
Understanding	Nach einem ersten Durcharbeiten den Text gründlich durchdenken, sich die Zusammenhänge klar machen.
Recalling	Den Sachverhalt mit eigenen Worten wiedergeben, eventuell graphisch darstellen als Netzwerk.
Digesting	Den Inhalt mit dem eigenen Wissen verknüpfen, Beziehungen zu anderen Sachverhalten herstellen, bewerten und gegebenenfalls kritisieren.
Expanding	Über den Stoff hinausgehen. Wo gibt es Ähnliches? Wie kann ich mehr dazu erfahren? Was bringt er mir?
Reviewing	Unmittelbar, insbesondere aber auch später die wesentlichen Punkte wiederholen.

Es existiert auch ein empfehlenswertes deutsches Programm zur Einübung von Lern- und Lesestrategien bei Lehrtexten, das für Studierende konzipiert worden ist (Friedrich, Fischer, Mandl & Weis, 1987). Das Programm hat sich verschiedentlich bewährt. In einer angepassten Form wurde es sogar in fünften und sechsten Klassen Hauptschule mit Erfolg erprobt, wobei auch hier ein vorgängiges Denktraining zu noch besseren Ergebnissen führte (Klauer, 1996).

7.4 Zusammenfassung

Oberflächliche Verarbeitung nimmt die Information mehr oder minder unverändert auf, wie sie präsentiert wird. Tiefe Verarbeitung verändert dagegen die Information, analysiert sie in ihre Einzelheiten, setzt diese zueinander und zum bereits vorhandenen Wissen in Beziehung und ordnet sie in größere Zusammenhänge ein.

Elaborative Prozesse differenzieren die Information aus, etwa durch Aufdeckung implizit, aber nicht explizit gegebener Zusammenhänge, durch Klärung scheinbarer oder wirklicher Widersprüche und durch Aufspüren von Lücken. Elaborative Prozesse lassen sich durch geeignete Fragen und Impulse in Gang setzen. Bei Lehrtexten verwendet man sowohl vorangestellte als auch nachgestellte Fragen, deren Wirksamkeit unterschiedlich ist. Vorangestellte Fragen lenken die Informationsaufnahme, während nachgestellte Fragen die Art der Informationsverarbeitung beeinflussen können.

Reduktive Prozesse strukturieren die Information und ordnen sie in größere Zusammenhänge ein. Dabei erweisen sich Strukturierungshilfen graphischer Art („Mindmapping" und „Networking") oft als sehr hilfreich. Bei Lehrtexten kann eine nachträgliche Gliederung ebenfalls zu einem besseren Überblick über die Zusammenhänge führen.

Elaborative und reduktive Prozesse lassen sich mit den beiden Veränderungsrichtungen der Zoomtechnik vergleichen.

Für die Verarbeitung von Lehrtexten stehen Lernstrategien zur Verfügung wie etwa die PQ4R-Strategie oder die MURDER-Strategie. Beide Verfahren und vergleichbare andere stellen eine Kombination von elaborativen und reduktiven Prozessen dar.

8 Speicher- und Abruffunktion

Wofür man sich interessiert, das behält man auch leichter. *Interesse* und *Motivation* sind also bedeutsam für längerfristiges Behalten. Dabei spielen auch gute *Einprägungsstrategien* eine Rolle, besonders wenn sie für eine *tiefe Verarbeitung* sorgen, etwa durch Analogie- und Vergleichsaufgaben. *Übung* und *Wiederholung* sind außerordentlich hilfreich, zumal wenn dabei neue Gesichtspunkte ins Spiel kommen. *Overlearning* wie *Mastery Learning* sind weitere Lehr-Lern-Strategien, die die Verfügbarkeit früheren Lehrstoffs deutlich erhöhen. Die *Abrufbarkeit* wird durch Mitschriften und durch häufige *Fragen* gefördert, wohingegen *Mnemotechniken* im schulischen und akademischen Kontext weniger bedeutsam sind.

8.1 Vom Gedächtnis und seinen Leistungen

Kodieren, Speichern und Abrufen sind die zentralen Leistungen des Gedächtnissystems. Sinneswahrnehmungen müssen erst kodiert werden, ehe unser Arbeitsgedächtnis sie verwerten kann. Der Kodierungsprozess entscheidet oft darüber, ob wir etwas verstehen oder behalten. Wie der Speichervorgang ist er beeinflussbar und deswegen ein wichtiges Thema im Rahmen der Instruktionspsychologie. Den Abrufprozess bemerkt man häufig nur im Ergebnis, etwa wenn etwas eine Erinnerung weckt. Allerdings wird das Abrufen oft auch bewusst erlebt, so wenn man versucht, sich an etwas zu erinnern und die Erinnerung sich nicht sofort einstellt.

In der Gedächtnistheorie konkurrieren insbesondere zwei unterschiedliche Modellvorstellungen, die beide schon Erwähnung fanden. Zum einen nimmt man verschiedene Speicher an, wobei im vorliegenden Zusammenhang das Arbeits- oder Kurzzeitgedächtnis einerseits und das Langzeitgedächtnis andererseits besonders wichtig sind (Baddeley, 1986). Als Alternativvorstellung kommt der „Level–of–processing"–Ansatz von Craik und Lockhardt (1972) in Frage. In diesem Modell hängt wesentlich von der Verarbeitungstiefe ab, ob etwas behalten wird und abrufbar ist. Insofern ist dieser Ansatz instruktionspsychologisch besonders interessant. Allerdings erklären beide Modellvorstellungen viele Phänomene hinreichend gut, so dass instruktionspsychologisch kein Anlass besteht, eines von beiden zu verwerfen.

Tatsächlich unterscheiden Psychologen gelegentlich noch einen weiteren Gedächtnisspeicher, das episodische Gedächtnis. In diesem Speicher werden Erinnerungen an selbst Erlebtes aufbewahrt, was eigenen Gesetzmäßigkeiten unterliegt. Beispielsweise braucht eine junge Frau nicht dauernd zu repetieren, um eine Zeitlang zu behalten, dass ihr gestern ein Heiratsantrag gemacht wurde. Oder wer sich in der Schule einmal bodenlos blamiert hat, wird vielleicht noch Jahre später Einzelheiten erinnern können. Wie differenzierte Untersuchungen zeigen, lassen sich erste Anfänge des episodischen Gedächtnisses schon bei Säuglingen nachweisen (Knopf, Mack & Kressley-Mba, 2005). Für Lehr–Lern–Prozesse ist das episodische Gedächtnis weniger bedeutsam.

In pädagogisch–psychologischen Zusammenhängen ist des Öfteren noch die Rede vom *Metagedächtnis*. Dabei handelt es sich nicht um eine Art von Gedächtnis, sondern um ein spezielles Wissen, nämlich um das Wissen von seinen eigenen Gedächtnisprozessen. Konkret geht es um *deklaratives Wissen* (etwa zu wissen, welche Aufgaben zu lernen einem leicht und welche einem schwer fallen, was das Lernen unterstützt oder beeinträchtigt), und um *prozedurales Wissen* (etwa mit welchen Einprägungsstrategien man guten Erfolg hat, wie man seinen Übungsprozess überwachen und erfolgreich planen und steuern kann). Nachgewiesen wurde ein Zusammenhang zwischen solchem Wissen um seine Gedächtnisprozesse und dem tatsächlichen Behalten und Erinnern. Der Zusammenhang wird im Laufe der Schulzeit offenbar zunehmend enger (Schneider & Pressley, 1997).

Wie oben bereits erwähnt, ist der Befund gut gesichert, dass das Arbeitsgedächtnis gleichzeitig nur ganz wenige Einzelheiten aufnehmen kann. Auf der anderen Seite ist denkbar, dass das Langzeitgedächtnis nie etwas vergisst: Eine solche Behauptung ist zwar nicht beweisbar, aber es gibt viele Belege dafür, dass irgendwann Einzelheiten erinnert werden, die man längst für vergessen hielt. Tatsächlich handelt es sich beim Vergessen um komplexe Prozesse, wobei mit Sicherheit Blockierungen, wechselseitige Hemmungen, Verschmelzungen und sonstige Veränderungen eine Rolle spielen. In Lehr–Lern–Prozessen kommt es daher darauf an, für eine geglückte Speicherung und insbesondere für leichte Abrufbarkeit zu sorgen. Wie kann das geschehen?

Einen wesentlichen Faktor stellt zweifellos das *Interesse* dar. Was uns stark interessiert, behalten wir sehr leicht und dauerhaft, und wenn uns ein Thema so gar nicht interessiert, fällt es schwer, sich Einzelheiten zu merken. So dokumentiert erworbenes Wissen zum Teil auch unser Interessenprofil. Schneider, Körkel und Weinert (1989) boten 500 Kindern aus dritten, fünften und siebten Klassen einen Text über Fußball. Die eine Hälfte der Kinder waren „Fußballexperten", während die andere Hälfte (die „Fuß-ballnovizen") keine Ahnung von Fußball hatte. Dabei stellte sich heraus, dass die Fuß-ballexperten der dritten Klasse mehr von dem Text mitbekamen als die Siebtklässler ohne Ahnung vom Fußball. Vorwissen erleichtert Lernen und Behalten sehr stark, aber Interesse und Motivation beeinflussen ebenfalls, was wir gut lernen und rasch behalten.

Instruktionspsychologisch sind Strategien besonders interessant, die man lehren und lernen kann und die den Einprägungsprozess positiv beeinflussen.

8. 2 Einprägungsstrategien

Eine Reihe von Strategien kommt in Frage, um den Speichervorgang zu unterstützen. Ihnen allen ist gemeinsam, dass der neu erarbeitete Lehrstoff mit anderen, bereits bekannten Inhalten in Beziehung gebracht wird. Der Vorgang schließt in irgendeiner Weise ein, den soeben erarbeiteten Lehrstoff zu wiederholen und zu festigen. Genau das ist es aber, was Lernende im Allgemeinen wenig schätzen, das Wiederkäuen dessen, was man schon kennengelernt hat. Die Kunst des Lehrenden besteht nun darin, die Vertiefung und Festigung des Lehrstoffs so zu gestalten, dass eine *neue Fragestellung*, eine neue *Aufgabenstellung* entsteht. Ist damit ein echtes Problem verbunden, so wird das nicht nur von den Lernenden eher akzeptiert. Vielmehr wird auf diese Weise für eine *tiefe* statt für eine bloß *oberflächliche Verarbeitung* in der Wiederholung gesorgt.

Eine Möglichkeit hierzu bietet sich an, indem die neuen Inhalte mit dem einschlägigen Vorwissen zu vergleichen sind. Dazu regt man die Lernenden an zu präzisieren, zu welchen Wissensbeständen genau das Neue gehört, wo es weiterführt oder wo früher erworbenes Wissen jetzt modifiziert wird. Dabei empfiehlt es sich, nach Gemeinsamkeiten und Unterschieden suchen zu lassen, um so das Neue in den bereits vorhandenen Wissensbestand zu integrieren.

Generell ist die *Strategie des Vergleichens* auch in diesem Zusammenhang sinnvoll. Sie war ja schon im Zusammenhang mit Elaborationsstrategien zur Informationsverarbeitung begegnet (vgl. Seite 108). Vergleichen heißt, nach Gemeinsamkeiten und Unterschieden zu suchen, so dass immer mindestens zwei Komplexe zu überprüfen sind, beispielsweise der neue Lehrstoff und ein schon bekannter Inhalt. So entsteht eine Fragestellung, die zwar erfordert, den soeben erarbeiteten Lehrstoff ein weiteres Mal durchzugehen, jedoch unter einem bislang nicht berücksichtigten Gesichtspunkt.

Die Strategie des Vergleichens spielt bei allen *Analogien* und *Metaphern* eine zentrale Rolle. Als der Physiker Robert Oppenheimer eingeladen wurde, vor der Amerikanischen Psychologischen Gesellschaft einen Vortrag zu halten, wählte er das Thema „Analogy in Science" (Oppenheimer, 1956). Er machte überzeugend klar, welch große Bedeutung dem analogen Denken in den Wissenschaften zukommt, man denke nur an die Theorie von der Wellen- und/oder Korpuskelnatur des Lichts oder an den Vergleich von Atom und Sonnensystem.

Ähnlich erfreuen sich Analogien und Vergleiche im Unterricht großer Beliebtheit, insbesondere im naturwissenschaftlichen Unterricht und in entsprechenden Schulbuchwerken (Duit, 1992; Curtis, 1988; Stepich & Newby, 1988; Thiele & Treagust, 1994; Treagust, Duit, Joslin & Lindauer, 1992). Tatsächlich gibt es auch eine umfangreiche empirische Forschung, die den beachtlichen Effekt von Analogien beim Lernen in verschiedenen Fächern nachweist (so etwa Bean, Searles, Singer & Cowen, 1990; Gentner, 1983; Mulholland, Pellegrino & Glaser, 1980; Vosniadou & Schommer, 1988). Diese Autoren haben nachgewiesen, dass Lehrer leicht lernen können, Analogien selbst auszuarbeiten und dass deren Unterricht dadurch effektiver wird. Allerdings gibt es Untersuchungen, die auch fehlerhaftes Lernen beim Lernen nach Analogien feststellten (Brown & Clement, 1989; Zook, 1991; Zook & DiVesta, 1991). Der gedankenlose Einsatz von Analogien ist also nicht empfehlenswert.

Worin liegt die Lernwirksamkeit von Analogien begründet? Setzt man eine Analogie ein, so hat dies nur Sinn, wenn man zum Vergleich einen Sachverhalt heranzieht, der den Lernenden gut bekannt ist. Eine Analogie verknüpft demnach *neue Inhalte* mit bereits *bekannten*, und seit Ausubel gilt dieser Vorgang als entscheidend für sinnvolles Lernen und dauerhaftes Behalten, ein Gedanke, der von den Vertretern des generativen Lernens aufgegriffen und weiter geführt wurde (vgl. Seite 108). Der zentrale Vorgang beim analogen Denken besteht allerdings darin, dass Punkt für Punkt Altes mit Neuem verglichen wird und so *Gemeinsamkeiten* und *Unterschiede* herausgearbeitet werden.

Die Einübung der *Strategie des Vergleichens* und ihre Anwendung auf verschiedenartige Sachverhalte stehen im Mittelpunkt von Programmen zur Förderung des induktiven Denkens (vgl. Seite 298-301). Zum induktiven Denken gehört auch das analoge Denken neben weiteren Problemlöseprozessen, die sich alle der Strategie des Vergleichens bedienen. Sonntag (2004) führte zwei Experimente bei insgesamt 90 lernbehinderten Schülerinnen und Schüler der Oberstufe durch, die unterrichtet wurden, darauf zu achten, dass manche Textaufgaben in Mathe Informationen enthalten, die für die Fragestellung irrelevant sind. Sie sollten also durch Vergleich lernen, welche Informationen gebraucht werden und welche eigentlich überflüssig sind.

Beispiel 1*: Marcel ist 15 Jahre alt und fährt gerne mit dem Fahrrad. Am Montag startet er mit seinen 23 Klassenkameraden eine Fahrradtour. Am ersten Tag fahren sie 39 km. An den nächsten Tagen noch 117 km. Wie viele Kilometer fahren sie insgesamt?*

Beispiel 2*: Beim Bäcker bezahlt Inge für zehn Brötchen und zwei Stücke Kuchen 13,00 €. Die Brötchen kosten 4,50 €. Das größere Stück Kuchen kostet 5 €, das kleinere 3,50 €. Sie bezahlt außerdem beim Metzger 6,50 € für Schinkenwurst. Wie viel Geld hat Inge ausgegeben?*

Die Kinder, die vorher das Training des induktiven Denkens erhalten hatten, lösten in beiden Versuchen wesentlich mehr der Mathematikaufgaben richtig. In einem der Versuche wurden nach einem halben Jahr erneut solche Aufgaben vorgelegt, und auch hier schnitten die Kinder mit dem Strategietraining deutlich besser ab. Die Strategie des Vergleichens, die im Training geübt worden war, wurde also auch noch ein halbes Jahr später spontan und erfolgreich eingesetzt.

Zu den Verknüpfungsstrategien gehört ferner auch die *Entdeckung passender Beispiele*. Zu einem gegebenen Sachverhalt passende von unpassenden Beispielen zu unterscheiden, ist ein Prozess, bei dem deutlich wird, ob man in der Lage ist, die Gemeinsamkeiten, auf die es ankommt, in unterschiedlichen Sachzusammenhängen zu entdecken. Hat man ein Lösungsprinzip erkannt, so kommt es darauf an, entscheiden zu können, ob es im konkreten Fall anwendbar ist oder nicht.

92 Schülerinnen und Schüler der elften Jahrgangsstufe einer Berliner Gesamtschule bekamen Gelegenheit, Mathematikaufgaben zu lösen, und zwar entweder in kontrastierender oder nicht kontrastierender Bedingung. In der kontrastierenden Bedingung wurden Aufgaben mit zwei verschie-

denen Lösungsansätzen geboten, in der nicht kontrastierenden Bedingung aber nur Aufgaben zu einem der beiden Lösungsansätze. Beispiele:

▶ Typ „Alter": Der Vater ist gerade 40 Jahre alt und sein Sohn 14. In einigen Jahren wird der Vater doppelt so alt sein wie sein Sohn. In wie vielen Jahren ist das der Fall?

Lösungsgleichung: $V + x = 2(S + x)$

▶ Typ „Bewegung": Zwei Züge verlassen zur gleichen Zeit den gleichen Bahnhof, jedoch in entgegengesetzter Richtung. Einer der Züge fährt mit der Geschwindigkeit von 64 km/h und der andere mit der Geschwindigkeit von 104 km/h. In wie viel Stunden sind sie 1008 km voneinander entfernt?

Lösungsgleichung: $v_1 \cdot t + v_2 \cdot t = s$

In der nicht kontrastierenden Bedingung bekamen die Lernenden den Auftrag, vier Aufgaben vom Typ „Alter" zu bearbeiten, während in der kontrastierenden Bedingung zwei Aufgaben von beiden Typen zu lösen waren. Danach erhielten alle eine fünfte Aufgabe, jedoch vom Typ „Alter", wenn auch oberflächlich unähnlich:

▶ In zwei Badewannen läuft Wasser. In Badewanne A sind bereits 68 Liter Wasser. In Badewanne B sind 14 Liter Wasser. Wie viel Liter Wasser müssen in die Badewannen fließen, bis in Badewanne A viermal soviel Wasser ist wie in Badewanne B?

In der nicht kontrastierenden Bedingung, in der also alle Aufgaben vom gleichen Typ waren, wurde die fünfte Aufgabe erheblich besser gelöst als in der kontrastierenden Bedingung. Obwohl die Oberflächenstruktur der Aufgaben sehr unterschiedlich waren, haben die Schülerinnen und Schüler die zentralen Gemeinsamkeiten besser entdeckt, wenn sie Aufgaben dieses Typs verstärkt üben konnten (Thußbas & Chourdakis, 2002).

Was also mit der schlichten und oft unbeliebten *Übung*? Was mit der *Wiederholung*? Bromage und Mayer (1986) entwickelten für Collegestudenten eine Lektion über die Funktionsweise von 35-mm-Kameras. Die Lektion wurde auf Tonband gespeichert, so dass sie allen Gruppen identisch vorgegeben werden konnte. Eine Gruppe hörte das Band einmal, die nächste Gruppe zweimal und die letzte Gruppe dreimal. Am Ende erhielten alle den gleichen Test. Folgende Ergebnisse wurden erzielt:

▶ Mit der Anzahl der Wiederholungen stieg der Lernerfolg.

▶ Bei nur einer Präsentation wurden Inhalte vom Anfang und vom Ende der Darbietung am besten behalten („*Primacy*" und „*recency*" Effekt, bekannt von der Lernforschung mit sinnlosen Silben).

▶ Mit der Zahl der Wiederholungen stieg der Anteil inhaltlich zentraler Punkte und der bedeutsamen Bedienungselemente, die gelernt worden waren.

Also bringt die reine Wiederholung doch etwas? Mit der Zahl der Wiederholungen wurde nicht nur quantitativ mehr gelernt, sondern auch qualitativ besser gelernt.

8.2.1 „Overlearning" und „Mastery Learning"

Im Englischen gibt es das Wort *overlearning*, im Deutschen mitunter etwas missverständlich als Überlernen wiedergegeben. Gemeint ist damit die Tätigkeit, etwas noch weiter zu üben, auch wenn man es schon kann. Die ältere Lernforschung, die vielfach mit sinnlosem oder sinnarmem Material arbeitete, fand durchgehend starke Effekte für das weitere Lernen insbesondere im Hinblick auf langfristiges Behalten. Ein Aspekt des *overlearning* ist auch, dass es die Abrufbarkeit stark erhöhen soll, weil nach längerer zusätzlicher Übung die Latenzzeit zwischen Frage und Antwort drastisch reduziert wird. Die Antworten kommen sofort „wie aus der Pistole geschossen". Untersuchungen, die schulnäheres Material verwendeten, brachten jedoch inkonsistente Ergebnisse. Allerdings entsprachen sie oft nicht den Bedingungen, wie sie in der Schule oder der Universität üblich sind, waren ökologisch also nicht immer valide (Semb & Ellis, 1994). Hier ist noch mehr Forschung notwendig, um zu klaren Empfehlungen zu kommen.

Etwas anders liegen die Dinge beim *Mastery Learning*. Worum geht es da? Im Jahr 1963 hatte Carroll eine harmlose Formel veröffentlicht, die normalerweise wohl unbeachtet geblieben wäre, hätte sie nicht die Aufmerksamkeit einiger einflussreicher Forscher geweckt. Carroll stellte ein „Modell schulischen Lernens" in Form dieser Formel vor.

Lernen = f (tatsächliche Lernzeit / erforderliche Lernzeit)

Lernen ist danach eine noch näher zu spezifizierende Funktion des Verhältnisses von tatsächlicher zu erforderlicher Lernzeit. Ist die tatsächlich aufgebrachte Lernzeit so groß wie oder gar größer als die erforderliche Zeit, so ist das Lernen erfolgreich. Im andern Fall ist es nicht erfolgreich. Daraus folgt, dass die Verlängerung der Lernzeit genügt, um das Lernen sicherzustellen. Dieser Gedanke wurde insbesondere von Benjamin Bloom (1968; 1971) aufgegriffen und instruktionspsychologisch in das Konzept des *Mastery Learning* umgesetzt. Dessen Grundidee ist einfach, den Lernprozess so lange fortzusetzen, bis jeder Schüler und jede Schülerin das Ziel erreicht hat. Dabei sind immer wieder Tests zu geben, um zu prüfen, ob das Ziel nun erreicht ist oder noch nicht – und ist dies nicht der Fall, so bleibt einfach weiteres Lernen angezeigt. Die Formel kann zu dem Gedanken verleiten, alle könnten alles lernen, wenn sie nur lange genug lernen. In der Tat war dies das Motto: Alle schaffen es, Lernerfolg für jeden.

Was ist aber mit der Intelligenz? Spielt sie beim *Mastery Learning* keine Rolle mehr? Carrolls Formel enthält ja nicht die Intelligenz als Faktor. Aber selbstverständlich lässt sich dieser Aspekt nicht einfach wegdefinieren. Tatsächlich steckt die Intelligenz in dem Faktor „erforderliche Lernzeit". Manche brauchen eben mehr und andere weniger Lernzeit. Braucht ein Schüler erheblich mehr Lernzeit als andere, so haben andere inzwischen jedoch längst weitere Lernziele erreicht, wenn der Nachzügler schließlich dort ankommt, wo andere schon früher waren. Da aber die Lernzeit nicht beliebig verlängerbar ist, führt das zielerreichende Lernen (so eine Eindeutschung des *Mastery Learning*) dazu, dass in gleicher Lernzeit unterschiedliche Lernende auch unterschiedliche Ziele erreichen. Letztlich läuft das Konzept also darauf hinaus, dass die in gegebener Zeit erreichbaren Ziele in Abhängigkeit von den Lernvoraussetzungen variieren. Seither spricht man auch von zieldifferenten Lehrgängen, also von Instruktionsprozessen, bei denen unterschiedliche Ziele für die einzelnen Lernenden angestrebt, beziehungsweise erreicht werden. Genau diese Folge sollte aber von der Idee her überwunden werden.

Beim *Mastery Learning* handelt es sich um eine Lehrstrategie, die ein quantitatives Zielkriterium aufstellt, meistens zwischen 80% und 100 % richtigen Antworten, und erst dann zur nächsten Einheit weitergehen lässt, wenn das Kriterium erreicht ist. Faktisch bedeutet dies, dass jeder Lernende in seinem eigenen Tempo lernt. Das führt dazu, dass die Schülerinnen und Schüler einer Klasse sehr bald weit auseinander driften.

Bekannt geworden sind zwei Varianten der Strategie, das *Mastery Learning* von Bloom (Block, 1971) und das *Personalized System of Instruction* (PSI) von Keller (1968). Einer der Unterschiede zwischen den Programmen besteht darin, dass in der Bloomschen Variante der Lehrer–Schüler Kontakt eine größere Rolle spielt, während in Kellers Programm Material vorgelegt wird, das die Lernenden im wesentlichen selbständig durcharbeiten. Heutzutage realisiert man ein PSI-Programm computergestützt. Das *Mastery Learning* von Bloom wird typischerweise in Klassen mit 20-30 Schülern erteilt, und der Unterrichtsfortschritt wird vom Lehrer gesteuert. In beiden Varianten folgt auf eine Einheit ein lehrzielorientierter Test, um festzustellen, ob das Ziel erreicht worden ist und ob weitergegangen oder erneut wiederholt oder gar zusätzlich unterrichtet werden muss.

Guskey und Pigott (1988) legten eine Metaanalyse vor, die 46 Studien über die Effektivität der Bloomschen Variante umfasste. Insgesamt zeigten sich durchgehend positive Effekte dieser gruppenbasierten Form des *Mastery Learning* auf Lernen, aber auch auf affektive Variablen. Allerdings gab es eine große Variabilität in den erzielten Effektstärken, die weder mit dem Unterrichtsfach noch mit dem Alter der Schüler oder mit der Dauer der Unterrichtsreihe zu tun hatte. Tatsächlich ließ sich die beobachtete Variabilität nicht auf eine Variable zurückführen, die in den Studien zugänglich war. Die Autoren vermuteten unter anderem Unterschiede in der Realisierung des Programms durch die beteiligten Lehrkräfte (zur Metaanalyse vergleiche Seite 86).

Wenig später legten Kulik, Kulik und Bangert-Drowns (1990) eine umfassende Metaanalyse über 108 kontrollierte Evaluationsstudien vor. Insgesamt zeigten die Untersuchungen statistisch bedeutsame Effekte zugunsten des *Mastery Learning* im Kontrast zu herkömmlichem Lernen. Die Effektstärken lagen bei einem Mittel von $M_d = 0,52$. Allerdings nahmen die Programme längere Lernzeiten in Anspruch, es ging also langsamer voran als im regulären Unterricht. Im Durchschnitt profitierten schwächere Schüler etwas mehr von den Programmen. Seltener wurde erhoben, wie die Lernenden die Methode beurteilten und welchen Effekt die Programme auf das Interesse am jeweiligen Lehrstoff hatten. Soweit diese Daten erhoben wurden, schnitt das *Mastery Learning* durchweg gut ab, ähnlich wie in der Metaanalyse von Guskey und Pigott (1988).

In einer kanadischen Untersuchung wurde das *Overlearning* mit dem *Mastery Learning* verglichen (Péladeau, Forget & Gagné, 2003). In die Untersuchung waren 190 Collegestudenten einbezogen, die einen Kurs zur Einführung in quantitative Methoden belegt hatten. Kursbegleitend gab es Übungsmaterial, das als Computerprogramm zur Verfügung stand und das die Studierenden wöchentlich zu bearbeiten hatten. Dabei gab es vier Varianten.

▶ Die *Mastery* Gruppe. Hier mussten die Studierenden die Zielmarke von 85 % richtigen Lösungen bei jeder Lehreinheit erreichen. Hatten sie das Kriterium erfüllt, so wurde dieser Teil des Übungsprogramms für den Rest des Semesters aus dem Computerprogramm entfernt.

▶ Die Gruppe *Overlearning* mit Genauigkeitsauftrag. Hatte ein Teilnehmer dieser Gruppe das Kriterium erreicht, so wurde er angehalten, die Aufgaben noch fünf weitere Wochen zweimal wöchentlich zu üben und dabei insbesondere darauf zu achten, Fehler zu vermeiden.

▶ Die Gruppe *Overlearning* mit dem Auftrag, das Reaktionstempo zu erhöhen. Auch diese Teilnehmer übten fünf Wochen lang zweimal wöchentlich weiter, sollten aber vor allem üben, schnell zu reagieren, die Antworten fix zu bringen.

▶ Die Kontrollgruppe, die keinen besonderen Auftrag erhielt, aber gleich lange zu arbeiten hatte.

Im Ergebnis übertrafen die Studierenden der *Mastery*-Bedingung die Probanden der Kontrollgruppe in jeder der erfassten Teilkomplexe. Die *Overlearning*-Bedingung erhöhte noch deutlich den Lernerfolg gegenüber der *Mastery*-Bedingung. Das galt ganz besonders für das längerfristige Behalten. Zwischen den beiden *Overlearning*-Bedingungen gab es in den Ergebnissen keinen Unterschied. Weiteres Lernen bringt also viel, auch wenn man glaubt, alles schon zu können. Sollten Sie das nicht selbst beherzigen?

Überrascht waren die Autoren, dass die deutlich verstärkte Übung sogar das *Interesse* am Lehrstoff erhöhte und zu positiveren Einstellungen gegenüber dem Kurs wie der Lernbedingungen führte – obwohl doch immer davon die Rede sei, dass Drill und Übung die Lernmotivation ruiniere.

8.2.2 Mitschriften, Notizen und Zusammenfassungen

Schon im letzten Viertel des vorigen Jahrhunderts wurden relativ viele Untersuchungen darüber durchgeführt, inwieweit das *Notizenmachen* etwa bei Vorlesungen oder bei Lehrtexten wirksam ist. Notizen galten zunächst als *externe Speicher*, die den Vorteil haben, dass auf sie jederzeit - etwa zu Wiederholungszwecken - zurückgegriffen werden kann. Bei Vorlesungen oder bei ausgeliehenen Büchern, die man zurückgeben muss, ist der Vorteil von Notizen leicht einsichtig. Bringt die Anfertigung von Notizen aber darüber hinaus auch einen Vorteil bezüglich des Lernens und Behaltens und der Anwendung des Gelernten?

Die Antworten auf solche Fragen sind nicht ganz eindeutig. In den meisten Untersuchungen wird von Vorteilen des Notizenmachens berichtet, aber es gibt auch Untersuchungen, in denen kein Vorteil erkennbar wurde. Immerhin gibt es keine Befunde,
wonach sich die Erstellung von Notizen schädlich ausgewirkt hätte (Kiewra, 1983).
Insofern kann man ihren Einsatz durchaus empfehlen. Ein wesentlicher Punkt ist jedoch
offenbar, welche Notizen gemacht und wie sie später verwendet werden.

In einer Arbeit von Slotte und Lonka (1999) bekamen Studierende einen philosophischen Text zur Bearbeitung und anschließend bekamen sie die Aufgabe, auf bestimmte Fragen zum Text schriftlich in freier Form zu reagieren. Den Studierenden
wurde freigestellt, welche Art von Notizen sie während der Bearbeitung des Textes
machen wollten. Dabei hatten sie die Wahl zwischen Notizen, die wörtlich vom Text
übernommen wurden, und Notizen, die mit eigenen Worten Textinformationen wiedergeben sollten.

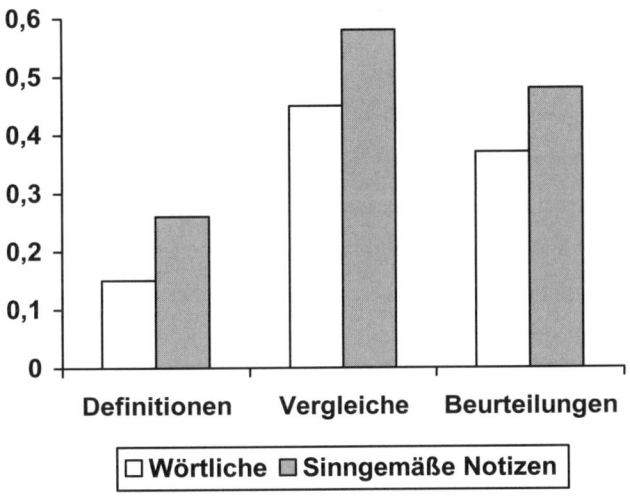

Abbildung 8.1. Wirksamkeit wörtlicher und sinngemäßer Notizen (nach Slotte & Lonka, 1999)

In der anschließenden Arbeit waren drei Fragenkomplexe vorgegeben: (a) Definitions-
aufgaben, (b) Fragen, die Vergleiche erforderten, sowie (c) Aufforderungen, Sachaussa-
gen zu bewerten. In allen drei Aspekten schnitten diejenigen deutlich besser ab, die sich
für sinngemäße statt für wörtliche Notizen entschieden hatten. Vom Konzept der ober-

flächlichen und tiefen Verarbeitung her hätte man genau dies vorausgesagt, denn sinngemäße Notizen erfordern eine stärkere Verarbeitung als wörtlich übernommene.

Das gilt auch für die Befunde von Kiewra (1983) bei Pädagogikstudenten, die einen Kurs in Pädagogischer Psychologie belegt hatten. Alle Probanden bekamen das gleiche Studienmaterial, zu dem sie Notizen machen sollten. Im Anschluss daran gab es einen Auftrag, wie die Notizen weiter zu verwenden wären. Die eine Hälfte der Teilnehmer sollte ihre Notizen in eine vorgegebene Tabelle eintragen, während die andere Hälfte sie zur Wiederholung in ihrer gewohnten Form nutzen sollten. Beim unmittelbaren Behalten unterschieden sich die beiden Gruppen nicht, wohl aber 14 Tage später und bei zwei unangekündigten Arbeiten. Eine der Arbeiten verlangte die freie Wiedergabe dessen, was behalten worden war. Hierbei schnitten die Probanden bedeutsam besser ab, die ihre Notizen reorganisieren und in ein vorgegebenes Raster einordnen mussten. Die andere Arbeit verlangte gezielte Wiedergaben im Zusammenhang mit Begriffen, die im Lehrmaterial vorgekommen waren und nun als Abrufhilfen dienten. Dabei schnitten die Probanden besser ab, die die Notizen in ihrer gewohnten Form benutzt hatten. Weil die meisten Lehrstoffe jedoch frei verfügbar gelernt sein sollten und meist auch keine Abrufhilfen zur Verfügung stehen, empfiehlt der Autor, die Notizen in der Wiederholungsphase umzuorganisieren, also neu zu strukturieren.

In einer Schweizer Untersuchung fanden Hänggi und Hegar (1992) auch den Zeitpunkt der Wiederholungsphase im Hinblick auf verschiedene Lehrziele bedeutsam. Die Autoren hatten 50 Studierenden aus verschiedenen Fächern gemeinsam eine Vorlesung zur Entscheidungstheorie geboten. Dabei ging es zum Beispiel um normative Modelle und Entscheidungsregeln. Alle Teilnehmer wurden gebeten, Notizen zu machen und nach kurzer Pause den wesentlichen Inhalt schriftlich darzustellen. Die Studierenden waren in fünf Gruppen zu je 10 eingeteilt. Vier der fünf Gruppen erhielten den Auftrag, ihre Notizen zu wiederholen, allerdings in unterschiedlichen Abständen zum Vorlesungstermin. Die fünfte Gruppe erhielt diesen Auftrag nicht. Ein Test auf behaltenes *Wissen* zeigte den starken Effekt der Wiederholung der eigenen Notizen, wobei der Zeitpunkt bedeutsam war: Die Effekte waren um so größer, je früher die Wiederholung stattfand. Ging es aber darum, die gelernten Regeln selbst *anzuwenden*, so zeigte sich ebenfalls der starke Effekt der Wiederholung, doch spielte der Zeitpunkt bei diesem Lehrziel keine Rolle.

Grundsätzlich muss man annehmen, dass – im Allgemeinen unbeachtet - bei der Aufnahme von Wissen jede Wissenseinheit daraufhin bewertet wird, ob sie wichtig ist oder nicht, sei es für einen selbst oder sei es im Hinblick auf die jeweilige Fragestellung. Diese Bewertungsprozedur fällt individuell unterschiedlich aus, eben weil die Personen unterschiedliche Kriterien anlegen. Das schlägt sich in unterschiedlichen Notizen wieder. Auf der anderen Seite werden als wichtig eingestufte Ideen vermutlich auch ohne Notizen schon besser *verarbeitet* und *gespeichert* und vermutlich auch eher *wiederholt*. Das, was man für irrelevant hält, wird entsprechend weniger beachtet, weniger gespeichert und weniger wahrscheinlich notiert.

Der Prozess des Schreibens von Notizen kann sich aber in einer Hinsicht auch nachteilig auswirken, weil er ebenfalls mentale Ressourcen beansprucht, die nicht gleichzeitig für die Aufnahme und Verarbeitung weiterer Information zur Verfügung steht. Das Mitschreiben dürfte daher eine höhere geistige Beanspruchung fordern und sich negativ auswirken, wenn dieser höhere Grad von Beanspruchung nicht erbracht werden kann, aus welchen Gründen auch immer. Nicht das Notizenmachen als solches, sondern die zusätzliche Beanspruchung kann sich in dem Fall ungünstig auswirken. Für einen Teil dieser Annahmen fanden Piekara, Ciesinger und Muthig (1987) empirische Belege.

Notizen können auch die Form von *Zusammenfassungen* annehmen. Wittrock und Alesandrini (1990) ließen 59 Studenten, die in einem Anfängerkurs Psychologie eingeschrieben waren, einen wissenschaftlichen Text über die Tiefsee durcharbeiten. Der Text umfasste 50 Absätze. Nach Zufall bekamen die Teilnehmer einen von drei Aufträgen:

▶ *Zusammenfassungen schreiben.* Diese Gruppe sollte zu jedem Absatz ein bis zwei zusammenfassende Sätze schreiben. Die Zusammenfassungen sollten keine Begriffe aus dem Text enthalten, sondern mit eigenen Worten formuliert sein.

▶ *Analogien erzeugen.* Diese Gruppe sollte zu jedem Absatz eine Analogie bilden oder einen Vergleich ziehen, wobei der Inhalt des Absatzes zu irgendetwas in Verbindung gebracht wurde, das den Lernenden schon vorher bekannt war. Das sollte in ein bis zwei Sätzen geschehen.

▶ *Den Text lesen.* Diese Gruppe sollte den Text durcharbeiten, die Zeit notieren, die sie dazu brauchten, dann erneut lesen, die Zeit notieren usw. Das war die Kontrollbedingung.

Die Ergebnisse im Abschlusstest waren eindeutig. Am besten schnitt die Gruppe ab, die Zusammenfassungen schrieb, an zweiter Stelle rangierte die Gruppe, die Analogien herstellte, während die Lesegruppe mit deutlichem Abstand am wenigstens vom Lehrtext profitierte. Insgesamt darf man damit rechnen, dass diejenigen Lernenden mehr Wissen dauerhaft erwerben, die sich intensiver mit dem Lehrstoff auseinandersetzen.

8.3   Abrufbarkeit erhöhen

Eine weit verbreitete und von manchen bewusst kultivierte Meinung geht dahin, dass das, was in der Schule gelehrt und gelernt werde, hinterher rasch vergessen sei. Offensichtlich stimmt diese Ansicht nicht. Semb und Ellis (1994) haben die relativ umfangreiche Forschung hierzu zusammenfassend gesichtet und sind zum Ergebnis gekommen, dass überraschend viel behalten wird. Zwar fanden die Autoren einen Abfall des Behaltenen mit der Zeit, doch schreitet das Vergessen des in der Schule Gelernten keinesfalls so rasch voran, wie das aus der Lernforschung mit sinnlosen Silben bekannt ist, und die Asymptote sinkt auch nicht so weit ab.

Kognitive *Fertigkeiten*, die eingeübt worden sind, zeigen insgesamt einen noch deutlich geringeren zeitabhängigen Abbau.   Manche Inhalte und Aufgaben werden sogar länger als 50 Jahre behalten (Conway, Cohen & Stanhope, 1992). Ein weiterer Befund bezieht sich ebenfalls auf schulisch Gelerntes, dass nämlich Inhalte viel leichter wiedererkannt als erinnert werden – ein Befund, der aus der traditionellen Lernforschung gut gesichert ist (*recognition* ist leichter als *recall*). Semb und Ellis fanden darüber hinaus einige wohlbekannte Faktoren, die das langfristige Behalten begünstigen: Je intensiver etwas gelernt worden war, desto länger wurde es behalten, was ja schon beim *Overlearning* deutlich geworden war (vgl. Seite 125 f). Und Strategien, die ein vertieftes Lernen begünstigen, bewirken auch längerfristiges Behalten. Schließlich lernen besser Befähigte nicht nur schneller, sondern behalten am Ende auch besser, was sie gelernt haben.

Wir wissen also wesentlich mehr als wir aus der Erinnerung direkt abrufen können. Insofern ist es durchaus interessant zu prüfen, wie das abrufbare Wissen erweitert werden kann. Eine vielfach unterschätzte Möglichkeit besteht darin, den Abruf selbst zu trainieren, indem man als Lehrer viele *Fragen* stellt und als Lernender sich selbst *Fragen* vorlegt. Im Lehr–Lern–Prozess haben Fragen oft die Funktion, die Aufmerksamkeit auf einen bestimmten Inhalt zu steuern und/oder relevantes Vorwissen zu aktivieren, um es mit dem Neuen zu verknüpfen oder um Vergleiche zu ziehen. Hier haben Fragen aber die Funktion, das Abrufen einzuüben, also die Abrufbarkeit zu erhöhen. Das sollte man den Lernenden auch sagen.

Duchastel (1983) gab Lernenden einen Test zur Bearbeitung, der sich auf den kurz vorher gelesenen Lehrtext bezog. Nun sind nachgestellte Testfragen nicht ungewöhnlich: Duchastel aber bot Testfragen zur Bearbeitung, ohne dass irgend eine Rückmeldung oder Bewertung gegeben wurde. Die Lernenden sollten also die Testfragen beantworten, jeder für sich allein, und keiner prüfte die Antworten. Dennoch stellte sich diese Bedingung als sehr lernwirksam heraus, möglicherweise weil die Lernenden die Gelegenheit wahrnahmen zu testen, was sie bereits konnten und was noch nicht. Überdies bietet ein solcher Test immer eine Möglichkeit, den Lehrstoff unter neuen Gesichtspunkten zu wiederholen und etwaige Lücken zu schließen.

Es gibt zahlreiche Untersuchungen über die Frageaktivität von Lehrkräften, und sie alle zeigen einen deutlichen Überhang von *Wissensfragen*, also von Fragen nach Faktenwissen. Viele pädagogischen Theoretiker beklagen diese Praxis, weil ihrer Meinung nach zu wenig Denkfragen gestellt würden. Über den Mangel an Denkfragen lässt sich diskutieren, doch ist eindeutig klar, dass die vielen Wissensfragen mithelfen, das gelernte Wissen jederzeit abrufbar zur Verfügung zu halten. Viele Lehrkräfte halten das mit Recht für wichtig. Es empfiehlt sich also, all das immer wieder und wieder abzufragen, was unbedingt jederzeit abrufbar sein sollte. Man kommt dann zu einer Variante des Überlernens, aber von dem wissen wir nun, dass es die Einprägung des Gelernten *und* seine spätere Abrufbarkeit erhöht.

Mitunter ist ein Wissen leichter abrufbar, wenn man die Umstände des Erlernens teilweise wiederbeleben kann. Man spricht in dem Zusammenhang von *kontextueller Unterstützung*. Deren Wirkung konnte schon bei zwei- bis dreijährigen Kindern gezeigt werden, indem die Kinder beim Nachfragen wieder partiell in die Umstände rückversetzt wurden, die in der Einprägungsphase galten (Bauer, Abbema, Wiebe, Cary, Phill & Burch, 2004). Ähnliches kann auch Erwachsenen unterlaufen: Was man zu Hause im stillen Kämmerlein gelernt hat und beherrschte, ist plötzlich nicht mehr da, wenn man in der Prüfung danach gefragt wird – und ist man entspannt draußen oder schon zu Hause, so fällt es einem wieder ein.

8.3.1 Strukturierungshilfen

Die kontextuelle Unterstützung lässt sich jedoch nicht immer gewährleisten. Viel wichtiger zur Erleichterung des Abrufs sind *Strukturierungshilfen, Ordnungsschemata* oder *Kategorien*, die man schon bei der Einprägung berücksichtigt und zum Abruf nutzt. Am Max-Planck-Institut zu Berlin wurde die phantastische Gedächtnisleistung des Kellners J. C. analysiert, der in der Lage war, sich 20 komplette Menüaufträge mit Vorspeise, Hauptgericht, Nachspeise und Getränken zu merken, ohne irgendwelche Notizen machen zu müssen. Das galt auch, wenn die Reihenfolge der Bestellungen zu den Menüs drastisch verändert wurde. Der Kellner war sogar in der Lage, anderes Material im gleichen Umfang zu speichern und zu behalten, wenn es nur nach der Struktur eines Menüs geordnet werden konnte. Nur wenn es sich um Material handelte, das sich nicht in dieser Weise strukturieren ließ, sank seine Leistung drastisch ab. Offensichtlich hatte der Kellner eine Strategie erworben, sich erstaunlich viel Material einzuprägen und zu behalten, wenn er es in ein kognitives Schema einordnen konnte, das ihm geläufig war (Ericsson & Polson, 1988).

Wenn das Lernmaterial nicht selbst schon strukturiert ist, so hilft es sowohl bei der Einprägung als auch beim Abruf, ordnend tätig zu werden. Im folgenden Kasten werden gleich zwei solcher Organisationsstrategien eingesetzt, nämlich die *Kategorisierung* nach Oberbegriffen und die *Hierarchisierung* Bei der Kategorisierung werden Gruppen gebildet, die sich durch ein gemeinsames Merkmal auszeichnen und sich dadurch zugleich von andern Gruppen unterscheiden. Dabei wird also die induktive *Strategie des Vergleichens* eingesetzt. Die Hierarchisierung hilft, die so erzeugten Gruppen selbst in eine sinnvolle Ordnung zu bringen. Beim Lernen wie beim Abruf empfiehlt es sich, erst die hierarchische Struktur zu lernen beziehungsweise zu reaktivieren, die dann wesentlich dazu beiträgt, die einzelnen Materialien zu lernen und später zu erinnern.

So - oder so ?

Vergleichen Sie Variante 1 mit Variante 2. Welche würden Sie leichter auswendig lernen können?

Variante 1

Kupfer Smaragd Eisen Schiefer Silber
Diamant Rubin Platin Granit Aluminium
Kalkstein Blei Marmor Gold Saphir

Variante 2

Metalle		*Steine*	
Selten	*häufig*	*wertvoll*	*Baumaterial*
Platin	Aluminium	Saphir	Kalkstein
Silber	Kupfer	Smaragd	Granit
Gold	Blei	Diamant	Marmor
	Eisen	Rubin	Schiefer

Vereinfacht nach Bower, Clark, Lesgold & Winzenz (1969)

Das Ordnen nach Oberbegriffen oder das semantische Kategorisieren ist eine Strategie, die Kinder spontan entwickeln und einsetzen, wie Knopf und Schneider (1998) in ausführlichen Untersuchungen zeigen konnten. Die Autoren verwendeten dabei eine beliebte Versuchsanordnung: Kinder bekamen 16 oder 24 Wortkärtchen in bewusst ungeordneter Reihenfolge vorgelegt mit der Bitte, sie sich zu merken. Sie durften dabei die Kärtchen in die Hand nehmen und alles damit tun, was ihnen beim Lernen helfen würde – nur gab es keinen Hinweis auf die Möglichkeit der Kategorisierung nach Tieren, Möbelstücken, Fahrzeugen usw. Manche Kinder sortierten spontan die Kärtchen nach Kategorien, die sie dann zum Einprägen und später auch beim Abruf benutzten. In ihren Längsschnittuntersuchungen vom 4. bis zum 12. Lebensjahr fanden Knopf und Schneider bemerkenswerte Veränderungen: Die Kategorisierungsleistung in der Lernphase stieg mit dem Lebensalter stetig an, während das Clustern beim Abruf (d. h. der Abruf gemäß den Kategorien) erst ab dem 10. Lebensjahr eine bedeutsame Rolle spielte.

Das Kategorisieren ist eine anspruchsvolle intellektuelle Leistung, eine Leistung, die induktives Denken erfordert. In einem Versuch (Klauer, 1998) erhielten Kinder der zweiten Klasse, die in dem Alter spontan noch nicht stark kategorisieren, zunächst ein Training des induktiven Denkens. Zur gleichen Zeit erhielt die Kontrollgruppe ein Aufmerksamkeitstraining. Danach erhielten beide Gruppen ein Kategorisierungstraining, um solche Gedächtnisaufgaben, wie sie Knopf und Schneider (1998) einsetzten, besser lösen zu können. Im Anschluss daran wurde dann der Gedächtnistest mit den Bildkärtchen gegeben, der zehn Wochen später wiederholt wurde. Die induktiv trainierten Kinder übertrafen die Kinder mit dem Aufmerksamkeitstraining beträchtlich sowohl bei dem ersten Gedächtnistest als auch bei dem Test zehn Wochen später. Dabei resultierten beachtliche Effektstärken zugunsten der induktiv trainierten Kinder. Hier die Werte nach zehn Wochen. Sortierleistung beim Einprägen: $d = 1,10$. Sortierleistung bei der Reproduktion: $d = 1,50$. Summe der reproduzierten Wörter: $d = 1,10$.

Trainiert man also Kinder entsprechend, so steigen ihre Lern- und Behaltensleistungen sehr stark an, weil sie nun besser in der Lage sind, die Strategie der semantischen Kategorisierung anzuwenden.

8.3.2 Mnemotechniken

Mit Hilfe von Mnemotechniken wird ebenfalls versucht, die Abrufbarkeit des Wissens zu erhöhen. Recht bekannt geworden sind die Schlüsselwortmethode und die Methode der Orte, die sich dazu eignen, Material zu lernen und zu behalten, das nicht unmittelbar semantisch kodierbar ist.

Die *Schlüsselwortmethode* („key word method") wird in den USA empfohlen, wenn Vokabeln einer Fremdsprache leicht abrufbar erlernt werden sollen. Dabei wird erstens eine akustische und zweitens eine bildhafte Verknüpfung zwischen der neuen Vokabel und einem muttersprachlichen Wort hergestellt. In einem amerikanischen Lehrbuch wird demonstriert, wie das spanische Wort „carta" für „Brief" gelernt werden kann (Mayer, 2003, Seite 385 ff). Dazu soll man das englische „cart" (Karren, Handwagen) heranziehen, weil es eine akustische Brücke zum Zielwort herstellen kann. Bildhaft soll man sich dann einen Einkaufswagen („cart") vorstellen, in dem ein großer Brief liegt. So hat man dann eine akustische und eine bildhafte Brücke zu spanisch „carta" und der Bedeutung „Brief". Das Vorgehen mag etwas umständlich erscheinen, zumal das englische „card" wie das deutsche (Post-) Karte eine gute semantische Brücke zu „carta" und „Brief" herstellen könnte. Aber es gibt eine Reihe von Untersuchungen, in denen sich die Schlüsselwortmethode bewährt hat, etwa bei Studierenden, die 120 russische Vokabeln lernen sollten (Atkinson, 1975). Dennoch: Die Methode ist effektiv, aber wohl kaum sehr effizient, denn sie braucht vermutlich mehr Lernzeit als alternative Methoden (zum Unterschied zwischen Effektivität und Effizienz vergleiche man unten Seite 156).

Die *Methode der Orte* (Loci-Methode) war für lange Zeit vergessen und wurde von psychologischen Forschern wieder entdeckt und eingesetzt. Sie eignet sich, um Objekte abrufbar einzuprägen, die nicht erkennbar miteinander verknüpft sind. Sehr gerne nimmt man dazu eine Reihe nicht zusammen hängender Wörter, die zu lernen und später zu reproduzieren sind. Soll man etwa die Liste *Butter, Zwiebeln, Reißnagel, Brötchen, Apfelsaft* merken, so liegt es nahe, die Liste so zu ordnen, wie man durch einen bekannten Supermarkt geht, und sich die Stationen zu merken, an denen man halten muss.

Klassischer ist das Beispiel, sich die sechs Gruppen der 46 Bücher des Alten Testaments jederzeit abrufbar zu merken. Dazu mag man sich eine Kathedrale vorstellen, die von einer Seite her durch sechs Kirchenfenster erleuchtet wird. In Gedanken stattet man dann jedes der Fenster mit einer Abbildung aus, die zu den sechs Gruppen von Büchern passt (also etwa Mose mit seinen fünf Büchern, die „vorderen" Propheten usw.), und zwar vom Eingang aus der Reihe nach. Wenn man sich das merkt, geht man bei der Wiedergabe in Gedanken in die Kathedrale hinein, passiert die Fenster und gibt in der richtigen Reihenfolge die sechs Gruppen von Texten wieder. Kliegl, Smith und Baltes (1989) haben die Methode bei Senioren, die ja häufig über Gedächtnisprobleme klagen, erfolgreich erprobt. Aber wer muss heute noch lange Listen wenig zusammenhängender Wörter auswendig parat haben?

8.4 Zusammenfassung

Kodieren, Speichern und Abrufen sind die zentralen Leistungen des Gedächtnissystems. Sinneswahrnehmungen müssen erst kodiert werden, ehe sie mental verarbeitet werden können. Dabei spielt bereits vorhandenes einschlägiges Wissen eine große Rolle. Der Speicherung von Wissen wird entweder durch Speichermodelle oder durch das Modell der Verarbeitungstiefe erklärt.

Unter Metagedächtnis versteht man das Wissen um die eigenen Gedächtnisprozesse sowie das Wissen, wie man die Gedächtnisleistungen beeinflussen kann.

Einprägungsstrategien dienen dazu, den erarbeiteten Lehrstoff zu festigen. Sie verknüpfen, wenn auch auf unterschiedliche Weise, das Neue mit dem bereits Bekannten. Dazu dienen Fragestellungen, die entsprechende Verknüpfungen erfordern, und Vergleiche. Vergleiche, Analogien und Metaphern beziehen ebenfalls neue Inhalte auf bekannte Sachverhalte und machen sie auf diese Weise zugänglich. Die Strategie des Vergleichens besteht darin, Gemeinsamkeiten und Unterschiede herauszuarbeiten. Passende Beispiele zu suchen erfordert ebenfalls Vergleiche und stellt eine weitere Einprägungsstrategie dar.

Die bekannteste Einprägungsstrategie ist die Übung. Mit der Zahl der Wiederholungen wird nicht nur mehr gelernt und behalten, sondern auch qualitativ besser gelernt. „Overlearning" heißt die Übung, die über das Maß der Beherrschung hinaus fortgesetzt wird. „Mastery Learning" ist eine Lehrstrategie, die ein festes Zielkriterium aufstellt (etwa 80% oder 90% richtige Lösungen) und erst dann zu neuem Stoff weiterführt, wenn das Kriterium erfüllt ist. Das „Mastery Learning" von Bloom ist im Klassenunterricht einsetzbar, während das „Personalized System of Instruction" von Keller auf Lehrmaterial basiert, das im Einzelstudium erarbeitet werden kann. In beiden Fällen sind lehrzielorientierte Tests gefordert. Beide Varianten haben sich in Metaanalysen als wirksam erwiesen. Allerdings ist die Variabilität der Effekte beachtlich und von verschiedenen Bedingungen abhängig.

Mitschriften, Notizen und Zusammenfassungen sind externe Speicherungen, auf die später zurückgegriffen werden kann. Sie sind darüber hinaus lernwirksam, insbesondere wenn sie sinngemäß statt wörtlich übernommen werden. In dem Fall liegt eine tiefere Verarbeitung vor.

In der Schule Gelerntes kann später zu beachtlichen Teilen abgerufen werden. Allerdings weiß man noch deutlich mehr als man zu einem beliebigen Zeitpunkt reproduzieren kann. Systematisches Fragen erhöht die Abrufbarkeit dessen deutlich, was entsprechend oft abgefragt worden ist. Strukturierungshilfen und Kategorisierungen dienen ebenfalls der Verbesserung der Abrufbarkeit. Mnemotechniken kommt dagegen beim schulischen oder akademischen Lernen eine geringere Bedeutung zu.

9 Transferfunktion

Unter Lerntransfer versteht man die *Übertragung* von *Wissen* auf oder seine Anwendung bei neuen Aufgaben. Übertragbar sind *Prinzipien*, *Gesetzmäßigkeiten* und kognitive *Strategien*. Transfer findet nicht immer automatisch statt. Er muss in aller Regel *eingeübt* werden. Dazu ist eine bestimmte *Lehrstrategie* erforderlich. Sie soll Lernenden Gelegenheit geben, insbesondere die *Strategie des Vergleichens* anzuwenden, um relevante Gemeinsamkeiten und Verschiedenheiten zwischen dem bekannten und dem neuen Problem zu analysieren.

9.1 Transfer in der Lernpsychologie

In der Psychologie hat die Transferforschung lange Tradition. Sie befasst sich mit dem Einfluss früheren Lernens auf späteres Lernen. Der Einfluss kann positiv oder negativ sein oder ganz ausbleiben. Über verschiedene Dimensionen des Transfers und über Transfertheorien informieren Mähler und Hasselhorn (2001). Eine umfassendere Darstellung gerade auch im Hinblick auf pädagogisch relevante Fragestellungen bietet Haskell (2001).

Noch bis Anfang des 20. Jahrhunderts galt ungebrochen die Lehre von der formalen Bildung. Dem entsprechend nahm man an, der menschliche Geist werde durch intensive Beschäftigung mit speziellen Inhalten wie Latein und Griechisch in einer Weise ausgebildet, die von Vorteil wäre, wenn es auch um das Erlernen beliebiger anderer Inhalte ginge. Diese Bildung erschöpfe sich eben nicht in der Vermittlung bestimmter Inhalte, sondern sei *formal* insofern als sie sich auch bei allen anderen Inhalten auszahle. Seit den Untersuchungen von Thorndike (1913; Thorndike & Woodworth, 1901) ist diese Theorie nicht mehr zu halten. Neuere deutsche Untersuchungen bestätigen die Einschätzung etwa zum Lateinunterricht (Gutacker, 1979). Ob Latein oder Englisch gelernt wurde, machte keinen Unterschied für die intellektuelle Kompetenz; wohl aber erlebten die „Lateiner" höheren Leistungsdruck und ausgeprägtere Konkurrenz (man vergleiche auch Haag, 2001; Haag & Stern, 2000).

Thorndike stellte der Theorie der formalen Bildung seine Theorie der *identischen Elemente* gegenüber, die für lange Zeit dominierte. Danach findet Transfer nur insoweit statt als früher Gelerntes identisch in neuem Lehrstoff auftaucht. Das relativ pessimistische Konzept wurde erst durch Autoren wie Judd (1908) oder Wertheimer (1959) in Frage gestellt. Diese Autoren konnten nachweisen, dass *Prinzipien, Strukturen* und *Gesetze*, die man in einem speziellen Bereich erkannt hat, sehr wohl auf neue Inhalte transferiert werden können. Heute weiß man zudem, dass auch *kognitive Strategien* in neuen Sachverhalten erfolgreich eingesetzt werden können.

Die Übertragung eines gelernten Prinzips geschieht im Allgemeinen nicht automatisch, ja sie bleibt sogar häufig gänzlich aus. Wenn Wissen zwar vorhanden ist, aber bei Bedarf nicht eingesetzt wird, sprach der Mathematiker und Naturphilosoph Whitehead (1929) von *trägem Wissen* („inert knowledge"), ganz in Analogie zur trägen Masse. Ein solches Wissen ist in der Tat mehr oder minder nutzlos, wobei sich allerdings die Frage stellt, ob das nicht verfügbare Wissen auch wirklich adäquat abgespeichert worden ist. Falls nicht, wären Lehrende aufgerufen, diese Mängel zu überwinden und für Übertragbarkeit und Anwendbarkeit systematisch zu sorgen. Darüber, wie das geschehen kann, soll dieser Abschnitt informieren.

Eine Aufgabe für Weight Watchers

Weight Watchers hatten die Aufgabe, drei Viertel von zwei Dritteln einer Tasse Hüttenkäse abzuzweigen. Ein Teilnehmer beschwerte sich, er habe zwar einen Kurs in Differentialrechnung gehabt, komme aber mit dieser Aufgabe nicht zurecht - bis er einen Einfall hatte: Er füllte eine Tasse zu zwei Dritteln mit Hüttenkäse, kippte den Inhalt um, formte ihn zu einem Kuchen, markierte darüber ein Kreuz, um dann davon drei Viertel abzuzweigen. Es kam ihm nicht in den Sinn, die Brüche zu multiplizieren ($\frac{2}{3} \times \frac{3}{4} = \frac{1}{2}$). Statt dessen ging er vor, wie das ein Kind tun könnte, das soeben gelernt hat, was mit einem Bruch gemeint ist (nach Lave, 1988).

Allerdings wird seit einiger Zeit erneut grundsätzlich die Möglichkeit des Transfers bestritten. Das trifft für die Richtung des *situierten Lernens* zu (Lave, 1988; Billett,

1996; kritisch hierzu Klauer, 2001b), die annimmt, Lernen sei grundsätzlich an die Situation gebunden, in der es stattgefunden hat (siehe den Weight Watchers Kasten). Einem Vertreter des situierten Lernens bleibt nichts anderes übrig als alle möglichen Fälle einzuüben, wann und wo die Anwendung des neuen Wissens gefordert sein könnte. Man kann sich leicht vorstellen, wie begrenzt ein solches Unternehmen bleiben muss. Es ist schlechterdings unmöglich vorauszusehen, unter welchen Bedingungen welches Wissen je gebraucht werden wird. Im Übrigen ist die Möglichkeit des Lerntransfers empirisch so gut gesichert, dass übertriebene Skepsis unangebracht erscheint. Sicher kommt es vor, dass im Unterricht Gelerntes nicht auf neue Aufgaben übertragen werden kann. Aber das liegt meistens an einem nicht angemessenen Lehr-Lern-Prozess.

9.2 Den Transfer lehren

Als Lehrfunktion betrachtet, geht es beim Transfer zwar ebenfalls um die Beeinflussung des Lernens durch früheres Lernen. Diese Thematik wurde schon im Rahmen der Curriculumkonstruktion angesprochen. So war oben bereits deutlich geworden, wie der Lerntransfer bei der Sequenzierung von Lehrstoffen eine Rolle spielt, die allerdings noch nicht hinreichend erforscht ist. Aber auch im aktuellen Unterricht wird häufig früher Gelerntes vorausgesetzt, weil man daran anschließen oder darauf aufbauen will. Verantwortbarer Unterricht sorgt dann selbst für tragfähige Grundlagen. Das geschieht meist durch eine angemessene Wiederholung und eine bewusste Anknüpfung an und Einbettung des Neuen in früher erworbenes Wissen.

Unter Lerntransfer im eigentlichen Sinne versteht man jedoch die *Anwendung des Gelernten in neuen Zusammenhängen,* seine Übertragung in andere Kontexte. Im typischen Fall schulischen Transfers geht es darum, ein Problem zu lösen, indem man sich eines zuvor gelernten *Prinzips,* eines soeben gelernten *Gesetzes* oder einer neu erworbenen *Strategie* bedient. Leider geschieht die Übertragung solchen Wissens auf neue Fragestellungen in aller Regel nicht sozusagen automatisch. Hier gibt es in der Tat *träges* Wissen. Deswegen muss der Transfer auf Neues eingeübt werden.

In Zusammenhang mit der *Strategie des Vergleichens* wurde oben bereits dargelegt, wie analoge Strukturen genutzt werden können, um die Speicherung von Wissen und den Abruf wirksam zu unterstützen. Mit dem Stichwort des *analogen Transfers* wurden darüber hinaus schon im letzten Viertel des vorigen Jahrhunderts zahlreiche Untersuchungen durchgeführt, die der Frage nachgingen, unter welchen Bedingungen der Transfer auf analoge Probleme stattfindet und unter welchen nicht.

Ein Rechenproblem für Kinder der 4. und 5. Klasse

Reusser und Stebler (1997) stellten neben anderen folgende Aufgabe:

> *Die beste 100 m-Zeit von Hans beträgt 13 sec.*
>
> *Wie lange braucht er für 1000 m ?*

Manche Kinder rechnen dann unbesonnen 10 x 13 sec. Eine solche Rechnung ist bei proportionaler Zuordnung angebracht (Beispiel: 1 Liter Benzin kostet 1,30. Wie viel kosten 10 Liter?). Aber selbst bei Einkäufen gibt es mitunter Mengenrabatt, so dass die proportionale Zuordnung nicht immer passt. Beim sogenannten Schlussrechnen muss grundsätzlich auf die Art der Beziehung geachtet werden, die dem Sachverhalt zugrundeliegt. Solch gedankenloses Rechnen ist eine Folge misslungenen Unterrichts und hat nichts mit der Transferproblematik zu tun – streng genommen auch nichts mit Mathematik.

Beim *analogen Transfer* geht es um die Übertragung eines Prinzips, das man an einem Sachverhalt kennen gelernt hat, auf ein Problem, das sich in einem ganz anderen Sachverhalt stellt. Von Gentner (1983; 1989) stammt eine *„structure-mapping theory"* des analogen Transfers, also eine Theorie der strukturellen Zuordnung. Dabei werden zunächst zwei Bereiche unterschieden, der *Quellbereich*, dem eine Analogie entstammt, und der *Zielbereich*, in den übertragen werden soll. Nimmt man das Sonnensystem als Analogie für das Atom, so stellt das Sonnensystem den Quellbereich und das Atom den Zielbereich dar. Entscheidend ist nun, dass die *Merkmale* der Elemente in beiden Bereichen äußerst *verschieden* sein können (hier etwa die Größe, die Art des Materials usw.) und dass die *Gemeinsamkeiten* beider Bereiche in den *Relationen* beruhen, die die jeweiligen Elemente miteinander verbinden. Man kann also die Relationen, die hier wie dort vorhanden sind, einander zuordnen, sie entsprechen einander oder sie können auf einander abgebildet werden. Man spricht in dem Zusammenhang auch in grober Anlehnung an Chomskys Linguistik von der *Oberflächenstruktur* eines Problems und seiner

Tiefenstruktur: Die Oberflächenstruktur ist wesentlich gekennzeichnet durch die Merkmale der Elemente des Problems, die Tiefenstruktur jedoch durch die Beziehungen zwischen den Elementen. Denkbar wäre auch, Gentners Theorie nach dem Muster einer mathematischen Funktion zu interpretieren.

Haben zwei Probleme die gleiche Tiefenstruktur, so spricht man von *homomorphen* Problemen. Kann man darüber hinaus die Komponenten eines Problems sogar eins-zu-eins in *beiden* Richtungen einem anderen Problem zuordnen, so spricht man von *isomorphen* Problemen. Beide Arten von Problemen werden leichter als ähnlich erlebt, wenn sie sich in der Oberflächenstruktur ähneln, also derselben Thematik entstammen, jedoch als schwerer empfunden, wenn sie aus verschiedenen Bereichen stammen. Gick und Holyoak (1983) sowie Holyoak (1985) konnten eindrucksvolle Beweise beibringen, dass vielfach kein Transfer stattfindet, wenn zwei homomorphe Probleme in ganz unterschiedliche Sachverhalte eingebettet sind.

Gick und Holyoak (1983) boten Kindern erst die Geschichte vom erfolgreichen General und danach das Strahlenproblem von Duncker (1945), das die Kinder selbst lösen sollten. Dabei mussten die Autoren feststellen, dass nur wenige der Probanden in der Lage waren, das Lösungsprinzip vom ersten Problem auf das zweite zu übertragen. Die unterschiedlichen Thematiken waren es, die den Blick für die gleiche Grundstruktur verstellten. Wurden allerdings *zwei* homomorphe Probleme geboten und die Teilnehmer gebeten, Vergleiche zwischen beiden zu ziehen, so waren sie eher in der Lage, ein weiteres homomorphes Problem zu lösen. Dabei hing der Erfolg bei einem dritten Problem weitgehend von der Qualität der Vergleiche ab, die zwischen den ersten beiden Problemen gezogen worden waren. Entscheidend war, ob die gemeinsame Grundstruktur erkannt worden war. Auf derselben Linie liegen die Ergebnisse bei Mathematikaufgaben, die Thußbas und Chourdakis in elften Klassen Berliner Gesamtschulen erzielten (vgl. oben Seite 124).

Inzwischen gibt es viele Untersuchungen, die selbst bei Studierenden den überwältigenden Einfluss verschiedener „cover stories" zeigen, weil sie die Entdeckung eines gemeinsamen Grundprinzips erschweren, nicht selten sogar verhindern (z. B. Schmid, Wirth & Polkehn, 2003; Pierce, Duncan, Gholson, Ray & Kamhi, 1993). Dennoch werden klug gewählte „cover stories" als Mittel empfohlen, wenn es um die Einübung von fallbasierten Problemlöseprozessen geht (Jonassen & Hernandez-Serrano, 2002).

Dabei werden Probleme durch Rückgriff auf Fälle gelöst, die früher analysiert und für die eine angemessene Lösung gefunden worden war, so dass nun eine analoge Lösung gefunden werden könnte. Allerdings sind die Geschichten so zu wählen, dass die analoge Problemstruktur von den Lernenden auch erkannt werden kann.

Der General

Ein Diktator lebte auf einer gut geschützten Festung mitten in seinem Land, umgeben von Dörfern und Bauernhöfen. Ein rebellierender General wollte den Diktator stürzen. Er stellte fest, dass viele Straßen zur Festung führten, die aber vermint waren. Wenige Männer konnten die Straßen zwar passieren, denn die Minen waren so eingestellt worden, dass Truppen des Diktators und Arbeiter hin und her gehen konnten. Würde aber eine große Truppe passieren, so gingen die Minen hoch, die Soldaten und viele Bauern würden vernichtet werden. Die Festung schien uneinnehmbar.

Da hatte der General einen einfachen Plan. Er teilte seine Truppe in kleine Abteilungen auf, die zur gleichen Zeit und von allen Seiten heranmarschierten und dann die Festung stürmten.

Dunckers Bestrahlungsproblem

Stell dir vor, ein Arzt bekommt einen Patienten, der an einem bösartigen und nicht operablen Tumor leidet. Wenn nichts geschieht, so wird der Patient bald sterben. Nun gibt es Strahlen, die den Tumor abtöten, wenn sie intensiv genug auf ihn gerichtet werden. Bei niedrigen Intensitäten schädigen die Strahlen zwar nicht gesundes Gewebe, aber sie zerstören dann auch nicht den Tumor. Wie kann der Arzt wohl vorgehen, um das gesunde Gewebe nicht zu schädigen und um dennoch den Tumor abzutöten? (Gick & Holyoak, 1983, Seite 36).

Schmid, Wirth und Polkehn (1999) führten zwei Experimente in der Oberstufe eines Berliner Gymnasiums durch. Sie verwendeten ein seit Luchins und Luchins (1959) beliebtes Problem, nämlich drei oder mehr Krüge, die mit unterschiedlichen Mengen Wasser gefüllt sind und unterschiedliches Fassungsvermögen haben, so umzufüllen, dass eine Zielverteilung zu Stande kommt. Die Autoren präsentierten das Problem auf Computer, wobei ausführliche Hilfestellungen einprogrammiert waren, damit die Schülerinnen und Schüler das Ausgangsproblem alle lösen konnten. Dann wurden isomorphe oder teilweise isomorphe Umfüllprobleme geboten, wobei Oberflächenmerkmale wie die Namen der Krüge, ihre Füllmengen oder die Anzahl der Krüge variierten. Für diesen Problemraum entwickelten die Autoren ein graphentheoretisch konzipiertes Distanzmaß, mit dessen Hilfe sie die Transferdistanz messen konnten. Im Ergebnis stellte sich einerseits heraus, dass der Transfer auf isomorphe Probleme nicht von Oberflächenmerkmalen beeinflusst war. Zum anderen resultierte bei partiell isomorphen Problemen allerdings nur dann Transfer, wenn der Anteil struktureller Gemeinsamkeiten zwischen den Problemen mindestens so groß war wie der Anteil struktureller Verschiedenheiten (vgl. hierzu auch Schmid, Wirth & Polkehn, 2003). Die Unterschiede zwischen der primären Aufgabe und der Transferaufgabe durften also strukturell nicht zu groß sein.

Wenn zwei homomorphe Probleme in eine sehr ähnliche Oberflächenstruktur eingebettet sind, kann der Transfer dennoch ausbleiben. In der Untersuchung von Reed, Ernst und Banerji (1974) zeigten zwei Probleme zwar recht ähnliche Oberflächenstrukturen, allerdings war die zugrunde liegende Struktur außerordentlich komplex (siehe Kasten).

Das Missionar-Kannibalen Problem

Drei Missionare und drei Kannibalen wollen einen Fluss per Boot überqueren. Es steht aber nur ein Boot zur Verfügung, das nicht mehr als zwei Personen gleichzeitig transportieren kann. Wenn aber die Missionare zahlenmäßig den Kannibalen unterlegen sind, sei es auf einem der beiden Ufer oder im Boot, sind sie ihres Lebens nicht sicher.

Finden Sie die einfachste Möglichkeit, wie alle sicher mit dem Boot über den Fluss kommen können. Dabei wird unterstellt, dass alle Passagiere das Boot vor der nächsten Tour verlassen und dass bei jeder Überfahrt mindestens eine Person an Bord ist.

Das Eifersüchtige-Ehemänner Problem

Drei eifersüchtige Ehemänner und ihre Frauen wollen einen Fluss per Boot überqueren. Es steht aber nur ein Boot zur Verfügung, das nicht mehr als zwei Personen gleichzeitig transportieren kann. Finden Sie die einfachste Möglichkeit, wie alle sechs Personen übersetzen können, so dass eine Frau nie alleine mit einem fremden Mann bleibt. Dabei wird unterstellt, dass alle Passagiere das Boot vor der nächsten Tour verlassen und dass bei jeder Überfahrt mindestens eine Person an Bord ist (nach Reed, Ernst & Banerji, 1974, Seite 437-438).

Vermutlich wird die Verarbeitungskapazität auch bei Studierenden zu stark belastet, wenn diese Probleme rein gedanklich gelöst werden sollen. Jedenfalls stellten die Autoren fest, dass praktisch kein Transfer stattfand, wenn das Missionar-Kannibalen Problem als erstes und das Eifersüchtige-Ehemänner Problem danach als zweites gegeben wurde. Das zweite Problem ist etwas schwerer als das erste Problem, denn einem Mann darf nicht eine beliebige Ehefrau zugeordnet werden, während es gleichgültig ist, welcher Missionar mit welchem Kannibalen zeitweilig alleine ist.

Dennoch: Beide Probleme können mit elf Zügen gelöst werden, und die Studierenden der Autoren schafften es in durchschnittlich 30 Minuten. Transfer fand eher statt, wenn das schwerere Problem als erstes gegeben wurde und wenn den Studierenden die Grundstruktur der ersten Aufgabe sowie ihre Ähnlichkeit mit der zweiten vor Augen geführt wurde. Allem Anscheine nach überfordern solche Probleme die Verarbeitungskapazität, worauf Sweller (1988; 1989) schon früh hingewiesen hatte (vgl. auch Pierce et. al., 1992; Robins & Mayer, 1993).

Was also lässt sich tun, um den Transfer auf neue und andersartige Sachverhalte zu erleichtern? Zunächst und in erster Linie kommt es darauf an, den Lernenden zu helfen, die *Struktur des Quellbereichs* wie die des *Zielbereichs* klar zu erkennen. Nimmt man das Missionar-Kannibalen Problem, so wird rasch deutlich, dass die Lösung eine nicht beliebige Sequenz von Überfahrten erfordert, die man sich schrittweise erarbeiten muss, dabei aber kaum im Arbeitsgedächtnis verfügbar halten kann, ohne heillos durcheinander zu geraten. Hier muss man einen externen Speicher (Notizzettel) heranziehen. Und auch dann ist es notwendig, bei jeder „Überfahrt" zu prüfen, ob sie zulässig ist und, wenn ja, ob sie näher zum Ziel bringt oder nicht. Hat man sich die Grundstruktur dieses Problems wirklich klar gemacht, so ist es nicht schwer, die Struktur im zweiten Problem wieder zu erkennen und die Lösung darauf zu übertragen, auch wenn das zweite Problem etwas komplexer ist. Schon Gick und Holyoak (1983) fanden, dass die *Qualität der Problemanalyse* am besten den Erfolg bei einem analogen Problem vorhersagt.

Die Problemanalyse geschieht zweckmäßig in *drei Schritten*: Erst ist die Struktur des Quellbereichs zu analysieren, dann die Struktur des Zielbereichs, und schließlich sind beide zu vergleichen. Die Strategie des Vergleichens erfordert – wie immer, so auch hier – die Feststellung von *Gemeinsamkeiten*, aber auch die Feststellung von *Unterschieden*. Im typischen Fall eines durch Analogie lösbaren Problems beziehen sich die Gemeinsamkeiten auf Relationen zwischen den Elementen und die Unterschiede oft auf die Merkmale oder Eigenschaften der Elemente.

Mehrere Autoren kommen zur Schlussfolgerung, es sei nicht ausreichend, die Übertragung einer Grundstruktur auf ein analoges Problem nur ein einziges Mal durchzuführen. Offensichtlich ist es zweckmäßig, den Transfer richtig zu *üben* und zu *festigen*, wenn er später zu beliebigen Zeiten und rasch gelingen soll (Chen, 1999). Wenn also beispielsweise ein Gesetz, ein Prinzip oder eine Struktur neu eingeführt worden ist, empfiehlt es sich, zur Anwendung *mehrere* Problemstellungen heranzuziehen, um sie in ansteigende Transferdistanz zu ordnen: Man beginnt insbesondere mit solchen Problemen, die dem Quellproblem strukturell und vielleicht auch oberflächlich sehr ähnlich sind, um sich schrittweise solchen Problemen zuzuwenden, bei denen die strukturelle Ähnlichkeit nicht so leicht erkennbar ist, die einen weiten Transfer erfordern, weil sie zunächst sehr verschiedenartig erscheinen (Halpern, Hansen & Riefer, 1990).

Um die Übertragung gelernter Prinzipien zu üben und zu festigen, empfiehlt sich demnach, folgende *Lehrstrategie* anzuwenden.

▶ Bei einem neuen Problem sollten sich die Lernenden angewöhnen, zunächst einmal zu klären, ob sie nicht schon etwas Ähnliches kennen. In einem Strategietraining legen Lauth und Schlottke (1993) beispielsweise Kindern nahe, sich bei einem Problem die Frage vorzulegen „Kenne ich etwas Ähnliches?". Das schon bekannte Ähnliche entspricht dann dem Quellbereich.

▶ Zielbereich und Quellbereich müssen gründlich analysiert werden. Gute Lösungen sind nur möglich, wenn diese Analysen sorgfältig vorgenommen werden.

▶ Die Strategie des Vergleichens ist heranzuziehen, um Gemeinsamkeiten zwischen beiden Bereichen festzustellen, aber auch um relevante Unterschiede zu bemerken.

▶ Falls erforderlich, ist das Arbeitsgedächtnis zu entlasten, etwa durch graphische Darstellungen oder Notizen. Graphische Darstellungen sind bei manchen Problemen auch hilfreich, um die Problemstruktur zu analysieren.

▶ Der Transfer ist systematisch einzuüben an weiteren Aufgabenstellungen, wobei insbesondere die oberflächliche Ähnlichkeit im Zuge der Einübung stetig abnehmen sollte.

Die ersten vier Punkte wenden sich an die Lernenden. Darüber hinaus ist es Aufgabe der Lehre, dafür zu sorgen, dass die Lernenden die vier Punkte soweit wie möglich verinnerlichen und spontan einsetzen. Der letzte Punkt, die systematische Einübung in immer ferneren Transfer, kann im Regelfall nur von den Lehrenden angemessen gesteuert werden. Deshalb sind sie auch dafür verantwortlich.

9.3 Zusammenfassung

Unter Lerntransfer versteht man den Einfluss früheren Lernens auf späteres Lernen. Die sehr optimistische Theorie der formalen Bildung behauptete, der menschliche Geist könne an einem anspruchsvollen Lehrstoff in einer Weise geschult werden, die sich bei beliebigen anderen Lehrstoffen auszahle. Abgelöst wurde diese Theorie von der pessimistischen Annahme Thorndikes, wonach Transfer überhaupt nur insoweit möglich sei als im neuen Lehrstoff Elemente anzutreffen wären, die identisch schon in früheren Zusammenhängen gelernt worden seien. Beide Konzepte sind nicht mehr haltbar. Vielmehr wurde vielfach nachgewiesen, dass Prinzipien und Gesetzmäßigkeiten, aber auch Strategien auf neue Probleme übertragen werden können.

Im Lehr-Lern-Prozess versteht man unter Transfer eben diese Übertragung von Gelerntem in neue Zusammenhänge, genauer um die Übertragung von Prinzipien, Gesetzmäßigkeiten oder Strategien auf neue Probleme. Zu diesem Zweck ist es notwendig, (a) die Grundstruktur der primären Aufgabe klar herauszuarbeiten, (b) ebenso die Struktur der Zielaufgabe, und (c) beide Strukturen miteinander Zug um Zug zu vergleichen. Es empfiehlt sich, diese Schritte der Übertragungsleistung an neuen Problemen auch einzuüben. Ohne Einübung des Transfers kann man nicht mit einer erfolgreichen Übertragung rechnen.

Vertreter des situierten Lernens neigen zu der pessimistischen Auffassung, jedes Lernen sei so an die Situation gebunden, in der es stattgefunden hat, dass eine Übertragung auf neues Lernen und andere Situationen nicht möglich sei. Zweifellos werden solche Meinungen scheinbar bestätigt, wenn das Transferieren im Lehr-Lern-Prozess nicht hinreichend eingeübt worden ist.

Lehrmethoden

10 Darbietendes oder entdeckenlassendes Lehren ?

Es sind unterschiedliche Gründe, die Menschen veranlassen, mehr darbietendes oder mehr entdeckenlassendes Lehren zu bevorzugen. Beispielhaft werden zwei bekannte Pädagogische Psychologen, *Ausubel* und *Bruner*, als Vertreter von Positionen vorgestellt, die auf den ersten Blick gegensätzlich erscheinen. Vielfach wurden deren Konzepte später aber dogmatisch verhärtet. Letztlich lassen sich solche Kontroversen nur durch *experimentelle Forschungen* entscheiden. Leider gibt es zum darbietenden Lehren nur relativ wenig Forschung. Dagegen wurden vielfach *vermittelnde Lehrformen* untersucht, die Elemente von beiden aufgreifen und Extremformen vermeiden.

Lehrmethoden lassen sich auf einer Dimension anordnen, die von dem einen Pol des vom Lehrer gesteuerten Unterrichts bis zu dem Gegenpol reicht, bei dem die Lernenden weitgehend Verantwortung für die Lernaktivitäten selbst übernehmen. Dem vom Lehrer gesteuerten Unterricht entsprechen darbietende Lehrverfahren, erarbeitender Unterricht im Wechselspiel von Lehrerfragen und Schülerantworten sowie Übungs- und Anwendungsaufgaben. Dem mehr auf die Lernenden zentrierten Unterricht entsprechen entdeckenlassende Lehrverfahren, Kooperation von Lernenden sowie Planspiele, Simulationsspiele und Projekte. In dem einen Extrem ist vom Lernenden eher *rezeptives* (aufnehmendes) Lernen gefordert, im anderen Extrem dagegen *aktives*, mehr oder minder *selbstgesteuertes* Lernen. Entsprechend ist auch die Rede von einem direktiven und einem nicht-direktiven Unterrichtsstil.

Die Kontroverse von aktivem und rezeptivem Lernen lässt sich historisch weit zurückverfolgen. Seit der Antike wurde mal mehr das eine Extrem und mal mehr das andere Extrem favorisiert. Von Sokrates ist seine Methode der Mäeutik (der Hebammenkunst) bekannt, mit deren Hilfe er durch gezielte Fragen einen Sklaven dahin brachte, anspruchsvolle Sachverhalte selbst zu erkennen und zu verstehen – also ohne dass ihm die Information gegeben wurde. Demgegenüber favorisierte man im Mittelalter die Methode, Texte vorzulesen und auswendig lernen zu lassen. Bis in die Gegenwart lässt sich so der Gegensatz von mehr entdeckenlassenden und mehr darbietenden Lehrmethoden verfolgen. Beispielsweise war es das erklärte Ziel der Reformpädagogik zur Wende vom

19. zum 20. Jahrhundert, den Unterrichtsstil, der damals traditionell auf den Lehrer bezogen war, zu überwinden zugunsten eines mehr auf die Schüler zentrierten Stils, der aktives statt rezeptives Lernen begünstigen sollte. Nach dem zweiten Weltkrieg führte die damalige Bundesassistentenkonferenz sogar den etwas überzogenen Begriff des *forschenden* Lernens ein. Dennoch dominieren bis in die Gegenwart in weiten Bereichen Lehrervortrag und Vorlesung, und es ist bekannt, dass Lehrer, wenn sie älter werden, den darbietenden Unterricht wieder stärker einsetzen (Einsiedler, 1981; Hofer, 1986). Das gilt aber nicht nur für den deutschen Sprachraum. Eine australische Erhebung bei Grundschullehrkräften ergab ein analoges Ergebnis, wonach die Bevorzugung des direktiven Unterrichtsstils mit dem Alter der Lehrkräfte zunahm und außerdem Lehrerinnen insgesamt mehr zu darbietendem Unterricht neigten als Lehrer (Demant & Yates, 2003).

Vielfach lassen sich ideologische Gründe erkennen, warum grundsätzlich das eine oder das andere Extrem bevorzugt wird. Philosophisch-anthropologische Überzeugungen über die Natur des Menschen – man spricht dann oft vom Menschenbild – können die Methodenwahl beeinflussen: Wer etwa zu einem konstruktivistischen Menschenbild neigt, wird eher das aktive Suchen nach Erkenntnis unterstützen als die Einführung junger Menschen in die Welt des Wissens. Dabei handelt es sich allerdings um einen Fehlschluss. Renkl (2005a), der sich selbst als Konstruktivist einordnet, macht deutlich, wie aus dieser Sicht auch rezeptives Lernen notwendigerweise aus einer aktiven Aneignung besteht (ähnlich auch Mayer, 1999a) und insofern nicht abgewertet werden darf. Alles Lernen erfordert letztlich die Eigenaktivität des Lernenden. Das erinnert an den alten Grundsatz der Pädagogen, wonach jede Bildung letztlich auf Selbstbildung beruht.

Darüber hinaus sind es oft *Zielvorstellungen*, unterschiedliche *Erziehungsziele*, die die Methodenwahl beeinflussen. Wer primär Kreativität und Problemlösefähigkeit, selbständiges Denken und Lernen fördern will, dürfte eher geneigt sein, entdeckendes Lernen zu bevorzugen, und wem es mehr darum geht, eine umfangreiche und klar strukturierte Wissensbasis zu vermitteln, wird eher zum Pol der vom Lehrer geleiteten Verfahren neigen. Übergeordnete Erwägungen dieser Art können somit die Methodenwahl entscheiden, ohne dass die *Effekte* der jeweiligen Methode ernsthaft in den Blick genommen werden.

Solche Entscheidungen erweisen sich jedoch oft als kurzschlüssig, weil man eine zu einfache Beziehung zwischen Methode und Ziel unterstellt: Man nimmt ungeprüft als selbstverständlich an, Problemlösen lerne man am besten durch Problemlösen, aber es ist keineswegs selbstverständlich, das dem wirklich so ist. Beispielsweise sind vielfach spezifische Kenntnisse erforderlich, um ein bestimmtes Problem zu lösen, und wenn diese fehlen, hat man keine Chance, das Problem zu bewältigen. In dem Fall würde also eine Information rascher und sicherer zum Ziel führen. Untersuchungen zum Experten-Novizen Paradigma haben das deutlich gemacht.

Forschungen zum Erwerb von Fertigkeiten führten Anderson (1987) schon früh zur Unterscheidung von *starken* und *schwachen* Problemlösestrategien: Schwache Strategien wie etwa die Ziel-Mittel-Analyse, die Vorwärts- oder Rückwärtsplanung oder die Suche nach einer Analogie sind zwar immer anwendbar, sie nützen aber oft nur wenig. Starke Strategien sind dagegen auf spezifische Probleme zugeschnitten und helfen dann auch entscheidend, bringen aber nichts für andere Probleme. Aus diesem Grunde spricht man auch bei Strategien von einem *Tradeoff* zwischen Effektstärke und Effektbreite (Klauer, 2001c): Man kann nicht beides gleichzeitig haben, einen starken Effekt, der zugleich breit wirksam ist. Insofern ist es wichtig, die Effekte von Lehrmethoden empirisch zu ermitteln, ehe man die eine oder andere propagiert.

Im vorliegenden Kapitel soll versucht werden, auf der Grundlage der empirischen Forschung das Für und Wider abzuwägen, das bei den gegensätzlichen Lehrverfahren zu beachten ist. Zuvor sollen jedoch zwei instruktionspsychologisch bedeutsame Theoriekonzepte vorgestellt werden. Wir verdanken sie zwei Autoren, die sich schon früh vom Behaviorismus ab- und der kognitiven Psychologie zuwandten, nämlich am Beginn der zweiten Hälfte des 20. Jahrhunderts. Sie kamen dabei jedoch zu sehr unterschiedlichen Schlussfolgerungen, die allerdings außerordentlich einflussreich waren in der pädagogisch-psychologischen Forschung.

10.1 Ausubel versus Bruner

Ausubel war oben bereits erwähnt worden, etwa mit seinem Prinzip des progressiven Differenzierens (Seite 52; 56) und mit dem *advanced organizer,* einer Eröffnungsstrategie des Unterrichts (Seite 84 ff). Er ist der wohl bekannteste neuzeitliche Vertreter des *expositorischen* (darstellenden) Lehrens. Zentral geht es ihm um verständnisvolles, um *sinnvolles* Lernen, und das besteht nach seiner Auffassung in der Integration des neuen Lehrstoffs in die schon vorhandene kognitive Struktur des Lernenden (Ausubel,

1963). Mit kognitiver Struktur des Lernenden ist bei ihm zunächst das schon vorhandene Wissen gemeint. Bedeutsam für neues Lernen ist darüber hinaus jedoch nur solches Wissen, das strukturiert, also miteinander vielfach verbunden und auf einander bezogen ist. *Mechanisches* Lernen gilt bei ihm als sinnloses Lernen, weil durch bloße Wiederholung Gelerntes nicht wirklich eingeordnet wird in das bereits vorhandene Wissen. Deshalb fehlen ihm die vielfachen Verknüpfungen, so dass es auch rasch vergessen wird. Langfristig behalten wird nach Ausubel nur sinnvoll Gelerntes, also das, was in die kognitive Struktur integriert worden ist.

Lehrgänge sollen aus diesem Grunde nach dem Prinzip des progressiven Differenzierens geplant werden. Dabei beginnt man mit sehr allgemeinen Konzepten, die einerseits mit dem vorhandenen Wissen gut verknüpfbar sind und andererseits sich eignen, um spezifischeres Wissen darauf zu beziehen. Derselbe Grundgedanke liegt aber auch einer einzelnen Lektion zugrunde. Man beginnt mit dem *advanced organizer*, der vorstrukturierenden Lernhilfe, die ein Gerüst bietet, um das nun folgende Neue quasi einzuhängen oder einzuordnen. Das Neue selbst wird dann am besten durch eine Darstellung geboten, die jeden neuen Aspekt mit dem schon vorhandenen Wissen einerseits und dem weiteren Neuen andererseits verknüpft. Eine solche Vermittlungsstrategie wird zweckmäßig vom Lehrenden geplant, weil Lehrende die Abfolge der Inhalte am besten so steuern können, dass die Integration des Neuen Zug um Zug gewährleistet wird. Im Ergebnis resultiert ein Unterricht, der wesentlich vom Lehrenden bestimmt ist, der von ihm zielstrebig vorgeplant und konsequent durchgeführt wird.

Bruner (1961; 1966) setzte sich dagegen für das entdeckende Lernen ein. Seiner Ansicht nach ist es nicht möglich, Lernende heute so auszurüsten, dass sie später in der Lage wären, alle ihnen begegnende Probleme zu lösen und alle Situationen zu bewältigen. Deshalb empfiehlt er nachdrücklich, die Strategie des Problemlösens und die Strategie des Lernens selbst einzuüben. Um dieses Ziel zu erreichen, sollen Lernende darin geübt werden, selbst Wissen zu erwerben und anstehende Probleme selbst zu lösen. Das entdeckende Lernen soll nach Bruner Lernende qualifizieren, sich entsprechende Techniken oder Strategien anzueignen. Darüber hinaus spricht er dem entdeckenden Lernen weitere günstige Eigenschaften zu: Was man selbst entdeckt habe, werde besser behalten und auf neue Situationen leichter transferiert. Außerdem wecke diese Art von Lernen intrinsische Motivation, weswegen zusätzliche Motivierungshilfen überflüssig würden.

Konkrete Hinweise zur Umsetzung seines Konzepts bietet Bruner nur sporadisch. Beispielsweise eigne sich nicht jedes Problem gleich gut für diesen Unterricht. Besonders vorteilhaft sei es, Probleme zu wählen, die eine Gesetzmäßigkeit erkennen lassen, welche ihrerseits auf andere Probleme anwendbar ist, andere Probleme also leichter lösbar macht. Damit wird die Transferproblematik angesprochen. Weiterhin empfiehlt Bruner, Lernenden die Strategie von Wissenschaftlern zu vermitteln, wenn es darum geht, ein Problem zu lösen: Begonnen werde mit einer sorgfältigen Analyse des Problems, darauf folge die Ableitung einer Hypothese, die dann selbst überprüft und schließlich akzeptiert oder verworfen werden soll. Lernende sollten diese Strategie verinnerlichen, um sie immer dann anzuwenden, wenn ihnen ein neues Problem begegnet.

Nimmt man diese Empfehlungen zusammen, so wird verständlich, dass Bruner nicht für ein ungeregeltes oder ungesteuertes Entdecken eintritt, sondern für das *gelenkte* Entdecken („guided discovery"). Manche Probleme eignen sich dazu besser als andere, und welche geeigneter sind als andere, übersehen die Lernenden natürlich nicht. Der Lehrer tritt dennoch mehr in den Hintergrund: Ein Unterricht im Sinne Bruners ist mehr durch Schüleraktivitäten als durch Lehreraktivitäten gekennzeichnet, wenngleich der Lehrer lenkend, ermunternd und anregend präsent bleibt.

Vergleicht man nun beide Konzepte miteinander, so ist zunächst festzuhalten, dass beide letztlich unterschiedliche *Lehrziele* anstreben – und von daher verwundert nicht, dass sie auch zu unterschiedlichen Lehr*methoden* kommen. Im einen Fall geht es um die Entwicklung der Fähigkeit, Probleme zu lösen, im andern Fall um die Vermittlung eines gefestigten Vorrats an verstandenem und anwendbaren Wissen. Der eine orientiert sich mehr an den *Methoden* der Wissenschaften, der andere mehr an ihren *Ergebnissen*. Im übrigen halten beide das übergeordnete Ziel des jeweils anderen für durchaus erstrebenswert. Sie differieren nur darin, wie das Ziel des anderen optimal zu erreichen wäre.

So bestand Bruner keineswegs darauf, darbietenden Unterricht gänzlich zu eliminieren, obwohl er diesen Eindruck mitunter vermittelte. Allerdings legte er Wert auf die Feststellung, im expositorischen Lehr-Lern-Prozess wäre nicht nur ungenügende Gelegenheit zum Einüben von Denk- und Lernstrategien. Vielmehr halte dieser Unterricht die Lernenden in dauernder Abhängigkeit von der Lehrperson, und das könne ja nicht

wünschenswert sein – eine Argumentation, die wiederum mit Zielen statt mit nachgewiesenen Wirkungen operiert.

Bedeutsam ist jedoch noch ein weiterer Gesichtspunkt. Jeder Versuch, sich etwas
selbst zu erarbeiten oder ein Problem selbst zu lösen, kostet verhältnismäßig viel Zeit
und Aufwand, und zwar auch dann, wenn keine Um- und Irrwege begangen werden, die
ja keineswegs auszuschließen sind. In sehr viel kürzerer Zeit kann uns jemand den
fraglichen Sachverhalt verständlich machen, wozu man selbst sehr viel mehr Aufwand
brauchen würde. Zeit ist in Schule und Studium aber ein rares Gut, auch wenn viele
Schüler und Studierende das nicht wahrhaben wollen. Von daher dürfte es schon aus
praktischen Gründen nicht möglich sein, sich alle wichtigen Lehrinhalte selbst zu erarbeiten.

Effektivität und Effizienz

Effektivität bedeutet Wirksamkeit. Eine Lehrmethode ist effektiv, wenn sie einen Lernzuwachs, eine Verbesserung in der fraglichen Leistung bringt. Eine Lehrmethode ist
effizient, wenn sie den Lernzuwachs, die Verbesserung in kurzer Zeit bewirkt. Effizienz
stellt sich dar als Quotient von Lernzuwachs durch Lernzeit. Solche Quotienten erfordern anspruchsvolle Tests, die nicht immer gegeben sind.
Beispiel 1: Methode A bringt eine Verbesserung um 10 Punkte, Methode B um 12
Punkte. Also ist Methode B effektiver als Methode A.
Beispiel 2: Methode A braucht dafür aber im Durchschnitt nur 40 Minuten, Methode B
dagegen 60 Minuten.
Also ist Methode A effizienter als Methode B (10 : 40 = 0,25; 12 : 60 = 0,20).

In der vergleichenden empirischen Forschung spielt der Zeitfaktor ebenfalls eine kritische Rolle. Wenn man die Effekte vergleichend ermitteln will, die nach der Methode
der Darbietung und nach der Methode des Entdeckens erzielt werden, so muss man das
Lehrziel beider Verfahren gleich halten. Wie steht es aber mit der Lernzeit? Gesteht
man beiden die gleiche Lernzeit zu, so könnte entweder das Entdecken nicht zum Abschluss kommen oder die Darbietung würde über Gebühr gedehnt und in die Länge
gezogen. Gibt man aber dem entdeckenden Lehrverfahren mehr Zeit, soviel, wie es
benötigt, um zu einem befriedigenden Ergebnis zu kommen, so lassen sich schwerlich

Schlüsse ziehen: Denn wen wundert es, wenn längere Lernzeit zu besseren Ergebnissen führt? Eindeutig wäre ein solcher Versuch nur dann, wenn die Lehrvariante, die längere Zeit beanspruchte, auch noch die schlechteren Ergebnisse bringen würde. Zeigt diese Variante aber die besseren Ergebnisse, so bleibt allenfalls die Möglichkeit, die *Lerneffizienz* zu bestimmen. Das kann durch Bezug der Lernleistung auf die Lernzeit geschehen.

10.2 Auf dem Prüfstand der empirischen Forschung

Erstaunlicherweise gibt es nur wenige Forschungen darüber, wie Lehrer*darbietungen* zu gestalten seien, damit sie optimal wirksam sind. Man kann sich ja höchst unterschiedliche Varianten darstellenden Unterrichts vergegenwärtigen. Selbst Lehrervorträge können sehr verschiedenartig konzipiert sein, etwa als dialektisch aufgebauter Vortrag mit These, Antithese und Synthese oder kasuistisch-induktiv oder deduktiv oder - beispielsweise im Geschichtsunterricht - einfach erzählend. Selbst bei schlicht erzählenden Darbietungen sind Variationen denkbar, wie jeder von Filmen her kennt: Manche beginnen am Anfang und hören mit dem Ende auf, andere beginnen mit dem Ende und entwickeln danach das Geschehen durch Rückblende, und weitere Formen sind denkbar.

Lehrkräfte unterscheiden sich auch darin, inwiefern sie Wichtiges wiederholen oder sonst wie besonders herausstellen, wie stark sie Einzelheiten ausschmücken oder sich statt dessen auf die zentralen Punkte beschränken, in welcher Weise sie das Verständnis der Schülerinnen und Schüler beachten und entsprechend berücksichtigen. So entstehen unüberschaubar viele Varianten von Lehrerdarbietungen. Insofern ist es schwierig, empirisch fundierte Aussagen zu machen über *den* darbietenden Unterricht, einfach weil es unbegrenzt viele mögliche Realisierungen gibt, die sich in ihren Effekten nicht gleichen werden. Hier ist also noch erhebliche Forschung zu leisten.

Eine Sichtung der vorhandenen Forschungsliteratur zur Wirkung unterschiedlicher Varianten *darbietenden* Unterrichts fördert nur wenige Untersuchungen zu Tage. Bemerkenswert ist etwa eine Dissertation, die an der Universität Austin, Texas, durchgeführt wurde, die einerseits die Sequenz der Darbietung variierte und andererseits die strukturierenden Hilfen, die die Lehrkraft bot (Kallison, 1986). Es ging um ein mathematisches Thema, wobei Schülerinnen und Schüler der Sekundarstufe eine Einführung in Zahlsysteme erhielten. Genauer gesagt ging es um das dekadische und das binäre System und wie Zahlen von einem in das andere System transformiert werden können. Variiert wurde die Art der Sequenz (logisch geordnet oder eine ebenfalls akzeptable Alternativsequenz) und die Art der Strukturierungshilfen, nämlich mit oder ohne solche zusätzliche Hilfen. Zu den Strukturierungshilfen gehörten eine Gliederung zu Beginn, explizite Hinweise bei den Übergängen zu einem neuen Abschnitt, systematische Vergleiche zwischen den Abschnitten durch Herausarbeiten von Gemeinsamkeiten und Unterschieden sowie eine kurze Zusammenfassung am Schluss.

Insgesamt wurden vier Lernbedingungen angeboten, denen die 67 Schüler unter Berücksichtigung ihrer mathematischen Vorkenntnisse zugeordnet wurden (Logische Sequenz mit versus ohne Strukturierungshilfen; Alternativsequenz mit versus ohne diese Hilfen). Dabei stellte sich heraus, dass die Lehrsequenz keine Rolle spielte. Beide Varianten waren gleich effektiv. Dagegen hatten die Strukturierungshilfen einen deutlichen Effekt auf das Lernen der Schülerinnen und Schüler, wie es sich im Abschlusstest darstellte. Die Varianten mit Strukturierungshilfen bewirkten nachweislich bessere Lernergebnisse. Bemerkenswert war darüber hinaus, dass sich die Strukturierungshilfen unabhängig von den Vorkenntnissen in Mathematik positiv auswirkten: Schwache „Mathematiker" profitierten davon ebenso viel wie gute. Die Arbeit war nicht angelegt, um die Effektivität der vier Strukturierungshilfen untereinander zu vergleichen. Man weiß jedoch, dass Übersichten und Zusammenfassungen zwar geringe, aber positive Effekte haben können. Von daher lassen sich größere Effekte von den expliziten Hinweisen bei den Übergängen und von den systematischen Vergleichen zwischen den Teilkomplexen vermuten. So verdeutlicht die Arbeit, dass selbst bei darbietenden Lehrverfahren zusätzliche Strukturierungshilfen das Lernen bedeutsam verbessern, weil sie das Verständnis fördern. Offenbar wurden in erster Linie die Funktionen der Information und der Informationsverarbeitung durch die zusätzliche Hilfe unterstützt.

Die Optimierung *entdeckenden Lernens* wurde dagegen vielfach untersucht. Differenziert zusammenfassende Übersichten hat Neber (1981; 1999; 2001) mehrfach vorgelegt. Danach ist diese Methode besonders Erfolg versprechend, wenn

▶ der Prozess des Entdeckens behutsam gelenkt wird,

▶ fehlendes, aber notwendiges Wissen im Bedarfsfall direkt vermittelt wird,

▶ die Komplexität des Problems nicht zu hoch ist oder angemessen reduziert wird und

▶ variierende Aufgaben für eine hinreichende Generalisierung der Erkenntnis und für die Einübung des Transfers sorgen.

Diese Liste könnte noch etwas verlängert werden. Wichtig scheint aber die Schlussfolgerung, die sich schon hier ergibt, dass das entdeckende Lernen keinesfalls auf völlig freies Lernen hinauslaufen kann, wenn es wirksam sein soll. Für dieses eingeschränkt frei „forschende" Lernen hat sich der Begriff des *gelenkten Entdeckens* eingebürgert, der ja auch schon von Bruner verwendet worden war („guided discovery").

Einen wichtigen Aspekt entdeckenden Lernens haben Nußbaum und Leutner (1986b) untersucht. Ihnen ging es um die Frage, welcher Schwierigkeitsgrad der Aufgaben optimal ist, wenn die Lernenden die Lösungen selbst entdecken sollen. Nach den Ergebnissen von Neber dürfen die Aufgaben bei selbstgesteuertem Lernen ja nicht zu schwer sein, doch ist diese Aussage noch recht unbestimmt. Um hier einen Schritt weiter zu kommen, setzten Nussbaum und Leutner einen Aufgabenpool ein, wie er in bestimmten Intelligenztests verwendet wird und bei dem die Schwierigkeit jeder einzelnen Aufgabe durch Voruntersuchungen bekannt war. Die Aufgaben enthielten figurales Material, angeordnet in Form von Matrizen, wobei jede Aufgabe nach einer bestimmten Regel aufgebaut war. Eine Zelle in jeder Matrix blieb unbesetzt, und es gab Auswahlfiguren, um die richtige Figur einzusetzen. Das ist praktisch nur möglich, wenn die Regel erkannt wird, nach der die Aufgabe konstruiert worden ist. Es ging also, kurz gesagt, um das Entdecken von Regeln bei abstrakt-figuralem Material.

Am Versuch nahmen 156 Studierende verschiedener Fachrichtungen der RWTH Aachen teil. Sie wurden zufällig auf 6 Gruppen verteilt. Fünf dieser Gruppen erhielten 40 Übungsaufgaben aus dem Aufgabenpool zur selbständigen Bearbeitung, die jedoch unterschiedlich schwierig waren. Eine Gruppe bekam besonders leichte Aufgaben, das heißt Aufgaben, die 90 % der Probanden lösen können. Eine zweite Gruppe bekam mittelschwere Aufgaben, die von der Hälfte der Probanden richtig gelöst werden, und eine bekam sehr schwere Aufgaben, die nicht einmal 20 % der Probanden schaffen. Zwei Gruppen bearbeiteten nach der Schwierigkeit gestaffelte Aufgaben – von leicht nach schwer die vierte Gruppe und von schwer nach leicht die fünfte. Die sechste Gruppe diente als Kontrollgruppe und erhielt Übungsmaterial, das zwar auch intellektuell anspruchsvoll war, aber nichts mit dem Entdecken von Regeln bei figuralem Material zu tun hatte.

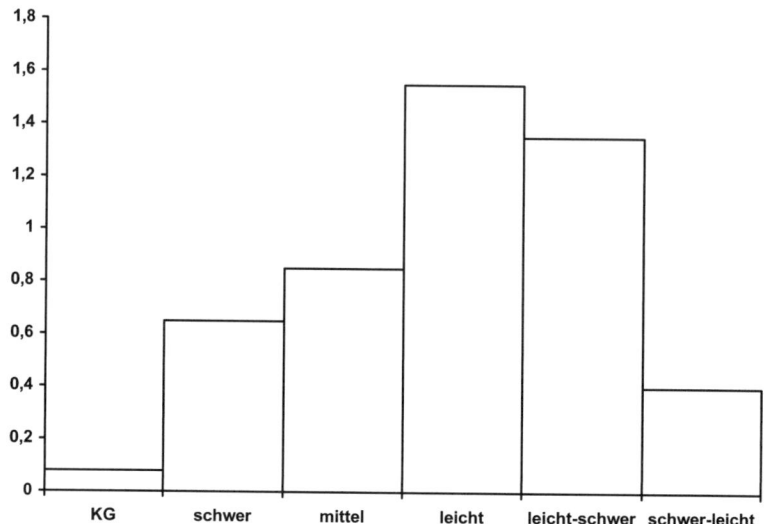

Abbildung 10.1. Lernzuwachs vom Vortest zum Nachtest im Versuch von Nussbaum und Leutner (1986). (KG: Kontrollgruppe; „schwer": schwere Übungsaufgaben; „leicht-schwer": Übungsaufgaben ansteigend in der Schwierigkeit von leicht nach schwer).

Vor dem Versuch erhielten alle Probanden den gleichen Test mit zwölf figuralen Matrizenaufgaben. Nach der Übungsphase erhielten alle einen Paralleltest mit zwölf anderen Matrizenaufgaben. Die beiden Testvarianten waren gleich schwer. In Figur 10.1 sind die mittleren *Zuwächse* dargestellt, die unter den sechs Bedingungen erzielt worden sind. Der Zuwachs der Kontrollgruppe war gering. Er kann nur der Erfahrung beim Vortest mit gleichartigem Material zugeschrieben werden. Dagegen kommt bei den anderen Gruppen noch ein Lernzuwachs durch die Übungsphase mit 40 Aufgaben hinzu. Das Ergebnis ist recht eindeutig: Betrachtet man die ersten vier Säulen, so lässt sich feststellen, dass die Studierenden umso mehr Regeln entdeckt haben, je leichter das Übungsmaterial gewesen ist. Diejenigen, die ausschließlich schwere Übungsaufgaben bekommen hatten, zeigten nur einen minimalen Lerngewinn. Das selbständig entdeckende Lernen ist offenbar nur dann wirksam, wenn die Regeln besonders leicht zu entdecken sind. Bietet das Entdecken große Probleme und nur geringe Erfolgschancen, so ist der Lernzuwachs auch entsprechend gering.

Interessant sind noch die beiden letzten Säulen. Die alte didaktische Regel „Vom Leichten zum Schweren" bewährt sich offenbar und führt hier zu einem Ergebnis, das nahezu dem bei nur leichten Aufgaben entspricht. Die Umkehrung dieser Regel, also eine Übungsfolge von schwer nach leicht, ist fast ebenso schlecht wie die ausschließliche Bearbeitung schwerer Aufgaben. Ein Lehrverfahren, das auf pures Entdecken ohne weitere Hilfen setzt, sollte demnach nur ziemlich leichte Aufgaben einsetzen, wenn es etwas bringen soll. Besonders „harte Nüsse" sind danach nicht empfehlenswert: Ihr Effekt auf das Lernen dürfte nahe Null liegen, aber der Effekt auf die Lernmotivation könnte verheerend sein, wenn das Knacken der Nüsse misslingt.

Vergleichende Untersuchungen, die die Wirksamkeit eines darbietenden und eines kontrastierenden entdeckenden Verfahrens ermitteln, sind nicht ganz einfach und nicht ganz problemlos. Immerhin können so immer nur zwei oder ganz wenige Varianten miteinander verglichen werden, so dass sich allzu rasche Verallgemeinerungen verbieten. Beispielsweise haben Leutner und Kretzschmar (1988) in Berufsschulklassen mit 128 Schülern einen Versuch durchgeführt, bei dem vier Varianten von Lehr-Lern-Bedingungen miteinander verglichen wurden. Die gewählte Thematik gehört zur darstellenden Geometrie. Konkret handelte es sich um die Rotation und die Drei-Tafel-Projektion von Körpern, was allgemein als schwieriger Lehrstoff gilt. Die vier Varianten der Unterweisung waren so gekennzeichnet. (1) *Real/passiv:* Der Lehrer hatte sechs große Demonstrationsobjekte aus Styropor zur Verfügung, um mit deren Hilfe an der Wandtafel DIN-gerechte Ansichten zu verdeutlichen. (2) *Real/aktiv:* Je zwei Schüler hatten einen kleinen Satz der sechs Figuren zur Hand, mit deren Hilfe sie die Operationen des Lehrers nachvollziehen konnten. (3) *Computer simuliert/passiv:* Auf einem großen Bildschirm, dem sich alle Schüler zuzuwenden hatten, demonstrierte der Lehrer ein spezielles Computerprogramm, das den Vorgang der Erstellung von Drei-Tafel-Projektionen Schritt für Schritt verdeutlichte. (4) *Computer simuliert/aktiv:* Jeweils zwei Schüler hatten einen Computer zu Verfügung, um das Simulationsprogramm in eigener Regie durchzuarbeiten.

Zwischen den beiden *Real*varianten gab es im Lernerfolg keinen bedeutsamen Unterschied, vermutlich weil in beiden die Lehrerdarbietung dominierte. Dagegen gab es bei den mittels Computer simulierten Varianten erhebliche Unterschiede. Überhaupt am besten schnitt das Simulationsprogramm ab, wenn es der Lehrer demonstrierte, während es mit Abstand die schlechtesten Ergebnisse brachte, wenn die Schüler es selbst steuerten. In diesem Fall senkte die Schüleraktivität das Lernergebnis erheblich. Wenn die Schüler mehr Einfluss auf den Ablauf hatten, war dies von Nachteil, während ihre Aktivität weder nützlich noch schädlich war, wenn sie die Demonstrationen des Lehrers eigenhändig nachvollziehen konnten. Diese manuelle Tätigkeit blieb praktisch folgenlos, weder schadete sie noch nützte sie. Besonders wirksam war dagegen das Simulationsprogramm, wenn es vom Lehrer so gesteuert wurde, wie er das für das Verständnis für günstig hielt. Offensichtlich schaffte die Lehrkraft günstigere Bedingungen für die Aufnahme und Verarbeitung der Information als dies den Berufsschülern selbst möglich war.

Problembasierter Unterricht ist ein Lehrverfahren, das dem entdeckenden Verfahren sehr nahe steht und insbesondere auch an Universitäten Eingang gefunden hat, so beispielsweise im Medizinstudium mancher Universitäten. Dabei ist die Ausbildung studentenzentriert, da sie in kleinen Gruppen und unter der Leitung eines Tutors stattfindet, der sich relativ stark zurückhält. Im Mittelpunkt der Unterweisung steht nicht die systematische Wissensvermittlung, sondern ein medizinisches Problem, wie es in der Praxis typischerweise vorkommen kann. Den Studierenden werden dabei keinerlei spezifische Informationen, Erklärungen oder Hilfen im Vorhinein gegeben. Das Problem dient vielmehr dazu, die Teilnehmer anzuhalten, sich selbst die erforderlichen Informationen zu verschaffen und so auch zu lernen, wo man entsprechendes Wissen findet und wie man das in Frage stehende Problem löst. Neues Wissen wird also durch selbstgesteuertes und auf ein Problem bezogenes Lernen erworben.

Eine umfangreiche Metaanalyse über 43 Untersuchungen zur Ausbildung von Medizinern im problembasierten Verfahren wurde von Dochy, Segers, Van den Bossche und Gijbels (2003) erarbeitet. Dabei ging es in den Untersuchungen darum, die Effekte herkömmlicher Ausbildung zukünftiger Ärzte mit den Effekten zu vergleichen, die eine problembasierte Lehre bringt. Allerdings darf man nicht übersehen, dass sich die 43 Varianten des problembasierten Vorgehens in mancher Hinsicht von einander unterschieden – und das gilt natürlich auch für die zugehörigen Varianten herkömmlichen Studiums, die im Wesentlichen durch Vorlesungen und große Gruppen gekennzeichnet waren.

Die Autoren konnten zwei Arten von Lernergebnissen in die Metaanalyse einbeziehen, zum einen die *Fertigkeiten*, die im Studium erworben wurden, und zum andern das medizinische *Wissen,* das die angehenden Ärzte gelernt hatten. Dabei stellte sich heraus, dass die problembasierte Methode bessere Effekte bezüglich der Fertigkeiten erzielte, jedoch schlechtere bezüglich des erworbenen Wissens, jeweils verglichen mit dem Effekt herkömmlichen Medizinstudiums. Der negative Effekt war zwar zum großen Teil auf zwei Studien zurückzuführen, doch handelte es sich dabei um forschungsmethodisch besonders gute Untersuchungen. In der Wissensvermittlung zeigte die neue Methode also Schwächen gegenüber dem traditionellen Vorgehen, doch wurde das, was die Studierenden dabei gelernt hatten, etwas besser behalten.

Auf ähnliche Schlussfolgerungen, jedoch in einem völlig anderen Kontext und bei anderen Lernenden, kamen Leutner und Schrettenbrunner (1989). Diese Autoren entwickelten ein Computer-Simulationsspiel „Hunger in Nordafrika" für Schülerinnen und Schüler der siebten Klasse von Hauptschulen und Gymnasien. Mit Hilfe dieses Programms konnte geographisches Wissen über die Sahelzone erworben werden. Außerdem war es durch entsprechende steuernde Eingriffe der Lernenden möglich, die Lebensverhältnisse der Menschen dort (virtuell) zu verbessern oder wenigstens zu stabilisieren. Unter anderem wurden zwei Lehrvarianten realisiert: Die eine Hälfte der Schüler konnte explorierend ein entdeckendes Lernen am Computer realisieren, während die andere Hälfte zusätzliche geographische Informationen dargeboten bekam und so ein angeleitetes Entdecken realisieren konnte. Im Ergebnis stellte sich dann heraus, dass die Lernenden, die rein entdeckend vorgingen, mehr Handlungskompetenz, aber weniger geographisches Wissen erwarben, wohingegen umgekehrt die Lernenden mit zusätzlichen geographischen Informationen mehr Wissen erwarben, aber eine geringere Handlungskompetenz zeigten.

Lernende lernen und behalten offenbar das am besten, worauf der Schwerpunkt im Lehr-Lern-Prozess liegt. Nimmt man also alles in allem, so erscheint eine Kombination der beiden Lehrverfahren günstig, vorausgesetzt es gelingt, die Vorteile beider zu vereinen – und nicht ihre Schwächen.

Wie bereits erwähnt, werden entdeckende Verfahren von konstruktivistischen Ansätzen her bevorzugt. Den vermehrten Zuspruch, den solche Ansätze finden, nahm Mayer (2004) zum Anlass, die Literatur eines halben Jahrhunderts zu sichten. Seine

Schlussfolgerung ist eindeutig: Rein entdeckendes Lernen ist wenig empfehlenswert. Darüber hinaus steht er Aktivitäten, die sichtbar sind und die Lernenden in Bewegung halten, recht skeptisch gegenüber. Bei Problemlöseaufgaben seien solche (behavioristisch inspirierten) Aktivitäten von geringem Nutzen. Weder manuelles Tun noch beobachtbares Verhalten, sondern *geistige* Aktivität, also *Denken*, sei unerlässlich, um Problemlösestrategien zu erwerben und anzuwenden. Und dieser Prozess werde auch nicht unterstützt durch unstrukturiertes Explorieren, sondern durch geeignete Führung und Lenkung, durch lenkendes Lehren. Man kann hinzufügen, dass das Ausmaß erforderlicher Hilfen abhängig ist vom relevanten Vorwissen sowie von Intelligenz und Motivation. Verarbeitung und Speicherung von neuen Informationen misslingen, wenn die Information zuvor nicht richtig aufgenommen worden ist.

10.3 Kompromissformen des Lehrens

Darbieten einerseits, entdeckende Verfahren andererseits sind zwar Extrempunkte einer Dimension, in diese Übergangsreihe kann man aber noch viele Varianten einordnen. In jüngerer Zeit sind mehrere dieser Lehrvarianten intensiv erforscht worden, so dass es sich lohnt, hierauf näher einzugehen.

10.3.1 Nachahmungslernen, Cognitive Apprenticeship und Lösungsbeispiele

In manchen sportlichen Disziplinen hat es sich bewährt, Experten als Modelle heranzuziehen, die den Lernenden sagen oder zeigen, wie es geht, worauf es ankommt. So wurde beispielsweise eine neue Wurftechnik in folgender Weise vermittelt: Zunächst hat man *Könner* gebeten, den Wurf mehrfach auszuführen und dabei zu berichten, worauf es ankommt. Diese Berichte wurden gesichtet und bildeten die Grundlage für die Beschreibung einer Strategie, die dem Unterricht bei Anfängern zugrunde gelegt wurde. Die Kontrollgruppe von weiteren Anfängern bekam stattdessen genau so lange Gelegenheit, die neue Technik zu üben, aber keine Hilfen. Danach wurde die Wurftechnik beider Gruppen getestet. Die Probanden, denen die Strategie der Experten beigebracht worden war, zeigten ähnliche Leistungen wie die Experten und jedenfalls statistisch signifikant bessere Leistungen als jene Anfänger, die ohne Expertenstrategie die neue Technik übten (Good, Meeuwsen & Magill, 1998).

Heute ist es natürlich leicht, ein gutes Modell per Video aufzunehmen und anschaulich vorzuführen. In einer griechischen Elementarschule mit 116 Schülerinnen und Schülern, die im Durchschnitt elfeinhalb Jahre alt waren, wurden zwei Volleyball-Techniken systematisch geübt (Einwerfen und Abgeben). Die Kinder wurden nach Zufall in zwei Gruppen eingeteilt, die für beide Techniken je acht Übungsrunden bekamen. Die eine Gruppe übte dabei in der herkömmlichen Form und konnte die eigene Leistung im Video betrachten, während die zweite Gruppe ein Video anschauen konnte, in dem ein Modell vorführte, wie man das macht. Diese letztere Gruppe war ungleich erfolgreicher, und sie behielt ihren Leistungsvorsprung auch längere Zeit bei (Zetou, Tzetzis, Vernadakis & Kioumourtzoglou, 2002).

Vormachen dient dazu, geeignete Informationen anschaulich darzubieten. Vormachen und Nachmachen sind darüber hinaus die beiden Komponenten des Nachahmungslernens. In der sozial-kognitiven Lerntheorie von Bandura (1979) spielt das Lernen am Modell eine zentrale Rolle, insbesondere auch im Hinblick auf die Entwicklung von Charaktereigenschaften. Ohne wissenschaftliche Theorie wurde aber schon in der Handwerkslehre früherer Jahrhunderte Vieles durch Vormachen und Nachmachen übermittelt. In der Gegenwart wurden diese Ideen erneut aufgegriffen und auch auf schultypisches kognitives Lernen übertragen – und zwar zumeist von solchen Autoren, die zu konstruktivistischen Ansätzen neigen.

Die Bewegung des *Cognitive Apprenticeship* (*apprentice* bedeutet Lehrling, Auszubildender) hält es für entscheidend im Hinblick auf den Lernerfolg, lebens- und praxisnahe Probleme in den Mittelpunkt des Lehrens und Lernens zu rücken. Man spricht dann etwas sybillinisch von *authentischen* Problemen. Ein Motiv für die Einübung solcher in der Praxis geforderten Leistungen liegt in der Skepsis mancher Autoren, die die Chancen des Transfers als sehr gering einschätzen (Collins, Brown & Newman, 1989). Bemerkenswert ist an dem Konzept, wie das Vormachen und Nachmachen als Lehr-Lern-Methode im Stil der älteren Handwerkslehre wieder zu Ehren kommt. Anfangs figuriert die Lehrkraft dabei als Modell, nimmt sich aber im Zuge des Lehr-Lern-

Prozesses mehr und mehr zurück, um sich schließlich auf Tipps und Hinweise zu beschränken. Weiterhin regt sie an, über die gelernten Prozesse zur Aufgabenlösung nachzudenken, damit schließlich selbständiges Handeln erreicht wird (vgl. Reinmann-Rothmeier & Mandl, 2001).

Offenkundig an diesem Konzept ist seine Nähe zum Pol der Darbietung, wo man doch von konstruktivistischen Ansätzen eher eine Nähe zum Extrem des entdeckenden Lehrens erwartet hätte. Das gleiche gilt aber auch von dem viel beachteten Forschungsstrang, die Lösung typischer Aufgaben mit Hilfe von *gelösten Beispielen* zu lehren (Stark, 1999). In einer umfassenden Übersicht über die Forschungen zu ausgearbeiteten Lösungsbeispielen versichern Atkinson, Derry, Renkl und Wortham (2000) ausdrücklich, wie gut diese Lehrstrategie der ausgearbeiteten Lösungsbeispiele in einen konstruktivistischen Rahmen der Lehr-Lern-Forschung passe. Tatsächlich lässt sich dieses Vorgehen besser von der *Cognitive Load* – Theorie her begründen, denn ausgearbeitete Lösungsbeispiele, die man als Muster benutzen kann, entlasten natürlich das Arbeitsgedächtnis ganz erheblich (Tuovinen & Sweller, 1999). Außerdem geht es auch hier um eine Form des Nachahmungslernens, und zwar im kognitiven Bereich. Das entdeckenlassende Vorgehen kommt dabei kaum zum Zuge, vielmehr dominiert die Lehrerdarbietung. Die Welle zum Lehren von Regeln und Beispielen des 20. Jahrhunderts, die unter den Stichworten des RULEG und EGRULs stattfand, begünstigte zumindest in der letzteren Variante deutlich stärker das entdeckende Lernen (vgl. oben Seite 102 f).

Besonders häufig ist der Einsatz ausgearbeiteter Lösungsbeispiele bei Themen aus der Mathematik, der Physik und der Computerprogrammierung untersucht worden. Ausgearbeitete Beispiele in Lehr-Lern-Prozessen bestehen in der Regel aus zwei oder drei Elementen, der Formulierung eines Problems, einer schrittweisen Anleitung zur Lösung des Problems und – gegebenenfalls – einem oder mehreren Problemen, die analog zu lösen sind (vgl. den Kasten auf der nächsten Seite).

Die ersten beiden Schritte können mit Zeichnungen, Diagrammen und Erklärungen weiter erläutert sein. Der dritte Schritt fehlt mitunter, so auch in dem Beispielkasten. Dieser Schritt dient dazu, den Transfer auf neue Probleme ähnlicher Art einzuüben. Das dreischrittige Verfahren informiert also genau darüber, wie man vorzugehen hat und lässt das dann entsprechend einüben. Von Entdeckenlassen kann also keine Rede sein.

Vielfach sind sogar zusätzliche Erklärungen notwendig, um abschätzen zu können, unter welchen Bedingungen die demonstrierte Lösungsstrategie angewandt werden kann und unter welchen nicht. Beispielsweise geht aus dem Kasten nicht direkt hervor, ob das dort demonstrierte Verfahren auch auf die Wahrscheinlichkeit anwendbar ist, 6 Zahlen aus 49 richtig zu tippen. Immerhin kommt es beim Lotto nicht auf die Reihenfolge an, und wenn jemand wissen will, ob die Berechnung der Ratewahrscheinlichkeit dann ebenso verläuft, wird er mit seinem Problem allein gelassen.

Das Problem

In einer Urne befinden sich 3 rote und 2 weiße Bälle. Es werden 2 Bälle nacheinander zufällig und ohne Zurücklegen gezogen. Wie hoch ist die Wahrscheinlichkeit, dass zuerst ein roter und danach ein weißer Ball gezogen werden?

Die Lösung

Schritt 1

Anzahl der Bälle insgesamt	*5*
Anzahl der roten Bälle	*3*
Wahrscheinlichkeit, dass ein roter Ball zuerst gezogen wird	*3/5*

Schritt 2

Anzahl der Bälle nach dem ersten Zug	*4*
Anzahl weißer Bälle	*2*
Wahrscheinlichkeit, einen weißen Ball an zweiter Stelle zu ziehen	*2/4*

Schritt 3

Die Wahrscheinlichkeit, zuerst einen roten und dann einen weißen Ball zu ziehen ist	*3/5 x 2/4 = 3/10*

Beispiel nach Renkl, Atkinson & Maier (2000; vgl. auch Renkl et al., 2003).

Solche Erklärungen und weitere Erläuterungen können aber den Vorteil dieses Verfahrens zunichte machen, eben wenn sie zuviel an Arbeitskapazität beanspruchen. Im Sinne der *Cognitive Load*-Theorie liegt der Vorteil ausgearbeiteter Beispiele ja gerade darin, dass sie das Arbeitsgedächtnis nicht stark beanspruchen, beispielsweise weniger als dies Problemlöseaufgaben und das entdeckende Lernen tun (Renkl et al. 2003). Allerdings geht die Forschungs- und Entwicklungsarbeit weiter. So beschreiten Atkinson, Renkl und Merrill (2003) erfolgreich den Übergang zum Problemlösen durch zwei weitere Schritte, durch Hinzufügung von Tipps, Anregungen und Hilfen einerseits und durch progressive Verkürzung (*„fading out"*) der ausgearbeiteten Beispiele andererseits.

Bei der Einführung eines Computerprogramms oder einer Datenbank werden oft Phasen des *freien Explorierens* vorangestellt, obwohl Mayer (2004) nicht viel davon hält, wie oben bereits deutlich wurde. Das Explorieren soll einerseits die Lernenden mit der Lernkonstellation und ihren Bedingungen vertraut machen, andererseits aber auch die Möglichkeit zum selbständigen Entdecken von Zusammenhängen eröffnen. Das freie Explorieren stellt demnach eine Möglichkeit der Information dar, wobei allerdings nicht sicher ist, dass die relevante Information „rüberkommt", wenn dafür nicht Sorge getragen wird.

Tuovinen und Sweller (1999) haben in einer Vergleichsstudie untersucht, ob der Einsatz ausgearbeiteter Lösungsbeispiele oder freies Explorieren zu günstigeren Lernerfolgen führe. Inhaltlich ging es um den Gebrauch einer auf dem Computer installierten Datenbank. Die Autoren vermuteten, dass freies Explorieren das Arbeitsgedächtnis weit stärker belastet als die Bearbeitung von Lösungsbeispielen. Die Ergebnisse stellten sich in Abhängigkeit vom Vorwissen etwas differenzierter dar: Lernende, die bereits über relevantes Vorwissen verfügten, also weniger neue Information brauchten, profitierten von beiden Varianten gleich gut. Anders jedoch die Lernenden, die nur geringes spezifisches Vorwissen besaßen. Diese lernten durch freies Explorieren fast nichts, wohl aber durch die Bearbeitung der Lösungsbeispiele.

Darüber hinaus dürfte es wesentlich auf die Gestaltung des ausgearbeiteten Lösungsbeispiels ankommen, wenn es um dessen Lernwirksamkeit geht. Zu leichte Beispiele fordern die Aufmerksamkeit jedoch wenig heraus und mögen manche zu einer oberflächlichen Verarbeitung verleiten. Dann sind sie natürlich weniger wirksam. Von daher kann es sinnvoll sein, weitere Erklärungen und Erläuterungen hinzuzufügen (Atkinson et al., 2000). Bewährt hat sich sogar, Berufsschülern ein ausgearbeitetes Lösungsbeispiel aus dem Bereich des kaufmännischen Rechnens in Verbindung mit einer *Problemlöseaufgabe* anzubieten (Stark, Gruber, Renkl & Mandl, 2000). Ein solches Vorgehen verhindert zu oberflächliches Herangehen an die Aufgabe, vorausgesetzt, die Lernenden werden nicht überfordert und entziehen sich nicht deshalb größerer Mühe.

Weiterhin ist aber auch denkbar, dass manche Lernende die freien Arbeitskapazitäten, die sie dem Lösungsbeispiel verdanken, zu sinnvollen Aktivitäten nutzen, etwa dass sie sich selbst das demonstrierte Verfahren erklären und seine Grenzen bedenken. Die Lernwirksamkeit ausgearbeiteter Lösungsbeispiele könnte so vielleicht insbesondere auf jene Teilnehmer zurückgehen, die sich selbst produktiv mit den Beispielen auseinander setzen, während diejenigen, die die Beispiele nur oberflächlich verarbeiten, auch wenig davon profitieren (Renkl et al., 2003). Einem verbesserten Mittelwert sieht man ja nicht an, ob sich mehr oder minder alle verbessert haben oder nur ein guter Teil der Lernenden.

Was ist jedoch zu beachten, wenn mehrere Problemkomplexe anstehen und mit unterschiedlichen Lösungsstrategien behandelt werden sollen? Wie sollen die Lösungsbeispiele dann konstruiert und in ihrer Abfolge angeordnet sein? Atkinson et al. (2000) gehen in ihrer Literaturübersicht auch auf diese Frage ein und kommen zu vier Empfehlungen. (1) Zu jedem Problem sollen mindestens zwei Beispiele demonstriert werden. (2) Die Behandlung verschiedener Varianten ein und desselben Problems ist hilfreich. Dabei darf allerdings keine Überlastung der Verarbeitungskapazität resultieren. Deswegen sind ausgearbeitete Beispiele auch hierzu sinnvoll. (3) Die verschiedenen Problemvarianten sollten in unterschiedliche Geschichten (*cover stories)* eingebettet sein, um sie deutlich unterscheidbar zu machen. (4) Nicht empfehlenswert ist, erst die Probleme und dann die ausgearbeiteten Beispiele anzubieten. Vielmehr ist es ungleich wirksamer, jedem Problemkreis die ausgearbeiteten Beispiele unmittelbar folgen zu lassen.

Wie man sieht, dienen diese vier Empfehlungen dazu, die Informationsaufnahme und Informationsverarbeitung durch gezielte Hilfen unmittelbar sicherzustellen.

10.3.2 Simulationen, Planspiele und Projekte

Simulationsspiele, Plan- und Rollenspiele haben eine lange Tradition, im militärischen Bereich, in der Wirtschaft und natürlich auch im Unterricht. Eine ältere Übersicht dokumentiert eine Reihe bemerkenswerter Simulationsspiele im Unterricht (Taylor &

Walford, 1974). Computer eröffnen heutzutage die Möglichkeit, komplexe Sachverhalte so darzustellen, dass die Lernenden selbst in das Geschehen eingreifen können. Man spricht dann von interaktivem Lernen. Bei interaktiven Computersimulationen erlebt man unmittelbar, welche Folge ein bestimmter Eingriff nach sich zieht. Insofern erfreuen sich solche Simulationen großer Beliebtheit. Dabei gibt es natürlich eine Fülle von Gestaltungsvarianten, deren relative Wirksamkeit untersucht werden kann. Im folgenden Beispiel sieht man die Auswirkung, wenn das absolute Glied der linearen Funktion geändert wird. Ebenso ist es leicht möglich zu sehen, wie der Steigungswinkel geändert wird, wenn man den Koeffizienten des x variiert. Haben Lernende die Möglichkeit, das absolute Glied oder/und den Koeffizienten am Computer selbst zu ändern, so wird ihnen besonders deutlich, was die einzelnen Konstanten und Variablen der Gleichung in welcher Weise beeinflussen.

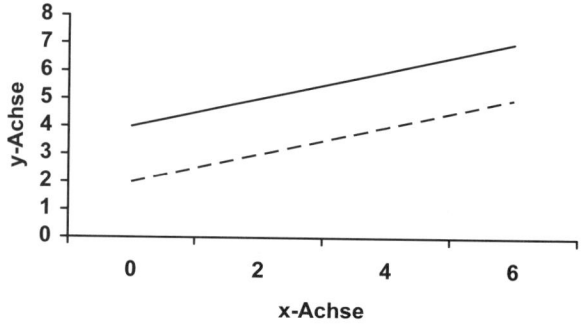

Vergleich zweier linearer Funktionen
Oberer Graph: $y = \frac{1}{2}x + 4$ Unterer Graph: $y = \frac{1}{2}x + 2$

Im vorliegenden Zusammenhang ist eine Untersuchung an amerikanischen Collegestudenten von Interesse (Rieber, Tzeng & Tribbble, 2004). Newtons Bewegungsgesetze waren so in ein Computerprogramm installiert worden, dass die Studierenden die Bewegung eines Balls steuern und vorhersagen konnten, der sich beispielsweise gemäß Newtons zweitem Gesetz verhält. Zwei Aspekte waren dabei systematisch variiert worden. Der erste betraf zusätzliche multimediale Erklärungen, die entweder mitgeliefert wurden oder nicht. Das Angebot zusätzlicher Information brachte kurze Phasen darbietenden Unterricht in einen ansonsten zu entdeckenden Kontext. Die ergänzende Information wurde auch noch auditiv übermittelt, was im Sinne von Paivios Theorie der doppelten Kodierung (vgl. Seite 97 oben) zusätzlich hilfreich sein sollte. Der zweite

Aspekt betraf die Art der Rückmeldung. Entweder erhielten die Lernenden unmittelbar anschauliche Rückmeldung durch die Bewegung, die der Ball am Bildschirm sichtbar vollzog, oder die Rückmeldung war numerischer Art in Form von Tabellen. Demnach waren vier Varianten realisiert worden, die miteinander verglichen werden konnten. Beide Aspekte erwiesen sich als relevant für das Lernen: Zusätzliche auditive Erklärungen waren hilfreich und ebenso die Rückmeldung, letztere aber nur, wenn der Bewegungsvollzug unmittelbar anschaulich zu sehen war, jedoch nicht, wenn die Rückmeldung in Form von Tabellen stattfand. Diese letztere Art der Rückmeldung wurde übrigens von den Studierenden auch deutlich gegenüber den Zahlentabellen bevorzugt.

Erfolgreich waren also die Kombination von aktivem *und* rezeptivem Lernen einerseits und die unmittelbare Rückmeldung andererseits, wenn diese anschaulich geboten wurde. Beide Aspekte dienten letztlich dazu, die Aufnahme und Verarbeitung der relevanten Information zu verbessern. Noch differenziertere Information über die Wirkungsweise von Rückmeldungen bot die Untersuchung von Vollmeyer und Rheinberg (2005).

Diese Autoren boten 211 Studierenden der Psychologie beziehungsweise Schülerinnen und Schülern der gymnasialen Oberstufe ein Computerprogramm, das als eine Art Biologielabor funktionierte. Den Teilnehmern wurde eine Problemlöseaufgabe geboten: Sie sollten durch Explorationen erforschen, in welcher Weise drei Medikamente A, B und C auf drei körpereigene Substanzen wirken. Zu Anfang erfuhren alle Teilnehmer, dass zwischen den Medikamenten und den Substanzen vier Beziehungen bestehen. Außerdem erfuhren 105 der Teilnehmer, dass sie nach den beiden ersten von drei Versuchsrunden darüber informiert würden, wie viele der Beziehungen sie entdeckt hatten. Überraschend stellte sich nun heraus, dass diese Information schon genügte, um zu besseren Leistungen zu führen. Die so Informierten verwendeten nämlich von Anfang an – und nicht erst nach einer Rückmeldung – eine systematischere Strategie und kamen damit auch zu mehr richtigen Lösungen. Die bloße Ankündigung früher Rückmeldungen veränderte also schon die Vorgehensweisen der Lernenden in Richtung auf systematischeres Herausfinden der Zusammenhänge.

Bei *Planspielen* oder *Simulationsspielen* geht es darum, komplexe Abläufe im Klassenzimmer mit verteilten Rollen darzustellen. So sind in der beruflichen Bildung Unternehmensspiele recht beliebt (Friede & Sonntag, 1993). Dabei ist es üblich, betriebliche Prozesse zu simulieren, indem alle Abläufe im Zusammenhang von Lernenden übernommen werden (Achtenhagen & Tramm, 1993). Wegen der Lebensnähe der Aufgabenstellungen, aber auch wegen der Abwechslung vom üblichen Schulalltag bevorzugen viele Lernende diese Art des Lernens. Sie gewinnen neue Informationen, wenn sie erlernen, die ihnen zugewiesenen Aufgaben zu bewältigen, und nach systematischem Rollentausch bekommen sie einen guten Überblick über die Gesamtheit der Abläufe des Unternehmens. Eine angemessene Informations*verarbeitung* wird so gewährleistet, denn sollte irgendwo etwas nicht richtig verstanden worden sein, so würde das sehr bald auffallen, weil der Betriebsablauf dadurch gestört würde. Schließlich kann die *Speicherung* des Gelernten durch hinreichend häufige Wiederholung der Abläufe gesichert werden.

Planspiele auf dem Computer ermöglichen, dass die Lernenden sämtliche Entscheidungen selbst vollziehen können und über kurz oder lang deren Effekte auch erfahren. Ein geographisches Planspiel dieser Art, „Hunger in der Sahelzone", war oben bereits Seite 163 begegnet. Ein betriebswirtschaftliches Planspiel „Küchenfrontenwerk-2" wurde von Leutner (1989) entwickelt und bei 132 Berufsschülern und Gymnasiasten erprobt. Dabei wurde einerseits das Ausmaß der Lernanleitungen variiert, andererseits der Zeitpunkt der Information – entweder Handlungsanweisungen vor einer Entscheidung oder Rückmeldung über das Ergebnis nach einer Entscheidung. Auch in dieser Untersuchung wurde klar nachweisbar, wie nützlich *zusätzliche Informationen* und *Anleitungen* im Rahmen des aktiven Umgangs mit dem Programm sind, und dies insbesondere bei Lernenden mit geringen Vorkenntnissen. Offensichtlich bedürfen solche Lernenden entsprechende Lernhilfen. Darüber hinaus spielte das Ausmaß der Prüfungsängstlichkeit der Lernenden eine Rolle. Schüler mit hoher Prüfungsängstlichkeit hatten große Schwierigkeiten, wenn sie statt einer Handlungsanweisung im Vorhinein nur Leistungsrückmeldungen im Nachhinein erhielten. Computersimulationen und Planspiele können also lernwirksam sein, wenn die Lernenden ausreichende Hilfen von Seiten der Lehre erhalten, damit die Aufnahme und die Verarbeitung der Information, auf die es ankommt, gewährleistet wird. Leistungsängstliche Lernende profitieren darüber hinaus von direkten Anweisungen und Hilfen.

Die *Projektmethode* wurde bereits Ende des 19. Jahrhunderts in den USA entwickelt und hat sich seither vielfacher Anwendungen erfreut (Frey, 1990). Für die Lernenden steht dabei nicht das Lernen im Vordergrund, sondern die Entwicklung und Durchführung eines Vorhabens oder Projekts. Dabei kann es darum gehen, einen Elternabend vorzubereiten, eine Schulzeitung zu entwickeln, Maßnahmen des Umweltschutzes zu realisieren oder bedürftige Kinder in der dritten Welt zu unterstützen. Kennzeichnend für solche Projekte ist also, dass sie einem klar umrissenen Zweck dienen, die unterschiedlichsten Aktivitäten erfordern und mehr oder minder fächerübergreifend sind. Arbeitsteilig sind in der Regel verschiedene Gruppen von Schülerinnen und Schülern tätig, wobei gemeinsame Planungen, Abstimmungen untereinander und eine Zusammenführung der Ergebnisse notwendig werden. Immer wieder wird berichtet, dass die Lernenden im Projektunterricht vielfach hoch *motiviert*, ja sogar sichtbar aktiviert sind, und dass jeder nach seinen Kräften und Möglichkeiten partizipieren kann. Obwohl das Ganze zweckmäßig von einem Lehrer angeregt und gesteuert wird, ist der Projektunterricht zweifellos auf die Lernenden zentriert. Leider gibt es kaum neuere Forschung, in denen die Wirkung unterschiedlicher Varianten oder Komponenten des Projektunterrichts hinreichend differenziert untersucht worden wäre.

10.3.3 Die Diskussionsmethode

Diskussionen innerhalb von Gruppen oder ganzen Klassen sind bei Jugendlichen oft recht beliebt, und zweifellos handelt es sich dabei um ein auf die Schülerinnen und Schüler zentriertes Verfahren. Sicher kommt Diskussionen nicht in allen Fächern die gleiche Bedeutung zu. So dürften sie im mutterprachlichen Unterricht dominieren, aber auch in anderen meinungsbildenden Fächern wie Gemeinschaftskunde, Politik, Geschichte oder Religion. Im amerikanischen Sprachbereich gibt es relativ umfangreiche Forschungen darüber, welchen Einfluss Diskussionen auf die literarische Bildung junger Menschen ausüben. Diese Arbeiten dürften auch bei uns von Interesse sein.

Man kann sich vorstellen, dass nicht jede Diskussion gleichermaßen förderlich ist. Um in dieser Frage zu empirisch fassbaren Daten zu kommen, ist es zunächst erforderlich, die Diskussionen aufzeichnen und nach angemessenen Aspekten analysieren zu können. Zu diesem Zweck hat Nystrand (1999) seine dritte Version des Computerprogramms CLASS (*"Classroom language assessment system"*) veröffentlicht, das insbesondere für Diskussionen im Englischunterricht geeignet ist. Schon bei früheren Untersuchungen hatten sich deutliche Unterschiede in der Wirksamkeit von Diskussionen herausgestellt, wobei die Wirksamkeit mit Hilfe verschiedener Variablen ermittelt wurde, so beispielsweise mittels schriftlicher Zusammenfassungen, die die Lernenden nach Interpretationen kurzer literarischer Texte vorzulegen hatten. Folgende Bedingungen lassen eine Diskussion fruchtbarer werden (Nystrand, 1997; Langer, 1995):

► Wenn Fragen gestellt oder aufgeworfen werden, bei denen es mehr darum geht, das jeweilige Verständnis zu erkunden statt den Wissensstand der Lernenden zu prüfen.

► Wenn mehr Zeit zur offenen Diskussion zur Verfügung steht, also zum freien Austausch von Gedanken unter den Lernenden oder mindestens unter einigen von ihnen.

► Wenn der Lehrer öfters Gedanken, Argumente oder Kommentare von Schülerinnen und Schülern aufgreift und so eine stärkere Kontinuität der Diskussion sichtbar wird.

► Wenn Lehrer die Lernenden darin unterstützen, verschiedene Perspektiven wahrzunehmen, um so zu reicherem Verständnis zu kommen, und wenn die Lehrer nicht so sehr auf konsensuelle Interpretationen dringen.

In welcher Weise die Lernenden von der Teilnahme an Diskussionen profitieren, wurde später in einer großen Untersuchung erneut geprüft. Die Untersuchung fand in fünf Staaten der USA statt, an der 19 Schulen mit 64 Klassen und 1.412 Schülerinnen und Schüler teilnahmen (Applebee, Langer, Nystrand & Gamoran, 2004). Komplexe statistische Analysen wiesen den Einfluss von Diskussionen auch dieses Mal nach: Die Erfahrung guter Diskussionen förderte nachweislich die Fähigkeit, anspruchsvolle literarische Aufgaben zu bewältigen und die dazu erforderlichen Kenntnisse und Fertigkeiten zu erwerben. Das galt unabhängig vom Leistungsniveau der Lernenden: Leistungsstarke wie leistungsschwache profitierten gleichermaßen von den Diskussionen. Es gab einen Schuleffekt (*High school* versus *Middle school*): Der Effekt bei den Älteren war größer als bei den Jüngeren. Unabhängig von den Auswirkungen der Diskussionen waren die literarischen Leistungen bei guten Schülerinnen und Schülern besser, außerdem waren sie besser bei Lernenden, die im vorigen Semester schon bessere literarische Leistungen brachten – und die Mädchen waren durchschnittlich besser als die Jungen. Diese letzteren Ergebnisse stimmen mit bekannten Trends überein und stützen so auch die spezifischen Befunde zum Effekt von Diskussionen im Unterricht auf das literarische Verständnis.

10.3.4 Textproduktionen

Ganz in der Tradition des aktiven und entdeckenden Lernens entwickelte sich in den angelsächsischen Ländern ein einflussreiches didaktisches Programm, zu dem es bei uns keine bedeutsame Entsprechung gibt, nämlich das Programm *Learning to Write – Writing to Learn*. Die Anregungen hierzu entstanden in England in den sechziger Jahren, wo sie sich zunächst auf die Grundschule bezogen und aktives Lernen durch Sprechen in den Vordergrund rückten. In den USA wurde das Konzept rasch aufgenommen und modifiziert. Dort wurde der Akzent sehr bald auf das aktive *Lernen durch Schreiben* gelegt und insbesondere auch auf den sekundären und tertiären Bildungssektor ausgedehnt. Sehr unterschiedliche Textsorten können danach erzeugt werden, kurze Zeitungsartikel, Aufsätze und Essays, aber auch Zusammenfassungen von Vorträgen, Abhandlungen und Diskussionen. In der Gegenwart kommen noch verschiedene Arten elektronischer Kommunikationsformen hinzu. Inzwischen mündete das Programm in die *WAC/WID*-Konzepte (*Writing Across the Curriculum* beziehungsweise *Writing in the Disciplines*). Dabei geht es darum, in den einzelnen Unterrichtsfächern Schreibanlässe zu bieten, um die jeweils fachspezifische Terminologie anzuwenden lernen, die im Fach übliche Argumentationsweise zu beherrschen und schließlich die fachtypischen Textsorten und ihre Strukturen unterscheiden und produzieren zu können (vgl. hierzu Ochsner & Fowler, 2004). Schreibanlässe werden also bewusst auch innerhalb der anderen Unterrichtsfächer gesucht, nicht nur im muttersprachlichen Unterricht.

In der deutschen Fachliteratur gibt es einige empirisch-didaktische Arbeiten zur Schreibkultur (Keseling, 1993; Rau, 1994). Verständlicherweise haben Englischdidaktiker jedoch noch am ehesten die entsprechende Thematik des Schreibens – hier natürlich in der Fremdsprache – aufgegriffen (vgl. etwa Zimmermann, 2000; Krings, 1992).

Großen Einfluss übten die Arbeiten von Emig aus, der einen Isomorphismus von Schreiben und Lernen behauptete (z.B. Emig, 1977): In beiden Fällen handele es sich um aktive, konstruktive und selbstgesteuerte Prozesse, bei denen auch metakognitive Prozesse auf Lern- und Gedächtnisinhalte angewandt würden. Nicht wenige Fachdidaktiker gingen sogar so weit, das Schreiben als eine besonders wirksame Variante des

Lernens zu propagieren. Selbstverständlich gibt es bedeutsame Gemeinsamkeiten, aber auch gewichtige Unterschiede zwischen Schreiben und Lernen. Viele Teilprozesse des Lernens haben nichts mit Schreiben zu tun, und nicht alles Schreiben führt zu Lernen.

Vergleicht man Lernprozesse und Schreibprozesse im Einzelnen, so kann das Schreiben nach heutiger Auffassung vor allem metakognitive Prozesse fördern, die ihrerseits lernwirksam sind. Darüber hinaus setzt gutes Schreiben eine Reaktivierung des Wissens im Arbeitsgedächtnis voraus, ferner eine Strukturierung und Gliederung des fraglichen Wissenskomplexes sowie seine Verknüpfung mit den bisherigen Wissensbeständen. Beim Schreiben über lehrstoffrelevantes Material sind demnach insbesondere die Lehrfunktionen der *Informationsverarbeitung* sowie der *Speicherung* und des *Transfers* gefordert. Von daher ist ein positiver Effekt auf das Lernen und Behalten durchaus zu erwarten.

Allerdings gibt es sicher auch Aspekte des Schreibens, die weniger lernförderlich sein könnten, so beispielsweise manche Bemühungen um angemessene Formulierungen, um die Vermeidung von Wortwiederholungen oder von Rechtschreib- und Zeichensetzungsfehlern und dergleichen mehr. Darüber hinaus wäre zu prüfen, ob Schreiben, auch wenn es das Lernen nachweislich unterstützt, eine *effiziente* Methode des Lernens darstellt, das heißt ob man den gleichen Effekt nicht rascher auf andere Weise erlangen kann (zur Lerneffizienz vgl. Seite 156).

Erste Antworten lieferte eine Metaanalyse (zur Metaanalyse vgl. Seite 86), in der alle bis dahin vorliegenden vergleichenden Untersuchungen zusammenfassend analysiert wurden (Bangert-Drowns, Hurley & Wilkinson, 2004). Es handelt sich um 48 Interventionsstudien, bei denen eine Gruppe Gelegenheit bekam, sich schriftlich zu einem Lehrstoff zu äußern, während eine Vergleichsgruppe in dieser Zeit weiter über den Lehrstoff unterrichtet wurde. Abschließend erhielten beide Gruppen denselben Test, in dem die Schülerinnen und Schüler zeigen konnten, was sie von dem jeweiligen Stoff wussten.

In 36 der 48 Fälle, also in 75 % der Untersuchungen erzielte die Gruppe mit den schriftlichen Äußerungen die höheren Werte, was nicht mehr durch Zufall zu erklären ist. Die erzielten Effektstärken d reichten von -0,78 bis 1,48 und lagen im Mittel bei $M_d = 0,26$ (Abbildung 10.2.). Man kann also im Allgemeinen mit einem zwar leichten, aber doch positiven Effekt von Schreibaufträgen rechnen.

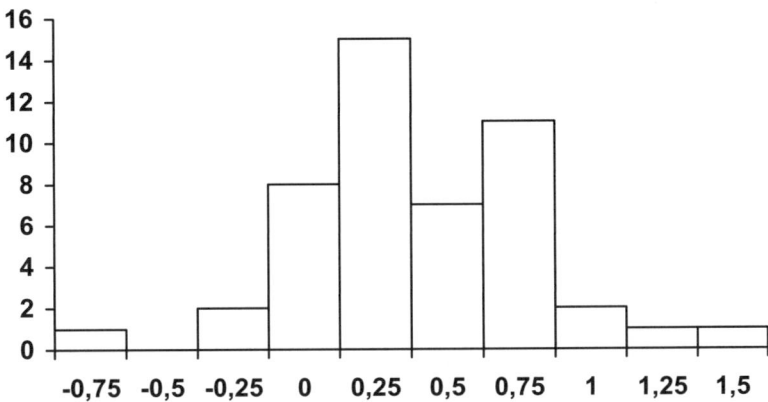

Abbildung 10.2. Verteilung der 48 Effektstärken zum Einfluss des Schreibens auf Lernen (nach Bangert-Drowns, Hurley & Wilkinson, 2004).

Vier Faktoren machten einen bedeutsamen Unterschied: Das Schuljahr der Probanden, das Angebot metakognitiver Hilfen, die Dauer der Trainingsperiode und die Dauer der einzelnen Schreibaufträge. Erstaunlicherweise erzielten Schreibaufgaben, die *weniger* als 10 Minuten beanspruchten, die höchsten Effekte, nämlich im Mittel um $M_d = 0{,}50$. Schreibaufträge von 10 Minuten Dauer erreichten einen Mittelwert von $M_d = 0{,}26$, entsprachen also dem Gesamtmittel. Dauerte das Schreiben jedoch länger als 15 Minuten, so entstand sogar ein *negativer* Effekt. Dann war die Kontrollgruppe im Schnitt besser, wenn auch meist nur geringfügig. Daraus lässt sich schließen, dass kurzfristige Schreibanlässe durchaus wirksam und effizient das Lernen fördern, nicht aber längeres Schreiben. Kurze Schreibaufträge erfordern eine Informations*verarbeitung*, die darauf abzielt, das Wesentliche herauszufinden und prägnant darzustellen. Und da sie nicht viel Zeit beanspruchen, sind sie sicher auch effizient, nicht nur effektiv.

Was die *Interventions*dauer anging, so waren die Effekte jedoch am größten, wenn das Training ein ganzes Semester oder länger dauerte, während eine kürzere Interventionsdauer wenig brachte ($M_d = 0{,}45$ gegen $M_d = 0{,}14$). Möglicherweise hängt das mit den metakognitiven Hilfen zusammen, die in einem Teil der Untersuchungen systematisch angeboten wurden. Dabei wurden den Schülerinnen und Schülern Hilfestellungen gegeben, wie man den jeweiligen Schreibauftrag zweckmäßig angehen könnte. War das der Fall, so resultierten ebenfalls bedeutsam bessere Lernerfolge ($M_d = 0{,}44$ gegen $M_d =$

0,14). Man kann sich vorstellen, dass solche Hilfestellungen über eine längere Zeit angeboten werden müssen, ehe sie sozusagen internalisiert, also gespeichert sind und jederzeit abgerufen werden können.

Die vorgelegten Befunde sind in jedem Fall interessant genug, um kürzeren Schreibaufträgen auch in unseren Bildungssystemen größere Bedeutung beizumessen.

10.4 Zusammenfassung

Lehrkonzepte, die mehr auf vom Lehrer geleitetes Lernen setzen, und solche, die die Aktivität der Lernenden stärker heranziehen, haben eine lange Tradition. Entscheidungen für das eine oder das andere Extrem werden vielfach philosophisch-anthropologisch oder durch anzustrebende Erziehungsziele begründet. Zweckmäßiger ist es aber, solche Entscheidungen auf die nachgewiesenen Effekte der einzelnen Verfahren zu gründen.

Im Rahmen der kognitiven Psychologie vertrat Ausubel das Konzept des expositorischen (darbietenden) Lehrens, das zu sinnvollem Lernen führen soll. Demgegenüber setzte sich Bruner für das entdeckende Lernen ein, insbesondere in seiner gelenkten Form.

Im Gegensatz zum rezeptiven wurde das entdeckende Lernen vielfältig untersucht. Alle Varianten entdeckender Verfahren erfordern vergleichsweise viel Zeit. Sie bewähren sich insbesondere dann, wenn die Lehrkraft behutsam lenkend eingreift, notwendiges Wissen bereitstellt und wenn die Anforderungen an die Lernenden nicht zu hoch sind. Sollen die Lernenden Probleme gänzlich frei lösen, so müssen die Anforderungen vergleichsweise niedrig sein. Der Transfer auf neue Aufgaben muss allerdings in jedem Fall hinreichend geübt werden.

Mit problembasiertem Unterricht haben manche medizinischen Fakultäten Erfahrungen gesammelt. Dabei wird die systematische Ausbildung ersetzt durch die Bearbeitung von Problemfällen, wie sie in der Praxis vorkommen. Die Lernenden profitieren besonders im Hinblick auf Techniken, Fertigkeiten und Handlungskompetenz. Sie erreichen aber nicht das Wissen, das in der traditionellen Lehre vermittelt wird. In schulischen Kontexten wurden vergleichbare Effekte erzielt.

In der pädagogisch-psychologischen Forschung ist schon seit langem bekannt, dass rein entdeckender Unterricht dem gelenkten Entdecken wie dem darbietenden Verfahren unterlegen ist. Seine Vorteile liegen hauptsächlich in der Motivierung der Lernenden. Außerdem profitieren von ihm insbesondere die Spitzenschüler. Auf verschiedene Weise wird versucht, die Vorteile beider Extreme miteinander zu verbinden und zugleich ihre Nachteile zu vermeiden. Dies führt zu vermittelnden Lösungen.

Verschiedene Formen des Nachahmungslernens spielen auch heute wieder eine bedeutende Rolle. Beim motorischen Lernen sind sie vielfach untersucht worden und erweisen sich dort als sehr wirksam. Ferner gibt es Bestrebungen, solche Lernformen auch im kognitiven Bereich zu installieren, so etwa im *Cognitive Apprenticeship,* bei dem der Einsatz lebens- und praxisnaher Aufgaben motivierend wirken dürfte. Außerdem erweisen sich in der Forschung ausgearbeitete Lösungsbeispiele als wirksam. Solche Beispiele geben durch Vormachen und Nachmachen genaue Anleitung, wie Aufgaben der fraglichen Art zweckmäßig gelöst werden, lassen also der Entscheidung der Lernenden wenig Raum. Auf diese Weise vermeiden ausgearbeitete Lösungsbeispiele eine kognitive Überlast, worauf der Erfolg des Verfahrens unter anderem zurückgeführt werden kann.

Simulationen, Planspiele und Projekte haben oft stark motivierenden Wert, weil sie die Lernenden in eine Situation stellen, die den realen Anforderungen in der Praxis weitgehend entspricht. Komplexe Strategien können auf diese Weise gut eingeübt werden. Allerdings ist dabei relativ viel Lernzeit erforderlich.

Diskussionen innerhalb von Gruppen oder Klassen sind dann hilfreich, wenn die Lehrkraft es versteht, die Diskussion behutsam zu lenken. Besonders förderlich sind sie bei älteren Schülerinnen und Schülern.

Manche Autoren nehmen an, dass selbständiges Verfassen von Texten ähnliche Prozesse wie das Lernen beansprucht und deshalb lernwirksam ist. Aus diesem Grunde wird vor allem in den USA darauf geachtet, dass sich die Lernenden schriftlich zu den jeweiligen Inhalten des Unterrichtsfachs äußern sollen. Wie Untersuchungen zeigen, fördern solche Aktivitäten tatsächlich das Lernen, sofern die Schreibaufträge vergleichsweise rasch zu erledigen sind. Schreibaufträge sind nur dann auch effiziente Lehrverfahren, wenn sie nur wenige Minuten Zeit erfordern.

11 Sozialformen des Unterrichts 1

Sieht man von einzelnen Beispielen der vorhergehenden Kapitel ab, so lässt sich nahezu alles, was bislang dargestellt worden ist, auch einsetzen, wenn nur ein *einziger Lernender* unterrichtet werden soll. Insofern ist bislang offen geblieben, an wie viele Adressaten sich die Instruktion richtet. In diesen Kapiteln werden nun Bedingungen thematisiert, die dann gelten, wenn eine Gruppe oder Klasse von Lernenden gleichzeitig unterrichtet wird. Wir beginnen mit sehr allgemeinen Aspekten, die praktisch immer zu beachten sind, wenn eine Mehrheit von Lernenden unterwiesen werden soll.

11.1 Klassenklima

Man unterscheidet das Schulklima vom Klassenklima und beide vom Klima, das im Lehrkörper herrscht. Außerdem ist gelegentlich auch die Rede vom Schulethos oder gar von der Schulkultur analog zum Begriff der Unternehmenskultur. Diese beiden Begriffe bezeichnen insbesondere gemeinsame Zielvorstellungen und Wertorientierungen, die in der Organisation gepflegt werden. Konzentrieren wir uns auf das Klassenklima, so stellt sich zunächst die Frage, was genau darunter zu verstehen sei, zumal der Begriff ja metaphorisch gemeint ist, auf Wetterphänomene anspielt und so ungenau ist, dass sich jeder etwas Verschiedenes darunter vorstellen kann.

Tatsächlich lassen sich beim Klassenklima verschiedene Aspekte oder Facetten unterscheiden, und nicht immer sind alle gemeint. In Frage kommen insbesondere die Lehrer-Schüler Beziehung, die Beziehungen der Schüler untereinander, das Engagement der Schüler und zentrale Merkmale der Art der Instruktion. Hervorzuheben ist jedoch eine besondere Eigenschaft des Klassenklimas: Es ist kein objektiv feststellbarer Sachverhalt, sondern etwas, das die Beteiligten *erleben* oder *wahrnehmen*. Als subjektives Merkmal können zwei Personen das Klima in einer Klasse durchaus unterschiedlich wahrnehmen. Aussagen über „das" Klima in einer Klasse sind dann etwa als Mittelwerte möglich, wobei viele einzelne vom Mittelwert nach oben und unten abweichen wer-

den. Zusammenfassend sei also definiert: Das Klassenklima wird subjektiv wahrgenommen, wobei insbesondere die Wahrnehmung

▶ der Lehrer-Schüler Beziehung,

▶ der Beziehungen der Schüler untereinander,

▶ des Engagements der Lernenden sowie

▶ Merkmale der Instruktion von Bedeutung sind.

Das „insbesondere" macht darauf aufmerksam, dass nicht alle, sondern nur besonders
wichtige Aspekte des Klassenklimas aufgeführt sind.

Wie lässt sich das Klassenklima erfassen oder gar messen? Aus dem bisher Darge-
legten ergibt sich die Notwendigkeit, das Klassenklima durch systematische Befragungen zu ermitteln. Es lässt sich beispielsweise nicht durch Unterrichtsbeobachtung ding-
fest machen, da ein und derselbe Unterricht höchst unterschiedlich bei den Lernenden
„ankommen", also erlebt werden kann. In der Forschung gibt es eine relativ lange Tradition, Fragebogen zu entwickeln, mit deren Hilfe einzelne Aspekte des Klassenklimas
erfasst werden können. Chemnitz (1980) bietet eine gute Übersicht über ältere Verfahren, bei denen es im Schwerpunkt darum ging, das sozio-emotionale Klima von Schulklassen zu ermitteln. Moderne deutschsprachige Verfahren versuchen dagegen, mehrere
Aspekte oder Facetten des Klassenklimas zu messen. Besonders hervorzuheben sind die
Landauer Skalen zum Sozialklima (von Saldern & Littig, 1987) und die Linzer Fragebogen zum Schul- und Klassenklima (Eder, 1998; Eder & Mayr, 2000). Diese letzteren
bewährten sich in dimensionsanalytischen Überprüfungen. Die vier Aspekte (oder
Dimensionen) des Klassenklimas, wie sie oben formuliert worden sind, lehnen sich an
das Verfahren von Eder an (vgl. auch Eder, 2001).

Viele Untersuchungen belegen einen Zusammenhang zwischen Klassenklima,
Schulleistungen, Schulzufriedenheit und Selbstkonzept. Mit positiv erfahrenem Klassenklima sind die Schulleistungen besser, die Schulzufriedenheit steigt an, Störungen
und Ängste treten seltener auf und das Selbstkonzept der Schülerinnen und Schüler ist
positiver. Nicht alle Untersuchungen dieser Art sind experimenteller Natur, so dass die
Kausalrichtung nicht immer klar ist: Wird nicht auch das Klassenklima positiv erlebt
werden, wenn Schüler relativ gute Leistungen zeigen, mit der Schule zufrieden sind,
wenig stören, wenig ängstlich sind und ein positives Selbstkonzept besitzen? Das gute
Klassenklima mag positive Effekte auf die Schülerinnen und Schüler bewirken, aber

leistungstüchtige und zufriedene Lernende mögen auch das Klassenklima positiv bestimmen. Insofern lassen viele Untersuchungen nicht erkennen, wie die Richtung des Kausalzusammenhangs anzunehmen ist.

Experimentelle Untersuchungen sind dagegen in der Wirkungsrichtung eindeutig interpretierbar. Von Vorteil sind dabei Studien, die nicht das hochkomplexe Klassenklima insgesamt systematisch variieren, sondern nur einzelne seiner Facetten. Das gilt zum Beispiel für eine Serie von Untersuchungen, die in Israel durchgeführt wurden (Ziv, 1988). Hier ging es darum, den Einfluss von Humor, den die Lehrkraft während des Unterrichts zeigen sollte, in seiner Wirksamkeit zu analysieren. Normalerweise bringen Untersuchungen zum Einfluss von Humor im Unterricht nahezu keine Effekte. Allerdings handelt es sich dabei in der Regel um Versuche, die nur eine oder wenige Lektionen dauern. Im Gegensatz hierzu dauerten die israelischen Studien ein ganzes Semester lang.

An der ersten Studie nahmen vier elfte Klassen mit zusammen 161 Schülerinnen und Schülern teil. Per Zufall wurden zwei Klassen der Experimentalbedingung und zwei der Kontrollbedingung zugewiesen. In beiden Bedingungen wurde der gleiche Lehrstoff vom gleichen Lehrer unterrichtet. Es ging um eine Einführung in die Psychologie, ein Stoff, der für alle Lernende neu war. Jedoch nur in der Experimentalbedingung wurde ein Unterricht mit humorigen Komponenten geboten. Dazu war der Lehrer besonders ausgebildet und trainiert worden. Beim Unterricht wurde Wert darauf gelegt, die humorigen Einlagen auf den Lehrstoff zu beziehen und nicht auf Beliebiges anderes. Am Ende des Halbjahres wurde ein Abschlusstest gegeben, in dem die Experimentalklassen deutlich besser abschnitten als die Kontrollklassen. Die Bedingung mit Humor zeigte einen Effekt der Größe von $d = 0{,}70$, der statistisch signifikant war. Offensichtlich war diese Variante des Unterrichts erheblich erfolgreicher (zum Effektstärkemaß d vergleiche oben Seite 85).

In einem zweiten Versuch wurde das Ganze repliziert und zugleich etwas variiert. Nun unterrichteten ein Lehrer und eine Lehrerin je zwei Klassen, die eine Klasse mit und die andere ohne humorige Einlagen. Am Ende stellte sich das gleiche Ergebnis ein, auf Jungen wie Mädchen gleichermaßen und unabhängig davon, ob ein Lehrer oder eine Lehrerin unterrichtet hatte. Schließlich wurde noch eine dritte Studie durchgeführt. Der wesentliche Unterschied bestand nun darin, eine andere abhängige Variable einzuführen: Statt den Effekt der Humorbedingung auf das Lernen zu testen, sollte nun untersucht werden, ob der Unterricht im Urteil der Lernenden interessanter und effektiver war. Deshalb erhielten die Schülerinnen und Schüler am Ende Gelegenheit, einen Fragebogen zu bearbeiten, in dem sie sich entsprechend äußern konnten. Diesmal nahmen sogar 768 Schülerinnen und Schüler von elften und zwölften Klassen sowie 24 Lehrkräfte teil. Auch hierbei zeigten sich kräftige und statistisch bedeutsame Effekte zugunsten des Unterrichts mit Humor. Zusammenfassend lässt sich also festhalten, dass die Lernenden unter der Humorbedingung deutlich mehr lernten und dass sie diese Art des Unterrichts selbst auch höher schätzten.

Ein weiterer Aspekt des Klassen- (bzw. Schul-)klimas ist das Gefühl der Zugehörigkeit zur und des Akzeptiertseins durch die Klassen- bzw. Schulgemeinschaft. Eine umfangreiche Analyse der zahlreichen Untersuchungen zu diesem Thema wurde von Osterman (2000) vorgelegt. Die Autorin konnte zeigen, wie sehr in den USA die erlebte Zugehörigkeit und die Akzeptanz durch die größere Gemeinschaft nicht nur *Bindungen* schafft, sondern auch *motivierend* wirkt. Die Einstellung zur Schule und die Lern- und Leistungsmotivation werden dadurch wesentlich beeinflusst, aber auch die Einstellungen zum Selbst, zum Selbstkonzept und die Einstellungen gegenüber den Mitschülern. Wer diese positive Bindung an die Schule erlebt, wird sich auch stärker an Aktivitäten der Schule beteiligen und entsprechend seltener vorzeitig abgehen. Der unmittelbare Einfluss auf die Schulleistung erweist sich zwar als gering. Oft ist er sogar nicht nachweisbar, doch wird vermutet, dass hier ein mittelbarer Einfluss vorliegt: Eine starke Bindung an die Schule fördert nachweislich die Lernmotivation, die sich ihrerseits positiv auf das Lernen auswirkt. Darüber hinaus gibt es Hinweise darauf, wie eine starke Bindung an die Schule später auf größere Einheiten (Berufsgruppen, religiöse Gemeinschaften, Bundesland, Nation) erweitert wird.

Allerdings geht aus der Literatursichtung von Osterman (2000) hervor, dass die amerikanischen Schulen nicht genug tun, um bei den Schülerinnen und Schülern das Gefühl zu verstärken, zur Klassen- und Schulgemeinschaft zu gehören. Diese Diagnose wird von Marks (2000) bestätigt. Jedoch kann diese Autorin in einer umfangreichen Untersuchung zeigen, in welch bemerkenswerter Weise manche Schulreformprojekte das Engagement der Schülerinnen und Schüler fördern, und zwar quer über alle Schuljahre.

Resnick und Mitarbeiter (1997) konnten nachweisen, dass eine starke Verankerung in Familie *und* Schule bei Heranwachsenden zu verminderten emotionalen Störungen führt, ferner zu geringerer Gewaltanwendung, zu geringerem Drogenmissbrauch, zu geringeren sexuellen Aktivitäten und seltener zu Selbstmordtendenzen (Nachdenken über und direkte Versuche von Selbstmord).

Felson und Reed (1986) diskutierten einen weiteren Gesichtspunkt. Handelt es sich um eine hochselektive Schule, die entsprechend hoch angesehen ist, so mag die Zugehörigkeit zur Schule auch positiv auf das Selbstkonzept der Schüler abfärben - nach dem Motto: Wenn ich in dieser Schule mit all den tüchtigen anderen Schülern bin, so bin ich wohl auch recht gut. Analog sollte man erwarten, dass das Selbstkonzept beeinträchtigt wird, wenn man einer schlecht angesehenen Schule angehört.

Ein völlig anderer Aspekt des Schul- und Klassenklimas leitet zu dem anschließenden Abschnitt über, weil dabei deutlich wird, in welch spezieller Weise das Klima durch die Zusammensetzung der Schülerschaft beeinflusst wird. In einer österreichischen Untersuchung an über 1 600 Schülerinnen und Schülern von 64 Klassen der Oberstufe der Sekundarstufe wurde das Schulklima umfangreich erhoben (Eder, 1989). Darüber hinaus wurden die Schülerinnen und Schüler identifiziert, die hoch leistungsdisponiert waren, d. h. hochbegabt waren *und* aktive Beteiligung zeigten, Unternehmungsgeist, Freude an Herausforderungen und die bereit waren, in der Klasse oder Schule Verantwortung zu übernehmen. Es zeigte sich zunächst, dass diese jungen Menschen durchweg auch ihr Klassenklima günstiger einstuften als der Durchschnitt. Das ist nicht allzu überraschend, ebenso wenig wie die Tatsache, dass Leistungsschwache das Klassenklima im Allgemeinen nicht so positiv erleben. Überraschend war aber, dass die Zahl solcher „Superschüler" in einer Klasse einen Einfluss auf das durchschnittlich erlebte Klima in der Klasse ausübte: Waren drei bis sieben solcher Schüler in der Klasse, so berichteten die von einem besonders günstigen Klassenklima, allerdings galt das nicht für die anderen in der Klasse. Die „normalen" Schülerinnen und Schüler beurteilten das Klassenklima am günstigsten, wenn überhaupt kein „Superschüler" in der Klasse war, und mit Abstand am ungünstigsten, wenn es davon einen oder zwei in der Klasse gab. Solche Ergebnisse können nachdenklich stimmen. Die Zusammensetzung einer Schulklasse beeinflusst also sehr stark das erlebte Klima in der Klasse. Die Zusammensetzung einer Schulklasse hat aber auch noch weitere Effekte, insbesondere im Hinblick auf die Entwicklung des Selbstkonzepts von Schülern.

11.2 Bezugsgruppeneffekt

Schüler vergleichen sich gerne mit anderen Schülern. In diesen und analogen Fällen spricht man vom sozialen Vergleich, der seit Festinger (1959) das Interesse der Psychologen weckt. Es liegt nahe, sich mit solchen zu vergleichen, die man kennt und mit denen man oft zusammen ist. Von daher ist zu erwarten, dass das Selbstkonzept der eigenen Befähigung und Begabung auch von denen abhängt, mit denen man sich vergleicht. Schon in der dritten und vierten Klasse Grundschule finden Vergleiche mit anderen Kindern statt, wie Dickhäuser und Galfe (2004) feststellen konnten. Die Autoren hatten über 350 Schülerinnen und Schüler *vor* einer Mathematikarbeit nach ihrer Leistungserwartung und ihrem Selbstkonzept befragt und *nach* der Arbeit, mit wem sie sich vergleichen würden. Dabei stellte sich heraus, dass sich eindeutig die meisten mit besseren Schülerinnen und Schülern verglichen, was ihrem Selbstkonzept zwar nicht besonders gut tat, sie vielleicht aber motivierte, sich zukünftig mehr anzustrengen. Im Gymnasium stellten sich analoge Ergebnisse ein (Köller, 2004).

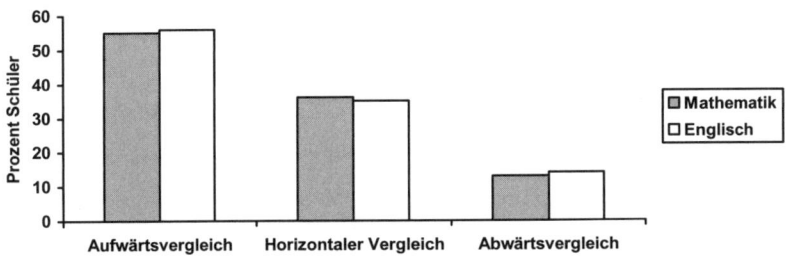

Abbildung 11.1. Soziale Vergleiche bei Gymnasiasten (nach Köller, 2004, S. 164).

Insgesamt 64 Klassen der siebten Jahrgangsstufe waren in Nordrhein-Westfalen unter anderem befragt worden, mit welchen Schülern sie ihre Leistung in Mathematik beziehungsweise Englisch am ehesten vergleichen würden. Weitaus die meisten wählten einen Aufwärtsvergleich, das heißt sie verglichen sich mit einem Schüler, der besser war. Deutlich weniger verglichen sich mit einem ähnlich leistungsfähigen Schüler, während nur ein geringer Anteil den Abwärtsvergleich bevorzugte.

Wie aber, wenn die meisten Mitschüler besser oder schlechter sind als man selbst? Sind die anderen besser als man selbst, so wird das eigene Selbstkonzept eher beeinträchtigt, sind die anderen dagegen zumeist schlechter, so wird das dem Selbstkonzept gut tun. Marsh (1987; 2005) hat das Wort vom *Big-Fish-Little-Pond Effect* (BFLPE) geprägt: Ein großer Fisch im kleinen Teich kommt sich wohl auch großartig vor, ein kleiner Fisch im großen Teich aber wohl kaum. Von deutschen Forschern wurde diese Voraussage wiederholt untersucht, so etwa von Schwarzer (1979) sowie von Rheinberg und Enstrup (1977) und von Krug und Peters (1977).

In einer Querschnittsuntersuchung verglichen Rheinberg und Enstrup das Selbstkonzept der eigenen Begabung bei 489 Schülern der vierten bis zehnten Klassen aus Sonderschulen sowie aus Grund- und Hauptschulen. Dabei waren nur solche Lernende einbezogen worden, deren Intelligenzquotienten im gleichen Bereich lagen, und zwar im oberen Segment von Sonderschülern, was dem unteren Segment der Regelschüler entsprach. Nach der Theorie des sozialen Vergleichs waren relativ hohe Selbstkonzepte der Sonderschüler und relativ schwache der Regelschüler erwartet worden. Diese Erwartung wurde eindrucksvoll bestätigt, allerdings nur für die Klassen vier bis sieben. Bei den Oberstufenschülern war der Unterschied nicht feststellbar. Da es sich aber nicht um die gleichen Probanden handelte, ließ sich aus den Daten nichts darüber sagen, ob diese Angleichung mit der Entwicklung zusammenhängt oder darauf zurückzuführen war, dass es sich um deutlich andere Schülerkohorten handelte.

Krug und Peters (1977) untersuchten 40 lernbehinderte Sonderschüler und 33 vergleichbar lernschwache Grundschüler. Allerdings erhoben sie das Selbstkonzept der eigenen Begabung dreimal, einmal vor der Umschulung in die Sonderschule, einmal ein halbes Jahr danach und ein drittes Mal ein Jahr später. Das Ergebnis ist in Abbildung 11.2 auf der nächsten Seite dargestellt. Wie man sieht, bleibt das Selbstkonzept der schwachen Grundschüler konstant mäßig, während sich das der gleichfalls schwachen Sonderschüler nach der Umschulung erheblich verbessert. Für die Sonderschüler stellen sich die sozialen Vergleiche nach der Umschulung erheblich günstiger dar. Die Mei-

nung von der eigenen Befähigung hängt also deutlich davon ab, mit wem man es normalerweise zu tun hat und sich vergleicht.

Im Fall der Sonderschüler widerspricht der Befund zunächst allen Vermutungen, dass die Sonderschule stigmatisiere und daher negativ erlebt werde. Das dürfte eher für die Eltern als für die betroffenen Kinder zutreffen – sofern sich nicht doch später einiges ändert. Tatsächlich wäre es nicht
einmal wünschenswert, wenn lernbehinderte Sonderschüler die Schule mit einem überzogenen
Selbstkonzept von der eigenen Befähigung verlassen würden. Insofern sollte mittelfristig auch pädagogisch auf ein realistisches Selbstkonzept hingearbeitet werden.

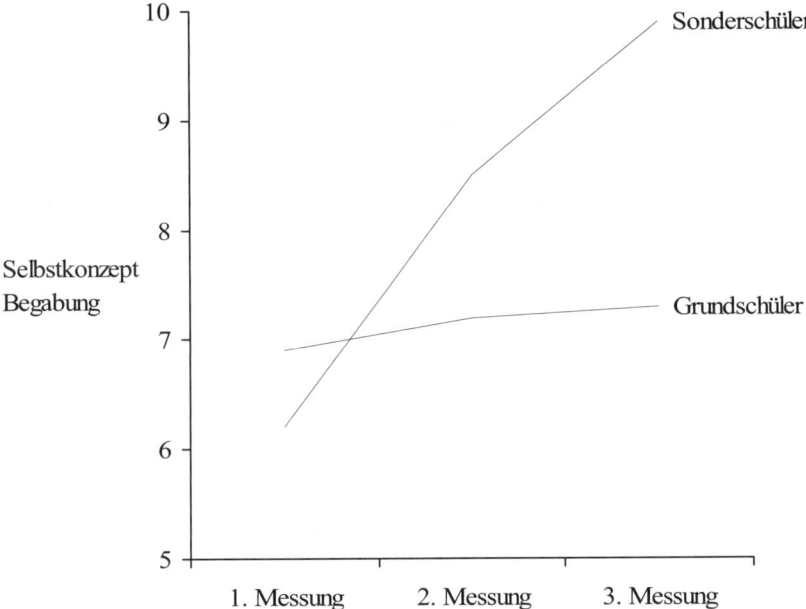

Abbildung 11.2. Entwicklung des Selbstkonzepts der eigenen Begabung bei Grundschülern und gleich
intelligenten Sonderschülern (nach Krug & Peters, 1977).

Wie sieht die Entwicklung aber auf Seiten hochbegabter, sehr leistungsstarker Kinder
aus? Marsh und Mitarbeiter gingen dieser Frage in zwei australischen Studien nach. In
die erste Untersuchung waren insgesamt 1 500 Kinder aus 50 Grundschulklassen einbezogen, wobei es darum ging, das Selbstkonzept der schulischen Leistungsfähigkeit der
Kinder zu stärken. Die Kinder waren im Durchschnitt zwischen neun und elf Jahre alt.
In einer der Schulen war eine Klasse mit 29 hochbegabten Kindern gebildet worden, die
aus 250 Schülerinnen und Schülern wegen ihrer besonderen Leistungen und nach Maß-

gabe des Lehrerurteils ausgewählt worden waren. Zum Vergleich wurde eine Kontrollgruppe von 80 Schülerinnen und Schülern gebildet, die zwar ebenfalls deutlich überdurchschnittliche Leistungen zeigten. Diese Kinder verblieben aber in ihren gemischten Klassen. Alle diese Teilnehmer nahmen zu Beginn an Tests zur Erhebung der Schulleistungen teil und bearbeiteten einen umfangreichen Fragebogen zu Selbstkonzepten. Dieser Fragebogen wurde nach einem Semester erneut gegeben und nach einem weiteren Semester ein drittes Mal. Erwartet wurde, dass sich das Selbstkonzept der Kontrollkinder positiv entwickeln würde, während das der Kinder in der Klasse der Hochbegabten absinken würde.

Analoge Erwartungen galten für die zweite Untersuchung. Dabei wurden 24 Primarstufenkinder im Alter zwischen neun und zwölf Jahren, die überdurchschnittlich intelligent waren und überdurchschnittliche Schulleistungen zeigten, in eine Klasse zusammengezogen. Zum Vergleich wurden 24 andere Kinder mit vergleichbaren Werten in ihren gemischten Klassen belassen. Tests wurden in dieser Untersuchung nur zweimal erhoben, einmal zu Beginn und einmal nach einem Semester.

In beiden Fällen zeigten sich die erwarteten Ergebnisse, nämlich eine differentielle Entwicklung des Selbstkonzepts, und zwar differentiell nach zwei Seiten hin: Das Selbstkonzept der *schulischen* Leistungsfähigkeit wurde positiver bei den Hochbegabten, die in den gemischten Klassen unterrichtet wurden, und es sank bei denen, die in der Klasse der Talentierten waren. Bemerkenswert ist darüber hinaus, dass dies nur für das schulbezogene Selbstkonzept galt, nicht aber für nichtschulische Aspekte des Selbstkonzepts wie etwa die Einschätzung des eigenen Körpers, des äußeren Erscheinungsbildes und des sozialen Kontakts zu Gleichaltrigen (vgl. hierzu Marsh, Chessor, Craven & Roche, 1995). Diese *schulunabhängigen* Aspekte des Selbstkonzepts blieben von der unterschiedlichen Schulsituation unbeeinflusst.

Am Ende der deutschen Grundschule gehen die meisten der Kinder in homogener zusammengesetzte weiterführende Schulen. Dieser Wechsel könnte ebenfalls Wirkungen auf die Entwicklung des Selbstkonzepts der eigenen Begabung zeigen: Die Leistungsbesten in der Grundschule, die in Realschule oder Gymnasium wechseln, sollten dann ebenfalls eine Reduzierung ihres zuvor eher hohen Selbstkonzepts erleben, und diejenigen, die in die Hauptschule überwechseln, eher einen Anstieg ihres zuvor mäßigeren Selbstkonzepts. In einer differenzierten Untersuchung fand Jerusalem (1984) genau diese Erwartung bestätigt. Zwanzig Jahre später fanden Valtin und Wagner (2004) dieselben Veränderungen beim Wechsel von der Berliner Grundschule, die sechs Jahre dauert, in die Sekundarschulen.

Eine umfangreiche Längsschnittuntersuchung in 78 fünften und sechsten Schulklassen thematisierte die Frage nach der Beziehung von Mathematikleistung und emotionalem Erleben (Goetz, Pekrun, Zirngibl, Jullien, Kleine, vom Hofe & Blum, 2004). Die *individuelle* Leistung in Klasse fünf beeinflusste das emotionale Erleben in Klasse sechs positiv. Die *kollektiv* gute Leistung der Klasse, wie sie sich im mittleren Leistungsniveau darstellte, beeinträchtigte jedoch die positiven Emotionen in Klasse sechs und förderte sogar Leistungsängste. Zeigt eine Klasse insgesamt ein hohes Leistungsniveau, so kann das einzelne durchaus belasten.

Selbst über drei Schuljahre hinweg konnten ähnliche Beobachtungen registriert werden. Köller (2004) berichtete über umfangreiche Längsschnittstudien in den Klassen sieben und zehn: Die Schülerinnen und Schüler waren nach dem Selbstkonzept ihrer mathematischen Begabung gefragt worden. Das in Klasse zehn erhobene Selbstkonzept wurde von zwei Faktoren in Klasse sieben beeinflusst, aber in gegenläufiger Weise: Das *Selbstkonzept* in Klasse sieben beeinflusste positiv das Selbstkonzept in Klasse zehn. Das mittlere *Leistungsniveau* in Klasse sieben beeinflusste jedoch das Selbstkonzept in Klasse zehn negativ. Gute Mitschüler sind also nicht besonders gut für das eigene Selbstkonzept – oder ein gesundes Korrektiv.

Die Bezugsnormorientierung der Lehrkräfte spielt allerdings auch eine Rolle. Berücksichtigt die Lehrkraft bei der Beurteilung von Leistungen auch die frühere Leistung des Schülers oder der Schülerin, so wirkt sich das in jedem Fall positiv auf das Selbstkonzept aus (Lüdtke & Köller, 2002).

Bei der deutschen Wiedervereinigung vollzog sich ein interessanter Prozess im großen Stil. Im Westen gab es die schulische Differenzierung nach dem Leistungsniveau, wohingegen im Osten das System der Einheitsschule dominierte, das mit der Wiedervereinigung dann ebenfalls umgestellt wurde. In einer sehr großen Längsschnittstudie in siebten Klassen mit über 2 700 Schülerinnen und Schülern wurde das Selbstkonzept mathematischer Leistungsfähigkeit erhoben. Vor der Wiedervereinigung differierten die mathematischen Selbstkonzepte der Siebtklässler im Westen erwartungsgemäß in Abhängigkeit vom Leistungsniveau der besuchten Klasse: Je höher das Niveau der Klasse, desto niedriger war das entsprechende Selbstkonzept der Schülerinnen und Schüler. Dieser Effekt war im Osten zu Beginn der Wiedervereinigung niedriger. Nach einem halben Jahr verminderte sich dieser Unterschied zwischen Ost und West, und nach einem ganzen Jahr war er total verschwunden. Nun fiel im Osten im gleichen Maße mit dem höheren Niveau der Klassen die durchschnittliche Einschätzung des Selbstkonzepts (Marsh, Köller & Baumert, 2001).

Eine jüngere Untersuchung bei über 5 500 Gymnasiasten bestätigte den Trend: Das mittlere Selbstkonzept sank mit dem höheren Leistungsniveau der Schule (Köller, Trautwein, Lüdtke & Baumert, 2006). Haben wir es aber mit einem Widerspruch zu tun? Nach dem Bezugsgruppeneffekt sollte in einer Schule mit hohen Leistungsanforderungen das Selbstkonzept der eigenen Befähigung niedriger und in einer Schule mit geringen Anforderungen höher sein. Auf der anderen Seite war im Zusammenhang mit dem Zugehörigkeitsgefühl zu einer Schule darauf verwiesen worden, wie Anlass zur Vermutung besteht, dass das hohe Ansehen einer Schule auf das Selbstkonzept der Schüler positiv abfärbt, das niedrige Ansehen der Schule aber negativ abfärbt. Von daher würde man ein höheres Selbstkonzept bei Gymnasiasten und ein niedrigeres bei Sonderschülern voraussagen. Sollten beide Effekte jedoch gleichzeitig auftreten, so werden sie sich überlagern und nur das Nettoergebnis würde fassbar sein. So konnten Rindermann und Heller (2005) durch Erhebungen bei 544 baden-württembergischen hochbegabten Gymnasiasten über einen Zeitraum von elf Jahren nachweisen, dass der Gesamteffekt selektiver Unterrichtsorganisation sowohl auf das Selbstkonzept als auch auf die Fähigkeitsentwicklung positiv war, vermutlich weil sich die Lehrkräfte auf das Niveau der Schülerinnen und Schüler einstellten und weil die Mitschüler ein anregendes Milieu boten. Die Autoren kommen zum Schluss, dass sich selektive Schulformen durchaus lohnen.

Eine andere Konsequenz konnten McFarland und Buehler (1995) experimentell nachweisen. Ist man Schüler einer hoch angesehenen Schulart und ist man erfolgreich, so kann man sich den Erfolg selbst zuschreiben. Ist man aber nicht so erfolgreich, so kann man sich trösten, eben Schüler einer respektablen Schule zu sein. Mit dieser Strategie ist man in beiden Fällen relativ gut dran.

Manche Lernende, bevorzugt Jungen, setzen jedoch eine Art Sicherungsstrategie ein, um drohenden Misserfolg nicht mangelnder eigener Befähigung zuschreiben zu müssen oder von anderen zuschreiben zu lassen: Sie verwenden Strategien des „self-handicapping", schädigen sich also selbst, indem sie herumalbern, trödeln, stören, den Klassenclown spielen und ähnliches mehr, so dass schlechte Leistungen als eine Folge mangelnden Einsatzes erscheinen (Urdan, Midgley & Anderman, 1998). Die Verteidigungsstrategie des Selbstschädigens haben Martin, Marsh und Debus (2001) theoretisch in ein Modell der Leistungsmotivation eingebettet, bei dem das Streben nach Erfolg und die Vermeidung von Misserfolg zwei voneinander unabhängige Dimensionen darstellen.

Verteidigungsmechanismen, die Strategien zur Sicherung des Selbstwertgefühls darstellen, finden in der pädagogisch-psychologischen Literatur zunehmend Beachtung. Dazu gehören das erwähnte selbstschädigende Verhalten durch Trödeln, ferner eine drastisch herabgesetzte Erfolgserwartung, Betrügereien, aber auch mehr oder minder offene Leistungsverweigerungen verschiedener Art. Thompson (2003) hat die Literatur hierzu in einem Sammelreferat mit Blick darauf gesichtet, welche Persönlichkeitseigenschaften und welches Verhalten der Eltern und Lehrer zur Herausbildung und Stabilisierung solcher wenig erfreulichen Verhaltensweisen beitragen. Weiterhin findet man dort Strategien zum Abbau dieser Fehlentwicklungen.

Abschließend hierzu sei noch angemerkt, dass Marsh (1986) das Konzept des Bezugsgruppeneffekts schon relativ früh zum Internal-External-Modell erweitert hat. Danach ziehen Lernende in Klassen nicht nur *soziale* Vergleiche, also Vergleiche mit anderen Schülern, sondern auch *internale* oder *dimensionale* Vergleiche. Gemeint sind damit Vergleiche mit den *eigenen* Leistungen in *anderen* Fächern. Danach erwartet, wer gut in Mathe ist, schwächere Leistungen im Deutschen und umgekehrt. Offensichtlich gibt es Belege für diesen Zusammenhang, allerdings nur auf der Ebene der subjektiven Einschätzung (Möller & Köller, 2004). Wer gut in Mathe ist, ist objektiv eher auch gut im Deutschen und umgekehrt (Köller, Klemmert, Möller & Baumert, 1999). Allerdings ist der gegenläufige Effekt von Selbsteinschätzungen nur auf diese beiden Fächer eingeschränkt. Bei anderen Fächern zeigte er sich keineswegs (Dickhäuser, 2003; Schilling, Sparfeldt & Rost, 2004). Außerdem findet sich der Effekt nicht bei Fremdeinschätzungen. Wenn Schüler das Selbstkonzept ihrer Mitschüler einschätzen oder Lehrer die Selbstkonzepte ihrer Schüler, so werden nur soziale und keine dimensionalen Vergleiche berücksichtigt (Pohlmann, Möller & Streblow, 2004).

11.3 Zusammenfassung

Klassenklima ist eine subjektiv erlebte Qualität. Dabei spielen die Lehrer-Schüler-Beziehung, die Beziehungen der Schüler untereinander, die emotionale Bindung und Merkmale des Unterrichts eine Rolle. Das Klassenklima wird in der Regel durch Fragebogenverfahren erfasst. Dabei werden mehrere Aspekte oder Facetten des Klassenklimas erkundet.

Positiv erlebtes Klassenklima hat in vielerlei Hinsicht günstige Wirkungen, so auf die Lernmotivation und den Lernerfolg. Schulversäumnisse und vorzeitiger Abgang von Schulen werden bei positiv erlebtem Klima seltener.

Der Bezugsgruppeneffekt basiert auf sozialen Vergleichen. Der einzelne vergleicht dabei seine Leistungen mit den Leistungen der Mitschüler. Insofern hängt die Einschätzung der eigenen Fähigkeit auch von dem Leistungsniveau der Mitschüler ab. Schwache Schüler entwickeln so ein besseres Selbstkonzept, wenn sie mit anderen schwachen in einer Klasse sind, aber ein ungünstigeres Selbstkonzept, wenn sie mit Schülern zusammen sind, die Besseres leisten. Das Selbstkonzept der eigenen Begabung sinkt entsprechend bei tüchtigen Grundschülern nach deren Wechsel auf die Höhere Schule.

Strategien der Selbstschädigung durch Herumtrödeln, Albern usw. dienen mitunter der Stabilisierung des Selbstkonzepts der eigenen Begabung, wenn dies bedroht erscheint. Dies geschieht allerdings auf Kosten des Lernens und der Leistung.

Klassenklima und Bezugsgruppeneffekt fördern im günstigen Fall die Lernmotivation und das Selbstkonzept der eigenen Befähigung. Im ungünstigen Fall bewirken sie Schulunlust und Lernverdrossenheit.

12 Sozialformen des Unterrichts 2

Soll man eher große Schulen einrichten oder eher kleine? Was die Größe von Schulklassen angeht, so plädieren die meisten für kleinere Klassen – aber sind kleine Klassen
immer die beste Lösung? Analysiert man darüber hinaus, wie sich die Klassengröße auf
das *Lernen* auswirken mag, so rücken die *Lehr-Lern-Prozesse* und das *Schülerverhalten* in den Blickpunkt.

Ferner stellt sich die Frage, ob man eher *homogene* oder eher *heterogene* Klassen
bilden soll. Klassen können ja nach verschiedenen Merkmalen zusammengestellt werden, etwa nach dem allgemeinen Leistungsniveau, nach dem Alter wie dem Geschlecht.
Die Art der Bildung von Klassen ist politisch umstritten. Empirische Untersuchungen
bieten zum Teil unerwartete Befunde, die von Politikern erst noch wahrzunehmen sind.

Das *Klassenmanagement* wird vielfach zu wenig beachtet, obgleich sich hier viele
Möglichkeiten eröffnen. Das wird an Hand der vorliegenden Forschungen deutlich.

12. 1 Größe von Schulen und Klassen

Bevor wir uns Untersuchungen zur Klassengröße zuwenden, erscheint es sinnvoll,
Untersuchungen zur Schulgröße kurz in Betracht zu ziehen. Mit der Größe der Schule
wächst zwangsläufig der bürokratische Aufwand zur Verwaltung der Schule, der unvermeidbar auch die Lehrkräfte belastet. Außerdem wird das Klima im Lehrkörper
unpersönlicher, weil viele der Lehrer nur selten miteinander Kontakt haben werden. Auf
der anderen Seite sind große Schulen eher in der Lage, spezielle Angebote für die Schülerinnen und Schüler bereitzustellen, und sie können auch eher teure Geräte und Materialien anschaffen. Außerdem sind große Schulen insofern finanziell interessant als die
Kosten pro Schüler in der Regel niedriger sind als bei kleinen Schulen. Wie aber sieht
es mit den Lernergebnissen aus?

In einer amerikanischen Studie wurden 264 Primarschulen aus dem Raum Chicago
einbezogen, die Klassen vom Kindergarten bis zum achten Schuljahr führten (Lee &

Loch, 2000). Die kleinste der Schulen umfasste 150 Kinder, die größte fast zweitausend. Erhoben wurden die Mathematikleistungen und ermittelt, welche Werte durchschnittlich in kleinen Schulen (weniger als 400 Schüler), in mittelgroßen Schulen (400-700 Schüler) und in großen Schulen erzielt wurden. Die Ergebnisse waren eindeutig am besten in kleinen Schulen. In einer früheren Untersuchung in Schulen der Sekundarstufe (*high schools*), bei der es um die Leistungen in Mathematik und im Lesen ging, stellten sich mittelgroße Schulen als am günstigsten heraus, während ganz große Schulen von über 2 000 Kindern deutlich geringere Leistungen erzielten (Lee & Smith, 1997). Kleine und mittlere Schulen erwiesen sich überdies als besser geeignet, um Kindern aus sozial schwachen Familien gute Entwicklungschancen zu bieten.

Am Thema *Klassengröße* sind verschiedene Gruppen widersprüchlich interessiert: Politiker, Lehrerverbände und Eltern, wobei insbesondere die beiden letzteren Gruppen für kleinere Klassen eintreten (von Saldern, 2001). Was nun die Lerneffekte in Abhängigkeit von der Klassengröße angeht, so gibt es in den USA hierzu seit über hundert Jahren einschlägige Forschungen (Finn, Pannozzo & Achilles, 2003). Die erste Metaanalyse hierzu stammt von Smith und Glass (1980). Das Ergebnis ihrer Analyse war recht eindeutig, denn es bildete sich ein klarer Effekt der Klassengröße ab: Mit der Größe der Klassen sinkt die Leistung tendenziell kontinuierlich ab, wenn auch relativ geringfügig. Allerdings ist die Variabilität der Befunde um diesen Trend relativ groß. Offenbar spielt die Klassengröße für den Lernerfolg der Kinder eine Rolle, aber andere Faktoren können den Effekt deutlich überlagern.

Es gab berechtigte Kritik an der Metaanalyse von Smith und Glass, so etwa an der Einbeziehung extrem kleiner Klassen (von Saldern, 2001). Ferner gab es Kritik im Hinblick auf die verwendeten statistischen Methoden der Metaanalyse, insbesondere von Hedges. Hedges und Stock (1983) haben die Auswertemethode erheblich verfeinert und die Daten von Smith und Glass erneut analysiert. Sie fanden tatsächlich geringfügig andere Werte, doch führte auch die verbesserte Methodik nicht zu anderen Schlüssen.

Eine weitere Metaanalyse wurde von Robinson (1990) veröffentlicht, die den Trend bestätigte: Klassen unter 20 Kindern zeigten eindeutig die besseren Lernerfolge. Das galt insbesondere für die jüngeren Kinder der Primarstufe und hier am deutlichsten für Kinder aus benachteiligten Familien.

In der Regel bezogen sich Untersuchungen zum Einfluss der Klassengröße auf Mathematik und Muttersprache, also auf Hauptfächer. Zu den Ausnahmen gehört eine größere deutsche Erhebung von Wilberg und Rost (1997) zu den Auswirkungen der Klassengröße auf die Geschichtskenntnisse in neunten Klassen. Die Autoren berichten von zwei Studien, die einmal 98 und einmal 94 repräsentativ ausgewählte Klassen umfasste. In der ersten Studie fanden sie überhaupt keinen Zusammenhang zwischen Klassengröße und Geschichtskenntnissen, in der zweiten Studie schnitten sogar die größeren Klassen etwas besser ab. Zwei Jahre später konnten die Autoren Daten über Geschichtskenntnisse in 665 Klassen des neunten Jahrgangs aus fünfzehn europäischen Ländern - von Bulgarien bis Tschechien – in Beziehung zur Klassengröße setzen. Die Klassenstärke variierte zwischen 9 und 36, und der Mittelwert lag bei 22 Schülerinnen und Schülern. Die unkorrigierte Korrelation zwischen Klassenstärke und Geschichtskenntnissen lag bei $r = 0,14$. Da aber das mittlere Alter der Probanden, die Ortsgröße und der Bildungsstatus der Eltern eine Rolle spielten, wurden diese Faktoren auspartialisiert. Die so korrigierte Korrelation betrug $r = -0,01$, war also praktisch gleich Null (Wilberg & Rost, 1999). Die Autoren schlossen daraus, dass die Klassengröße für den Erwerb der Geschichtskenntnisse keine Rolle spielt.

Wild und Rost (1995) waren zuvor in Grundschulklassen der Frage nachgegangen, ob es einen Zusammenhang zwischen der Klassengröße und der Genauigkeit von Schülerbeurteilungen gebe. Auch hier spielte die Klassengröße keine Rolle, wohl aber die Berufserfahrung der Lehrkräfte und die Dauer ihrer Arbeit in der Klasse.

In der Tat gab es auch immer wieder Zweifel und Bedenken an den Schlussfolgerungen, wonach kleinere Klassen günstigere Lernbedingungen bieten, wie dies die Untersuchungen von Rost und Mitarbeitern ebenfalls in Frage stellen. Ein Grund für diese Zweifel kann darin liegen, dass die Variabilität der Klassengröße sehr unterschiedlich ausfällt. Liegen die Klassenstärken relativ nahe beieinander, so wundert es nicht, wenn man kaum Effekte findet und solche erst bei einer größeren Streubreite sichtbar werden. Außerdem sind empirische Erhebungen nicht dazu angetan, Kausalzusammenhänge eindeutig aufzudecken, einfach schon deswegen, weil zu viele Faktoren kleine Effekte überlagern können.

Dieser Umstand mag mit ein Grund dafür gewesen sein, dass inzwischen zwei groß angelegte *experimentelle* Studien zum Effekt der Klassengröße auf das Lernen in der Primarstufe durchgeführt wurden. Solche Untersuchungen wären bei uns wohl kaum möglich (und dürften heute auch nicht mehr in den USA möglich sein), muss man dabei doch Kinder per Zufall auf große wie kleine Klassen verteilen. Das erste dieser Experimente, das Projekt STAR, dauerte über vier Jahre und wurde in Tennessee durchgeführt. Dokumentiert haben es unter anderen Nye, Hedges und Konstantopoulos (2000) sowie Finn, Gerber, Achilles & Boyd-Zaharias (2001). Dabei fielen außerordentlich differenzierte Ergebnisse an, die sich aber am Ende zu einem recht klaren Bild fügten: Kleine Klassen nützen allen Arten von Kindern und in allen Formen der untersuchten Schulen, wenn auch am deutlichsten in Grundschulen. Das zweite Experiment dieser Art war das Projekt SAGE in Wisconsin (Molnar, Smith & Zahorik, 2000). Dort kam man im Grunde zu den gleichen Schlussfolgerungen, so dass inzwischen viele amerikanische Bundesstaaten Programme zur Verringerung der Klassengröße aufgelegt haben (Finn et al., 2003).

Neben der Frage nach dem Einfluss der Klassengröße auf das Lernen interessiert natürlich auch die Frage, wie ein solcher Einfluss zustande kommen kann. Es interessieren also die *Prozesse*, die da stattfinden, und wie sie von der Klassengröße beeinflusst sein mögen. Beispielsweise liegt es nahe anzunehmen, dass sich die Lehrkräfte in ihrem Verhalten an die jeweiligen Bedingungen anpassen, wie sie durch die Klassengröße vorgegeben sind.

Ob sich tatsächlich die Lehraktivitäten mit der Größe der Klasse ändern, wurde von Bourke (1986) in einer bemerkenswerten Arbeit untersucht. Dieser Autor konnte 63 Lehrkräfte von fünften Klassen ein Vierteljahr lang in ihrem Verhalten beobachten und die Ergebnisse mit den relevanten Schülervariablen in Beziehung setzen. Die Auswertung geschah mittels Pfadanalyse, deren graphisches Ergebnis in Abbildung 12.1 dargestellt ist.

„Lehraktivitäten" bezeichnet in dem Modell eine synthetisierte Variable, die aus neun Beobachtungsgrößen statistisch zusammengesetzt wurde. Dazu gehören beispielsweise Unterricht mit der ganzen Klasse, Anzahl der Gruppen in der Klasse, Interaktionen zwischen Lehrkraft und Schülern, Ausmaß des tolerierten Lärms usw.

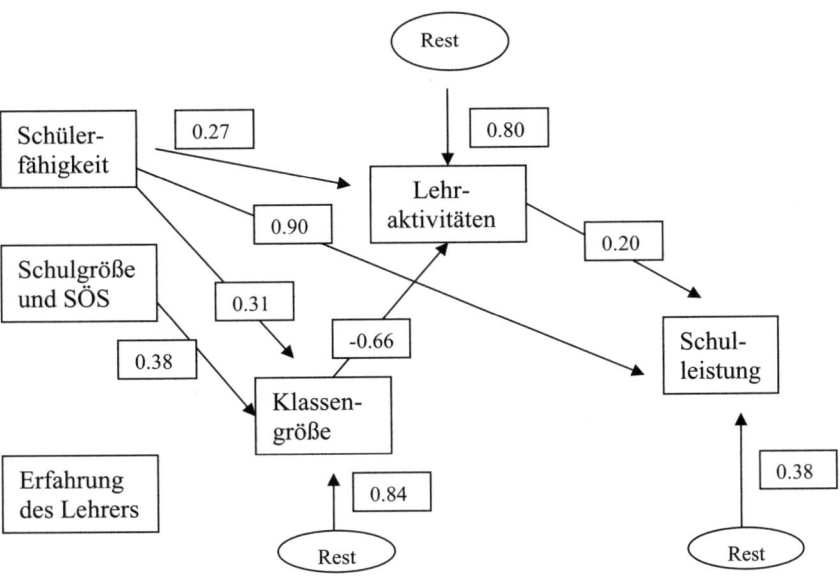

Abbildung 12.1. Pfaddiagramm, das Hintergrundfaktoren verknüpft mit Klassengröße, Lehraktivitäten und mittlerer Schülerleistung (nach Bourke, 1986). (SÖS: Mittlerer sozioökonomischer Status. Rest: Nicht durch das Modell erklärte Komponente. Eingetragen sind nur die signifikanten Pfade mit ihren Koeffizienten.)

Betrachtet man die Residualwerte („Rest"), so werden sowohl die Lehraktivitäten als auch die Klassengröße durch das Modell wenig aufgeklärt, das heißt andere Variablen als die drei Einflussfaktoren ganz links in dem Pfaddiagramm spielen hierbei noch eine wesentliche Rolle. Die mittlere Schulleistung wird dagegen relativ gut aufgeklärt durch das Modell. Sie wird am stärksten durch die Befähigung der Schüler beeinflusst.

Für die vorliegende Fragestellung interessiert primär, in welcher Weise die Klassengröße einen Einfluss auf die Schulleistung nimmt. Abbildung 12.1 zeigt deutlich, dass es hier keinen *unmittelbaren* Wirkungszusammenhang gibt, sondern nur einen *mittelbaren*: Neben der Schülerfähigkeit wirkt sich die Klassengröße auf die Lehraktivitäten aus, die ihrerseits einen Einfluss auf die Schulleistung nehmen. Die Klassengröße beeinflusst demnach nicht als solche die Schulleistung, sondern indirekt über die Tätigkeit der Lehrenden. Die Lehrkräfte passen sich offenbar den jeweiligen Bedingungen an, die hier durch die Befähigung der Lernenden und die Größe der Klasse vorgegeben sind. Man kann sich aber leicht vorstellen, wie unterschiedliche Lehrkräfte auf sehr ähnliche Bedingungskonstellationen sehr unterschiedlich reagieren können.

Methodologisch ist zu beachten, dass eine Pfadanalyse nicht in der Lage ist, Kausalzusammenhänge nachzuweisen. Im konkreten Fall muss man unterstellen, dass Kausalzusammenhänge vorliegen. Dann zeigt aber die Pfadanalyse auf, welche Größen einen Einfluss auf welche anderen ausüben und wie groß der Effekt ist. Demnach müssen wir hier einen indirekten, vermittelten Einfluss der Klassengröße auf die Schulleistung annehmen.

Eine sehr umfangreiche Untersuchung in englischen *Infant Schools* für Kinder im Alter von vier bis sieben Jahren brachte analoge Ergebnisse (Blatchford, Moriarty, Edmond & Martin, 2002): In einer Längsschnittuntersuchung mit zwei Kohorten von insgesamt über 10 000 Kindern wurden drei Jahre lang einschlägige Beobachtungen und Interviews durchgeführt sowie weitere Daten erhoben. Dabei zeigte sich ganz eindeutig, dass die Lehrpersonen in kleineren Klassen weitaus mehr individualisierend auf die einzelnen Kinder eingehen. Die Klassengröße beeinflusst dort das Lehrerverhalten in starkem Ausmaß.

Eine weitere mögliche Einflussgröße rückte inzwischen in das Interesse der Forscher: Kann es nicht sein, dass die *Schülerinnen und Schüler* in kleineren Klassen auch andere Verhaltensweisen an den Tag legen als in größeren Klassen und kann dieses geänderte Verhalten vielleicht die Lernunterschiede erklären? Eine einschlägige Übersicht über die Forschungsliteratur machte deutlich, dass es einen Zusammenhang gibt zwischen Klassengröße und Engagement der Schülerinnen und Schüler. Letzteres zeigt sich im Lernverhalten, aber auch in prosozialem und antisozialem Verhalten, und dies alles schlägt sich nachweislich im Lernergebnis nieder (Finn, Pannazzo & Achilles, 2003). Von daher gibt es also gute Gründe, neben dem Lehrerverhalten auch das Schülerverhalten zu beachten, wenn es darum geht, niedrigere Leistungen in größeren Klassen zu erklären.

Im Rahmen der bereits erwähnten Untersuchung in englischen *Infant Schools* konnten für diese Hypothese gewichtige Belege erarbeitet werden (Blatchford, 2003): Zur systematischen Beobachtung der Lehrer-Kinder Interaktionen wurden Daten von großen Klassen (im Durchschnitt 33 Kinder) und kleinen Klassen (im Durchschnitt 19 Kinder) miteinander verglichen, insgesamt Daten von 18 großen und 21 kleinen Klassen. Ein Ausschnitt aus den umfangreichen Ergebnissen sei hier wiedergegeben. Es handelt sich um die Art beobachteter Sozialkontakte.

Tabelle 12.1. Art und Häufigkeit von Sozialkontakten (Nach Blatchford, 2003)

	Kleine Klassen 122 Kinder	Große Klassen 122 Kinder	Unterschied signifikant?
Lehrkraft zu Kind	213	144	ja
Kind zu Lehrkraft	215	148	ja
Kind zu Kind	54	76	ja
Keine Interaktion	131	154	ja

Aus der Tabelle geht deutlich eine intensivere Zuwendung der Lehrkräfte zu den Kindern hervor, wenn die Klassen klein sind. Das spricht für die Modifikation der *Lehraktivitäten* durch die Klassengröße. Kinder wenden sich aber in kleinen Klassen auch gleich häufig an eine der Lehrkräfte wie umgekehrt Lehrpersonen an Kinder. Es zeigt sich somit auch ein deutlich geänderters *Lernerverhalten* in Abhängigkeit von der Klassengröße. Interessant ist weiterhin, dass in großen Klassen Kinder öfters miteinander Kontakt aufnehmen oder auch sich selbst beschäftigen und keine Interaktion eingehen.

Zweifellos weisen diese Befunde eindringlich darauf hin, wie sich Lehrkräfte *und* Kinder an die gegebenen Situationen anpassen und wie in kleineren Klassen günstigere Bedingungen für Lehrer-Schüler-Interaktionen und für das Lernen bestehen. Nun lassen sich solche Befunde sicher nicht verallgemeinern auf Schulklassen mit älteren Kindern, doch dass sich auch hier die Lernenden an die jeweiligen Bedingungen anpassen und dass die Lernbedingungen in kleineren Klassen günstiger sind, darf man annehmen.

Nimmt man alles in allem, so wird man vermutlich keine *generelle* Aussage über die optimale Größe von Klassen geben können. Zwar gibt es einen klaren Trend zu kleineren Klassen, doch findet sich der vornehmlich in Untersuchungen mit jüngeren Schülerinnen und Schülern. Schon in der Sekundarstufe dürfte kein so eindeutiger Zusammenhang mehr bestehen, wie die Arbeiten von Wilberg und Rost (1997; 1999) zeigen. Im universitären Bereich scheint die Fragestellung nicht mehr untersucht worden zu sein.

Neben dem Alter der Lernenden spielen auch andere Faktoren eine Rolle, die den Zusammenhang überlagern können wie etwa der sozioökonomische Status und der Bildungsgrad der Eltern, die Herkunft der Kinder aus sozialen Brennpunkten oder aus Mittelschichtbezirken, die Ausstattung der Schulen und dergleichen mehr. Schließlich hängt es auch von der Variabilität der Klassengrößen ab, ob bedeutsame Unterschiede bestehen. Man kann sich vorstellen, dass die Lernergebnisse sich nicht allzu sehr unterscheiden werden, wenn die Zahl der Kinder in den Klassen zwischen 20 und 30 variiert. Es gibt nicht einmal Übereinstimmung darin, was als kleine, als mittlere und als große Klassen anzusehen sind. Die mittlere Klassengröße in den 665 europäischen Klassen, deren Werte Wilberg und Rost (1999) analysierten, lag bei 22 Schülerinnen und Schülern. In der Arbeit von Blatchford (2003) kam die Gruppe der als klein definierten Klassen auf einen Mittelwert von 19 Kindern. Entsprechend hätte Blatchford viele der 665 Klassen als kleine Klassen eingestuft.

Wie deutlich geworden sein dürfte, können empirische Erhebungen den Einfluss der Klassengröße auf das Lernen nur schwer aufklären, denn man kann nie sicher sein, dass alle wichtigen Einflussgrößen angemessen berücksichtigt worden sind. Erst experimentelle Untersuchungen mit Zufallszuweisung der Kinder zu den Bedingungen können klare Schlussfolgerungen ermöglichen. Die beiden Arbeiten, die hierzu vorliegen, sprechen allerdings eine eindeutige Sprache zugunsten kleinerer Klassen, wenn auch dieser Effekt nicht überschätzt werden darf.

12.2 Zusammensetzung der Klassen

Schulklassen unterscheiden sich in ihrem Leistungsniveau erheblich. Schon in der Grundschule, wenn die Kinder erst etwa drei oder höchstens vier Jahre in der Schule waren, entspricht die Spannbreite zwischen den guten und den schwachen Klassen gut einem Jahr Schulunterricht. Die besten Klassen haben ein Leistungsniveau erreicht, das zu erreichen durchschnittliche Klassen eben ein Jahr mehr brauchen (Tiedemann & Billmann-Mahecha, 2004; Stern, 1997). In der Sekundarstufe wächst die Spanne auf anderthalb bis über zwei Schuljahre (Baumert et al., 1997; Helmke, Hosenfeld, Schrader & Wagner, 2002; Lehmann, Peek, Gänsfuß & Husfeld, 2002). Dementsprechend ist der Unterricht in Klassen mit hohem Leistungsniveau wesentlich anspruchsvoller (Renkl & Stern, 1994) und die Lernzeit wird deutlich besser ausgenutzt (Leiter, 1983).

Viele Faktoren tragen zu dieser Variabilität bei. In Grundschulen ist dies zunächst der Einzugsbereich der Schule, der eng mit dem sozialen Status und dem Bildungshintergrund der Eltern zusammenhängt. Grundschulen in sozialen Brennpunkten unterscheiden sich erheblich von Grundschulen, die hauptsächlich von Kindern des Bildungsbürgertums besucht werden. Das durchschnittliche intellektuelle Leistungsniveau und das Vorwissen der Kinder sind vom durchschnittlichen sozioökonomischen Status des Elternhauses abhängig – und das gilt auch für den Anteil von Ausländerkindern, der in Schulklassen anzutreffen ist. Abbildung 12.2 zeigt den Zusammenhang von mittlerem intellektuellem Leistungsniveau und dem Anteil von Ausländerkindern in 85 dritten und vierten Grundschulklassen, wie dies Tiedemann und Billmann-Mahecha (2004) in Hannover ermitteln konnten.

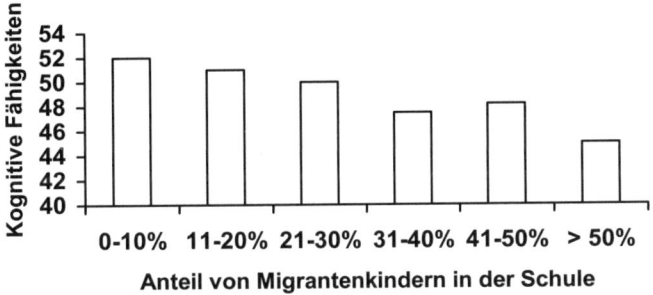

Abbildung 12.2. Durchschnittliches Niveau kognitiver Fähigkeiten, wie sie sich in einem Test darstellten, und Anteil von Migrantenkindern (nach Tiedemann & Billmann-Maheacha, 2004).

Angesichts solcher Unterschiede stellt sich die Frage, wie die Schulen organisatorisch mit der Variabilität der Lernvoraussetzungen umgehen sollen. Die Thematik, um die es hier geht, wird mitunter kurz auf die Formel von *homogenen* versus *heterogenen* Klassen gebracht. Intuitiv leuchtet ein, dass homogene Klassen wohl leichter zu unterrichten sind und möglicherweise auch effektiver. Auf der anderen Seite könnten heterogene Klassen eine größere Bandbreite von Erfahrungen wie Herausforderungen vermitteln und insofern pädagogisch wichtige Funktionen erfüllen. Es hat aber wenig Sinn, allgemein über Homogenität und Heterogenität von Schulklassen zu spekulieren. Diese Fragen lassen sich zum Teil nur durch Forschungen klären – und zum anderen Teil muss man wissen, was man pädagogisch will. Einem konsequent demokratischen Bildungsideal würde es wohl eher entsprechen, nicht zwischen den Lernenden zu differenzieren, sondern alle gleich zu behandeln. Was aber, wenn dann nicht alle gleich gut gefördert würden?

Konkret geht es hier darum, ob die Lernenden nach ihrer Leistungsfähigkeit, nach dem Alter oder nach ihrem Geschlecht eingeteilt werden sollen oder nicht.

Das sind die wichtigsten Aspekte, unter denen die Frage nach der angemessenen Homogenität und Heterogenität erörtert wird. Homogenität und Heterogenität sind mit Bezug auf das Geschlecht zwar eindeutige Begriffe, nicht aber bezüglich Alter und Leistungsniveau. Hier handelt es sich um relative Begriffe, und die Frage müsste eigentlich sein, wie viel Homogenität oder Heterogenität empfehlenswert ist. Wir werden sehen, dass bei den noch folgenden Untersuchungen zwar zwischen homogen und heterogen zusammengesetzten Gruppen unterschieden wird. Aber „homogen" kann in einer Untersuchung durchaus so definiert sein wie „heterogen" in einer anderen. Diese Tatsache gilt es, im Folgenden bewusst zu halten.

12.2.1 Einteilung nach der allgemeinen Leistungsfähigkeit

Verteilt man die Schülerinnen und Schüler nach ihrer Intelligenz oder dem Niveau ihrer bisherigen Schulleistungen etwa auf drei Klassen, die Klassen der guten Schüler, der durchschnittlichen Schüler und die der schwachen Schüler, so finden viele Lehrkräfte das Unterrichten leichter als in heterogenen Klassen, die alle drei Gruppen umfassen. Lehrkräfte können sich dann besser auf das jeweilige Leistungsniveau einstellen. Außerdem dürfte dies dem Selbstkonzept der mittelmäßigen und der schwachen Schüler gut bekommen, während das der Spitzenschüler gewisse Dämpfer erhielte. Eine unerwartete Konsequenz würde dann aber bald sichtbar werden: Die drei Arten von Schulklassen würden sich deutlich auch in anderen Variablen unterscheiden, die mit der Schulleistung zunächst gar nichts zu tun haben.

Eine ungewöhnlich umfangreiche Erhebung an 18 Schulen der Sekundarstufe im amerikanischen Mittelwesten umfasste 92 Klassen und dauerte über zwei Jahre (Gamoran, Nystrand, Berends & LePore, 1995). Im Mittelpunkt des Interesses standen die Fortschritte im Englischen, wie sie sich in den drei Niveaustufen abzeichneten. Gemäß ihren Leistungen im Englischunterricht wurden die Schülerinnen und Schüler in drei Niveaustufen von Klassen eingeteilt,

▶ *honor classes* (24 Klassen, im Mittel je 20 Schüler),

▶ *regular classes* (44 Klassen, im Mittel je 18 Schüler),

▶ *remedial classes* (24 Klassen, im Mittel je 12 Schüler).

Unerwartete Unterschiede stellten sich zwischen den drei Niveaustufen ein. Sie betrafen das Geschlecht, die Hautfarbe und den Sozialstatus der Kinder. Mädchen waren in den Spitzenklassen leicht überrepräsentiert und in den Remedialklassen (Sonderklassen) leicht unterrepräsentiert. Schwarze und Hispanics bildeten fast die Hälfte der Kinder in den Remedialklassen, machten aber nur 10 - 15 % der Kinder in den beiden anderen Arten von Klassen aus. Ein ähnliches Gefälle zeigte sich im Hinblick auf den Sozialstatus, aber auch bei den Leistungen in Mathematik.

Der Unterricht in den drei Niveaustufen unterschied sich ebenfalls bedeutsam, wie aus Unterrichtsbeobachtungen und aus der Analyse von Schülerfragebogen hervorging. Was Lese- und Schreibaktivitäten betraf, so stellte sich die erwartete Rangordnung ein. In den guten und mittleren Klassen wurden deutlich mehr Lese- und Schreibaufgaben bewältigt. Außerdem gab es dort längere auf die Thematik bezogene Diskussionen und Frageaktivitäten von Seiten der Schüler und der Lehrer. Lediglich bei den Zeiten, in denen die Schülerinnen und Schüler nicht lernten, dominierten die Remedialklassen. Dabei ging es beispielsweise um Disziplinprobleme, um rein Organisatorisches und ähnliches. Aus Ergebnissen dieser Art kann man also schließen, dass die Lehrer ihren Unterricht durchaus an das Leistungsniveau der Klassen anpassten.

Wie steht es aber mit den Lernzuwächsen, die in den drei Arten von Klassen innerhalb eines Jahres erzielt wurden? Bei der statistischen Auswertung wurde berücksichtigt, dass Lernende mit besseren Ausgangsbedingungen auch mehr lernen würden. Tatsächlich wurde auch in allen drei Typen von Klassen gelernt. Darüber hinaus zeigten sich aber leichte Unterschiede im *Lerngewinn*, soweit sie nur auf die Unterrichtserfahrungen in den Niveauklassen zurückzuführen waren: Die Spitzenschüler hatten etwas mehr profitiert als die in den regulären Klassen, während die Schülerinnen und Schüler in den schwächsten Klassen auch am wenigsten zugelernt hatten. Die Unterschiede waren zwar nicht sehr groß, aber sie bezogen sich auch nur auf die Veränderungen innerhalb des einen Jahres. Würde man den differentiellen Lerngewinn auf mehrere Jahre hochrechnen, so müssten beachtliche Differenzen resultieren.

Im Kontrast hierzu steht eine Längsschnittstudie zum Mathematikunterricht aus dem Staat New York (Burris et al. 2006). Dort wurden sechs aufeinanderfolgende Jahrgangskohorten der Klassen 6 bis 12 in die Untersuchung einbezogen. In den ersten drei Jahren erhielten die Kinder Unterricht in homogeneren Leistungsklassen, in den letzten drei Jahren in heterogen zusammengesetzten Klassen. Methodologisch ist eine solche lang dauernde und zweiphasige Zeitreihenstudie nicht ganz unproblematisch. Insgesamt waren die Lernergebnisse für alle Niveaugruppen besser unter heterogenen Bedingungen, wobei allerdings Sonderschüler ausgeklammert blieben.

Haeberlin (1991) berichtete jedoch von einer schweizerischen Untersuchung, bei der es darum ging, den Erfolg der Integration lernbehinderter Kinder in regulären Schulklassen zu untersuchen. Dabei wurden Kinder ausgesucht, die alle gleichermaßen die Kriterien der Lernbehinderung erfüllten, sich aber in verschiedenen Schulformen befanden: 87 der Kinder besuchten Sonderschulen, waren also in relativ leistungshomogenen Klassen, während 110 Kinder reguläre Schulen besuchten, somit in leistungsheterogeneren Klassen gefördert wurden. Von diesen letzteren erhielten 39 Kinder noch zusätzliche Hilfe durch einen Sonderschullehrer, der regelmäßig kam, um die Kinder einzeln zu fördern. Die Ergebnisse lassen sich so zusammenfassen.

▶ Die schwachen Schüler in Regelklassen gehörten häufiger zu den unbeliebten Schülern im Vergleich zu den anderen Schülern. Die zusätzliche Hilfe durch Sonderschullehrer vermochte daran nichts zu ändern. Die schwachen Schüler in Regelklassen schätzten sich auch selbst als schlechter sozial integriert ein. Auch daran konnte die zusätzliche Hilfe nichts ändern.

▶ Das Selbstkonzept der eigenen Begabung war bei den schwachen Schülern in Regelklassen nicht nur negativer als das der Mitschüler, sondern auch ungünstiger als das vergleichbarer Schüler in Sonderschulen. Erhielten die schwachen Regelschüler zusätzliche sonderpädagogische Hilfe, so war das Selbstkonzept der eigenen Fähigkeit besonders negativ ausgeprägt.

▶ Die schwachen Schüler in den Regelklassen lernten aber in Mathematik und Deutsch mehr als die vergleichbar schwachen Schüler in Sonderschulen.

Der ungleich stärker fordernde Unterricht der Regelklasse und die Anwesenheit von „Zugpferden" könnten zu dem besseren Lernerfolg in den Regelklassen geführt haben. Die psychologischen Kosten für die lernschwachen Schüler waren allerdings nicht gering, und sie entsprechen dem, was man von der Theorie des sozialen Vergleichs her vorausgesagt hätte. Sollte man also die Integration dieser Schüler verbessern? Und wie kann man das tun, ohne ihnen besondere Hilfen zu gewähren, die ja wiederum allen verkünden würden, dass diese Mitschüler besonderer Hilfe bedürfen? Oder sollte man auf Integration in dem Alter verzichten und statt dessen die Lernförderung in den Sonderschulen verbessern?

Fragen diese Art sind zweifellos ernst zu nehmen und auch nicht leicht zu beantworten. Allerdings dürfte es sich empfehlen, auf der Basis solcher Befunde nicht vorschnelle Schlüsse zu ziehen. Immerhin handelt es sich nicht um eine experimentelle Versuchsanordnung. Vielmehr waren die Kinder bereits vor dem Versuch in unterschiedliche Schulformen eingegliedert worden, und man kann nie ausschließen, dass es dann auch vorher schon Unterschiede gab, die sich ebenfalls ausgewirkt haben dürften.

Diese Überlegungen gelten im Grunde für die Aufteilung der Schülerinnen und Schüler auf Niveaugruppen insgesamt. *Erstens* kommt man nur durch Experimente zu unzweideutigen Ergebnissen, weil bei Experimenten die Lernenden durch Zufall den Bedingungen zugewiesen werden. Andernfalls dürfte eine Fülle von Variablen überlagernd mitwirken, deren Einfluss nicht hinreichend berücksichtigt werden kann. Leider gibt es aber auf diesem Gebiet zu wenig experimentelle Forschung. *Zweitens* sollte man angemessen berücksichtigen, dass in unterschiedlichen Niveaugruppen auch die Art der Instruktion variieren dürfte, wie dies oben an einem Beispiel nachgewiesen wurde. Dann stellt sich die Frage, ob etwaige Unterschiede auf das unterschiedliche Niveau der Lernenden oder auf den unterschiedlichen Unterricht zurückzuführen sind oder gar auf beide Aspekte. *Drittens* wäre noch die Frage zu stellen, ob die Anwesenheit sehr guter Schüler (also von „Zugpferden") das Lernen auch der schwächeren fördert. Wenn ja, so hätten stärker heterogen zusammengesetzte Klassen ihre Vorteile. Wie man sieht, ist die Frage nach der Wirksamkeit der Klassenbildung gemäß dem Leistungsniveau einfach zu komplex. Man wird sie in ihre einzelnen Fragestellungen ausdifferenzieren müssen, was bislang noch nicht hinreichend geschehen ist.

Zur Frage der „Zugpferde" gibt eine ältere amerikanische Untersuchung einige Hinweise (Beckerman & Good, 1981). Die Autoren unterschieden zwischen günstigen und ungünstigen Grundschulklassen. „Günstig" nannten sie eine Klasse, bei der ein Drittel oder mehr der Schüler hochbegabt war, und „ungünstig", wenn ein Drittel oder mehr schwachbegabt war. Nach Testung der Kinder und Zuweisung zu den Klassen resultierten 31 „günstige" Klassen und 24 „ungünstige" Klassen. Zu Beginn und am

Ende des Schuljahres wurden die Mathematikleistungen erhoben und analysiert. Es stellte sich heraus, dass gute wie schwache Schüler gleichermaßen besser lernten, wenn sie in „günstigen" Klassen waren im Kontrast zu vergleichbar befähigten Kameraden, die in „ungünstigen" Klassen unterrichtet wurden.

12.2.2 Einteilung nach dem Lebensalter oder dem Schuljahr

Dass in einer Klasse Kinder aus mehreren Schuljahren unterrichtet werden, war in Dorfschulen im 19. Jahrhundert durchaus die Regel. Man sprach dann beispielsweise von der einklassigen Landschule. Der Lehrer bildete Schuljahrsgruppen, die er nacheinander unterrichtete, während die jeweils anderen Gruppen beschäftigt waren. Heute sind solche jahrgangsübergreifende Klassen meist nur noch in Entwicklungsländern zu finden oder in ganz entlegenen Regionen.

Jahrgangshomogene Klassen, wie wir sie kennen, sind nicht wirklich altershomogen. Sitzenbleiber, verspätet Eingeschulte und hochbegabte Kinder, die eine Klasse überspringen, führen zu Unterschieden im Alter, die oft bis zu drei Jahren ausmachen. Trotzdem sind die meisten der Schülerinnen und Schüler mehr oder minder gleichaltrig. Manche Reformschulen wie etwa die Montessorischulen oder die Schulen gemäß dem Jenaplan von Peter Petersen führen aber bewusst eine größere und gleichmäßigere Altersstreuung ein. Sie halten solche Gruppen für natürlicher, weil familiennäher, und sind davon überzeugt, dass hier jüngere Kinder von älteren zwanglos lernen.

Es gibt eine Reihe von zumeist nichtexperimentellen Untersuchungen, in denen der Lernfortschritt der üblichen relativ altershomogenen Klassen und der konkurrierenden altersgemischten Klassen miteinander verglichen wurde. Eine umfangreiche Metaanalyse über die Befundlage wurde von dem niederländischen Forscher Veenman (1995) vorgenommen. Er kam zu dem Schluss, dass es praktisch keinen Unterschied im Lernerfolg gebe. Mason und Burns (1996) kritisierten die Metaanalyse in methodologischer Hinsicht und nahmen überdies an, Veenman tendiere eigentlich zur jahrgangsübergreifenden und altersheterogenen Klassenstruktur, von der die Kritiker meinten, sie schade eher als dass sie nütze. Veenman (1996) analysierte daraufhin die Ergebnisse neu, indem er die wichtigsten Argumente der Kritiker aufnahm. Es änderte sich aber nichts an den Ergebnissen. Er konnte keine Effektunterschiede zwischen den beiden Klassenstrukturen feststellen.

Wenn hochbegabte Kinder die Möglichkeit bekommen, eine oder gar mehrere Klassen zu überspringen, so resultieren insofern auch eher altersheterogene Klassen. In dem Falle sollten die abgebenden Klassen leistungshomogener werden, während die aufnehmenden nicht leistungsheterogener werden sollten, wenn die Zuordnung angemessen war. Solcherart homogenisierte Klassen sind nicht besser als mehr heterogene Klassen (Slavin, 1987), wenngleich die hochbegabten Kinder so besser gefördert werden können. Spezielle Enrichment-Programme für Hochbegabte, die ihnen neben dem allgemeinen Unterricht angeboten werden, und D-Zug-Programme, bei denen Hochbegabte separat unterrichtet werden, haben nach den vorliegenden Untersuchungen im Allgemeinen mittlere bis große Effekte (Kulik & Kulik, 1992). Verbleiben Hochbegabte in regulären Klassen, so sieht Lloyd (1999) gute empirische Gründe, Klassen zu wählen, in denen bewusst eine größere Altersstreuung eingeführt ist. In dem Fall sehen sich die Lehrer zweifellos eher veranlasst, Gruppen zu bilden, die getrennt unterrichtet werden. Die Hochbegabten werden dann besser gefördert.

12.2.3 Einteilung nach dem Geschlecht

Bis weit ins 20. Jahrhundert hinein dominierten reine Mädchenschulen und reine Jungenschulen. Erst etwa im letzten Drittel des vorigen Jahrhunderts setzten sich koedukative Schulen flächendeckend durch, insbesondere weil die Ansicht vorherrschte, Mädchen erhielten sonst eine geringerwertige, weil zu einseitig orientierte Bildung („Kirche, Küche, Kinder"). Katholische Privatschulen widersetzten sich am längsten dem koedukativen Zeitgeist. Völlig unerwartet mehrten sich allerdings gegen Ende des Jahrhunderts Stimmen, die sich auf Untersuchungen beriefen, wonach die Mädchen nun im *gemeinsamen* Unterricht benachteiligt würden. Das gelte nicht für alle Fächer, sondern speziell für Mathematik und Naturwissenschaften, aber auch für den Umgang mit Computern. In den Grundschulen scheint allerdings die Welt noch in Ordnung zu sein. Jedenfalls sind die Matheleistungen der Mädchen dort nicht schlechter als die der Jungen (Klauer, 1992; vgl. auch die Erhebungen in den USA, Abbildung 12.3., 12.4. und 12.5

Seite 209). In Deutschland zeigten sich zwar in einer Längsschnittstudie geringfügig mäßigere Matheleistungen der Mädchen, die sich schon in einem Vorschultest angekündigt hatten (Stern, 1998).

Wenn es jedoch um Computer geht, machen sich schon in Grundschulen deutlichere Unterschiede bemerkbar. Arbeiten dort gemischt geschlechtliche Paare zusammen und gibt es Probleme mit dem Computer, so sind es die Jungen, die sich durchsetzen (Fitzpatrick & Hardman, 2000). Gemischt geschlechtliche Paare arbeiten zwar nicht schlechter, aber weniger intensiv zusammen als dies gleichgeschlechtliche Paare tun (Underwood, Underwood & Wood, 2000). Einen zusammenfassenden Überblick über diese Forschungen bieten Volman und van Eck (2001).

Der Tenor anderer Untersuchungen geht dahin, dass die Unterschiede erst in der Vorpubertät beginnen, also in der Sekundarstufe. Die Leistungen der Mädchen in Mathematik und Physik sollen dann im Durchschnitt geringer sein als die entsprechenden Leistungen der Jungen, und in den Kurswahlen wie im Studium sollen die Mädchen seltener Mathematik, Natur- und Ingenieurwissenschaften wählen. Interpretiert wird das im Hinblick auf das Hineinwachsen in die Geschlechterrollen, und mit weiblichem Wesen vertrage sich die Hinwendung zu Sprachen und zu helfenden Berufen besser als zu den „männlichen" Fächern und Berufen (Schildkamp-Kündiger, 1974).

In der Tat gibt es eine Reihe von Untersuchungen, die die differentielle Leistungsentwicklung bestätigen. Hier sei nur verwiesen auf die umfassende amerikanische Erhebung der *National Assessment of Educational Progress* (1999; abgekürzt NAEP, vgl. Abbildung 12.3, 12.4 und 12.5 sowie Halpern, 2002). In einer früheren Untersuchung in achten und zehnten Klassen, die repräsentativ in den USA durchgeführt worden war, konnten schon Burkam, Lee und Smerdon (1997) geringere Leistungen der Mädchen in physikalischen, aber nicht in biologischen Testfragen nachweisen. Interessant ist der zusätzliche Befund, wonach Unterricht im Labor, bei dem man selbst Hand anlegen musste, allen zugute kam, den Mädchen aber ganz besonders. Diese Feststellung kontrastiert nur scheinbar mit einem in fünften bis achten Klassen gefundenen Ergebnis: Wenn naturwissenschaftlicher Unterricht verlangte, dass die Lernenden selbst etwas tun mussten, so waren es in der Regel die Jungen, die sich aktiv einschalteten, und es gab einen Zusammenhang zwischen aktiver Betätigung und Einstellung zum Fach am Ende des Schuljahres. Entsprechend zeigten die Mädchen am Ende weniger positive Einstellungen zu dem naturwissenschaftlichen Unterricht (Jovanovich & Steinbach King, 1998).

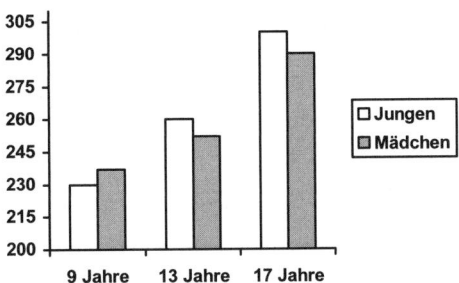

Abbildung 12.3. Mittelwerte von Jungen und Mädchen in den naturwissenschaftlichen Tests (NAEP, 1999)

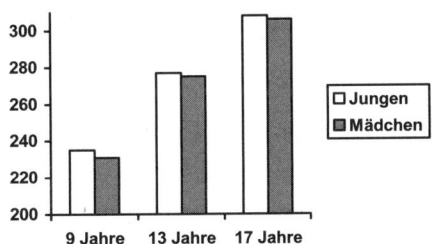

Abbildung 12.4. Mittelwerte von Jungen und Mädchen in Mathematik (NAEP, 1999)

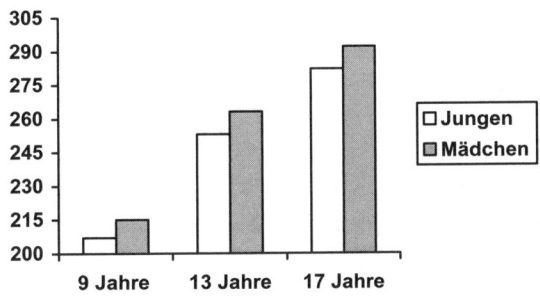

Abbildung 12.5. Mittelwerte von Jungen und Mädchen im Lesetest (NAEP, 1999)

Für die Bundesrepublik Deutschland sind Geschlechtsunterschiede in der Kurs- und Studienwahl gut belegt (z. B. Köller, Daniels, Schnabel & Baumert, 2000). Nun gibt es aber mehrfach Untersuchungen, die zeigen, dass in *reinen Mädchenklassen* ab der Sekundarstufe die Mathematikleistungen, das Selbstkonzept der mathematischen Befähigung und die mathematisch-naturwissenschaftlichen Interessen, ja selbst der Umgang mit Computern deutlich besser gefördert werden als in gemischten Klassen (vgl. etwa Holz-Ebeling & Hansel, 1993; Shapka & Keating, 2003). Beispielsweise brachte eine Studie an sieben Berliner Gesamtschulen mit über 700 Schülerinnen und Schülern bemerkenswerte Ergebnisse zum Anfangsunterricht in Physik: In reinen Mädchenklassen waren die Mädchen weit stärker interessiert an Physik, hatten mehr Spaß am Unterricht, schätzten ihre Begabung für Physik höher ein, zeigten bessere Leistungen im Fach und wählten häufiger Fortgeschrittenenkurse im Fach – jeweils im Vergleich zu Mädchen, die in koedukativen Klassen Physikunterricht erhielten (Hannover & Kessels, 2002).

Sollten gemischte Klassen die mathematisch-naturwissenschaftlichen Leistungen und Interessen der Mädchen tatsächlich beeinträchtigen, so dürfte dieser Effekt in Wirklichkeit klein sein. Rost vermutet zum Beispiel, dass Hintergrundvariablen wie der Bildungsgrad des Elternhauses, das Leistungs- und Begabungsniveau in der Grundschule und ähnliche frühere Einflüsse bei vielen Untersuchungen nicht hinreichend berücksichtigt worden seien. Um diese „Störfaktoren" konstant zu halten, haben Rost und Pruisken (2000) eine Stichprobe von über 600 Schülerinnen und Schülern aus katholischen Privatschulen rekrutieren können, von denen ein Teil koedukativ und ein Teil in reinen Mädchen- oder Jungenklassen unterrichtet wurden. Die schulfachbezogenen Selbstkonzepte, Interessen und Motivationsaspekte differierten dabei zwischen Jungen und Mädchen, aber die Art der Klassenzugehörigkeit spielte überhaupt keine Rolle.

Analoge Ergebnisse, auch in Bezug auf die mathematisch-naturwissenschaftlichen Leistungen, stellten LePore und Warren (1997) in katholischen Schulen der Sekundarstufe fest, die sowohl reine Jungen- und reine Mädchenklassen hatten als auch koedukative Klassen. Die Autoren führen wie Rost und Pruisken die abweichenden Ergebnisse anderer Autoren auf deren mangelnde Berücksichtigung relevanter Hintergrundsfaktoren zurück. In dem Zusammenhang ist auch die Studie von Holz-Ebeling, Grätz-Tümmers und Schwarz (2000) interessant. Ausgangspunkt dieser Arbeit ist die Überlegung, dass Jungen ja wohl „Nutznießer" im mathematisch-naturwissenschaftlichen Unterricht von gemischten Klassen sein müssen, wenn Mädchen dabei benachteiligt werden. Holz-Ebeling et al. untersuchten Schülerinnen und Schüler aus elften und zwölften Klassen von vier katholischen Privatschulen, von denen zwei Schulen reine Jungenschulen waren, die beiden anderen aber koedukative Schulen. Ein Vergleich der Jungen unter beiden Bedingungen im Hinblick auf Interessen, Leistungen, Befindlichkeiten und Liebesbeziehungen zu Mädchen brachte keine nennenswerten – und vor allem keine systematischen Unterschiede. Die Schulform spielte keine bedeutsame Rolle.

12.3 Klassenmanagement

Die Art der Klassenzusammensetzung beeinflusst selbstverständlich, wie leicht oder wie schwer eine Klasse zu führen und zu unterrichten ist. Reine Mädchenklassen machen es im Allgemeinen den Lehrkräften zwar leichter, aber sie sind heute ja eher die Ausnahme. Unabhängig von der Zusammensetzung der Klasse können aber manche Lehrer besser mit ihren Klassen umgehen, haben weniger Unruhe, weniger Störungen und Ärger und erreichen die Unterrichtsziele besser als andere. Was ist deren Geheimnis?

Weitgehend vergessen ist, wie Kounin (1970) in ungewöhnlich umfangreichen und langwierigen Unterrichtsbeobachtungen und Videoaufzeichnungen hinter das Geheimnis tüchtiger Lehrkräfte zu kommen suchte. Für längere Zeit hing er der Vermutung an, kleine Störungen breiteten sich wellenartig aus, etwa wenn ein Kind mit einem anderen flüstert und danach auch dieses und jenes Kind damit anfange und am Ende manche sogar laut dazwischen redeten. Er wollte nun herausfinden, was solche Störungen veranlasst und wie sie sich ausbreiten, kam aber zu keinem rechten Ergebnis. Erfolgreicher war sein Versuch, das Lehrerverhalten zu studieren, um zu prüfen, welches Lehrerverhalten Störungen eher provoziert und welches nicht. Dabei entdeckte er zwei Verhaltensweisen der Lehrkraft, die Störungen gar nicht erst aufkommen lassen.

▶ Aufmerksames Beobachten der Klasse während des gesamten Unterrichtsprozesses bei frühzeitigem Einschreiten, wenn irgendwo jemand stört.

▶ Die Aufmerksamkeit gleichzeitig auf zwei oder mehr Abläufe konzentrieren, zum Beispiel einem Schüler zuhören und gleichzeitig einen anderen auf einen Fehler hinweisen können.

Bemerkt und beanstandet die Lehrkraft ein Fehlverhalten zu spät, so ist die Wahrscheinlichkeit groß, dass sich andere bald ähnlich destruktiv verhalten. Dasselbe gilt auch, wenn die Lehrkraft mit einer Sache beschäftigt ist und dann nicht mitbekommt, was sonst in der Klasse so läuft.

Immerhin verstärkte Kounin auf diese Weise den Trend, das Lehrerverhalten zu erforschen, das geeignet ist, die Lernbereitschaft der Schüler zu wecken, aber auch das Lehrerverhalten, das die Störanfälligkeit im Unterricht erhöht. Dass dies auch heute noch sinnvoll ist, haben Helmke und Renkl (1993) bestätigen können. Die Autoren legten ihrer Arbeit die Daten aus einer Längsschnittuntersuchung in Grundschulen zugrunde. Konkret ging es um Erhebungen in 52 Grundschulklassen des ersten bis vierten Jahrgangs, wobei das Aufmerksamkeitsniveau während des Unterrichts ermittelt und danach in Beziehung gesetzt wurde zu Merkmalen der Schulklassen und zu Merkmalen des Unterrichts, den die Klassen erhielten. Es handelte sich um diese Klassenmerkmale: (1) Kognitives Eingangsniveau, (2) kognitive Heterogenität, (3) Klassengröße, (4) Zusammensetzung nach Geschlechtern und (5) Anteil von Kindern ohne Deutsch als Muttersprache.

Es zeigte sich, dass die ersten vier Merkmale praktisch keinen Einfluss auf das mittlere Aufmerksamkeitsniveau der Klasse hatten und dass nur der Anteil der Ausländerkinder eine Rolle spielte, die allerdings nicht sehr bedeutend war und mit den Schuljahren sogar deutlich abnahm. Die Autoren konnten zusammenfassend feststellen, dass es die Lehrperson wesentlich in der Hand hatte, welcher Grad von Aufmerksamkeit in der Klasse durchschnittlich anzutreffen war.

Welches Lehrerverhalten ist empfehlenswert? In einer englischen Studie wurden über tausend Lektionen aufgenommen und analysiert, die von Lehrerstudenten und von erfahrenen Lehrern in der Sekundarstufe gehalten worden waren (Wragg, 1985). In Unterrichtsstunden, die von ihrer Anlage, Durchführung und ihren Ergebnissen her als effektiv eingestuft worden waren, hatten die Lehrpersonen gute Beziehungen zu den Lernenden, waren gut vorbereitet, hatten organisatorisch alles im Griff, waren in der Lage, kluge Fragen zu stellen und konnten gut erklären. Sie waren überdies einfallsreicher in den Anforderungen an die Schüler, boten eher im Vorhinein einen Überblick und im Nachhinein einen Rückblick und eine Zusammenfassung und setzten auch mehr visuelle Hilfen ein. Kurz und gut: Diese Lehrkräfte konnten die Lehrfunktionen angemessen realisieren. Schüler schätzen es offenbar, wenn die Lehrenden kompetent sind, strukturiert unterrichten, wissen, was sie wollen und gut erklären können. Nach den Befunden von Wragg erlebten Lehrende, die das nicht konnten, ziemlich viele Störungen und Unterbrechungen oder einfach Unruhe durch die Schüler. Zum Burnoutsyndrom von Lehrern tragen solche Erfahrungen vermutlich bei, wenn sie sich häufen (Barth, 2001).

Auf einen anderen Aspekt machte Kerry (1981) aufmerksam. Der Autor berichtete über eine Untersuchung bei 100 Lehrern in der Primar- und der Sekundarstufe, die hochbegabte Kinder in der Klasse hatten. In aller Regel hatten die Lehrkräfte keine Probleme mit diesen Schülerinnen und Schülern. Wenn es aber zu Störungen kam, die mit diesen Kindern zusammen hingen, so war der Grund hierfür meist recht einfach. Die hochbegabten Schülerinnen und Schüler waren dann meist unterfordert, der Unterricht war ihnen langweilig. Dem kann man natürlich durch differenzierende Anforderungen vorbeugen.

Angesichts solcher Ergebnisse liegt es nahe, Lehrerstudenten und fertigen Lehrkräften ein Training anzubieten, das ihnen Gelegenheit gibt, die nachweislich hilfreichen Techniken und Strategien des Unterrichtens einzuüben. So wurden in den Niederlanden gute Erfahrungen gemacht mit einem Training, bei dem Lehrkräften der Grundschule vermittelt wurde, ihre Zeit besser zu planen, die angemessenen Lehrmethoden zu wählen, ihr Klassenmanagement zu verbessern und die Kinder zu selbständigem Lernen zu ermuntern (Roelofs, Veenman & Voeten, 1994). Solch ein Training verändert das Lehrerverhalten zum Positiven hin, aber es ändert auch die mentalen Prozesse, die relevanten Kognitionen und kognitiven Strukturen, die das Verhalten steuern. Das konnte in amerikanischen Studien bei Lehramtsstudenten deutlich gezeigt werden (Jones & Vesilind, 1995; 1996).

Einen neuen Ansatz in der Forschung zur optimalen Klassenführung stellen die Studien dar, die sich an die Lernenden wenden. Cothran, Kulinna und Garrahy (2003) interviewten 182 Schülerinnen und Schüler, um zu erfahren, wie sie das Verhalten der Lehrenden wahrnehmen, das als förderlich oder abträglich für den Unterricht erlebt wurde. Der Tenor war recht eindeutig: Lehrpersonen, die nach dem Urteil der Lernenden gut unterrichteten, stellten klare Anforderungen, auf die man sich auch verlassen konnte, und entwickelten außerdem gute Beziehungen zu den Lernenden.

Sehr viel umfangreicher war eine Untersuchung, die in Norwegen national repräsentativ für die Sekundarstufe durchgeführt wurde und mehr als 3 800 Schülerinnen und Schüler von 227 Klassen umfasste (Bru, Stephens & Torsheim, 2002). Die Schülerinnen und Schüler sollten dabei an Hand eines Fragebogens berichten, wie sie die Klassenführung erlebt hatten, als sie sich einmal „daneben" benommen hatten. Wichtigstes Ergebnis dieser Ex-post-Erhebung ist wohl die Tatsache, dass das Fehlverhalten von Schülern nicht in Verbindung gebracht werden konnte mit der Klassenführung so, wie sie alle betraf. Vielmehr fühlten sich die einzelnen Schülerinnen und Schüler veranlasst, nicht mehr richtig mitzuarbeiten oder gar in Opposition zu gehen, wenn sie *persönlich* glaubten, vom Lehrer nicht richtig behandelt worden zu sein. In dem Fall richteten sie ihre Aggressionen gegen die Lehrkraft und viel seltener gegen die Mitschüler. Wahrgenommene emotionale Unterstützung fördert jedoch das erwünschte Verhalten, so das Urteil der Lernenden.

12.4 Ausgleich von Leistungsunterschieden

Typischerweise findet man in Schulklassen Lernende, die zur Leistungsspitze gehören, und solche, die am unteren Ende der Rangskala stehen. Was aber nicht so bekannt ist, betrifft die *Bandbreite* im Leistungsniveau von Klassen. Schulklassen unterscheiden sich deutlich in der Bandbreite der Unterschiedlichkeit der Leistungen der Schüler, und es lag nahe zu vermuten, dass der Unterrichtsstil des Lehrers hierbei eine Rolle spiele. Hauptsächlich in den achtziger Jahren des vorigen Jahrhunderts wurden hierzu ebenso umfangreiche wie differenzierte Untersuchungen durchgeführt.

Treiber und Weinert (1985) konnten nach Untersuchungen in 77 Hauptschulklassen zeigen, dass sich Schulklassen tatsächlich deutlich darin unterscheiden, wie stark das Leistungsniveau der Kinder um den mittleren Wert streut. In manchen Klassen ist die Streuung und also die Unterschiedlichkeit der Leistungen sehr viel größer als in anderen. Wie verändert sich aber diese Unterschiedlichkeit? Findet im Laufe der Zeit ein Ausgleich statt oder vergrößert sich der Unterschied zwischen den Schülerleistungen? Treiber und Weinert mussten feststellen, dass es Klassen gibt, in denen eine Verminderung der Unterschiedlichkeit stattfindet, daneben aber auch Klassen, in denen die Variabilität gleich blieb oder gar noch zunahm. Als optimal stellten sie eine Förderung heraus, bei der alle gute Fortschritte machen, die Leistungsunterschiede aber im Sinne des Ausgleichs von Lernchancen vermindert werden. Sie stellten aber fest, dass die „Leistungsegalisierung in den untersuchten Klassen … nicht durch Verbesserung der schlechten, sondern durch Verschlechterung der guten Schüler zustande kommt" (S. 380).

Diese Schlussfolgerung rief Kritiker auf den Plan, die im Einzelnen tatsächlich auf Mängel der Arbeit hinweisen konnten (Beck, Bromme und Mitarbeiter, 1988). Allerdings folgten weitere umfangreiche Arbeiten zu diesem Thema. Baumert, Roeder, Sang und Schmitz (1986) hatten 400 Gymnasialklassen untersucht und kamen unterm Strich zu einer ähnlichen Aussage. „In nach Leistungsgruppen getrennten Analysen konnte gezeigt werden, dass bei streuungsverringerndem Unterricht erhebliche Einbußen im Lernfortschritt des oberen Leistungsdrittels relativ schmalen Gewinnen im unteren Leistungsdrittel gegenüberstehen" (S. 654). Helmke (1988) verfolgte die Leistungsentwicklung von 39 Hauptschulklassen und kam zu einem ähnlichen Befund, nämlich dass „begabungshohe Schüler in egalisierenden Klassen eine erheblich ungünstigere Leistungsentwicklung zu verzeichnen haben als in leistungsdivergenten Klassen, während sich bei den leistungsschwachen Schülern keine Unterschiede zeigen" (S. 57).

Findet der Ausgleich der Leistungsunterschiede also auf Kosten der Leistungstüchtigen statt? Es gibt nur eine Untersuchung, und zwar in der Grundschule, die zu abweichenden Schlussfolgerungen gelangte. Treinies und Einsiedler (1996) analysierten die Leistungsstruktur von 21 Grundschulklassen des vierten Schuljahrs und fanden dort eindeutig andere Ergebnisse: In den Klassen, in denen ein Ausgleich der Leistungsunterschiede stattfand, wurden die guten und mittleren Schüler gleich gut wie in den Klassen gefördert, bei denen die Leistungsunterschiedlichkeit zunahm. Der andersartige Trend zeigte sich in der deutlich besseren Förderung der leistungs*schwachen* Kinder, wenn sie in Klassen waren, in denen ein Leistungsausgleich stattfand.

Wie lassen sich diese nicht zueinander passenden Befunde erklären? Sicher gibt es gegenwärtig keine befriedigende Erklärung. Treinies und Einsiedler weisen mit Recht auf zwei Aspekte hin, die ihre Arbeit nicht wirklich vergleichbar sein lassen mit den bislang referierten Ergebnissen: In der Grundschule sind noch alle Leistungsniveaus zusammen, während Hauptschulen und Gymnasien nur über eingeengte Bandbreiten der Begabung verfügen. Darüber hinaus haben Treinies und Einsiedler die Leistungsentwicklung nicht längerfristig verfolgt, sondern Daten eines eigenen zeitlich begrenzten Experiments *ex post* analysiert.

Dennoch gibt es einige Gemeinsamkeiten, die das didaktische Vorgehen der Lehrpersonen betreffen. In allen diesen Arbeiten wurden einzelne Klassen mit besonders günstigen Befunden entdeckt (hohes mittleres Leistungsniveaus mit relativ geringer Leistungsunterschiedlichkeit) und Klassen mit entsprechend ungünstigen Werten (niedriges Leistungsniveau bei großer Streuung). Extremgruppenvergleiche zeigten, dass in den positiv eingestuften Klassen die Lehrkräfte deutlich stärker auf eine aktive Beteiligung der Lernenden hinwirkten und die Interaktion Lehrer-Schüler wie die Schüler-Schüler-Interaktion so steuern konnten, dass insgesamt höhere kognitive Operationen vollzogen wurden, die auch den gesamten Lehr-Lern-Prozess besser strukturierten. Zu ähnlichen Schlussfolgerungen kamen die anderen Autoren. Ebenso in diese Richtung weist eine Arbeit von Renkl und Stern (1994), bei der es um das Lösen von Textaufgaben ging.

12.5 Zusammenfassung

Große Schulen, die also mehr als 2 000 Schüler umfassen, haben zwar eine Reihe von Vorteilen. Nach amerikanischen Untersuchungen sind ihre Unterrichtserfolge zumindest in den Hauptfächern eher etwas niedriger als in kleineren Schulen.

Was die Klassengröße betrifft, so bringen im Allgemeinen kleinere Klassen etwas bessere Lernergebnisse als größere Klassen, insbesondere in den Hauptfächern. Dieser Trend wird jedoch leicht von anderen Faktoren überlagert. Forschungen sprechen dafür, dass die Klassengröße das Lernen nicht unmittelbar beeinflusst, sondern nur mittelbar, vermittelt über das Lehrerhandeln und die Schüleraktivitäten, die ihrerseits von der Klassengröße beeinflusst sind. Insbesondere Art und Qualität der Lehrer-Schüler Interaktion ändern sich mit der Anzahl der Schülerinnen und Schüler pro Klasse.

Klassen können vergleichsweise homogen oder heterogen zusammengesetzt sein. Die wichtigsten Einteilungsmerkmale sind dabei das Leistungsvermögen, das Alter und das Geschlecht der Lernenden.

Um leistungshomogenere Klassen zu erzielen, bildet man für gute, mittelmäßige und schwache Schüler je eigene Klassen. Für das Lernen kann das vorteilhaft sein. Allerdings unterscheiden sich dann die Klassen aber auch in anderer Hinsicht, so zum Beispiel im Sozialstatus der Familien, aus denen die Schüler kommen.

Leistungsheterogene Klassen wirken unterschiedlich auf das Selbstkonzept der eigenen Begabung. Hier wird das Selbstkonzept guter Schüler gestärkt, das Selbstkonzept schwacher Schüler beeinträchtigt. Leistungshomogene Klassen dämpfen eher das Selbstkonzept guter Schüler und stärken das schwacher Schüler.

Experimentelle Forschungen, die ein optimales Maß an Homogenität oder Heterogenität ermitteln könnten, sind selten und fehlen in Deutschland gänzlich.

Jahrgangs- und damit deutlicher altersheterogene Klassen gibt es vor allem in Reformschulen. Vorteile dieser Struktur sind bislang nicht nachgewiesen.

Reine Jungen- und reine Mädchenklassen gibt es heute kaum noch. Allerdings finden sich ernstzunehmende Forschungsergebnisse, wonach Mädchen etwa ab der Vorpubertät in Mathematik, manchen Naturwissenschaften und im Umgang mit Computern benachteiligt sind, wenn sie gemischte Klassen besuchen. Diese Nachteile beeinflussen die Kurswahl auf der gymnasialen Oberstufe und wirken sich bis in die Berufs- und Studienwahl aus.

Unter Klassenmanagement versteht man die Art und Weise, wie Lehrkräfte Schulklassen führen. Bei ungünstigem Klassenmanagement gibt es relativ viel Leerlauf, Störungen und Unzufriedenheit. Umgekehrt führt ein gut geplanter und aufmerksam durchgeführter Unterricht in der Regel zu einem positiven Arbeitsklima. Allerdings gibt es Klassen, die schwieriger zu führen sind als andere, etwa wenn der Anteil von Immigrantenkindern in Grundschulen besonders hoch ist.

In manchen Schulklassen gelingt es, die Leistungsunterschiede zwischen den Schülern zu verringern und zugleich doch das Leistungsniveau deutlich anzuheben. Allerdings geht das tendenziell eher zu Lasten der guten Schüler, die nicht optimal gefördert werden. In Klassen, in denen die guten Schüler besonders gut gefördert werden, geht dies tendenziell zu Lasten der schwachen Schüler. Ein echter Ausgleich ist am ehesten zu erwarten, wenn es gelingt, kognitiv anspruchsvolle Lehrer-Schüler Interaktionen zu gestalten, bei denen strukturierende Hilfen eingesetzt werden.

13 Sozialformen des Unterrichts 3

Gruppen können ebenfalls eher *homogen* oder eher *heterogen* zusammengesetzt sein. Sie erfahren hier, dass die Art der Zusammensetzung unterschiedliche Effekte auf schwache und auf tüchtige Lernende zeitigt. Darüber hinaus werden in diesem Abschnitt Lernformen in ihrer Wirksamkeit vorgestellt, bei denen einzelne Lernende zusammenarbeiten, so beim *kooperativen* Lernen, dem *reziproken* Lernen, das speziell im Leseunterricht eingesetzt wird, und dem Lernen von Paaren *("Lerntandems")*. Hierzu liegen differenzierte Forschungsergebnisse vor, die gelegentlich sogar negative Effekte metakognitiver Förderung nachweisen. Abschließend wird auf Studien zur relativen Wirksamkeit des *Einzelstudiums* etwa mittels E-Learning oder Fernstudium eingegangen, relativ zu herkömmlicher Unterrichtung im Klassenverband.

13.1 Gruppenunterricht

In den wenig gegliederten oder gar einklassigen Landschulen des 19. Jahrhunderts war Unterricht in Kleingruppen unvermeidbar, einfach weil es unmöglich ist, mehrere Jahrgangstufen gleichzeitig sinnvoll zu unterrichten. Den Lehrern blieb damals nichts anderes übrig als Jahrgangsgruppen zu bilden. Während eine Gruppe unterrichtet wurde, gab es für die anderen Stillbeschäftigung. Klassenunterricht erschien als pädagogischer Fortschritt, der vor allem in Städten überhaupt erst möglich wurde. Die Reformpädagogik um die Wende zum 20. Jahrhundert hat dann Gruppenunterricht im modernen Sinne als eine viel versprechende Möglichkeit entdeckt und propagiert, weil die Kooperation der Lernenden in Gruppen pädagogisch wünschenswertere Bedingungen biete.

Bei der Gruppenbildung steht man – wie wir sehen werden – ebenfalls vor der Frage, leistungshomogene oder leistungsheterogene Gruppen zu bilden. Bei den leistungsheterogenen Gruppen unterscheidet man auch zwischen Sympathie- und Projektgruppen. Bei Sympathiegruppen lässt man die Lernenden weitgehend entscheiden, wer mit wem zusammenarbeitet. Projektgruppen werden dagegen oft so zusammengestellt, dass sie die ihnen zugewiesenen Aufgaben am besten erfüllen können und so einen guten Beitrag zum Gesamtprojekt leisten.

Merkmale des	
Klassenunterrichts	**Gruppenunterrichts**
Unterrichtsplanung einheitlich für alle	Unterrichtsplanung differenziert nach Gruppen
Gleiche Lehrziele für alle	Unterschiedliche Lehrziele für die Gruppen
Gleiches Lerntempo für alle	Unterschiedliches Lerntempo
Viel Lehrerzuwendung, jedoch für alle	Wenig Lehrerzuwendung pro Gruppe
Meist Lehrer-Schüler Interaktion	Meist Schüler-Schüler Interaktion
Wettbewerb zwischen Schülern	Kooperation zwischen den Schülern
Keine Differenzierung nach besonderen Bedürfnissen	Hilfen für Sondergruppen (Hochbegabte, Schwachbegabte)
	Entwicklung sozialer Kompetenzen

Die Tabelle bietet einen vergleichenden Überblick über die wichtigsten Merkmale von Klassen- und Gruppenunterricht. Gruppenunterricht kann, aus der Sicht der Lehrenden betrachtet, aufwändiger und anspruchsvoller sein. Er könnte sich aber in mancher Hinsicht als vorteilhafter erweisen.

Vor 1950 gab es allerdings kaum vergleichende Forschungen über die Wirksamkeit von Klassen- und Gruppenunterricht. Danach setzte allerdings eine verstärkte Forschungstätigkeit in dieser Richtung ein. Als dann 1976 von Glass die Technik der Metaanalyse entwickelt worden war und nachdem doch schon mehrere Untersuchungen durchgeführt worden waren, erschienen gleich zwei Metaanalyse (Kulik & Kulik, 1987; Slavin, 1987). Später folgte eine dritte zu dem Themenkomplex (Kulik & Kulik, 1991) und schließlich eine weitere, die alle vorhergehenden zusammenfasste (Lou, Abrami, Spence, Poulsen, Chambers & Apollonia, 1996). Deren wichtigste Ergebnisse seien hier zunächst wieder gegeben. Sie basieren auf über 70 unabhängigen Veröffentlichungen, die zum Teil auch mehr als eine Untersuchung bringen.

Insgesamt stellte sich der Gruppenunterricht wirksamer als der Klassenunterricht dar. Die mittlere korrigierte Effektstärke lag bei $M_d = 0,34$, wenn die Abschlusstests auf den Lehrstoff bezogen waren. In kleinen Gruppen von 3 – 4 Schülern wurde mehr gelernt als in Gruppen, die größer waren, aber auch etwas mehr als wenn nur zwei Kinder zusammenarbeiteten. Was die Fächer betrifft, so bewährte sich der Gruppenunterricht am stärksten in Mathematik und Naturwissenschaft. In den ersten drei Grundschulklassen brachte der Gruppenunterricht jedoch keine besonderen Vorteile. Was die Klassengröße angeht, so erwies sich Gruppenunterricht in großen Klassen von mehr als 35 Kindern als besonders günstig, was wohl nicht so sehr überrascht.

Selbstverständlich arbeiten nicht alle Gruppen erfolgreich miteinander. Geht man der Frage nach, welche Merkmale es sind, die erfolgreiche Gruppenarbeit gewährleisten, so stößt man am ehesten auf die Qualität der *Interaktion* innerhalb der Gruppen (Webb, 1991; King, 1992b). Beispielsweise ist es besser, wenn Schüler untereinander nicht einfach die richtige Lösung austauschen, sondern ausführlich erläutern und erklären, warum eine Lösung richtig ist. Differenzierte Erklärungen bieten viele Anknüpfungspunkte zur Speicherung und zum langfristigen Behalten. Vorteilhaft ist auch, wenn die Gruppenmitglieder untereinander Anregungen bieten, wie das Gelernte auf anderes übertragen – transferiert – werden kann (Webb, Trooper & Fall, 1995).

Die meisten der Untersuchungen bezogen sich auf leistungsheterogen zusammengesetzte Gruppen. Immerhin standen 20 Arbeiten zur Verfügung, um homogen und heterogen gebildete Gruppen auf ihre Lerneffektivität zu vergleichen. Im Hinblick auf die im vorigen Abschnitt diskutierte Problematik ist der Befund bemerkenswert, wonach *schwächere* Schüler in leistungsheterogenen Gruppen besonders gefördert wurden ($d = 0,60$; Lou et al., 1996). Das konnte für den Bereich Mathematik bestätigt werden. So lernten Schwachbefähigte in einer Gruppe besser, wenn sie mit gut Befähigten zusammenarbeiteten (Fuchs, Fuchs, Karns, Hamlett, Dutka & Katzaroff, 1996). Für *durchschnittlich befähigte* Lernende erwiesen sich homogene Gruppen eindeutig als überlegen ($d = 0,51$), während es für die *gut befähigten* Lernenden gleichgültig war, welcher Art von Gruppe sie zugeteilt waren. Was die Fächer angeht, so war der Leseunterricht in leistungshomogenen Gruppen deutlich wirksamer, während die Art der Gruppenbildung in den anderen Fächern eine untergeordnete Rolle spielte. Auf diese Thematik werden wir weiter unten im Zusammenhang mit der *Aptitude-Treatment*-Interaktion auf Seite 272 f erneut zurückkommen.

Drei Jahre später erschien eine Metaanalyse, die den Effekt von Gruppenunterricht im Grundstudium analysierte und auf 57 Untersuchungen basierte (Springer, Stanne & Donovan, 1999). Einbezogen waren nur Studierende der Fächer Naturwissenschaft, Mathematik, Ingenieurwissenschaft und Technologie. Bei diesen älteren Lernenden war der Gruppenunterricht im Vergleich zum Klassenunterricht eindeutig effektiver. Mit M_d = 0,51 wurde sogar der Wert übertroffen, der im Schulbereich ermittelt worden war (Lou et al., 1996). Offenbar ist es nicht gleichgültig, in welchem Fach Gruppeninstruktion stattfindet, denn auch hier gab es markante Unterschiede von Fach zu Fach. Die besten Effekte ergaben sich in der Naturwissenschaft (M_d = 0,87), die schwächsten in den Ingenieurwissenschaften, wenngleich sie auch hier mit einem mittleren M_d = 0,25 die der Klasseninstruktion bedeutsam übertrafen. Bemerkenswert ist ferner, dass sich auch die Einstellung zum studierten Fach bei Gruppenunterricht deutlich besser entwickelte (M_d = 0,56), ebenso wie die selbst eingeschätzte Befähigung für das Fach (M_d = 0,61). Das Effektstärkemaß d ist oben Seite 85, die Metaanalyse Seite 86 erläutert.

Mit den Farbigen und den Hispanics gibt es in den USA deutlich unterprivilegierte Bürger. Die haben überraschend besonders gut vom Lernen in der Gruppe profitiert, verglichen mit dem Lernen von gleich unterprivilegierten Kommilitonen, die in der Klassenstruktur instruiert wurden (M_d = 0,97). Es wäre zu prüfen, ob sich ein solches Ergebnis auch bei anderen unterprivilegierten Lernenden und auch bei uns darstellen lässt.

Bekanntlich lernen Schüler mit guten Vorkenntnissen mehr als solche mit geringeren Vorkenntnissen. Man spricht in dem Zusammenhang vom Matthäuseffekt („Wer hat, dem wird gegeben …" Matthäus 13, Vers 12). Deshalb überrascht es immer, wenn schwächere Schüler mehr zulegen als bessere. Überraschend war entsprechend der Befund von Webb und Palincsar (1996), wonach gute *und* schwache Schüler profitieren, wenn Schüler andere Schüler in der Gruppe unterrichten, nur durchschnittlich Befähigte nicht: Wer als guter Schüler in die Lehrerrolle schlüpft, so die Interpretation, zieht auch aus seiner Lehraktivität Vorteile, und die Schwächeren lernen dabei durchaus; nur die durchschnittlichen sollen dann nicht so viel profitieren.

Um dies zu verhindern, wurde von Frankfurter Kollegen eine Untersuchung mit Gruppenunterricht in dritten und vierten Klassen Grundschule durchgeführt (Borsch, Jürgen-Lohmann & Giesen, 2002). Die eingesetzte Technik heißt in den USA „jigsaw" und wird gerne mit Gruppenpuzzle übersetzt. Dabei soll *jedes* Gruppenmitglied einmal als *Experte* für einen Teilaspekt des Gruppenthemas auftreten und die anderen unterrichten. Auf diese Weise wird verhindert, dass nur gute Schülerinnen und Schüler vortragen, aber nicht auch durchschnittliche und schwache. Da verschiedene Themen bearbeitet wurden, resultierten von allen Kindern Lernwerte, die sie erzielten, wenn sie als *Experte* und wenn sie als *Zuhörer* beteiligt waren. Ergebnis: Die Experten lernten mehr als die Zuhörer, und die Zuhörer mehr als Kinder, die die gleichen Themen im Klassenunterricht erhielten. Interessant ist aber an diesem Versuch des weiteren, dass die schwachen Schüler mehr zulegten als die durchschnittlichen und die wiederum mehr als die leistungstüchtigsten. Wie kann ein solches Ergebnis zustande kommen, das doch aller Erkenntnis zu widersprechen scheint?

Denkbar wäre, das Ergebnis auf die Leistungstests zurückzuführen, die im Bereich der tüchtigsten Schüler nicht mehr gut differenziert haben mögen, etwa wenn die Tests nach oben hin „keine Luft" mehr hatten. Man spricht dann neudeutsch von einem *Ceiling*-Effekt (die tüchtigen Kinder stoßen an die „Decke" des Tests). Möglicherweise waren die gewählten Themenkreise aber auch zu leicht für die besseren Schülerinnen und Schüler. Diese letztere Möglichkeit könnte jedenfalls bei einer israelischen Studie eine Rolle gespielt haben (Shacha & Fischer, 2004).

168 Jungen und Mädchen aus fünf elften Klassen nahmen an einem Experiment teil, bei dem es inhaltlich um Chemieunterricht ging, genauer um intermolekulare Strukturen und Prozesse. Drei der Klassen erhielten regulären Klassenunterricht, während in zwei Klassen Gruppenunterricht erteilt wurde, bei denen eine Art „forschendes" Lernen praktiziert wurde. Bemerkenswert ist, dass unter beiden Bedingungen, Gruppenunterricht wie Klassenunterricht, die leistungstüchtigsten Schülerinnen und Schüler am wenigsten gelernt hatten. Vermutlich waren sie auf Grund ihrer Vorkenntnisse vom Lehrstoff unterfordert. Aufgefordert, schriftliche Kommentare zum Gruppenunterricht zu geben, fielen besonders viele negativen Äußerungen auf, dass die Methode unangemessen wäre, nur Konfusion bewirke, dass man nichts lerne, dass es ohne Lehrer nicht funktioniere und dergleichen mehr.

Eine wesentlich umfangreichere und methodologisch anspruchsvollere Untersuchung von Webb, Nemer und Zuniga (2002) wirft ein weiteres Licht auf die Wirkung von Gruppenunterricht bei hochbegabten Schülerinnen und Schülern. Am Versuch nahmen – neben anderen Schülerinnen und Schülern – 83 Hochbegabte teil, und inhaltlich ging es um Themenkreise aus der Elektrizität, wobei sowohl praktische Leistungen als auch theoretisches Wissen vorher und nachher erhoben wurden. Die Hochbegabten wurden auf homogene und heterogene Gruppen verteilt, so dass es möglich war, die Lernerfolge in Abhängigkeit von der Zusammensetzung der Gruppe zu studieren. In leistungshomogenen Gruppen wurden die Hochbegabten durchweg gut gefördert, lediglich in leistungsheterogenen Gruppen gab es Differenzen. In manchen dieser Gruppen lernten auch die Hochbegabten viel, in anderen aber nicht. Genauere Analysen der Videoaufnahmen machten deutlich, dass es auf die Art der *Interaktion* in den Gruppen ankam, ob die überdurchschnittlichen Schüler ebenfalls profitierten oder nicht.

Die Qualität der Arbeit und der Zusammenarbeit innerhalb der Gruppe – hier insbesondere in den heterogenen Gruppen – spielt offenbar eine wichtige Rolle. Ob die Schülerinnen und Schüler wohl trainiert werden sollten, wie man in der Gruppe zweckmäßig zusammenarbeitet?

192 Kinder aus sechsten Klassen australischer Schulen nahmen an einem gut geplanten Trainingsexperiment teil (Gillies & Ashman, 1996). In dem Versuch ging es darum, die Zusammenarbeit in der Gruppe zu üben, um dann anschließend im Ernstversuch prüfen zu können, ob das Training das Verhalten in der Gruppe und schließlich auch das Lernen selbst verbessert. Um die Problematik von homogener und heterogener Gruppenbildung außen vor zu lassen, wurden heterogene Vierergruppen systematisch zusammengestellt, bei denen ein Kind hochbegabt war, eines schwachbegabt und zwei im Normalbereich lagen. Außerdem waren alle Gruppen hinsichtlich des Geschlechts ausbalanciert. Von den 48 Gruppen erhielten 24 ein spezielles Training und 24 nicht. Im Training, das an zwei aufeinander folgenden Tagen für je eine Stunde stattfand, wurde behandelt, wie man sich in einer kleinen Gruppe zweckmäßig verhält, und in Diskussionen erörtert, auf welche Weise man die *aktive* Mitarbeit aller in der Gruppe erreichen könne. Ferner wurde deutlich gemacht, dass jedes Gruppenmitglied Verantwortung dafür trägt, dass alle auch etwas lernen, und es wurde diskutiert, wie man sicherstellen könne, dass jeder Zugang zu den Hilfsmitteln hat. Die Gruppenarbeit selbst wurde

danach im Ernstversuch nach verschiedenen Aspekten hin beobachtet und ausgewertet. Es zeigten sich markante Unterschiede in der Interaktion innerhalb der Gruppen zugunsten derjenigen, die zuvor ein Training erhalten hatten. Sie zeichneten sich durch ein weit kooperativeres Verhalten aus. So verwendeten sie häufiger sprachliche Äußerungen, die die ganze Gruppe einbezogen (sprachen z.B. häufiger von „wir" statt von „ich"), erklärten sich gegenseitig mehr und legten ein insgesamt selbständigeres Lernverhalten an den Tag. Gelernt hatten sie ebenfalls überzufällig mehr. Die Effektstärke betrug d = 0,66. Diese Befunde verdeutlichen den Vorteil, der mit dem relativ kurzen Training erzielt worden ist.

Manche Lehrpersonen sind ohne weiteres in der Lage, gute Gruppenarbeit anzuregen, bei der die Lernenden hervorragend zusammenarbeiten und gut lernen. Andere Lehrpersonen schaffen das offenbar nicht im gleichen Ausmaß. Das konnten Haag, Fürst und Dann (2000) in einem groß angelegten Feldversuch eindrucksvoll nachweisen. Die Autoren zeichneten 40 Sequenzen von Gruppenunterricht audiovisuell auf, die von zehn Lehrpersonen durchgeführt worden waren. Die Schüler gehörten zu fünften und sechsten Klassen ländlicher wie städtischer Hauptschulen in Mittel- und Oberfranken. Die Aufzeichnungen der 40 Sequenzen wurden aufwändig analysiert, wobei erhebliche Unterschiede zwischen den Lehrpersonen festzustellen waren (Haag & Dann, 2001). Deutliche Zusammenhänge resultierten zwischen den Lehrerhandlungen und der Gruppenarbeit einerseits wie dem Lernerfolg in den Gruppen andererseits. Es konnte darüber hinaus gezeigt werden, dass die Lehrkräfte, die gute und erfolgreiche Gruppenarbeit anregten, im Gegensatz zu den weniger gut operierenden Lehrkräften über angemessenere *subjektive Theorien* verfügten, welche Art von Gruppenunterricht wünschenswert sei. Wie Lehrkräfte sich optimalen Unterricht denken, beeinflusst danach ihren Unterrichtsstil und, als Folge davon, den Lernerfolg der Schülerinnen und Schüler.

Befunde dieser Art sprechen dafür, die optimale Gestaltung von Gruppenunterricht in der Lehrerausbildung theoretisch zu behandeln und praktisch zu erproben. Dabei könnte kooperatives Lernen eine der Möglichkeiten darstellen, um die Gruppenarbeit zu optimieren.

13.2 Kooperatives Lernen

In den USA ist eine spezielle Form des Gruppenunterrichts relativ weit verbreitet, die unter dem Kürzel STAD (*Student Teams Achievement Divisions*, vgl. Slavin, 1990) bekannt ist. Die Gruppen umfassen vier bis sechs Mitglieder, und jede Gruppe erhält einen Phantasienamen (Mathemonster, die Phantastischen Vier usw.). Wichtig ist, dass die Gruppen heterogen zusammengesetzt sind: Zu jeder Gruppe gehört ein überdurchschnittlich leistungsfähiges Kind und ein unterdurchschnittliches, ferner möglichst der gleiche Anteil von Jungen und Mädchen, von verschiedenen Rassen usw., wie sie in der Klasse eben vertreten sind. Neuer Lehrstoff wird zunächst im Klassenunterricht präsentiert und im Unterrichtsgespräch erörtert. Danach folgt die Gruppenarbeit an Hand von Arbeitsblättern, und sie dauert so lange, bis alle Gruppenmitglieder die fraglichen Aufgaben lösen können. Erst dann gibt es eine schriftliche Abschlussarbeit, die jedes Kind selbständig bearbeiten muss. Bewertet wird die Leistung der Gruppe als Ganzer, wobei klar herausgestellt wird, dass die Note jedes einzelnen vom Lernfortschritt aller in der Gruppe abhängt.

Das System der Leistungsbewertung und Benotung mag vielleicht nicht jeden überzeugen. Man erwartet aber davon, dass sich die Lernenden bemühen, ihre Mitschüler nicht zurückzulassen, sondern dafür zu sorgen, dass alle gleich viel lernen. Solches Vorgehen soll darüber hinaus nicht nur das soziale Lernen, sondern überhaupt Kooperations- und Teamfähigkeit fördern. Ferner soll das Vorgehen die Lernmotivation stimulieren und das Selbstkonzept der eigenen Befähigung günstig beeinflussen, sowohl für die Leistungstüchtigen, die den anderen helfen, als auch für die Schwächeren, die am Ende eben doch fast gleich viel lernen. Überdies sollen auf diese Weise benachteiligte und behinderte Kinder problemloser integriert und besser gefördert werden.

Allerdings konnte in einer amerikanischen Erhebung bei Lehrkräften im Bereich Grundschule festgestellt werden, dass die meisten der Lehrpersonen zwar Gruppenunterricht einsetzten, nicht aber die Form der Leistungsbewertung übernahmen. Obwohl vielfach empfohlen, verzichteten sie weitgehend darauf, die Kinder für das Lernen ihrer Mitschüler verantwortlich zu halten.

Kooperatives Lernen kann natürlich auch misslingen. Die Wahrscheinlichkeit, dass eine Gruppe ein Problem löst, ist oft identisch mit der Wahrscheinlichkeit, dass eines der Gruppenmitglieder das Problem löst – also dass es mindestens einen guten Problem-löser in der Gruppe gibt oder einen, der schon Bescheid weiß (vgl. auch Urbain & Kendall, 1980; Neber, 1987). Vielfach verlassen sich Gruppenmitglieder auf den oder die Tüchtigsten in der Gruppe, und in dem Fall ist es mit dem kooperativen Lernen nicht so weit her. Denkbar ist auch, dass es die Leistungstüchtigeren mit der Zeit satt bekommen, für die anderen zu arbeiten, sich ausgenutzt fühlen und sich dann selbst weniger einsetzen, möglicherweise zum eigenen Schaden (Salomon & Globerson, 1989). Es kommt also darauf an, solchen Fehlentwicklungen entgegen zu wirken, die den Sinn der Gruppenarbeit aushöhlen.

Diese Gefahren werden von der empirischen Forschung nicht bestätigt, zumindest nicht für jüngere Schülerinnen und Schüler. In einer Metaanalyse zum kooperativen Lernen in amerikanischen Elementarschulen – Kindergarten bis sechste Klasse - wurden nach strenger Auslese 90 Untersuchungen zusammengefasst, bei denen sich Kinder gegenseitig in Gruppen unterrichteten („peer-assisted learning"). Das kooperative Lernen erwies sich bei einer mittleren (nach der Stichprobengröße) gewichteten Effektstärke von d+ = 0,33 als vergleichsweise wirksam (ungewichtet M_d = 0,59, vgl. Rohrbeck, Ginsburg-Block, Fantuzzo & Miller, 2003; zur Metaanalyse vgl. Seite 86). Besonders vorteilhaft war diese Form des Lernens für jüngere Schülerinnen und Schüler, ferner für Stadtkinder, für Kinder aus sozialschwachen Familien und für Kinder von Farbigen. Kamen mehrere dieser Faktoren zusammen wie etwa bei Kindern von einkommens-schwachen Minoritäten, die in der Stadt wohnten, so waren die Effekte überdurch-schnittlich groß. Ferner wurden überdurchschnittlich gute Effekte erzielt, wenn die Gruppe mehr Freiheiten eingeräumt bekam, insbesondere das Lernziel und die Beloh-nung selbst auswählen zu können. Allerdings resultierten günstigere Lernergebnisse, wenn die Beurteilung individuell auf die einzelnen Kinder statt auf die ganze Gruppe bezogen wurde. Erfasst wurden in allen Fällen die Effekte auf das Lernen im Lesen und in Mathematik. Die Effekte, die in den beiden Bereichen erzielt wurden, unterschieden sich nicht in ihrer Größe. Bemerkenswert ist noch ein weiterer Befund, nämlich hin-sichtlich der Zusammensetzung der Gruppe nach dem Geschlecht. Schon bei diesen jüngeren Kindern waren gleichgeschlechtlich zusammengesetzte Gruppen mit einem M_d = 0,63 deutlich effektiver als gemischt geschlechtliche Gruppen, die einen Mittelwert von M_d = 0,30 erzielten.

Mitunter stellt sich das kooperative Lernen sogar als eine Erschwerung dar, etwa wenn es um knifflige Problem geht und andere dann stören können. Diese Erfahrung mussten Schnotz, Böckheler, Grzondziel, Gärtner & Wächter (1998) bei Universitätsstudenten machen. In einer anspruchsvollen Computersimulation stellte sich die kooperative Bedingung als benachteiligend im Vergleich zum individuellen Lernen heraus. Die Abstimmung untereinander stellte eine zusätzliche Anforderung dar, die die mentalen Kapazitäten überlastete und so den Lernfortschritt erschwerte. Über ähnliche Erfahrungen berichteten Krause, Stark und Mandl (2004), ebenfalls bei computer-basiertem Wissenserwerb. Die Autoren arbeiteten mit 137 Studierenden der Pädagogik und Psychologie, die entweder individuell oder in Zweiergruppen – Dyaden – am Computer Wissen erwerben sollten. Hier brachte die Zusammenarbeit keinerlei Vorteile, aber auch keine Nachteile. Kooperatives Lernen muss als solches nicht schon positiv wirksam sein. Es kommt eben auch auf die Bedingungen an, unter denen gearbeitet wird (Huber, 1993; Renkl & Mandl, 1995).

Wie oben bereits gezeigt, erscheint es zweckmäßig, kooperative Gruppenarbeit in der Schule einzuüben. Bei Schülerinnen und Schülern der 8. Klasse und in Mathematik bewährte sich beispielsweise ein Training, das die Übung kooperativen Arbeitens mit der Übung metakognitiver Prozesse verband (Kramarski & Mevarech, 2003). Das Training läuft unter dem Akronym IMPROVE mit folgender Bedeutung:

Introducing (die neuen Begriffe etc. einführen)

Metacognitive questioning (metakognitive Fragen bearbeiten, s. u.)

Practicing (Übung)

Reviewing, reducing difficulties (Wiederholung, Schwierigkeiten abbauen)

Obtaining mastery (den Lehrstoff beherrschen lernen)

Verification (Nachprüfung, Kontrolle)

Enrichment (Anreicherung, Weiterführung und Anwendung auf Neues)

Drei metakognitive Fragen sollen sich die Gruppenmitglieder vorlegen, Verständnisfragen, strategische Fragen und Beziehungsfragen. Bei den *Verständnisfragen* ist die Gruppe gehalten, sich die Fragestellung klar zu machen, die tragenden Begriffe zu klären und herauszufinden, was gegeben und was gesucht ist. Unter den *strategischen Fragen* soll die Gruppe prüfen, welches Vorgehen und warum geeignet sein dürfte. Schließlich geht es bei den *Verknüpfungsfragen* darum herauszufinden, ob die Schüler schon etwas Ähnliches kennen, welche Gemeinsamkeiten und welche Unterschiede zwischen dem neuen Problem und dem bereits bekannten Lehrstoff bestehen. Die Strategie des Vergleichens ist hier also gefordert.

Die Autoren verteilten die 384 Schülerinnen und Schüler auf vier Gruppen, deren Unterrichtsbedingungen wie folgt definiert waren: (1) Kooperativ und metakognitiv, (2) individuell und metakognitiv, (3) nur kooperativ, (4) nur individuell. Inhaltlich ging es um lineare Funktionen, die als Graphen darzustellen waren, sowie um einige damit zusammenhängende mathematische Fragestellungen. Die Unterrichtseinheit dauerte zwei Wochen. Die Effekte des Trainings auf mehrere Variablen wurden erfasst. Die beiden Bedingungen, die ein metakognitives Training erhalten hatten, waren den Bedingungen ohne ein solches Training deutlich überlegen. Von den beiden metakognitiv instruierten Gruppen war die kooperativ Lernende der individuell Lernenden ebenso klar überlegen. Die Unterschiede zwischen den nur kooperativ und den nur individuell arbeitenden Gruppen waren nicht so eindeutig. Das kooperative Training war also nur in Verbindung mit metakognitivem Training wirklich wirksam. Bei der Gruppenarbeit kommt es ja in der Tat darauf an, dass sich die Gruppenmitglieder über die wichtigsten Fragen des Vorgehens verständigen, und zwar von Fall zu Fall, also immer dann, wenn das weitere Vorgehen nicht eindeutig feststeht. Weiter unten werden wir erneut auf diese Studie zurückkommen.

13.3 Reziprokes Lernen

Eine spezielle Spielart kooperativen Lernens stellt das *reziproke Lernen* dar, das vornehmlich zum Lernen aus Sachtexten eingesetzt wird und das in darauf abgestimmte *metakognitive Strategien* einführt. Es geht dabei um Strategien, die das Leseverständnis fördern und das eigene Sinnverständnis überwachen sollen. Entwickelt wurde es von zwei angesehenen amerikanischen Forscherinnen, Palincsar und Brown (1984), die primär mit lernschwachen Kindern arbeiteten (vgl. oben Seite 94). Das Verfahren wurde später auch bei regulären Schülern und sogar gelegentlich bei Studenten eingesetzt. Der Ausdruck reziprok verweist darauf, dass in der Einübungsphase Lehrende und Lernende immer wieder mal die Rollen tauschen. Die Lehrkraft demonstriert als Modell, wie die gerade interessierende Strategie aussieht und wie sie im konkreten Fall angewandt wird. Später übernimmt ein Kind die Rolle der Lehrerin, um vorzuführen, wie die Strategie jetzt eingesetzt werden kann, wobei die Lehrkraft notfalls korrigierend eingreift. Dieses Wechselspiel wird mit jedem Kind und so lange durchgeführt, bis alle in der Lage sind, die Strategie selbständig und auf neue Texte anzuwenden. Das Training wird meist in Gruppen durchgeführt. Es kann aber auch sein, dass eine Lehrperson ein Kind alleine fördert.

Die zu vermittelnde Lesestrategie enthält verschiedene Elemente. Ein Lesetext wird Absatz für Absatz gelesen. Nach jedem Absatz sind folgende Techniken einzusetzen:

▶ Fragen stellen (Wer, was, warum, wozu usw.).

▶ Wortbedeutungen klären, gegebenenfalls auch unklare Textstellen verdeutlichen.

▶ Den Absatz kurz zusammenfassen.

▶ Vorhersagen, was der nächste Absatz wohl bringen wird.

Inzwischen gibt es eine Reihe von experimentellen Überprüfungen der Methode des reziproken Lernens. Eine erste Zusammenfassung der Befunde haben Rosenshine und Meister (1994) in einer Metaanalyse vorgelegt. Von den 16 Untersuchungen zum Effektvergleich von traditionellem und reziprokem Leseunterricht erzielten fünf statistisch bedeutsame Unterschiede zugunsten des reziproken Vorgehen; in vier Fällen gab es gemischte Ergebnisse, dass manche Leistungen bedeutsam verbessert wurden und andere nicht; in sieben Fällen gab es keinen signifikanten Unterschied zwischen reziprokem und traditionellem Leseunterricht. Allerdings schnitt in dreien dieser Studien der herkömmliche Unterricht sogar besser ab, wenn auch nicht statistisch gesichert.

Eine Berechnung der Effektstärken führte zu einem Mittelwert von $M_d = 0{,}32$ bei standardisierten Tests, was auf eine leichte Überlegenheit des reziproken Lernens hindeutet. Allerdings haben Rosenshine und Meister die Mittelwerte der Effektstärken nicht im Hinblick auf die Stichprobengröße korrigiert, so dass man etwas niedrigere mittlere Effekte annehmen sollte. Insgesamt scheint das Verfahren, das ja recht aufwändig ist und Lehrkraft bindet, bei Lernenden hilfreich zu sein, die anders Schwierigkeiten hätten, den Sinn des Gelesenen hinreichend zu erfassen. Man wird aber keine Wunder davon erwarten.

Die Forschungen zum reziproken Lernen sollen an einem Beispiel erläutert werden, das erst nach der Zusammenfassung von Rosenshine und Meister veröffentlicht wurde und durchaus typische Ergebnisse brachte. Alfassi (1998) arbeitete mit 75 Schülern, die in die High School eingetreten waren, die zwar lesen konnten, bei denen es aber am Sinnverständnis haperte. Intellektuell lagen sie im Normbereich und stammten aus Familien der Mittelklasse. Der Versuch fand in zwei Schulen statt. In der einen Schule wurden die Lesestrategien im Sinne von Palincsar und Brown (1984) mittels reziprokem Lernen vermittelt, während die Schülerinnen und Schüler der anderen Schule in gleichem Ausmaß traditionell ihre Lesefertigkeit übten. Das Training wurde an 20 aufeinander folgenden Schultagen durchgeführt. Vorher, nachher und acht Wochen später gab es einen Lesetest, dessen Ergebnisse in Abbildung 13.1 dargestellt sind. Sie beziehen sich auf einen speziell zu diesem Zweck konstruierten Test. Dabei sind die Unterschiede im Posttest und im Follow-up-Test statistisch bedeutsam, obgleich sich die Leistungen nach acht Wochen wieder etwas annäherten. Das kann jedoch damit zusammenhängen, dass das Training nicht lange genug durchgeführt wurde und die Kinder seine Anwendung nicht wirklich internalisiert hatten.

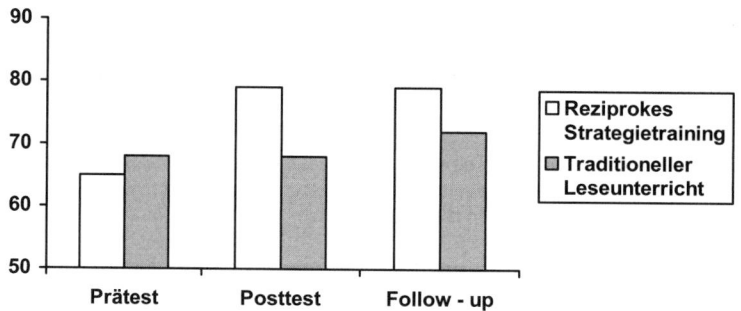

Abbildung 13.1. Ergebnisse des Versuchs von Alfassi (1998)

Dass Schülerinnen und Schüler gelegentlich die Lehrerrolle übernehmen, war ja schon oben im Zusammenhang mit dem Gruppenpuzzle Seite 222 f begegnet. Nach dem alten lateinischen Wort *docendo discimus* soll man ja gerade durch Lehren selber lernen. Tatsächlich gibt es eine Reihe von Versuchen, die zeigen wollen, wie diejenigen, die andere etwas lehren, selbst davon stark profitieren. Das tutorielle Lernen sieht im Allgemeinen einen älteren und fortgeschrittenen Tutor vor, der jüngere und weniger weit Fortgeschrittene instruieren soll. Diese Anordnung findet man sowohl im Schulbereich als auch auf Hochschulebene. Die Forschungslage zum Effekt des Lernens durch Lehren ist nicht so eindeutig wie sie von manchen Verfechtern dargestellt wird. Differenzierte Analysen hierzu hat Renkl (2001; 1997a, b) vorgelegt. Der Autor unterscheidet drei Phasen beim Lernen durch Lehren, die Vorbereitungsphase, die Erklärphase und die Phase der Rückfragen.

Wenn man sich vorbereitet, einen Stoff anderen beizubringen, so wird man sich intensiver und anders mit dem Stoff auseinandersetzen als beim üblichen Lernen. Insbesondere wird man den Lehrstoff angemessen organisieren und strukturieren. Die für das Verständnis und das langfristige Behalten so wichtige Lehrfunktion der Informationsverarbeitung wird also besonders ernst genommen. Wenn es dann zur Instruktion kommt, muss der Lehrstoff verständlich vermittelt werden und es müssen Schwierigkeiten ausgeräumt und Zusammenhänge erklärt werden. Dabei kann der Lehrende eigene Unklarheiten entdecken und durch deren Aufarbeitung zu einem vertieften Verständnis kommen. Ähnliche Konsequenzen ergeben sich, wenn die Lernenden ihrerseits Rückfragen stellen, scheinbare oder tatsächliche Widersprüche entdecken, die aufgeklärt werden müssen und dergleichen mehr.

Die Forschungen, die Renkl zu diesen drei Phasen aufarbeiten oder auch selbst durchführen konnte, sind nur zum Teil ermutigend. Wo Effekte aufgetreten sind, ist jedoch nicht eindeutig klar, auf welche Komponente des Instruktionsgeschehens sie zurückzuführen sind. Das gilt allerdings für viele andere Lehranordnungen ebenfalls. So sind auch hier weitere Forschungen angezeigt.

13.4 Paarlernen

Das reziproke Lernen war ursprünglich so konzipiert, dass zunächst eine Lehrer-Schüler Dyade und später zwei Schüler miteinander lernen und abwechselnd die Rolle des Lehrers übernehmen sollten. Mit der Zeit stellte sich dann heraus, dass sich das reziproke Lernen ebenso gut in kleinen Gruppen realisieren lässt. Unabhängig davon gab es jedoch immer wieder Versuche herauszufinden, ob es empfehlenswert ist, zwei Lernende zusammenarbeiten zu lassen. Eine erste Bilanz zog die bereits erwähnte Metaanalyse von Lou et al. (1996). Danach ist der Lernerfolg geringfügig besser, wenn in Paaren statt im Klassenunterricht gelernt wird (korrigiertes d+ = 0,15).

Lochhead (1985) berichtete von guten Erfahrungen, wenn Paare eine spezielle Technik des Problemlösens einsetzten: Einer der beiden bemüht sich um die Lösung des Problems und kommentiert dabei laut seine Einfälle und sein Vorgehen, während der andere zuhört, sorgfältig aufpasst, prüft, ob das Vorgehen auch konsequent eingehalten wird, auf Fehler hinweist und dergleichen mehr. Beim nächsten Problem werden dann die Rollen getauscht. So haben beide gleiche Chancen, und durch das laute Denken werden Strategien des Problemlösens erkannt, eingeübt und auch weiter gegeben, die sich später als hilfreich erweisen können.

In einer englischen Studie sollten 100 Kinder im Alter von 6 bis 7 Jahren eine bestimmte Art von Klassifikationsproblemen lösen, und zwar entweder allein oder paarweise. Die in Paaren arbeitenden Kinder sollten entweder miteinander sprechen oder nicht. Die paarweise arbeitenden Kinder zeigten zwar die besseren Resultate, doch weitere Analysen machten folgendes deutlich: Die positiven Effekte waren letztlich zurückzuführen auf im Prätest leistungsschwache Kinder, aber nur, wenn diese in der Experimentalphase sich sprachlich mit ihren Partnern austauschen durften (Fawcett & Garton, 2005). Dieses Vorgehen half also nur den schwächeren Kindern und wenn diese mit anderen interagierten.

Allerdings war oben bereits ein Befund vorgestellt worden, wonach bei Studierenden ein zweiter Partner stören konnte, wenn es um schwierige Arbeiten am PC ging. Insofern dürfte es auch beim Paarlernen darauf ankommen herauszufinden, unter welchen Bedingungen es besonders wirksam ist und unter welchen nicht.

In einer kalifornischen Laborschule, die an eine Universität angegliedert ist, wurden ähnliche Erfahrungen gemacht. Dabei ging es ebenfalls um Lernen, das wesentlich durch den Einsatz von Computern gekennzeichnet war. Gleich wirksam erwies sich das Lernen, wenn die Schülerinnen und Schüler mit einem Lehrer oder mit einer Gruppe gleichaltriger Mitschüler kooperierten. Aber es wurde deutlich, dass die Arbeit in Gruppen oder der Einzelunterricht durch einen Lehrer lernwirksamer waren als die Zusammenarbeit mit einem einzigen anderen Kind (Schacter, 2000). Arbeiteten also zwei Kinder am PC zusammen, so war diese Bedingung am wenigsten erfolgreich.

Einen wichtigen Aspekt stellt die Zusammensetzung der Paare dar und die Art der Zusammenarbeit. Fuchs, Fuchs, Hamlett & Karns (1998) untersuchten die Frage bei hochbegabten Schülern der dritten und vierten Klasse, ob homogen oder heterogen zusammengesetzte Paare bei komplexen mathematischen Aufgaben effektiver arbeiteten und lernten. Alle beteiligten Kinder waren erfahren in Partnerarbeit. Die Autoren ließen zehn hochbegabte Kinder sowohl mit einem gleich guten Klassenkameraden als auch mit einem leistungsschwächeren zusammenarbeiten. Die Kooperation der Paare wurde mit Video aufgezeichnet und hinterher differenziert ausgewertet. Die homogenen Paare arbeiteten besser und effektiver zusammen als die heterogenen Paare. Die Zahl der Problemlösungen war bei den homogenen Paaren bedeutsam höher, sie tauschten auch signifikant mehr Gedanken aus, notierten sich mehr, griffen mehr Gedanken des Partners auf und erzeugten öfters kognitiven Konflikt. Gemeint ist damit ein höherer Anteil von Alternativerklärungen, die sie sich gegenseitig boten und die Anlass für interne Diskussionen und Auseinandersetzungen waren. Kognitive Konflikte waren oben im Zusammenhang mit der Motivierungsfunktion bereits begegnet. Sie machen in der Arbeit mit einem gleich guten Partner die Kooperation sicher interessanter und anregender und führten hier auch häufiger zur richtigen Lösung.

Im Kontrast hierzu kann man daher die sehr aufwändige Untersuchung von Konrad (2001) sehen, der mit 99 Pädagogikstudierenden arbeitete, die einen wissenschaftlichen Text zum Thema des selbstgesteuerten Lernens durchzuarbeiten hatten. Verglichen wurden hier die Leistungen von 42 Paaren („Lerntandems") mit 15 einzeln Lernenden. Paare wie einzeln Lernende wurden bei ihrer Arbeit mit Video aufgenommen, die später nach erprobten Kriterien zu analysieren waren. Die Lernenden hatten vier Aufgaben zu bewältigen. Zunächst sollten sie einen Lehrtext durcharbeiten, wobei Anweisungen gegeben waren, welche (metakognitiven) Strategien anzuwenden seien. Weiterhin waren in den Text kontextbezogene Impulse und Fragen eingestreut, die unmittelbar zu bearbeiten waren. Anschließend hatten die Lernenden die Aufgabe, ein *mind map* zu konstruieren, das die Vernetzung der einzelnen Aspekte zeigen sollte. (Die Technik des *mind-mapping* dient der Informationsverarbeitung und war bereits auf Seite 115 f begegnet; vgl. Abbildung 7.1). Während der Textbearbeitung hatten die Teilnehmer laut zu denken, wobei ihnen bekannt war, worauf sie eingehen sollten. Die Sprachproduktionen wurden ebenfalls aufgenommen. Schließlich hatten die Teilnehmer einen Test zu bearbeiten, der die Wiedergabe einiger Textinhalte verlangte.

Die Lernleistung konnte also nach zwei Kriterien hin überprüft werden, hinsichtlich der reinen Reproduktion erworbenen Wissens und hinsichtlich der strukturellen Zusammenhänge, wie sie sich in den *mind maps* darstellten. Die Lernpaare hatten durchweg bessere Lernleistungen als die einzeln Lernenden. Unterschiede stellten sich insbesondere auch bei den *mind maps* ein, was darauf hindeutete, dass die Lerntandems die Zusammenhänge besser verstanden hatten (oder zumindest besser wiedergeben konnten).

Außerdem lagen noch umfangreiche Daten über die metakognitiven Prozesse vor. Bemerkenswert waren die Zusammenhänge, die gefunden wurden zwischen diesen Daten einerseits und den Ergebnissen zum erworbenen strukturellen Wissen andererseits. Die Ergebnisse waren teilweise unerwartet und sprachen dafür, dass sich manche Arten von *Metakognitionen* eher als *lernhinderlich* denn lernförderlich erwiesen. Ähnliches galt auch für den Einfluss metakognitiver Prozesse auf die Leistung im Wiedergabetext. Sind metakognitive Prozesse einzuüben, insbesondere wenn es mehrere sind, so wird der gewohnte Lernablauf durchbrochen, und das mag mitunter auch nachteilig wirken. Solche Resultate dürfte es wohl häufiger geben. Zu ihrer Aufklärung sind sicher weitere Forschungsanstrengungen erforderlich.

13.5 Fernstudium, Fernunterricht und E-Learning

Jederzeit und an jedem Ort zu lernen ist ein Vorhaben, das erst im letzten Jahrzehnt des vorigen Jahrhunderts ernsthaft in Angriff genommen werden konnte und sich noch immer in stürmischer Entwicklung befindet. Das Lehren und Lernen mit den neuen Medien ist inzwischen so bedeutsam geworden, dass es im Rahmen dieses Buchs wenigstens mit einem eigenen Kapitel vorgestellt werden soll. Hier kann es nur um einen speziellen Aspekt gehen, der mit den Sozialformen des Unterrichts eng zusammenhängt.

Wenn man überall und zu beliebiger Zeit Zugriff auf einen Lehrgang haben soll, so muss man nicht nur auf die unmittelbare Interaktion mit einem Lehrenden verzichten, sondern auch auf die Interaktion mit anderen Lernenden. Im Grunde handelt es sich dann um ein Einzelstudium, das sich jedoch vom autodidaktischen Lernen, das schon immer möglich war, in einem Punkt wesentlich unterscheidet: Es ist angeleitetes Lernen. Die wohl verbreiteste, wenn auch nicht immer komplett akzeptierte Definition des Fernunterrichts stammt von Keegan (1996). Danach ist Fernunterricht oder Fernstudium durch folgende fünf Eigenschaften charakterisiert: (1) Die mehr oder minder dauernde Trennung von Lehrenden und Lernenden. (2) Die Existenz einer Institution, die für die Planung und Organisation und die Unterstützung der Lernenden sorgt. (3) Der Einsatz technischer Medien. (4) Die Verfügbarkeit einer Zwei-Wege-Kommunikation. (5) Die mehr oder minder fehlende Gruppe von Lernenden.

Dieser letztere Punkt ist insofern fraglich, als mitunter eben doch Präsenzphasen vorgesehen sein können. Soweit dies der Fall ist, wird der Grundsatz des „jederzeit und überall" natürlich durchbrochen. Das gilt ebenso für Konferenzschaltungen per Video, die Fernunterricht mit direkter Instruktion und Gruppeninteraktion verbinden können.

Viele der Veränderungen auf diesem Gebiet sind durch technische Fortschritte ermöglicht worden, und es ist derzeit im Bereich der Informationstechnologie kein Stillstand abzusehen. Fernunterricht begann mit Schulfunksendungen am Radio und mit Schulfernsehen. Die ersten Jahre des Fernstudiums waren gekennzeichnet durch Printmedien und Postversand, bestenfalls noch durch telefonische Kontakte zwischen Lernenden und Lehrenden. Mit der Einführung des Computers und dem Siegeszug des Internet änderte sich die Szene dann erheblich. Noch dominiert die hier mögliche Interaktion durch Hilfsmittel wie E-mails und Kontakte in Chatrooms. Diese Kontakte sind nur schriftlich möglich, weil die Texte eingetippt werden müssen, und außerdem finden die Kontakte nicht unbedingt in Echtzeit statt. Aber es ist absehbar, wie die Weiterentwicklung der Technik auch diese Grenzen sprengen wird. Dennoch dürfte wohl immer Bedarf bleiben für Lehrgänge, die man zu beliebiger Zeit und an beliebigem Ort durcharbeiten kann, vermittelt etwa per Internet.

Es stellt sich dann die Frage, ob diese modernen Lehr-Lern-Formen ebenso wirkungsvoll gestaltet sein können wie herkömmlicher, traditioneller Unterricht. Allerdings impliziert ihre Beantwortung den Effektvergleich von traditionellem Unterricht mit E-Learning in seinen verschiedenen Varianten – aber es ist durchaus umstritten, ob solche Vergleiche überhaupt sinnvoll sind. Clark (1983; 2000) hat sich mit guten Gründen entschieden dagegen ausgesprochen: In der Tat weiß niemand zu sagen, was genau herkömmlicher Unterricht ist, so dass man schlecht etwas mit ihm vergleichen kann.

So zutreffend diese Argumentation auch ist, so muss man doch das Interesse möglicher Geldgeber und möglicher Abnehmer sehen. Es ist sicher legitim, wenn eine Institution, die ein neues Lehr-Lern-Medium finanzieren soll, die Frage stellt, ob sich das Ganze lohnt, ob eine Investition in herkömmlichen Unterricht nicht doch mehr Erfolg verspricht. Ähnliche Überlegungen mögen auch Lernende anstellen. Von daher sind solche Vergleichsuntersuchungen durchaus erwünscht.

Zwischen 1985 und 2002 wurden im englischen Sprachraum über 300 solcher Untersuchungen durchgeführt und veröffentlicht. Bernard und Mitarbeiter (2004) sichteten die Experimente, um sie einer Metaanalyse zu unterziehen. Nach relativ strengen Kriterien bezogen sie 232 der Studien in ihre zusammenfassende Sichtung ein. Im Folgenden werden nur die Ergebnisse mitgeteilt, die sich auf Vergleichsuntersuchungen beziehen, bei denen der Fernunterricht in keiner Beziehung zum traditionellen Unterricht durchgeführt wurde, mit dem man die Effekte verglichen hat. Ausgeschlossen bleiben damit jene Experimente, bei denen Fernunterricht und herkömmlicher Unterricht koordiniert waren, etwa durch Videoschaltungen in Campusuniversitäten und dergleichen mehr. Positiv ausgedrückt werden jene Ergebnisse mitgeteilt, die das Lernen nach dem Grundsatz des „jederzeit und überall" vergleichend evaluierten. Das sind die Ergebnisse derjenigen Programme, die im Einzelstudium bearbeitet werden können. Die meisten der Untersuchungen gehörten zu dieser Gruppe.

Das eindrucksvollste Ergebnis der Metaanalyse von Bernard und Mitarbeitern (2004) sind zweifellos Mittelwerte nahe Null bei ganz erheblicher Variabilität der Effektstärken. So lag der Mittelwert der Effektstärken im Hinblick auf die Schulleistung bei $d+ = 0{,}053$ zugunsten des Fernunterrichts. Mittelwerte nahe Null bedeuten hier, dass die Effekte von Fernunterricht und Klassenunterricht praktisch nicht verschieden waren, was den Durchschnitt aller Studien angeht. Allerdings war die Variabilität um den Mittelwert erstaunlich groß. Die 174 Effektstärken schwankten zwischen -1,14 und + 1,41. Sie waren nachweislich inhomogen, stammten also nicht aus der gleichen Grundgesamtheit, und auf Basis der vorliegenden Informationen war nicht zu ermitteln, worauf diese großen Unterschiede zurückzuführen seien. Es gibt darunter offensichtlich einen beachtlichen Anteil von Studien, bei denen der Klassenunterricht überlegen war und einen nahezu gleich großen Anteil, bei dem der Fernunterricht die besseren Werte erzielte. Schwacher Klassenunterricht und gute Programme, mäßige Programme und guter Unterricht können zu solchen Ergebnissen führen. Immerhin wird man einräumen müssen, dass Fernstudium prinzipiell die Chance hat, gleich gute Ergebnisse wie Direktinstruktion zu bringen.

Kaum anders liegen die Ergebnisse hinsichtlich der Einstellung zur jeweiligen Instruktion. Hier schnitt der Klassenunterricht mit d+ = 0,08 geringfügig besser ab. Doch war auch dieser Unterschied vernachlässigbar gering bei großer Variabilität, die wiederum nicht aus den vorliegenden Daten erklärt werden konnte. Erstaunlich ist allerdings, dass der Unterschied in der Abbruchquote sehr niedrig lag. Normalerweise beginnen relativ viele ein Fernstudium, es halten aber meist nur wenige durch.

Bemerkenswert sind noch zwei weitere Befunde. Was die Art der Lernenden betrifft, so war der Fernunterricht im militärischen Sektor mit d+ = 0,45 und im schulischen Bereich mit d+ = 0,20 besonders erfolgreich. Im Grundstudium brachte er dagegen am wenigsten.

13.6 Zusammenfassung

Erst seit der Reformpädagogik wird Gruppenunterricht als eine Alternative zum Klassenunterricht wahrgenommen. Beim Gruppenunterricht tritt die Interaktion zwischen den Schülern in den Vordergrund, während die Lehrer-Schüler Interaktion etwas zurücktritt. Durch entsprechende Arbeitsaufträge gewährleistet die Lehrkraft dennoch sinnvolles und zielgerichtetes Lernen.

Forschungen zur Wirksamkeit des Gruppenunterrichts gibt es in nennenswertem Ausmaß erst seit der zweiten Hälfte des vorigen Jahrhunderts. Gruppenunterricht ist im Allgemeinen etwas wirksamer als Klassenunterricht, insbesondere wenn die Gruppen nur 3-4 Schüler umfassen und wenn es sich um Mathematik oder Naturwissenschaften handelt.

Schwächere Schüler werden mitunter in leistungsheterogenen Gruppen besser gefördert, auch wenn dies ihr Selbstkonzept von der eigenen Befähigung beeinträchtigt. Gleiches gilt auch für anderweitig Benachteiligte und Minoritäten.

Ein Training der Lernenden in den Techniken der Gruppenarbeit und des kooperativen Lernens ist zweckmäßig. Ein Training der Lehrkräfte zur optimalen Gestaltung solcher Bedingungen ist ebenfalls empfehlenswert.

Beim kooperativen Lernen unterstützen sich die Schülerinnen und Schüler gegenseitig. Sie sollen sich dabei für das Lernen ihrer Mitschüler verantwortlich fühlen. Mitunter ist das Benotungssystem so angelegt, dass die Leistung der anderen die Note des einzelnen mitbeeinflusst.

Kooperatives Lernen stellt sich in der Forschung zumeist als wirksam dar. Allerdings kann es auch misslingen, etwa wenn sich schwächere Schüler auf die besseren verlassen und sich nicht mehr engagieren. Dieses Verhalten kann auch die Leistungstüchtigeren verprellen. Mitunter stellt sich die Bedingung der Zusammenarbeit sogar als eine Erschwerung dar, so etwa bei diffizilen Aufgaben am Computer.

Das reziproke Lernen ist eine Technik, um sinnerfassendes Lesen bei Sachtexten einzuüben. Dabei wechseln Lehrkraft und Lernende die Rollen zum Zweck der Vermittlung von vier metakognitiven Strategien und zu deren Training. Das Verfahren ist relativ aufwändig und manchmal etwas wirksamer als traditioneller Leseunterricht.

Treten Lernende selbst als Lehrende auf wie etwa beim tutoriellen Lernen, so rechnet man im Allgemeinen damit, dass nicht nur die Unterrichteten dabei lernen, sondern auch die, welche die anderen unterrichten. Vieles spricht für eine vertiefte Verarbeitung des Lehrstoffs, wenn man ihn anderen vermittelt. Die Forschungslage ist zwar nicht so eindeutig, doch gibt es noch nicht sehr viele gute Forschung auf diesem Gebiet.

Wenn Paare von Lernenden zusammenarbeiten, so ist das Lernergebnis im Durchschnitt etwas besser als ein vergleichbarer Klassenunterricht. Allerdings sind hier noch weitere Forschungen sinnvoll. Sicher spielt die Zusammensetzung der Lernpaare eine Rolle und die Art ihrer Interaktion. Außerdem fehlt es noch an Vergleichen zwischen Paarlernen und einzelnem Lernen.

Manche Projekte von Fernstudium oder Fernunterricht ermöglichen einzelnen Lernenden, zu beliebiger Zeit und an einem beliebigen Ort Wissen zu erwerben. Diese Form des Lernens hat die Chance, prinzipiell ebenso gute Erfolge zu vermitteln wie der Direktunterricht.

14 Das Lernen lehren

„Learning-to-learn" gilt traditionell als ein wichtiges Ziel, aber es war lange Zeit unklar, wie dies zu erreichen sei. Heutzutage steht die Vermittlung von *Lernstrategien* im Vordergrund. Aber was sind Lernstrategien? Manche davon werden *fachübergreifend*, andere aber nur *fachspezifisch* einsetzbar sein. Ferner sind *metakognitive* von *bereichsspezifischeren Strategien* zu unterscheiden. Gefordert ist also zunächst eine *Systematik der Lernstrategien*. Im Zentrum des Kapitels stehen jedoch Forschungen zur Wirksamkeit der verschiedenen Lernstrategien. Dabei schält sich heraus, wie relativ wenig Wert Lehrkräfte auf das Lehren des Lernens legen, das sich zweifellos lohnen würde, wie die Sichtung der Forschungsergebnisse verdeutlicht.

14.1 Ein noch junges Forschungsgebiet

Berufstätige stehen besonders günstig da, wenn sie in der Lage sind, sich selbst in ein neues Sachgebiet einzuarbeiten. Daher ist im Vorteil, wer schon frühzeitig gelernt hat, sich selbst Wissen anzueignen. Nachweislich profitieren auch schon Schülerinnen und Schüler davon, wenn sie Techniken und Strategien des autodidaktischen Lernens beherrschen. Immerhin erfordern Hausaufgaben, wenn sie ohne Hilfe bearbeitet werden sollen, Strategien des selbstgesteuerten Lernens wie Trautwein und Köller (2003) zeigen konnten. Tatsächlich wird die Einübung in eigenständiges Lernen vielfach sogar als vorrangiges Ziel des Unterrichts angesehen.

Die große vierbändige *Encyclopedia of Educational Research* (Mitzel, 1969) behandelte das Thema noch am Rande, und nach Lernstrategien suchte man im Sachverzeichnis vergebens. Aber in den letzten Jahrzehnten des vorigen Jahrhunderts boomte geradezu die Forschung zum Lernen des Lernens.

Bislang wurde trotz des relativ späten Einsetzens der Forschungen eine fast unüberschaubare Fülle von einschlägigen Strategien und Techniken identifiziert und untersucht, sei es im Hinblick auf die Häufigkeit ihrer Verwendung oder auf die Einschätzung ihrer Wirksamkeit seitens der Lehrenden und Lernenden oder mit Blick auf Zusammenhänge zwischen verschiedenen Strategien und natürlich auch bezüglich ihrer Wirksamkeit. Inzwischen liegen bereits Metaanalysen zu speziellen Fragestellungen und andere Übersichten über die Forschung vor (vgl. etwa Hattie, Biggs & Purdie, 1996; Hofer & Patrick, 1997; Rosenshine, Meister & Chapman, 1996). Deutschsprachige Handbücher bringen einführende oder zusammenfassende Beiträge (vgl. etwa Artelt, Demmrich & Baumert, 2001; Brunstein & Spörer, 2001; Mackowiak, 2004; Reinmann-Rothmeier & Mandl, 2001). Bemerkenswert sind auch Monographien wie etwa die von Schreiber (1998) zum selbstregulierten Lernen, die von Artelt (2000) zum strategischen Lernen oder die von Wild (2000) zu Lernstrategien im Studium.

Für die vielen *Lernstrategien*, die in den letzten Jahrzehnten vorgeschlagen worden sind, hat sich bislang noch keine einheitliche Strukturierung oder ein Einteilungssystem durchsetzen können. Das ist umso verwunderlicher als es nach heutiger Sicht doch beim Lehren des Lernens letztlich auf die Vermittlung von Lernstrategien ankommt. Insofern sollte eine klare Systematik der zu vermittelnden Strategien hilfreich sein.

14.2 Systematik der Lernstrategien

Im Kapitel über das Lehr-Lern-Modell wurden Lehrfunktionen abgeleitet, die sich aus dem Ansatz des Lernens als Informationsverarbeitung ergeben. Sie informieren, welche Effekte zu erzielen sind, um Lernprozesse gezielt in Gang zu setzen und erfolgreich durchzuführen. Dabei wurde schon darauf hingewiesen, dass Lernende, wenn sie autodidaktisch vorgehen wollen, *die Lehrfunktionen für sich selbst übernehmen müssen, um effektiv zu lernen*. Das System der Lehrfunktionen kann demnach aufgefasst werden als Anweisung, was erforderlich ist zu tun, um selbst sein eigenes Lernen zu lenken. Insofern handelt es sich auch hier um einen präskriptiven Ansatz.

Lehrfunktionen kennzeichnen Effekte, die erzielt werden müssen, wenn die Lehre denn wirksam sein soll. Als solche können Lernende aber nichts mit Lehrfunktionen anfangen. Die wollen vielmehr wissen, was genau zu *tun* ist, um die angestrebten Effekte zu erzielen. Hier erweisen sich Lernstrategien als hilfreich. Aber alle reden von Lernstrategien, als ob es sich um die einfachste Sache der Welt handelte, nur keiner sagt genau, was damit gemeint ist. Hier also eine Definition: Eine Strategie ist der Plan für eine Handlungssequenz, die auf ein Ziel gerichtet ist. *Lern*strategien sind Pläne für Handlungssequenzen, die auf *Lernen* abzielen.

Strategien sind nicht selbst zielgerichtete Handlungssequenzen. Man kann nämlich eine Strategie anwenden, ohne dass einem bewusst wäre, dies zu tun, einfach weil man die Strategie gar nicht kennt. Außenstehende Beobachter könnten aber unter Umständen sehr wohl feststellen, dass jemand eine bestimmte Strategie verfolgt. Da dem so ist, empfiehlt es sich, Strategien als *Pläne für* und nicht selbst als Handlungssequenzen zu definieren: Unbeabsichtigte Handlungen sind nämlich wie ein hölzernes Eisen als eine *contradictio in adjecto* einzustufen.

Laut Definition informieren Lernstrategien darüber, was man tun kann, um etwas zu lernen. Allerdings garantiert der Einsatz von Lernstrategien nicht, dass Lernen auch immer stattfindet. Bei empirisch bewährten Strategien ist die Wahrscheinlichkeit erfolgreichen Lernens jedoch hoch, wenn sie richtig eingesetzt werden.

Tabelle 14.1. Lehrfunktionen und Lernstrategien

Übergeordnete (metakognitive) Lehrfunktionen	**Übergeordnete (metakognitive) Lernstrategien**
Steuerung und Kontrolle ▶ des Informationsprozesses ▶ sowie des Motivationsniveaus	Strategien zur Steuerung und Kontrolle ▶ des Informationsprozesses ▶ sowie des Motivierungsniveaus
Untergeordnete (kognitive) Lehrfunktionen	**Untergeordnete (kognitive) Lernstrategien**
▶ Motivationsfunktion ▶ Informationsfunktion ▶ Informationsverarbeitungsfunktion ▶ Speicher- und Abruffunktion ▶ Transferfunktion	▶ Motivierungsstrategien ▶ Strategien des Informationserwerbs ▶ Strategien der Informationsverarbeitung ▶ Strategien des Speicherns und Abrufens ▶ Transferstrategien

Es soll nun kurz gezeigt werden, wie die Struktur der *Lehrfunktionen* geeignet ist, um ein tragfähiges Konzept erforderlicher Lernstrategien herzuleiten. Die Lehrfunktionen, wie sie in Abbildung 4.2 auf Seite 68 dargestellt sind, wurden aus der Modellvorstellung von Abbildung 4.1 auf Seite 65 abgeleitet. Ein Blick auf diese zentrale Abbildung

4.1 macht deutlich, dass zwei der Lehrfunktionen übergeordnet sind, weil sie den gesamten Lehr-Lern-Prozess begleiten sollen, wohingegen die Lehrfunktionen von Abbildung 4.2 eine bestimmte Stelle im Prozess einnehmen und insofern untergeordnet sind. In Tabelle 14.1 ist die Unterscheidung von kognitiven und metakognitiven Strategien durchgeführt. Die metakognitiven Strategien sind übergeordnet, weil sie den gesamten Lernprozess steuern und unterhalten müssen. Die kognitiven Strategien sind den metakognitiven untergeordnet.

Wichtig ist allerdings, sich klar zu machen, wie Strategien mehrfach in übergeordnete und untergeordnete Strategien unterschieden werden können. Strategien bilden eine *hierarchische Struktur*, die prinzipiell unabgeschlossen ist und insofern viele Stufen kennt. Je niedriger eine Strategie in dem System einzuordnen ist, desto begrenzter und spezieller ist die Stelle, an der sie im Lernprozess einzusetzen ist.

Tabelle 14.2. Beispiele zur Ordnungsstruktur von Lernstrategien

Strategien 1. Ordnung
      Strategien metakognitiver Steuerung
    Strategien 2. Ordnung
          Strategien der Informationsverarbeitung
    Strategien 3. Ordnung
          Reduktive Strategien
    Strategien 4. Ordnung
          Mind-mapping
    Strategien 5. Ordnung usw.

Unter den Lernstrategien ragen die Strategien erster Ordnung, die metakognitiven Strategien, zweifellos hervor. Strategien der Steuerung und Kontrolle sorgen überhaupt dafür, dass alles, was zum Lernen notwendig ist, auch wirklich durchgeführt wird. Es geht also nicht an, den Lernenden nur einzelne kognitive Strategien zu vermitteln, so nützlich die im Einzelfall auch sein mögen. Vielmehr müssen Lernende ihren eigenen Lernprozess von Anfang bis Ende steuern und die Zwischen- wie Endergebnisse überprüfen können, soll es sich um selbstgesteuertes, aber auch um wirkungsvolles Lernen handeln. Ferner muss der Lernende während des ganzen Lernprozesses – nicht nur am Anfang – hinreichend motiviert sein, um bei der Sache zu bleiben. Insofern handelt es sich in beiden Fällen um übergeordnete Strategien. Aus Tabelle 14.3 wird daher deutlich, dass metakognitive Strategien über den ganzen Lernprozess erforderlich sind. Diese Strategien bildeten einen Schwerpunkt der Forschung der letzten Jahrzehnte.

Tabelle 14.3. Ablaufstruktur von Lernstrategien

Phase der Vorbereitung	Phase der Durchführung	Abschlussphase
Planungsstrategien (Lern-zielfestsetzung, Zeitmana-gement),	Strategien des Informationser-werbs	Transferstrategien
Motivierungsstrategien (Anstrengungsmanagement)	Strategien der Informationsver-arbeitung	Strategien der End-kontrolle
	Strategien des Speicherns und Abrufens	
Metakognitive Steuerung und Kontrolle des Informationsprozesses sowie des Motivierungsniveaus		

In der *Vorbereitungsphase* muss der Lernende zunächst für hinreichend geeignete äußere Bedingungen sorgen. Insbesondere bei umfangreicheren Lernstoffen wie etwa bei Prüfungsvorbereitungen ist ferner ein *Zeitmanagement* gefordert, um für alle Teilkomplexe genügend Zeit anzusetzen. Weiterhin muss sich der Lernende darüber klar werden, was genau er hier und jetzt lernen will. Außerdem kann es notwendig werden, sich selbst zu motivieren, um endlich mal anzufangen - was bekanntlich bei Prüfungsvorbereitungen oft viel zu spät geschieht.

In der *Durchführungsphase* sollten sich die Lernenden zweckmäßig an die Reihenfolge der drei Gruppen von Strategien halten, wie sie in der Tabelle 14.3 vorgegeben sind. Die Auswahl der Strategien richtet sich natürlich nach der Art des Lernstoffs, dem Vorwissen und der Lernerfahrung des oder der Lernenden.

In der *Abschlussphase* geht es im Wesentlichen darum, die Abrufbarkeit des erworbenen Wissens für späterhin zu sichern und den Transfer auf andere Sachverhalte einzuüben, Aspekte, die selbständig Lernende oft unterschätzen. Und man muss entscheiden, wann man guten Gewissens aufhören kann.

Tabelle 14.4 enthält einige Lernstrategien, und zwar in mehr oder minder zufälliger Reihenfolge. Sie gehören unterschiedlichen Ordnungsstufen an, können aber alle mindestens einer der Strategien von Tabelle 14.3 zugeordnet werden. Versuchen Sie's?

Tabelle 14.4. Einige (ungeordnete) Beispiele kognitiver Lernstrategien

---

1) Mit eigenen Worten formulieren

2) Strukturdiagramme zeichnen (Hierarchische, Ketten- oder Kreisstrukturen)

3) Sein Verständnis fortlaufend überwachen

4) Alles Wichtige zum Lernen bereit legen

5) Das Lernziel in Teilziele zerlegen und zu einer Sequenz anordnen

6) Gemeinsamkeiten und Unterschiede herausarbeiten (Strategie des Vergleichens)

7) Fragen stellen (nach den Inhalten, nach Wirkungszusammenhängen,
   nach Bedingungen, nach Voraussetzungen und/oder Folgen)

8) Zeitmanagement: Lernzielen Lernzeiten zuordnen

9) Sich selbst Fragen stellen

10) Mögliche Anwendungen suchen

11) Zusammenfassen

12) Kritikpunkte und Schwachstellen aufsuchen

13) Klassifizieren

14) Wichtiges unterstreichen

15) Generalisieren

16) Lernerfolge bewusst wahrnehmen und darauf positiv reagieren

17) Sich ein Lernziel setzen

18) Notizen machen

19) Wiederholen

20) Beispiele finden

14.3 Empirische Forschungen zu Lernstrategien

In diesem Abschnitt wird auf zwar empirische, aber nicht auf experimentelle Lernstrategieforschung eingegangen. Es folgt dann später ein etwas längerer Abschnitt, in dem einschlägige Interventionsexperimente vorgestellt werden sollen. Bei der bloß empirischen Lernstrategieforschung wird in der Regel keine Strategie *gelehrt*. Stattdessen stellt sich dann aber die Notwendigkeit ein, die von den Lernenden eingesetzten Strategien irgendwie zu ermitteln, um dann weitere Untersuchungen anzuschließen.

14.3.1 Erhebungsmethoden

Wie aber lässt sich feststellen, welche Lernstrategien Lernende tatsächlich einsetzen? Eine differenzierte Übersicht über die zur Verfügung stehenden Verfahren lieferten Leutner und Leopold (2003a). Man kann Lernende beispielsweise während des Lernens beobachten, welche Strategien sie einsetzen, doch werden *Beobachtungsverfahren* in dem Zusammenhang relativ selten eingesetzt: Erstens sind sie sehr aufwendig, und zweiten lässt sich die Verwendung der meisten Lernstrategien gar nicht beobachten, weil es sich dabei um mentale Prozesse handelt, die sich im Kern der Beobachtung entziehen. Daher liegt es viel näher, Lernende zu befragen, ob und gegebenenfalls welche Strategien sie einsetzen. Eine Möglichkeit bietet daher das *Interview*, mit dessen Hilfe man erkunden kann, wie die Lernenden an ihre Aufgabe herangehen oder herangegangen sind. Weiterhin werden Lernende gebeten, *Tagebuch* zu führen beim Lernen, etwa bei Hausaufgaben, wobei sie bestimmte Einzelheiten aufzeichnen sollen (Schmidt, 2001). Eine andere Möglichkeit besteht darin, *Fragebogen* zu entwickeln und einzusetzen. Diese Möglichkeit wird besonders häufig und gern genutzt, denn Fragebogen lassen sich ökonomisch heranziehen, wenn sie einmal zur Verfügung stehen.

Alle diese Verfahren haben den ernstzunehmenden Nachteil, in der Regel nur retrospektiv – also im Nachhinein – einsetzbar zu sein. Es hat jedoch meist wenig Sinn, Lernende zu befragen, wie sie im Allgemeinen vorgehen, wenn sie etwas lernen sollen. Meistens lässt man sie konkret etwas lernen und versucht dann hinterher zu erkunden, wie die Lernenden bei dieser Aufgabe vorgegangen sind. In einer größeren Untersuchung verglich Artelt (2000) Lernstrategien, wie sie *im Einzelversuch* beobachtet werden konnten, mit solchen, die nachträglich mittels Fragebogen erfasst wurden. In die Untersuchung waren 275 Kinder aus vierten, sechsten und achten Klassen einbezogen worden, und zumindest bei diesen Probanden gab es nur geringe Zusammenhänge zwischen beobachteten und mittels Fragebogen erfassten Strategien. Sehr deutlich wurde dabei die Tendenz, sich in den Fragebogen positiver darzustellen als von der handlungsnahen Erfassung her gerechtfertigt erschien. Nun haben, wie gesagt, beide Verfahren ihre Schwächen, und bei Kindern und Jugendlichen mag das noch besonders der Fall sein. Tatsächlich werden Fragebogen vor allem bei Studierenden häufig eingesetzt.

Es gab Bemühungen, Fragebogen zur Erfassung von Lernstrategien auf der Grundlage ausgiebiger Interviews zu entwickeln. Allerdings können Lernende bestenfalls über die Strategien berichten, die sie kennen und wohl auch gelegentlich einsetzen. Von daher dominieren heute Fragebogen, die von einem theoretischen Modell des selbstregulierten Lernens ausgehen. Das trifft zum Beispiel für den MSLQ-Fragebogen zu, den *Motivated Strategies for Learning Questionnaire* von Pintrich und Mitarbeitern (1993). Der Fragebogen wurde in einer etwas verkürzten Fassung für deutsche Verhältnisse adaptiert und erprobt von Wild und Schiefele (1994). Diese Variante heißt „Lernstrategien im Studium" (LIST) und wird in deutschsprachigen Untersuchungen bei Studierenden bevorzugt eingesetzt, weil sie sich offensichtlich bewährt (Boerner, Seeber, Keller & Beinborn, 2005). Das Verfahren besteht aus neun Skalen, die drei Bereichen zugeordnet sind.

▶ *Kognitive Strategien:* Wiederholungsstrategien, Organisationsstrategien, Elaborationsstrategien.

▶ *Metakognitive Strategien:* Planungsstrategien, Überwachungsstrategien, Regulationsstrategien.

▶ *Ressourcenbezogene Strategien:* Anstrengungsmanagement, Zeitmanagement, Lernen mit Kommilitonen.

Unter den kognitiven Strategien gehen die Organisations- und die Elaborationsstrategien weit über relativ oberflächliche Memoriertechniken hinaus. Vielmehr sind sie auf eine tiefe Informationsverarbeitung gerichtet. Die metakognitiven Strategien sind für manche Lernende vielleicht relativ wenig gewohnt, während die beiden ersten der auf Ressourcenmanagement bezogenen Strategien wohl noch am ehesten bekannt, wenn auch nicht hinreichend in Gebrauch sind. Etwas unerwartet sind hier die Strategien eingeordnet, die sich auf kooperatives Lernen beziehen.

14.3.2 Ergebnisse empirischer Forschung zu Lernstrategien

Wie häufig werden Lernstrategien überhaupt eingesetzt? Dumke und Wolff-Kollmar (1997) interviewten 160 Schüler und 40 Lehrkräfte aus sechsten und neunten Klassen von Hauptschulen und Gymnasien. Den Befragten wurde unter anderem eine Liste von

15 Strategien vorgelegt, und die Schüler sollten angeben, wie häufig sie welche davon benutzen, wenn es um einen Lehrtext geht. Die Schüler nannten im Durchschnitt 2,7 Strategien. Am häufigsten benannten sie vier Strategien, die 70 % aller Nennungen ausmachten: Den Text ein- oder mehrmals lesen, sich Notizen machen (insbesondere in der neunten Klasse), wichtige Wörter unterstreichen (überwiegend im Gymnasium), kurze Zusammenfassungen schreiben (noch nicht in der sechsten Klasse Hauptschule).

Die Lehrkräfte benannten im Durchschnitt zwar einige Strategien mehr, doch fehlten in ihren Aufzählungen die Strategien, die besonders lernwirksam sind. Insofern war von den Lehrkräften in dieser Hinsicht wenig Hilfe für die Lernenden zu erwarten.

Holz-Ebeling befragte in einem aufwändigen Verfahren 76 Frankfurter Studierende der Erziehungswissenschaft, welche Strategien des Lernens und der Selbststeuerung sie in ihrem Studium einsetzen. Besonders häufig wurden Strategien des Strukturierens und Reduzierens genannt, daneben auch Planungsstrategien, wohingegen andere wichtige Strategien tiefer Verarbeitung weitgehend fehlten. Darüber hinaus berichteten die Studierenden von Problemen, denen sie öfters begegnen, nämlich: sich zu konzentrieren, mit dem Lernen rechtzeitig zu beginnen, sich zu motivieren und Wichtiges von Unwichtigem zu unterscheiden.

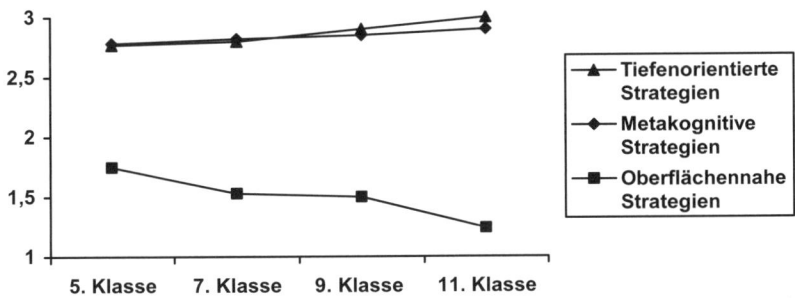

Abbildung 14.1. Durchschnittliche Nennungen in Abhängigkeit von der Klassenstufe (nach Leopold & Leutner, 2002)

Nun waren diese Untersuchungen sozusagen am grünen Tisch durchgeführt worden, also nicht direkt in Verbindung mit Lernen. Wie aber, wenn die Schülerinnen und Schüler tatsächlich etwas lernen müssen und danach berichten sollen, wie sie vorgegangen sind? Leopold und Leutner (2002) legten 318 Schülerinnen und Schülern von Realschulen und Gymnasien der Klassen fünf, sieben, neun und elf naturwissenschaftliches

Lernmaterial zur Durcharbeitung vor. Unmittelbar nach der Bearbeitung des Lerntextes erhielten die Teilnehmer einen Fragebogen, der systematisch Auskünfte nach dem Einsatz von Lernstrategien bei dem soeben bearbeiteten Material verlangte. Abbildung 14.1 zeigt einen deutlichen Trend abnehmenden Einsatzes oberflächlicher Strategien.

Bemerkenswert sind aber auch die weiteren Befunde. Der Zusammenhang – die Korrelation als Maß für den Zusammenhang – zwischen Lernerfolg und Strategieeinsatz lag in der Klasse fünf bei null: Ob vom Einsatz vieler oder weniger Strategien berichtet wurde und um welche es auch ging, das Lernen war unabhängig davon. Der Einsatz von Oberflächenstrategien erwies sich zumindest tendenziell als schädlich. In der Klasse elf gab es sogar eine bedeutsame *negative* Korrelation zwischen dem Einsatz oberflächen-naher Strategien und dem Lernerfolg. Wenn jedoch verstärkt vom Einsatz *metakogniti-ver* Strategien berichtet worden war, so war das ab Klasse sieben für das Lernen eher förderlich, wenngleich nicht in so ausgeprägtem Maße wie man wohl erwarten mochte. Nur der Einsatz von Strategien *tiefer Informationsverarbeitung* (z.B. elaborative und reduktive Strategien) war ab Klasse sieben zunehmend mit besserem Lernergebnis verbunden.

Beate Schreiber (1998) arbeitete mit 122 berufstätigen Probanden aus verschiede-nen kaufmännischen Berufen, die sich in einer Fortbildungsmaßnahme befanden. Sie ließ diese Personen den LIST-Fragebogen von Wild und Schiefele (1994) durcharbei-ten, nachdem sie einige der Fragen adaptiert hatte, die zu deutlich an Studierende ge-richtet waren. Die Berufstätigen gaben zwar an, dass sie deutlich mehr Lernstrategien einsetzen als dies Studierende tun, doch blieb unklar, ob diese Probanden ihren Einsatz von Strategien nicht doch überschätzten. Jedenfalls stand der berichtete Einsatz von Lernstrategien – mit einer Ausnahme – nicht im Zusammenhang mit dem Lernerfolg. Die Ausnahme bezog sich auf die Motivationsskala „Anstrengungsmanagement", deren Ergebnisse sehr wohl in positiver Beziehung zum Lernergebnis standen. Darauf wird unten noch zurückzukommen sein.

Es kommt durchaus öfters vor, dass Angaben über den Einsatz von Lernstrategien in nicht allzu engem Zusammenhang zum Lernerfolg stehen. Das kann auf mehrere Gründe zurückzuführen sein, so etwa wenn die Angaben zur Strategieverwendung „schön gefärbt" sind. Auf einen anderen möglichen Grund sind Souvignier und Gold (2004) gestoßen. Bei Anforderungen, die keine tiefe Verarbeitung forderten wie etwa, wenn es um Faktenwissen ging, fanden sie auch keinen Zusammenhang mit dem Einsatz solcher Strategien. Anders lagen die Dinge, wenn komplexere Anforderungen gestellt waren. Dann gab es sehr wohl Zusammenhänge, und zwar gerade auch zu solchen Strategien, die eine tiefe Verarbeitung fördern.

Psychologen interessieren sich neben dem Effekt auf das Lernen aber auch dafür, in welcher Weise der Einsatz von Lernstrategien die *psychischen Prozesse* während des Lernvorgangs beeinflusst. Man muss einerseits damit rechnen, dass der Einsatz von Lernstrategien Effekte ausübt auf Variablen wie etwa Selbstwirksamkeit, Selbstkonzept der eigenen Begabung und Motivation, die ihrerseits weitergehende Effekte produzieren, und andererseits dass Selbstwirksamkeitserleben, Motivation und Selbstkonzepte den Einsatz von Lernstrategien moderieren. Beispielsweise hat Konrad (1997) bei fast 200 Lehrerstudenten umfangreiche Fragebogenerhebungen über wahrgenommene Selbststeuerung beim Lernen, über den Einsatz von Lernstrategien, über emotional-motivationale Orientierungen und Lernaktivitäten erhoben. Dabei konnte er enge Zusammenhänge zwischen wahrgenommener Selbststeuerung einerseits und intrinsischer Motivation sowie metakognitiven Kompetenzen andererseits feststellen.

Schiefele und Mitarbeiter (2003) gingen noch einen Schritt weiter. Sie erhoben ebenfalls umfangreiche Fragebogendaten über den Einsatz von Lernstrategien und über emotional-motivationale Variablen von 285 Studierenden verschiedener Fachrichtungen. Darüber hinaus ermittelten sie jedoch auch die von den Studierenden früher erzielten Durchschnittsnoten im Abitur und ihre Noten im Vordiplom. So waren sie in der Lage, in umfangreichen Analysen aufzuklären, wie etwa das Selbstkonzept der eigenen Befähigung und motivationale Variablen mit Variablen des Lernens interagieren und den Erfolg im Vordiplom beeinflussen. Im Ergebnis resultierte ein Modell komplexen Interaktionsgeschehens, wobei am Ende jedoch nur noch drei Faktoren einen Einfluss auf die Vordiplomsnote ausübten: das *Anstrengungsmanagement* am deutlichsten, die *Abiturnote* schon schwächer und die *Wettbewerbsmotivation* noch etwas schwächer.

Auffallend ist, wie in den vorangegangenen Studien die Subskala „Anstrengungsmanagement" des LIST-Fragebogens herausragende Ergebnisse brachte. Anscheinend erfasst diese Skala motivationale und Steuerungsaspekte, die für den Lernerfolg besonders bedeutsam sind.

14.4 Ergebnisse von Interventionsstudien

Experimentelle Forschungen stellen eine Teilmenge der empirischen Forschungen dar. Im vorliegenden Fall wird die Experimentalgruppe darin trainiert, bestimmte Lernstrategien einzusetzen, während die Kontrollgruppe weder Empfehlungen für den Einsatz von Strategien noch eine spezielle Einübung bekommt. Auf diese Weise lässt sich ermitteln, ob überhaupt und gegebenenfalls welche Effekte vom Einsatz der Lernstrategien zu erwarten sind. In der Darstellung sei zunächst mit der experimentellen Erprobung relativ umfassender Trainingskonzepte begonnen, um dann später auf die Untersuchung der Effektivität speziellerer Strategien einzugehen.

14.4.1 Erprobung übergreifender Strategiekonzepte

Schreiber (1998) hat den anspruchsvollen Versuch unternommen, den hier vorgestellten Ansatz zum Lernen des Lernens experimentell zu erproben. Sie orientierte sich an dem Konzept, wie es ähnlich in Tabelle 14.1 auf Seite 241 und in Tabelle 14.3 auf Seite 243 dargestellt ist. Zur Umsetzung der übergeordneten Strategien, bei denen es um die Steuerung des gesamten Lernprozesses handelt, griff sie auf die sozial-kognitive Theorie von Bandura (1986) zurück und insbesondere auf deren Umsetzung durch Zimmerman und Schunk (1989). Die untergeordneten Lernstrategien entnahm sie dem Konzept der Lehrfunktionen (Klauer, 1985), wie es weiter oben ausführlich beschrieben worden ist. Soweit der theoretische Hintergrund der Untersuchung.

Schreiber entwickelte ein Trainingsprogramm zum Selbststudium, dessen Inhalt das Lernen des Lernens darstellte. Nach einigen Vorversuchen hatte sie eine Variante gewonnen, die sich für Berufstätige eignete. 62 Teilnehmer an Fort- und Weiterbildungsveranstaltungen wurden auf zwei Gruppen verteilt. Die Trainingsgruppe arbeitete das Programm „Training zur Selbstregulation des Lernens" durch, während die Kontrollgruppe einen Lehrtext zum Lernen des Lernens studierte. Es zeigte sich, dass die Teilnehmer, die das Programm durcharbeiten konnten, wesentlich mehr Wissen über selbstgesteuertes Lernen und wesentlich mehr Techniken des selbstgesteuerten Lernens erworben hatten. Die Effektstärken, die das Programm erzielte, betrugen beim Wissen d = 1,72 und beim Können d = 2,21 jeweils im Kontrast zur Kontrollgruppe, die den Lehrtext bearbeitet hatte. Das sind sehr hohe Effektstärken. Wie aber, wenn nun tatsächlich etwas Neues gelernt werden sollte? Auch beim Transfer auf das Lernen bei einem neuen Lehrstoff übertraf die Trainingsgruppe die Kontrollgruppe statistisch bedeutsam, obgleich die erzielte Effektstärke mit d = 0,52 in einer üblicheren Größenordnung blieb (Abbildung 14.2).

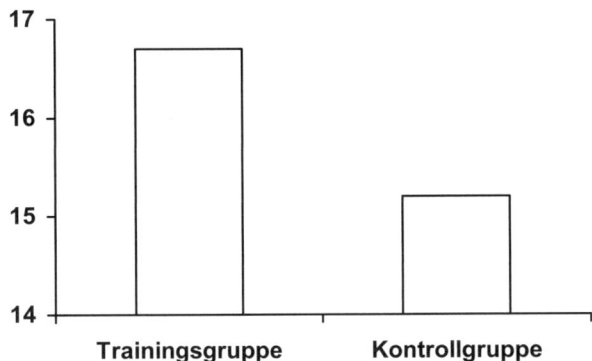

Abbildung 14.2. Transfer auf das selbständige Erlernen eines neuen Lehrstoffs nach der Bearbeitung eines Trainings zum selbstregulierten Lernen (nach Schreiber, 1998)

Auf den Vorarbeiten von Schreiber bauten Leutner und Leopold (2003b) auf. Sie entwickelten ein *Computer*programm, das aus vier Modulen bestand.

Modul 1: „Strategisch lernen" (Lehrfunktion der Steuerung und Kontrolle)

Modul 2: „Sich selbst motivieren" (Motivationsfunktion)

Modul 3: „Sich informieren" (Informationsfunktion)

Modul 4: „Verstehen" (Informationsverarbeitungsfunktion)

Am Versuch nahmen 81 Erwachsene teil, die hauptsächlich aus medizinnahen Berufen kamen und sich in Umschulungsmaßnahmen befanden. Diese Probanden wurden zufällig auf drei Gruppen aufgeteilt. Die erste Gruppe arbeitete alle vier Module durch, die zweite dagegen nur die drei Module untergeordneter Lernstrategien (Module 2-4) und die Kontrollgruppe bekam keines der Module, sondern setzte ihre Ausbildung fort.

Nach jedem Modul bearbeiteten die Teilnehmer einen Lehrtext, bei dem sie das Gelernte gleich anwenden sollten. Inwieweit den Lernenden dieser Transfer gelang, wurde in einem lehrzielorientierten Test erfasst. Hier ist der Vergleich zwischen den beiden

Versuchsgruppen aufschlussreich, geht aus ihm doch hervor, welchen Zusatznutzen das übergeordnete Modul 1 beim Lernen bringt. Bei den lehrzielorientierten Tests, die im Anschluss an jedes der vier Module zu bearbeiten waren, schnitt die erste Gruppe tatsächlich in drei Fällen besser ab als die zweite. Statistisch bedeutsam war aber nur der Unterschied beim vierten Modul, bei dem es um die Informationsverarbeitung ging. Insgesamt lässt sich daraus vermuten, dass das Training von Lernstrategien bessere Effekte erzielt, wenn es mit einem Training übergeordneter Strategien der Selbststeuerung kombiniert wird. Vielfach werden diese Strategien unter dem Begriff metakognitiver Strategien zusammengefasst.

14.4.2 Training metakognitiver Strategien des Lernens

Eine aufschlussreiche Untersuchung stammt von Maria Bannert (2003). Sie entwickelte ein Computerprogramm, das hauptsächlich – aber nicht ausschließlich – Strategien der Steuerung des eigenen Lernprozesses trainieren lässt. Dazu gehörten beispielsweise Strategien der Zielspezifizierung, der Planung und Regulation, aber auch solche der Verarbeitung und der Evaluation, die den untergeordneten Strategien zuzurechnen sind. An dem Versuch nahmen 40 Studierende der Psychologie oder Erziehungswissenschaft teil, die so auf zwei Gruppen verteilt wurden, dass sie hinsichtlich wichtiger Kennwerte vergleichbar waren. Nur eine der Gruppen arbeitete das Trainingsprogramm durch. Danach erhielten beide Gruppen einen Lehrtext, den die Teilnehmer in Einzelsitzungen laut denkend zu bearbeiten hatten. Abschließend wurde ein lehrzielorientierter Test gegeben, um den Lernerfolg beurteilen zu können. Die beiden wichtigsten Ergebnisse waren diese. *Erstens:* In aller Regel setzten die Studierenden, die das Trainingsprogramm durchgearbeitet hatten, mehr der Strategien ein, um die es im Training ging. Die Unterschiede waren nicht immer statistisch signifikant, doch war der Trend eindeutig. *Zweitens:* Die zuvor trainierten Studierenden brachten im Durchschnitt auch bessere Lernerfolge. Die Effektstärke des Tranfers auf Lernen betrug d = 0,60 (vgl. Abbildung 14.3).

Man kann daraus schließen, dass schon ein Training vorwiegend metakognitiver Strategien der Selbststeuerung des Lernens deutliche Effekte bringt.

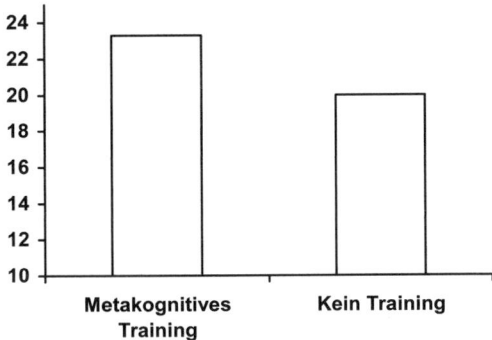

Abbildung 14.3. Lernerfolg bei Studierenden mit und ohne metakognitivem Lerntraining (nach Bannert, 2003)

In einer umfangreichen Metaanalyse zu den Effekten verschiedener Formen des Lerntrainings konnten Hattie, Biggs und Purdie (1996) unter anderen 50 Studien zusammenfassen, bei denen nicht spezielle Strategien, sondern übergreifende Strukturierungshilfen eingeübt worden waren. Diese Teilmenge von Untersuchungen befasste sich ebenfalls weitgehend mit dem Training metakognitiver Steuerungsstrategien. Die mittlere, nach dem Stichprobenumfang der Untersuchungen gewichtete Effektstärke d+, die als Zusammenfassung dieser Studien resultierte, lag bei 0,58 (d+ ist erläutert auf Seite 86). Das entspricht praktisch dem Wert, den Bannert ebenfalls gefunden hatte. Bemerkenswert an dieser Metaanalyse sind noch zwei weitere Befunde. Demnach bewirkt ein Training von Lernstrategien bei jüngeren mehr als bei älteren Lernenden. Dabei ist jedoch zu berücksichtigen, dass es sich in den einzelnen Schulstufen um eine Zusammenfassung unterschiedlichster Strategien handelte:

▶ Grundschule   d+ = 0,91 (40 Studien)
▶ Sekundarstufe 1   d+ = 0,51 (54 Studien)
▶ Sekundarstufe 2   d+ = 0,45 (59 Studien)
▶ Universität   d+ = 0,28 (103 Studien)
▶ Erwachsene   d+ = 0,22 (14 Studien)

Studierende und andere Erwachsene beherrschen vermutlich schon viele der Strategien, die Gegenstand der Untersuchung in den Interventionsexperimenten waren. Möglicherweise haben ältere Lernende von sich aus schon mehr Strategien erworben. Vielleicht sind sie auch weniger aufnahmebereit, wenn es darum geht, neue Strategien zu erlernen.

Weiterhin spielt das durchschnittliche Fähigkeitsniveau der Lernenden eine Rolle. Für Schwachbegabte resultierte ein $d+ = 0{,}39$ (67 Studien), für durchschnittlich Begabte ein $d+ = 0{,}80$ (13 Studien) und für Hochbegabte ein $d+ = 0{,}33$ (109 Studien). Schwachbegabte lernen insgesamt weniger leicht; insofern verwundert es nicht, wenn sie beim Erwerb von Lernstrategien nicht vorne liegen, und Hochbegabte dürften spontan schon mehr Strategien erworben haben. Insofern ist verständlich, dass durchschnittlich Befähigte am meisten von der Intervention profitierten. Einen Sonderfall stellen die „Underachiever" dar, die laut Definition weniger leisten als sie von ihrer Befähigung her leisten könnten. Bei 28 Untersuchungen resultierte hier ein Wert von $d+ = 0{,}64$, der deutlich macht, dass spezielle Interventionen bei diesen Schülerinnen und Schülern durchaus Erfolg versprechend sind.

Zu ähnlichen Schlussfolgerungen kann eine Untersuchung von Young (1996) führen. Dieser Autor ließ Siebtklässler einen Fragebogen ausfüllen, in dem die Jungen und Mädchen Auskunft über den Einsatz selbstregulierter Lernstrategien geben sollten. Danach teilte er die Schülerinnen nur auf dem Papier in zwei Gruppen ein, in diejenigen, die überdurchschnittlich oft Lernstrategien einsetzen, und in die Gegengruppe derjenigen, die Lernstrategien vergleichsweise seltener verwenden. Alle bekamen nun Gelegenheit, ein Computer gestütztes Lehrprogramm durchzuarbeiten. Allerdings gab es zwei Varianten des Programms: In der einen Variante konnten die Lernenden Vieles im Lernfortschritt selbst steuern, während die andere Variante vom Computer gesteuert wurde und den Lernenden keinerlei Eingriffsmöglichkeiten bot. Die Schülerinnen und Schüler waren diesen beiden Varianten zufällig zugeordnet worden. Folgende Ergebnisse stellten sich ein: Der Unterschied im Lernerfolg zwischen Kindern mit hohen Werten im Fragebogen, die also überdurchschnittliche Selbststeuerung bekundet hatten, und Kindern mit niedrigen Werten im Fragebogen, war größer unter Selbstkontrolle als unter Kontrolle des Lehrprogramms. Übernimmt das Programm die Steuerung des Lernfortschritts, so profitieren diejenigen davon, die es am nötigsten haben, nämlich jene Lernenden, die es nicht gewöhnt sind, ihr Lernen selbst zu steuern. Dem entspricht umgekehrt, dass Lernende, die ihr Lernen selbst gut zu planen, steuern und kontrollieren verstehen, ihren Vorteil nicht ausspielen können, wenn das Computerprogramm die Steuerung komplett vorgibt.

14.4.3 Hybridtraining:
Metakognitives plus bereichsspezifisches Strategietraining

Werden zwei Trainingsprogramme kombiniert, so spricht man auch von einem Hybridtraining. Nach dem Huckepack-Theorem von Klauer (2000) ist unter bestimmten Bedingungen asymmetrischer Transfer anzunehmen beim gemeinsamen Training einer allgemeineren und einer spezielleren Strategien. Solche Strategien beanspruchen mitunter partiell gleiche Prozesse. Metakognitive Strategien wie etwa die der Selbstregulation sind allgemeiner im Vergleich zu speziellen Strategien wie etwa Strategien der Textverarbeitung oder des *Mappings*. Nach dem Huckepack-Theorem sollte das Training einer allgemeineren Strategie keinen Transfer bewirken etwa auf das Textverständnis oder auf die Erstellung einer *Map* – einfach weil die Details der spezielleren Strategie nicht mitgeübt werden. Umgekehrt kann aber sehr wohl mit Transfer auf metakognitives Vorgehen und Selbstregulation gerechnet werden, wenn Leseverständnis oder *Mapping* trainiert werden, denn die übergeordneten Leistungen werden nahezu immer beansprucht. Daher wird vom Huckepack-Theorem vorhergesagt, dass die Kombination einer übergeordneten mit einer untergeordneten Strategie besonders effektiv sein kann.

Diesen letzteren Aspekt hatte schon Schreiber (1998) in Betracht gezogen. Sie kombinierte das von ihr entwickelte Training der Selbstregulation mit einem Training der *Mapping*-Technik nach Dansereau (McCagg & Dansereau, 1991; Klauer, 1993b). Die 24 Probanden wurden auf zwei Gruppen verteilt: Die Treatmentgruppe erhielt das Hybridtraining, wohingegen die Kontrollgruppe nur das *Mapping*-Programm durcharbeitete. Das Training dauerte für beide Gruppen jedoch gleich lang. Am Schluss erhielten beide Gruppen mehrere Tests, in denen es primär darum ging zu prüfen, welches Wissen die Teilnehmer über die jeweilige Strategie erworben hatten. Die Treatmentgruppe hatte in allen Tests mehr zugelegt. Von besonderem Interesse ist aber das Ergebnis des Transfertests. Mit diesem Test wurde erfasst, wie viel die Probanden von dem Lehrtext gelernt und verstanden hatten, den beide Gruppen während des Trainings durchzuarbeiten und schematisch darzustellen hatten. Abbildung 14.4 zeigt das Ergebnis.

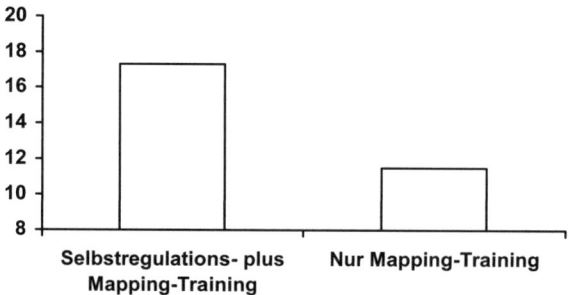

Abbildung 14.4. Lernerfolg bei zwei Trainingsvarianten (nach Schreiber, 1998, Kapitel 5).

Leutner, Barthel und Schreiber (2001) griffen das Selbstregulationstraining von Schreiber (1998) auf und kombinierten es mit dem Training einer motivationalen Lernstrategie, nämlich mit der oben Seite 87 f bereits eingeführten Zielangabe des persönlichen Bezugs. Diese Zielangabe macht den Lernenden deutlich, welchen Vorteil sie erwarten können, wenn sie den betreffenden Lernstoff durcharbeiten. Um auch hier den Versuchsleitereffekt zu minimieren, wurden zwei Varianten von Computer gestützten Trainingsprogrammen entwickelt. Am Versuch nahmen 66 Studierende einer Pädagogischen Hochschule teil, die einer von drei Bedingungen zugewiesen wurden: (1) Kein Training, (2) nur motivationales Training der Zielangabe des persönlichen Bezugs oder (3) Hybridtraining, das heißt motivationales *und* selbstregulatives Training.

Vor und nach dem Training wurden den Studierenden populärwissenschaftliche Texte zu speziellen chemischen Fragestellungen vorgelegt, die als wenig interessant eingeschätzt worden waren. Nach dem Training wurde ein weiterer Chemietext zur Durcharbeitung gegeben, und es wurden Daten erhoben über den Einsatz der beiden Strategien bei der Durcharbeitung des Lehrtextes, aber auch darüber, wie sehr die Teilnehmer jetzt motiviert seien, den Text durchzuarbeiten und wie interessant sie ihn jetzt fänden. Erwartet wurden die höchsten Effekte beim Kombitraining, weniger hohe beim rein motivationalen Training, hier aber dennoch günstigere als bei den nicht trainierten Studierenden. Diese Erwartung bestätigte sich eindrucksvoll im Hinblick auf alle vier

Variablen, nämlich bei der Strategieanwendung, der Lernmotivation nach dem Training, der Interessantheit des Stoffs und beim Wissenserwerb.

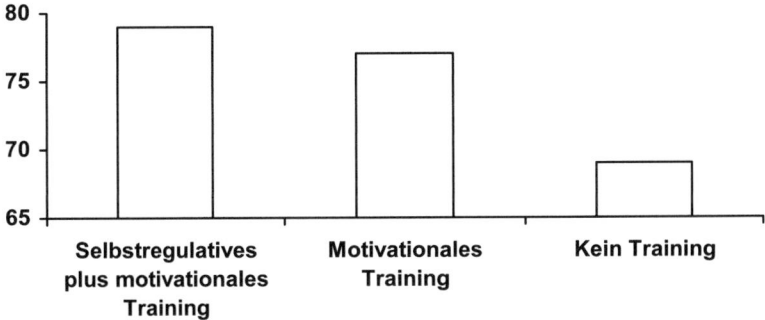

Abbildung 14.5. Lerneffekt bei drei Trainingsbedingungen (nach Leutner, Barthel & Schreiber, 2001)

Abbildung 14.5 bietet die Ergebnisse bezüglich des Lernens. Die Zielangabe des persönlichen Bezugs war in beiden Trainingsvarianten erfolgreich umgesetzt worden, und das selbstregulative Training, das auf die Motivationskomponente anzuwenden war, brachte noch einen kleinen zusätzlichen Effekt. Die im Vergleich zur Kontrollgruppe erzielten Effektstärken spiegeln diesen Trend wider: Das rein motivationale Training erzielte ein $d = 0,67$, das Hybridtraining ein $d = 0,83$ (das Effektstärkemaß d ist oben Seite 85 erläutert). Es handelt sich also um vergleichsweise große Effekte.

Schreblowski und Hasselhorn (2001) führten einen auf den ersten Blick vergleichbaren Versuch durch. Sie kombinierten ein Training zur Förderung des Leseverständnisses mit einem Motivationstraining, das insbesondere ungünstige Kausalattributionen nach Erfolg und Misserfolg abbauen sollte. Leseverständnis und Kausalattributionen erfordern zwar nicht partiell gleiche Prozesse, können sich aber gut ergänzen und gegenseitig verstärken. Die Autoren arbeiteten mit Fünftklässlern, die sie drei Gruppen zuordneten. Die erste Gruppe erhielt das Hybridtraining, die zweite Gruppe nur das Lesetraining und die dritte Gruppe bekam kein Training, sondern setzte den Unterricht fort. Das kombinierte Training erwies sich in der Förderung des Lesens nicht dem reinen Lesetraining überlegen. Allerdings reduzierte es eine Form ungünstiger Kausalattribution. Man muss daraus schließen, dass Lesetraining und Motivationstraining unabhängig voneinander wirksam waren und dass das Lesetraining wirksamer als das Motivationstraining war. Nicht jedes Hybridtraining bringt also einen zusätzlichen Gewinn.

Souvignier, Küppers und Gold (2003) legten das Programm von Schreblowski und Hasselhorn einer größeren Erprobung in der Schulpraxis zu Grunde, wobei es hauptsächlich darum ging, die Eignung des Trainingsmaterials im Unterricht und seine Umsetzung durch die Lehrkräfte zu erkunden. Teilnehmer waren neun Lehrkräfte aus fünften Klassen von Gymnasien und einer Gesamtschule. Voraus ging ein Seminar, in dem die Lehrkräfte über das Training und seinen theoretischen Hintergrund informiert worden waren. Erste Rückmeldungen zeigten, dass den meisten Lehrerinnen und Lehrern zuviel Theorie und zu wenig Praxisnähe geboten wurde. Im folgenden Halbjahr setzten die Lehrkräfte das Programm an ihren Schulen um, wobei sie Tagebuchaufzeichnungen führten und auch im Unterricht besucht wurden. Zunächst wurde deutlich, dass die Schulen mit den geplanten 15 Stunden des Programms nicht hinkamen. Sie brauchten zwischen 24 und 31 Stunden, also erheblich mehr. Nicht alle Lehrkräfte waren in der Lage, das Programm flexibel an ihre Bedingungen anzupassen. Manche klebten relativ starr an den Vorgaben. Die Autoren empfehlen abschließend, sowohl das Seminar als auch das Unterrichtsmaterial zu überarbeiten. Über die Effekte des Trainings bei den Schülerinnen und Schülern wurde nichts bekannt.

Eine überarbeitete Variante des Programms setzten Souvignier und Moklesgerami (2006) bei Fünftklässlern ein. An dem Projekt nahmen zwanzig Klassen mit fast 600 Kindern teil. Dabei wurden neben den eigentlichen Lesestrategien zwei Varianten von Selbststeuerungsstrategien erprobt, solche kognitiver und solche motivationaler Art. Die Lesestrategien erwiesen sich als besonders vorteilhaft, wenn sie mit diesen beiden Formen von Selbststeuerungsstrategien verknüpft waren.

14.4.4 Training fachspezifischer Strategien

Ähnlich wie Schreblowski und Hasselhorn (2001) führte Guterman (2003) in Israel ein Lesetraining durch. Dabei ging es ihm in erster Linie darum, neun- bis zehnjährigen Schülerinnen und Schülern eine Technik beizubringen, die das Leseverständnis fördern sollte. Motivationale Aspekte spielten hier keine Rolle. Vielmehr ging es ihm darum, die Kinder anzuhalten, ihr Vorwissen zu aktivieren, das ihnen helfen könnte, den Lesestoff besser zu verstehen. Ein zentraler Punkt der Informationsverarbeitung ist ja die Verknüpfung des neuen Wissens mit dem bisherigen Wissen, und diese Verknüpfung dürfte in der Tat erleichtert werden, wenn das relevante Vorwissen bereits bei der Informationsaufnahme aktiviert worden ist. Guterman versuchte nun, das relevante Vorwissen durch Informationen zum Text und durch Fragen zu aktivieren, die den Kindern *vor* dem Lesen gestellt wurden und die sie auch vorher beantworten sollten.

Beispiele für vorangestellte Informationen:

> *Der folgende Text stammt von ... und lautet .... ; es handelt sich um zwei Abschnitte. Geschrieben hat sie Frau ... in ...; sie wurde geboren in ... .*

Beispiele für Aufträge und Fragen:

> *Schreibe einen kurzen Text zur Überschrift. Schreibe, was du darüber denkst. Was könnte das Problem sein? Und wie die Lösung? Ich vermute, dass ...*

300 Viertklässler aus zehn israelischen Schulen wurden drei Bedingungen zugeordnet: Sie erhielten entweder kein Training (Kontrollgruppe) oder ein irrelevantes Training (Placebogruppe) oder das angeblich metakognitive Training der Aktivierung relevanten Vorwissens (Trainingsgruppe). Tatsächlich übertraf die Trainingsgruppe die Kontrollgruppe statistisch bedeutsam bei dem Lesetext, den alle bekamen. Dabei wurde ebenfalls eine beachtliche Effektstärke des Trainings von $d = 0{,}83$ erzielt. Die Aktivierung des Vorwissens hat sich zweifellos ausgezahlt, wenngleich es sicher nicht immer sinnvoll und wohl auch nicht notwendig ist, die Lernenden vorher soviel sich ausdenken und schreiben zu lassen.

Ein auch hier interessantes Training, diesmal im Bereich Mathematik, war oben auf Seite 227 f bereits relativ ausführlich vorgestellt worden, und es empfiehlt sich, die Passage erneut zu lesen. Kramarski und Mevarech (2003) führten einen Unterricht durch, bei dem es um kooperatives versus individuelles Lernen mit und ohne zusätzlichem metakognitivem Strategietraining ging. Gegenstand des Unterrichts war die Darstellung unterschiedlicher Sachverhalte in linearen Graphen. Hier interessiert insbesondere das metakognitive Training im Bereich Mathematik. Das Training bestand darin, den Lernenden beizubringen, sich drei Arten von Fragen vor dem mathematischen Problem vorzulegen. *Verständnisfragen* – zum Beispiel „Was soll die x-Achse repräsentieren, was die y-Achse?" *Strategische Fragen* – Beispiel „Hilft es, eine Tabelle anzulegen, um die Steigung zu ermitteln?". *Verknüpfungsfragen* – Beispiel „Gibt es ein ähnliches Problem, das ich kenne?"

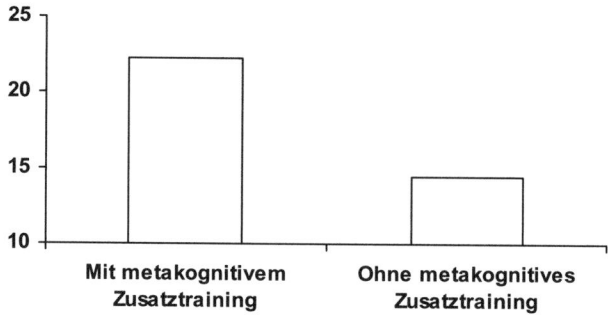

Abbildung 14.6. Leistung von Achtklässlern bei der Interpretation linearer Graphen (nach Kramarski & Mevarech, 2003)

Bei dem abschließenden Test zur Interpretation von Graphen erzielten die beiden meta-kognitiven Varianten die besten Ergebnisse. Abbildung 14.6 stellt die (kovarianzanaly-tisch adjustierten) Werte dar, wie sie die beiden metakognitiv trainierten Gruppen im Vergleich zu den beiden Gruppen ohne metakognitives Zusatztraining erzielten.

14.4.5 Speziellere Lernstrategien: Zum Beispiel Fragen stellen

Hattie et al. (1996) hatten in ihrer Metaanalyse unter anderem auch 106 Interventions-studien einbezogen, bei denen speziellere Lernstrategien („study skills") im Kontrast zu einer Kontrollgruppe erprobt wurden. Ihre Analyse ergab eine mittlere (gemäß der Anzahl einbezogener Versuchspersonen gewichtete) Effektstärke von d+ = 0,31. Offen-sichtlich sind dabei die unterschiedlichsten speziellen Strategien auf ihre Wirksamkeit untersucht worden, wobei im Mittel leicht positive Effekte resultierten. Vermutlich gibt es darunter eine Reihe durchaus interessanter Strategien neben anderen, die wohl eher enttäuschen.

Besonders häufig wurde die Strategie untersucht, sich selbst Fragen vorzulegen, wenn es um den Wissenserwerb, aber auch um das Lösen von Problemen geht, wie dies soeben erst deutlich geworden ist. In einer zu Recht bekannt gewordenen und schon älteren Untersuchung drückte King (1991) seinen Schülerinnen und Schülern eine Liste mit Fragen in die Hand, die sie *vor, während* und *nach* einem Problemlöseprozess beantworten sollten (vgl. oben Seite 111 und Tabelle 14.1 unten). Er setzte immer zwei der 46 Fünftklässler vor einen Computer und ließ die Paare drei Computerprogramme bearbeiten, die jeweils ein attraktives Problem stellten, das per Computer lösbar war. Die Paare wurden per Zufall auf drei Bedingungen verteilt: In der ersten Bedingung ging es um gelenktes Fragenstellen. Dies geschah dadurch, dass jedes Kind ein Exemplar der Tabelle 14.1 erhielt mit dem Auftrag, entsprechend vorzugehen. Die zweite Bedingung bestand darin, dass die Partner gehalten wurden, sich gegenseitig Fragen zu stellen und sie zu beantworten. In der dritten Bedingung bearbeiteten die Kinder die drei Programme ohne weitere Auflagen. Die drei Gruppen sollten dann ein Computerproblem knacken und einen Papier-Bleistift-Test bearbeiten, bei dem figural-abstrakte Probleme zu lösen waren. In beiden Fällen brachten die Kinder, die mit der Fragetabelle gearbeitet hatten, bedeutsam höhere Leistungen.

Tabelle 14.1. Fragen, die das Problemlösen erleichtern sollen (nach King, 1991)

Planungsphase

▶ Was ist das Problem? Was ist hier gefordert?

▶ Was kennen wir schon von dem Problem?
   Welche Informationen stehen zur Verfügung?

▶ Welcher Plan kommt in Frage?

▶ Gibt es eine andere Möglichkeit? Was passiert, wenn …?

▶ Was ist als nächstes zu tun?

Steuerungsphase

▶ Gebrauche ich den Plan, die Strategie? Ist ein neuer Plan notwendig?
   Oder eine andere Strategie?

▶ Hat sich das Ziel geändert? Was ist jetzt das Ziel?

▶ Bin ich richtig? Komme ich dem Ziel näher?

Kontrollphase

▶ Was hat funktioniert?

▶ Und was nicht?

▶ Was sollte das nächste Mal anders gemacht werden?

Nun arbeiteten in dem Versuch von King (1991) immer zwei Kinder zusammen, und da kann es sinnvoll sein, wenn eines das andere etwas fragt. Nützt das Fragenstellen aber auch, wenn jeder für sich lernt, wie es im traditionellen Unterricht oder bei Hausaufgaben der Fall ist? Rosenshine et al. (1996) haben eine Metaanalyse erarbeitet, in der Interventionsstudien zusammengefasst wurden, bei denen Lernende angehalten wurden, sich selbst Fragen zu stellen. Es standen 26 Experimente zur Verfügung, die entweder traditionellen Unterricht oder paarweises beziehungsweise reziprokes Lernen (vgl. Seite 229 f) einsetzten. In der Wirksamkeit der Strategie des Fragens gab es keinerlei Unterschied zwischen diesen beiden Bedingungen. Wenn Lernende sich selbst Fragen stellen, so ist das gleich wirksam, unabhängig vom sozialen Kontext (d+ = 0,36). Die Art der Fragen spielte übrigens keine Rolle, jedenfalls nicht nach der Klassifikation von Fragen, die in der Metaanalyse eingesetzt wurde, wohl aber die Art des verwendeten Tests: Bei standardisierten Tests resultierte im Durchschnitt ein niedrigerer Wert (d+ = 0,36), verglichen mit eigens für den Versuch entwickelten Tests (d+ = 0,85). Diese letzteren sind zwar technisch oft nicht gleich gut, in der Regel sind sie jedoch weit besser auf die eingesetzten Lerninhalte zugeschnitten. Insofern dürften sie hier die bessere Schätzung ermöglichen.

Ist das Stellen von Fragen als solches schon lernwirksam? In zwei umfangreichen empirischen Erhebungen überwiegend bei Studierenden der Erziehungswissenschaft ließ Levin (2005) Fragen schriftlich generieren, die danach abgegeben werden mussten. Unter anderem interessierte sich die Autorin dafür, ob das Fragenstellen als solches lernwirksam ist, d. h. auch wenn nichts darauf folgt, ob die Generierung einfacher Faktenfragen oder anspruchsvollerer Fragen einen Unterschied beim Lernen macht oder ob schließlich die Beantwortung der Fragen durch jemand anderen etwas bringt.

Die Ergebnisse waren nicht ganz im Sinne der Erwartung. Fragen, die die Lernenden stellen und abgeben mussten, ohne dass etwas darauf folgte, wirkten sich beim Lernergebnis überhaupt nicht aus. Vermutlich muss man sich schon selbst ernsthaft mit den Fragen auseinandersetzen.

Der Einfluss anspruchsvollerer Fragen wurde in der Weise geschätzt, dass ein Teil der Studierenden einfach Fragen stellen sollte, während der andere Teil spezielle Fragekategorien bekam, um möglichst zu jeder Kategorie Fragen zu erzeugen. Die Kategorien unterschieden sich in ihrem Niveau. Auch diese Bedingung führte nicht zu klaren

Unterschieden beim Lernerfolg. Das galt schließlich sogar für die Bedingung, bei der die Studierenden sich gegenseitig die schriftlich gestellten Fragen beantworteten. Möglicherweise ging es den Studierenden in den Erhebungen primär darum, eine Liste von Fragen abgeben zu können, wobei sie an den Fragen vielleicht gar nicht ernsthaft interessiert waren. Denkbar wäre, dass es nur dann etwas bringt, sich Fragen zu stellen, wenn man sich Fragen vorlegt, die man selbst für wichtig hält, und sie dann auch möglichst selbst beantwortet.

Epistemisch nennt Neber (1999) Fragen, die darauf gerichtet sind, Erkenntnisse und Wissen zu vermitteln. Mehrfach hat er hierzu bemerkenswerte Forschungen vorgelegt. In der Studie von 1999 verglich er die Lernwirksamkeit von Fragen, denen er eine wissensgenerierende Funktion zuspricht, mit Fragen, die den Lernprozess steuern sollen. Die 24 Schülerinnen und Schüler der siebten Klasse eines Gymnasiums wurden auf zwei Gruppen verteilt. Die eine Gruppe erhielt ein Training in wissensgenerierenden Fragen, die andere ein Training in prozesssteuernden Fragen. Den Lernenden wurden Fragestämme vorgegeben, die sie schriftlich selbst zu ergänzen hatten. Beispiele für auf Wissenserwerb ausgerichtete Stämme:

Was ermöglichte ... ? Welche Absicht ... ? Wozu diente ... ?

Beispiele für auf Prozesssteuerung ausgerichtete Stämme:

Ich wollte wissen ... (Planungsphase).

Beim Lernen habe ich darüber nachgedacht ... (Steuerungsphase).

Besonders wichtig ist ... (Kontrollphase).

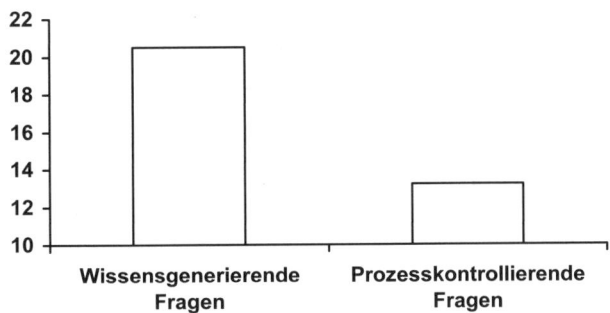

Abbildung 14.7. Effektvergleich der beiden Fragearten auf den Wissenserwerb (nach Neber, 1999)

Das Training war eingebettet in acht Geschichtsstunden zum Thema „Römische Republik". Da die Fragen schriftlich zu formulieren und zu beantworten waren, konnten beide Versuchsgruppen gemeinsam unterrichtet werden. Wie Abbildung 14.7 verdeutlicht, führten die wissensgenerierenden Fragen zu einem größeren Lernzuwachs im Vergleich zu den Fragen, die auf die Überwachung des Lernprozesses ausgerichtet waren. Die indirekte Förderung des Wissenserwerbs durch stärkere Beachtung der Steuerungsphase war sicher auch hilfreich, wenngleich nicht in dem Maße.

14.5 Zusammenfassung

Das Lehren des Lernens wurde in den letzten Jahrzehnten des vorigen Jahrhunderts besonders intensiv erforscht und ist auch heute noch Gegenstand vieler Untersuchungen. Entsprechend gibt es viele verschiedenartige Ansätze, Theorien und Befunde.

Im Mittelpunkt des Interesses stehen dabei Lernstrategien, ihre Lehr- und Lernbarkeit, ihre Wechselwirkungen und ihre Effekte.

Beim selbstgesteuerten Lernen müssen die Lernenden die Lehrfunktionen für sich selbst übernehmen. Insofern eignen sich die Lehrfunktionen, um ein umfassendes System von Lernstrategien zu erzeugen. Lernstrategien sind Pläne für Handlungssequenzen, die auf Lernen abzielen.

Bei den Lehrfunktionen waren übergeordnete und untergeordnete zu unterscheiden, je nach ihrer Stellung im Gesamtprozess. Entsprechend ist zwischen übergeordneten und untergeordneten Lernstrategien zu differenzieren. Übergeordnet sind die metakognitiven Strategien. Das sind die Strategien, die auf die Steuerung und Überwachung des gesamten Lernprozesses und auf die Aufrechterhaltung von Lernmotivation gerichtet sind. Untergeordnet sind die kognitiven Strategien. Dazu gehören Strategien der Motivation, der Informationsaufnahme, der Informationsverarbeitung, des Speicherns und Abrufens sowie die Transferstrategien.

Die kognitiven Strategien lassen sich bestimmten Stellen im Lernprozess zuordnen. Ihr Einsatz findet statt in der Planungsphase (Lernzielplanung, Management der räumlichen und zeitlichen Bedingungen des Lernens, Motivationsstrategien) oder in der Durchführungsphase (Strategien des Informationserwerbs, der Informationsverarbeitung und des Speicherns und Abrufens) oder in der Abschlussphase (Transferstrategien und solche der Endkontrolle).

Empirische Untersuchungen über den Einsatz von Strategien erfordern zunächst deren Erfassung. Besonders häufig werden hierzu Fragebogenverfahren eingesetzt. Das bekannteste ist der Fragebogen „Lernstrategien im Studium" (LIST).

Empirische Forschungen zeigen, dass Lernstrategien noch relativ selten in Schulen eingesetzt werden. In den ersten Schuljahren unterstützen Lernstrategien, auch wenn sie eingesetzt werden, den Wissenserwerb noch nicht in nennenswertem Maße, wohl aber in den späteren Schuljahren. Die Wirkungszusammenhänge sind dabei zum Teil recht komplex und und von verschiedenen Faktoren abhängig.

Bei Interventionsstudien wird einer Experimentalgruppe mindestens eine Lernstrategie gelehrt. Experimental- und Kontrollgruppe erhalten dann den Auftrag, etwas zu lernen. Im Anschluss daran lässt sich feststellen, ob die Lernstrategie eingesetzt wurde und ob sie das Lernen tatsächlich gefördert hat.

Hybridtraining nennt man die Kombination zweier Trainingskonzepte. Sehr häufig wurden auf diese Weise metakognitive und die eine oder andere bereichsspezifische Strategie miteinander verknüpft. Wenn solche Strategien sinnvoll verknüpfbar sind, erweist sich das Hybridtraining als vorteilhaft.

Spezielle Strategien werden häufig *isoliert* in ihrer Wirksamkeit untersucht. Das gilt etwa für das *Mind-mapping* oder die Erzeugung von Fragen, die Lernende sich dann selbst vorlegen. Hierbei werden sehr häufig praktisch bedeutsame Effekte nachgewiesen. So ist es hilfreich, sich selbst Fragen zur jeweiligen Problematik zu stellen, wenn aus Lehrtexten zu lernen oder ein Problem zu lösen ist. Dabei kommt es auf die Qualität der Fragen und – vermutlich – auch darauf an, wie ernst man die Fragen nimmt.

15 Individuelle Unterschiede berücksichtigen

In diesem Kapitel werden eine Reihe spezieller Probleme zusammenfassend vorgestellt, die nicht alle Lernenden betreffen, sondern nur bestimmte Gruppen. Einerseits geht es um Forschungen zu *Hochbegabungen*, andererseits um Forschungen zu verschiedenen Formen von *Minderbegabung*, von *Teilleistungsschwächen* und dergleichen mehr. Bei jeder dieser Gruppen stellt sich die Frage, inwieweit eine *integrierte Beschulung* möglich und wünschenswert ist und inwieweit *separierende Unterrichtsformen* nötig sein mögen. Die Integration erhöht die *Heterogenität*, die getrennte Förderung erhöht die *Homogenität* der Klassen oder Gruppen. Ganz so einfache Antworten sind unter diesen Umständen nicht zu erwarten. Was in einer Hinsicht ein Vorteil sein mag, kann sich in anderer Hinsicht als Nachteil erweisen. Es könnte aber sein, dass sich in Zukunft da oder dort gute Lösungen anbieten.

Insbesondere seit dem 19. Jahrhundert erheben Pädagogen die Forderung, im Unterricht auf die Besonderheiten der einzelnen Kinder einzugehen. Die Forderung läuft unter dem Stichwort des *Individualisierens und Differenzierens*, und Mittel hierzu bieten die Zusammensetzung von Klassen, der Gruppenunterricht, spezieller Förderunterricht, das tutorielle Lernen, das Paarlernen, der Einzelunterricht und gezielte Lernaufträge für einzelne. Auf die meisten dieser Möglichkeiten wurde bereits eingegangen. Innerhalb des multimedialen Lehrens und Lernens bieten sich darüber hinaus eine ganze Reihe besonderer Verfahren, den Unterricht an individuelle Bedingungen anzupassen. Dabei können im strengen Sinne *adaptive Lehr-Lern-Prozesse* in Gang gesetzt werden, Prozesse also, die sich an den individuellen Bedürfnissen der Lernenden orientieren. Darauf wird erst im nächsten Kapitel eingegangen.

In diesem Kapitel liegt der Schwerpunkt auf größeren Unterschieden in den *Lernvoraussetzungen*, die zu besonderen Lernbedürfnissen führen. Diese sind vielfach Anlass, um spezielle Fördermaßnahmen für einzelne Lernende oder für kleinere Gruppen von Lernenden zu ergreifen. Hier soll nun überblicksartig gezeigt werden, um welche

Lernvoraussetzungen es da geht und was die empirische Forschung zur Analyse wie zur Lösung der Fragen bislang beigetragen hat.

15.1 Hochbegabung

Bevor man sich irgendwelchen Fragen im Detail zuwendet, ist es angebracht zu klären, wie Hochbegabung zu definieren und zu diagnostizieren ist.

Handelt es sich um musikalische, sportliche oder künstlerische Hochbegabungen, so existieren bis heute keine speziellen Verfahren zu ihrer zuverlässigen Diagnostizierung. Um solche Hochbegabungen zu identifizieren, ist man schlicht darauf angewiesen, dass sie sich selbst durch ungewöhnlich hohe Leistungen zu erkennen geben. Von daher gibt es keine Gewähr, dass alle Hochbegabten als solche erkannt werden, und dass alle, die man für hochbegabt hält, es auch wirklich sind.

Günstiger liegen die Dinge bei allgemein beziehungsweise intellektuell Hochbegabten, die Gegenstand der folgenden Ausführungen sein werden. National wie international gibt es im wesentlichen zwei Schulen, was die Definition von Hochbegabung angeht. Beide Schulen gemeinsam definieren Hochbegabung durch einen hohen Intelligenzquotienten, z. B. durch einen IQ $\geq$ 130, womit zugleich festgelegt ist, dass es sich um die 2 % mit Spitzenwerten im Intelligenztest handelt. Durch diese Festlegung ist es sinnlos geworden, ermitteln zu wollen, wie viele Hochbegabte es in einer Altersgruppe gibt.

Die beiden Schulen unterscheiden sich darin, ob noch andere Variablen in die Definition mit einbezogen werden oder ob die Intelligenztestleistung alleine genügt. Seit Guilford (1964) fordern manche Autoren, neben hoher Intelligenz auch hohe Kreativität als Definitionsmerkmal anzusetzen. Später wurden noch weitere Variablen hinzugefügt wie z.B. hohe soziale Kompetenz und besonders ausgeprägte Arbeitshaltungen (Renzulli, 1978). In Deutschland hat Heller diese Konzeption vertreten (Heller, 1990; Heller & Hany, 1996). Die Gegenposition wird seit Terman (1925-1959) von vielen Forschern vertreten, in Deutschland vor allem von Rost (Rost, 2001; Sparfeldt, Schilling & Rost, 2004). Diese Position, der auch hier gefolgt wird, besteht darauf, Hochbegabung nur durch hohe Intelligenz zu definieren, weil das Intelligenzkonzept in sich hinreichend klar und zudem empirisch gut erforscht und testmäßig zuverlässig erfassbar ist. Alle anderen in Betracht gezogenen zusätzlichen Variablen wie beispielsweise Kreativität oder soziale Intelligenz lassen sich bis heute nicht zuverlässig genug messen.

Die *Hochbegabtenforschung* ist durch einige herausragende Längsschnittuntersuchungen gekennzeichnet. Die erste Untersuchung dieser Art hat Psychologiegeschichte geschrieben und stammt von Terman (1925-1959). Termans Versuchspersonen gehörten zu den 1 % intellektuell höchstbegabten Kindern. Berücksichtigt wurden nämlich ausschließlich solche, die einen IQ nur wenig unter 140 aufwiesen. Diese Stichprobe wurde in mehreren Wellen bis in das Erwachsenenalter hinein untersucht: Körperlich entwickelten sie sich überdurchschnittlich, ebenso in den Schulleistungen wie in den beruflichen Laufbahnen. Bemerkenswert war, dass diese Hochbegabten sozial hervorragend integriert waren, sich durch emotionale Stabilität auszeichneten und über breit gestreute Interessen verfügten.

In Deutschland sind zwei Längsschnittstudien durchgeführt worden, die Münchener von 1985 – 1989 (Heller, 1990; 1992) und die Marburger, die 1987 einsetzte (Rost, 2000; 2001) und derzeit bis 2007 fortgesetzt werden soll.

Für die Münchener Stichprobe wurden zunächst jene Schülerinnen und Schüler in die engere Wahl genommen, die von ihren Lehrern als hochbegabt genannt worden waren. Diese Gruppe wurde dann weiter mit zahlreichen Verfahren untersucht, um schließlich jene weiter zu verfolgen, die überdurchschnittliche Werte im Sinne der Ausgangsdefinitionen erzielten. Dabei erwiesen sich die Intelligenzleistungen als gut geeignet, um die Schulleistungsentwicklung wie die Noten vorherzusagen. Andere Persönlichkeitsvariablen hatten zum Teil moderierenden Einfluss, so etwa die Interessen und Motivationen. Familiäre Einflüsse zeigten ebenfalls Wirkungen, wenn auch unterschiedlicher Art im Sinne der *Aptitude-Treatment*-Interaktion, auf die im folgenden Abschnitt einzugehen ist: Übten die Eltern hochintelligenter Kinder weniger Kontrolle aus, so war das günstig für die weitere Entwicklung, beispielsweise in Richtung auf vielfältige literarische Interessen. Bei nicht hochbegabten Kindern wirkte sich jedoch eine stärkere elterliche Kontrolle günstiger in der Entwicklung literarischer Interessen aus.

Da die diagnostische Kompetenz von Lehrern nicht besonders ausgeprägt ist (Rost & Hanses, 1997; Schrader, 2001), hat Rost (2000) darauf verzichtet, die Marburger

Studie mit der Nominierung Hochbegabter durch Lehrer zu beginnen. Statt dessen wurden insgesamt 7000 Grundschulkinder mit einem Intelligenztest getestet, um daraus die 2 % mit einem IQ ≥ 130 auszuwählen. Dieser Gruppe wurde eine Kontrollgruppe durchschnittlich begabter Kinder gegenüber gestellt, was leider die meisten der anderen Längsschnittuntersuchungen versäumt haben. Nach der Wiedervereinigung wurde – dann im erweiterten Bundesgebiet – eine Kohorte hochleistender und durchschnittlich leistender Jugendlicher hinzugefügt, so dass sich seither Vergleiche in der Entwicklung einerseits zwischen hoch- und normal intelligenten, andererseits zwischen hoch- und normal leistenden jungen Menschen durchführen lassen.

Der Vergleich dieser Gruppen führte dazu, dass eine ganze Reihe von Vorurteilen und Behauptungen widerlegt werden konnten: Die hochbegabten Kinder und Jugendlichen sind erwartungsgemäß in ihren Leistungen weit überdurchschnittlich, wenngleich es auch einige gibt, die weniger leisten als sie könnten (*underachiever*, vgl. hierzu weiter unten). In den Persönlichkeits- und Charaktereigenschaften, aber auch im Sozialverhalten unterscheiden sich die Hochbegabten von ihren durchschnittlich begabten Mitschülern entweder gar nicht oder im positiven Sinne. Das gilt auch für ihre Interessen und Freizeitbeschäftigungen (Pruisken, 2004; Pruisken & Rost, 2005), obwohl in der Ratgeberliteratur immer wieder anderes behauptet wird. Es ist auch nicht möglich, die hohen Begabungen auf spezielle familiäre Bedingungen zurückzuführen (Schilling, Sparfeldt & Rost, 2003). Ähnlich positiv heben sich die *höchstleistenden* von den *normal leistenden* Mitschülern ab. Allerdings sind nicht alle, die sich durch exzellente Leistungen auszeichnen, auch hochbegabt, ihre Leistungen sind mitunter besser als zu erwarten war (*overachiever*, vgl. hierzu weiter unten).

Wie sieht es mit *Geschlechtsunterschieden* bei Hochbegabten aus? In einem Bericht über die ersten drei Jahre Talentsuche der erwähnten amerikanischen Längsschnittstudie der Johns Hopkins Universität zeigten sich nur geringe *Geschlechtsunterschiede*: Insgesamt hatten zwar weniger Mädchen als Jungen das Aufnahmekriterium erfüllt, zu den 5 % (1972), beziehungsweise 2 % (1973 und 1974) der Leistungsbesten zu gehören. In den mathematisch-naturwissenschaftlichen Subtests waren die Jungen überlegen, in den geisteswissenschaftlichen Subtests die Mädchen. Alle zeigten jedoch generell überdurchschnittliche Leistungen und sie unterschieden sich auch kaum in den Kurswahlen. Es gab jedoch einige Unterschiede in den Einstellungen zu den Fächern, die dem üblichen Muster entsprachen (Benbow & Minor, 1986): Die Jungen präferierten Mathematik und die quantitativen Naturwissenschaften, die Mädchen Sprachen, Geisteswissenschaften, Biologie und Medizin.

Im zehnten Jahr der Untersuchungen wurde dann eine Teilstichprobe gesondert erfasst, nämlich die 320 extrem begabten Jugendlichen mit einem durchschnittlichen IQ von etwas über 180. Es handelte sich also, wie die Autoren formulierten, um die „top 1 in 10 000" (Lubinski, Webb, Morelock & Benbow, 2001). Sie entsprachen demnach den 0,01 % Spitzen der Altersgruppe. In dieser Teilstichprobe zeigten sich erwartungsgemäß überragende Erfolge in Schule, Studium und Beruf. Viele der jungen Leute hatten bereits einen akademischen Grad an Eliteuniversitäten erworben, manche darunter sogar schon den Doktortitel, während andere kurz davor standen. Mehrere hatten bereits wissenschaftliche Veröffentlichungen oder Softwareentwicklungen aufzuweisen, so dass man alles in allem von einer Leistungsexzellenz sprechen konnte, die auch emotional stabil und sozial bestens integriert war. Die *Geschlechtsunterschiede* waren noch ausgeprägter, standen jetzt doch nur 67 junge Frauen 253 jungen Männern gegenüber. Dieser Befund entspricht dem oft bestätigten Zusammenhang, dass das männliche Geschlecht in den Extremgruppen nach beiden Seiten hin überrepräsentiert ist. In den *Leistungen* unterschieden sich die Geschlechter übrigens weniger als in ihren *Interessen* und *Einstellungen*, die dem üblichen Muster entsprachen.

Es gibt zwar eine ganze Reihe von Initiativen, um hochbegabte Kinder und Jugendliche speziell zu fördern, doch werden sie meist nur sporadisch da oder dort angeboten. In aller Regel sind die Eltern mit ihren hochbegabten Kindern allein gelassen. Wirklich umstritten ist allerdings, ob Hochbegabte eine spezielle Förderung unter ihresgleichen erhalten sollen oder nicht. Möglicherweise ist eine getrennte Förderung besonders optimal, aber man befürchtet dabei auch Nachteile für sie selbst wie für alle anderen, die keine solche spezielle Förderung erhalten.

Tatsächlich muss man mit Auswirkungen auf das *Selbstkonzept* rechnen, wenn Hochbegabte aus dem normalen Klassenverband herausgezogen und in eigenen Einrichtungen gefördert werden. Man sollte dann mit negativen Effekten auf das Selbstkonzept der Hochbegabten und mit positiven Effekten auf das Selbstkonzept der anderen rechnen. Weitere Auswirkungen werden sich ebenfalls einstellen. In einer Studie bei 51 Schülern der elften Klasse eines Internats für Hochbegabte wurden zum Teil doch problematische *soziale Interaktionen* festgestellt und Selbstkonzepte, die das hohe Fähigkeitsniveau keineswegs widerspiegelten (Manor-Bullock, Look & Dixon, 1995). Gemäß dem „*Big-fish-little-pond*"-Effekt (vgl. oben Seite 186 f) konnten Marsh und Mitarbeiter (1995) in zwei Studien ebenfalls nachweisen, wie die separierende Förderung Hochbegabter im Vergleich zur integrativen Förderung das schulische Selbstkonzept beeinträchtigte, keinesfalls aber nichtschulische Aspekte des Selbstkonzepts wie etwa die Einschätzung des eigenen Aussehens, die Beziehungen zu Kameraden und zu den Eltern. Vielleicht ist es aber auch gar nicht so gut, wenn Hochbegabte in regulären Klassen ein vielleicht überzogenes Selbstkonzept ihrer schulischen Leistungen entwickeln.

Bei jüngeren Kindern der 4. und 5. Klasse einer Spezialschule für besonders Hochbegabte fanden Moon, Swift und Shallenberger (2002) exzellente Schulleistungen, doch waren nicht alle Kinder zufrieden mit ihrer separierenden Förderung. In einer Metaanalyse von 26 unabhängigen und vergleichenden Untersuchungen konnten Kulik und Kulik (1984) die Frage nach der optimalen Förderung um einen Schritt weiterbringen: Waren Hochbegabte in speziellen Klassen unterrichtet worden, so waren sie in ihren Schulleistungen praktisch um ein ganzes Schuljahr weiter als gleich alte und gleich intelligente Hochbegabte, die in ihren regulären Klassen verblieben waren.

Der Versuch in Baden-Württemberg, das Abitur nach acht statt wie regulär nach neun Jahren in Spezialgymnasien erreichen zu können, wurde von Reimann und Heller (2004) evaluiert. In die Spezialgymnasien wurden nur hochbegabte Schülerinnen und Schüler aufgenommen, deren Leistungsentwicklung mit den Schülerinnen und Schülern herkömmlicher Gymnasien verglichen werden konnten. Das Förderprogramm stellte sich hinsichtlich der Schulleistungen, aber auch im Blick auf die kognitive, soziale und emotionale Entwicklung als erfolgreich heraus. Negative Effekte waren nicht zu verzeichnen. Die Ergebnisse sprechen eindeutig für eine getrennte statt für eine integrative Förderung Hochbegabter.

Nun kann man die Frage stellen, wie Hochbegabte das selbst sehen, wie sie die unterschiedlichen Möglichkeiten selbst beurteilen. In der Arbeitsgruppe von Rost waren hochbegabte Jugendliche der Marburger Längsschnittstudie befragt worden, ob sie separierende Förderung ihrer eigenen integrativen Förderung vorziehen würden (Sparfeldt et al., 2004). Das Ergebnis war eindeutig. Die Jugendlichen votierten klar für nicht separierende Varianten der Förderung von Hochbegabten. Anders dagegen die Ergebnisse der bereits erwähnten Studie mit 320 extrem hochbegabten jungen Menschen aus dem Projekt der Johns Hopkins Universität. Diese jungen Menschen sprachen sich ebenso eindeutig für die separierende Förderung aus, die sie selbst genossen hatten (Lubinski et al., 2001). Ob viele dazu neigen, die Art der Förderung vorzuziehen, die sie selbst erleben und erfahren?

Selbstverständlich sind generalisierende Aussage nicht für jeden einzelnen Fall zutreffend. Vielmehr muss man damit rechnen, dass es unter den Hochbegabten auch Einzelfälle gibt, die zu Risikogruppen gehören (Feger und Prado, 1998; Stamm, 2005). Nachweislich kommt es auch vor, dass Hochbegabte in einzelnen Fächern durch Lernschwierigkeiten auffallen (Nielsen, 2002) und Unterdurchschnittliches leisten (Reis, 2002). Mit Schwierigkeiten dieser Art sind Lehrkräfte immer wieder konfrontiert, wenngleich seltener in Verbindung mit Hochbegabung. Darauf ist in den folgenden Abschnitten einzugehen.

15.2 Aptitude-Treatment Interaktion (ATI)

Wörtlich übersetzt, geht es in diesem Abschnitt um die *Wechselwirkung zwischen Fähigkeit und Behandlung*, doch allzu aufschlussreich ist eine solche Übersetzung nicht. Konkret geht es darum, dass manche Lernende bei der einen Lehrmethode gut lernen und andere bei einer anderen Methode, und zwar in Abhängigkeit von ihren Lernvoraussetzungen. Es sind dann die speziellen Bedingungen der einzelnen Lernenden, von denen abhängt, bei welcher Methode sie optimal lernen. Der Effekt der Lehrmethode wird also moderiert, geändert, beeinflusst je nach den Fähigkeiten, die der einzelne mitbringt. Das ist gemeint mit der Wechselwirkung von Fähigkeit und Behandlung.

Die Problematik kam 1957 erst richtig auf die Tagesordnung der Forscher, als Lee J. Cronbach seine „Presidential Address" der *American Psychological Association* auch diesem Thema widmete. Sehr bald darauf setzte eine intensive Forschung ein, die in den 80-iger Jahren des vorigen Jahrhunderts kulminierte. Inzwischen ist die Forschung zu dem Thema stark abgeflaut. Andere Fragen drängten sich in den Vordergrund, und wesentliche neue Gesichtspunkte oder Erkenntnisse haben sich bislang nicht ergeben.

Zur Einführung sei auf eine der ersten deutschsprachigen Untersuchungen aus dieser Zeit verwiesen. Klauer (1968) veröffentlichte eine kleine Serie von experimentellen Studien über „Orthographisches Lernen als Funktion der Lehrmethode, des Leistungs- und des Intelligenzniveaus". In einer der Studien wurden eine fünfte *Volksschul*klasse (34 Kinder) und eine siebte *Hilfsschul*klasse (22 Kinder) herangezogen. Die Schulformen hießen damals noch so. In jeder Klasse wurden zwei in ihrer Rechtschreibleistung gleiche Gruppen gebildet. Jede der Gruppen bekam an vier Tagen Gelegenheit, die Schreibung von 15 schwierigen Wörtern zu erlernen, von Wörtern wie Schmuckkästchen, Geizhals, Verkehrsschutzmann, Karussell, Chrysantheme, Porzellankännchen und dergleichen mehr. Allerdings geschah dies nach zwei verschiedenen Methoden.

▶ Beim *akustischen* Diktat wurde das Wort ausgesprochen, beim ersten Mal danach in einem ganzen Satz verwendet, um die Bedeutung des Wortes zu illustrieren, und schließlich erneut ausgesprochen mit der Aufforderung, es nun hinzuschreiben.

▶ Beim *optischen* Diktat wurde im Kontrast hierzu das Wort an die Tafel geschrieben, beim ersten Mal wurde es in einem ganzen Satz verwendet, und es folgte dann die Aufforderung, sich das Wort genau anzusehen. Danach wurde es weggewischt, und die Kinder wurden aufgefordert, es hinzuschreiben.

Unmittelbar nachdem alle es hingeschrieben hatten, wurde das jeweilige Wort in beiden Fällen richtig an die Tafel geschrieben, so dass die Möglichkeit zur Selbstkontrolle bestand. Einen Tag nach Abschluss der Trainingsperiode und 14 Tage später wurden die 15 Wörter als reguläres akustisches Diktat erneut gegeben. Dasselbe Diktat war auch als Prätest in beiden Klassen vor dem Versuch durchgeführt worden. Die Ergebnisse des Prätests und des zweiten Posttests sind in Abbildung 15.1 dargestellt.

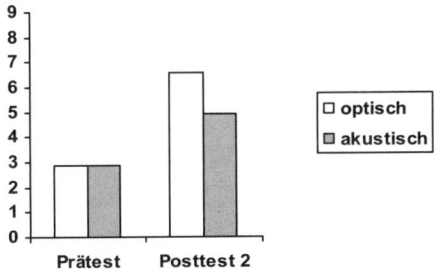

Abbildung 15.1. Anzahl richtig geschriebener Wörter nach optischem und akustischem Diktat in der Hilfsschule

Die Rechtschreibübung brachte in beiden Schulformen noch nach zwei Wochen eine bedeutsame Verbesserung, wenngleich keine Rede sein konnte von einer Beherrschung aller 15 Wörter – in keiner der Schulformen. Die beiden Methoden differenzierten nicht in der Volksschule, wohl aber in der Hilfsschule. Hier erwies sich das optische Diktat eindeutig als vorteilhafter. Interessant ist ein Blick auf die durchschnittlichen Lernzuwächse.

	Mittlerer Lernzuwachs
Hilfsschüler, optisches Diktat	3,7 Wörter
Volksschüler, optisches oder akustisches Diktat	2,8 Wörter
Hilfsschüler, akustisches Diktat	2,0 Wörter

Die optisch trainierten Hilfsschüler erzielten einen mittleren Leistungszuwachs, der sogar größer war als der der Volksschüler. Dagegen hat das traditionelle akustische Diktat die Diskrepanz zwischen den beiden Schülergruppen sogar noch vergrößert. Das sind die Resultate einer kurzen Rechtschreibübung von nur vier Tagen. Von daher kann man Überlegungen anstellen, ob manche Leistungsunterschiede nicht durch die falsche Lehrmethode sogar *hervorgerufen* werden und ob es nicht möglich ist, durch die Wahl besser geeigneter Lehrmethoden Leistungsunterschiede auszugleichen, zu kompensieren. Insofern steckt bildungspolitische Brisanz hinter der ATI-Forschung.

Etwas technischer erläutert ist mit „aptitude" zumeist das Intelligenzniveau gemeint, mit „treatment" die Lehrmethode. Dem ATI-Konzept liegt im einfachsten Fall ein zweifaktorieller varianzanalytischer Versuchsplan zugrunde. Man erfasst den Lernerfolg als abhängige Variable. Als eine der unabhängigen Variablen wird die Intelligenz zumeist in zwei Stufen erfasst (überdurchschnittliche und unterdurchschnittliche Intelligenz; hier operationalisiert durch die Schulzugehörigkeit). Die zweite unabhängige Variable stellt die Lehrmethode dar, im einfachsten Fall ebenfalls in zwei Formen. Varianzanalytisch lässt sich zunächst der Einfluss bestimmen, den Lehrmethode und Intelligenz auf das Lernen ausüben. Schließlich kann man auch die Wechselwirkung Intelligenz x Lehrmethode testen, und wenn sie signifikant wird, so hat die Lehrmethode unterschiedlich auf die Intelligenzniveaus gewirkt. Man ist dann auf eine signifikante ATI gestoßen. Im vorliegenden Fall wurde die Interaktion Schulart x Lehrmethode signifikant. Die Schulart stand für das Intelligenzniveau.

Dass eine ATI varianzanalytisch als Interaktion nachgewiesen werden soll, hat eine unangenehme Konsequenz, auf die schon Cronbach und Snow (1977) in einer ersten Zusammenfassung der Forschung hingewiesen haben: Interaktionen sind schwerer nachweisbar und lassen sich deshalb nicht so leicht replizieren – es sei denn, man arbeitet mit deutlich größeren Stichproben als sonst notwendig. Diese technische Schwierigkeit hat aber manche Autoren dazu verleitet, das Phänomen als instabil anzusehen, eine klare Fehleinschätzung der Zusammenhänge. Heute stehen sowohl messtechnisch als auch statistisch günstigere Verfahren zur Verfügung, um ATI-Effekte nachzuweisen (Brünken & Leutner, 2005).

Eine bereits mehrfach angesprochene Lehr-Lern-Bedingung stellt die Zusammensetzung von Klassen und Gruppen dar. Forschungen, wie sich leistungshomogene im Vergleich zu leistungsheterogenen Klassen und Gruppen auf den Lernerfolg auswirken, wurden oben bereits erörtert (vgl. Seite 202 f und 220-223). Hier soll das Thema erneut aufgegriffen werden, da auch die oben bereits mitgeteilten Ergebnisse klar für einen ATI-Effekt sprechen. Das sei an einer interessanten niederländisch-kuweitischen Studie zusätzlich belegt (Saleh, Lazonder & DeJong, 2005).

Einbezogen in das Experiment waren 104 Viertklässler im Alter von 9 und 10 Jahren. Die Kinder wurden in 26 Vierergruppen aufgeteilt, und zwar in 13 leistungshomogene und in 13 leistungsheterogene Gruppen. Dies geschah nach Maßgabe des naturwissenschaftlichen Leistungsniveaus, das durch einen Vortest erfasst worden war. Die heterogenen Gruppen setzten sich aus einem hoch befähigten, einem schwach befähigten und zwei durchschnittlich befähigten Kindern zusammen, wobei die Kinder durch eine Zufallsprozedur den Bedingungen zugeordnet wurden. Als homogene Gruppen wurden vier Gruppen mit hoch befähigten Kindern gebildet, vier mit schwach befähigten und fünf mit durchschnittlich befähigten Kindern. Alle 26 Gruppen übten für einige Wochen bei Gelegenheit einer Unterrichtsreihe zur Biologie der Tiere, wie man in der Gruppe optimal zusammenarbeitet. Danach folgte der Hauptversuch, in dem es um die Biologie von Pflanzen und deren Anbau ging. Der Versuch erstreckte sich über neun Wochen. Vorher und nachher wurden verschiedene Tests erhoben.

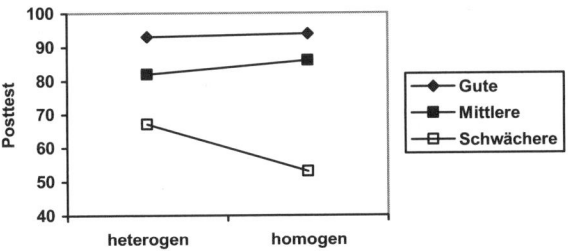

Abbildung 15.2. Leistungen im Posttest in Abhängigkeit von der Leistungsfähigkeit der Kinder und von der Zusammensetzung der Lerngruppen (nach Saleh et al., 2005)

Wie Abbildung 15.2 zeigt, resultierte hier eine *Aptitude-Treatment*-Interaktion. Die leistungsschwächeren Kinder lernten mehr in heterogenen Gruppen, während sie in homogenen Gruppen weniger gefördert wurden. Sie profitierten also von der Zusammenarbeit mit den leistungsfähigeren Kindern. Bei den mittleren wie den leistungstüchtigeren Kindern brachte die Art der Gruppe keinen statistisch gesicherten Unterschied. Bemerkenswert sind noch drei weitere Befunde, nämlich (1) die zu einer Gruppenarbeit, (2) die zur beobachteten Zusammenarbeit innerhalb der Gruppen und (3) die abschließende Befragung zur Motivation.

Ein und dieselbe *Gruppenarbeit*, die von den vier Kindern einer Gruppe gemeinsam zu bearbeiten war, wurde allen 26 Gruppen gestellt. Bei ihr konnten 20 Punkte erreicht werden. Hier die erzielten Mittelwerte.

Art der Gruppe	Mittelwert
Homogen gute Schüler	19,25
Homogen mittelmäßige Schüler	15,60
Homogen schwache Schüler	6,56
Heterogen zusammengesetzte Gruppen	19,00

Die leistungshomogenen Gruppen brachten Mittelwerte, wie man sie ihrem Können entsprechend erwartet haben mag. Offensichtlich war die Aufgabe für die Schwächeren recht schwer. Die heterogen zusammengesetzten Gruppen kamen jedoch zu Ergebnissen, die denen der homogen tüchtigen Gruppen entsprachen. Hier hat sich offenbar stets das leistungstüchtige Kind durchgesetzt.

Die *Zusammenarbeit* innerhalb der Gruppen war durch Stichproben von Videoaufzeichnungen festgehalten und danach einheitlich ausgewertet worden. In den homogen zusammengesetzten Gruppen war die Kooperation durchgehend höher als in den heterogen zusammengesetzten Gruppen. Bei den letzteren dominierten die Aktivitäten einzelner, zumeist der leistungstüchtigeren Schüler. Gute und mittlere Schüler zeigten durchweg ein höheres Maß von Kooperation als schwächere.

Schließlich wurde den Kindern am Schluss ein erprobter Fragebogen vorgelegt, in dem sie ihre Motivation in der und durch die Gruppenarbeit einschätzen sollten. Die Fragen bezogen sich darauf, wie sie ihren Lernerfolg in der Gruppe beurteilten, wie sie den Kontakt zu den drei anderen Kindern der Gruppe erlebten und in welcher Weise ihnen die Gruppenarbeit Spaß gemacht hat. Abbildung 15.3 zeigt die Mittelwerte: Die Leistungsschwächeren unterscheiden sich bedeutsam von den beiden anderen Gruppen. Die Schwächeren bevorzugten eindeutig heterogene Gruppen, wohingegen die anderen lieber in homogenen Gruppen arbeiteten.

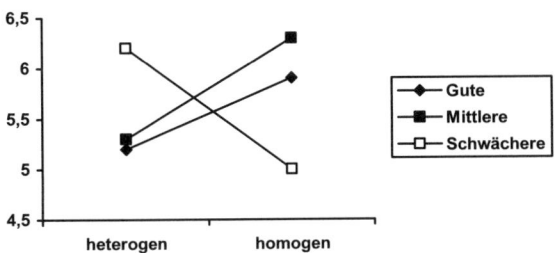

Abbildung 15.3. Subjektive Einschätzungen der Lernmotivation in Abhängigkeit von der Leistungsfähigkeit und der Art der Gruppe (nach Saleh et al., 2005)

Solche Befunde, so einleuchtend sie auch sein mögen, wird man nicht zu sehr verallgemeinern können. Es handelt sich immerhin um kuweitische Grundschüler. In anderen Kulturen und anderen Altersgruppen mögen sich die Dinge unterschiedlich darstellen, obwohl die Metaanalysen, die oben zur Zusammensetzung von Klassen und Gruppen vorgelegt wurden, eine ähnliche Sprache sprechen. Überdies dürfte die Variabilität der Begabungen in solchen Studien begrenzt sein: Ob die Ergebnisse auch auf wirklich Hochbegabte und auf wirklich Schwachbegabte übertragbar sind, wäre noch zu prüfen. Unabhängig davon bleibt aber festzuhalten, dass Lehrmethoden nicht für alle Befähigungsniveaus gleich gut sein müssen. Das hat schwerwiegende praktische wie theoretische Konsequenzen.

Die Forschungsergebnisse, die zum ATI-Effekt erzielt worden sind, haben Snow (1977) zu einer Interpretation veranlasst, die gerade auch heute wieder besonders aktuell ist. Die Theorie der kognitiven Belastung (*Cognitive Load Theory,* vgl. Seite 95 f) würde genau das annehmen, was Snow schon damals vermutet hat: Bei sehr hoher Beanspruchung der kognitiven Verarbeitungskapazität durch die Lehrmethode gibt es einen recht engen Zusammenhang zwischen der Intelligenz als dem allgemeinen Fähigkeitsniveau einerseits und dem Lernerfolg andererseits. Gut Begabte lernen dann viel, mäßiger Begabte lernen dann weniger. Erfordert die Instruktion also eine sehr hohe

Beanspruchung der Verarbeitungskapazität, so lernen diejenigen mehr, die besser dafür ausgerüstet sind, und es gibt eine deutliche positive Korrelation zwischen Intelligenz und Lernen. Erfordert der Unterricht jedoch nur geringen Verarbeitungsaufwand, so hängt der Lernerfolg viel weniger vom allgemeinen Fähigkeitsniveau ab, und die Korrelation zwischen Intelligenz und Lernen geht nach null. In dem Fall haben mäßiger Begabte bessere Karten als sonst.

> Im Fall des Rechtschreiblernens in der Hilfsschule beanspruchte das akustische Diktat zweifellos mehr Verarbeitungskapazität, forderte es doch die Identifizierung der Phoneme und ihre mentale Umsetzung in Schriftsprache, wohingegen das optische Diktat dies alles bereits vorgab, so dass nur eine visuelle Analyse der Wortgestalt notwendig war. Insofern konnte man bei den Hilfsschülern bessere Erfolge unter optischem als unter akustischem Diktat erwarten. Für die intellektuell besser ausgerüsteten Volksschüler spielte die unterschiedliche Belastung offenbar keine Rolle.

Geringere Anforderungen an die Verarbeitungskapazität stellen nach den Beobachtungen von Snow oft solche Lehrverfahren, die hoch strukturiert sind, die die Lernenden lenken und steuern, sie „gängeln". Hohe Anforderungen stellen dagegen Lehrverfahren, die den Lernenden wesentlich mehr Freiraum lassen, Anregungen geben, Tipps und Hinweise, denen man nachgehen kann oder auch nicht. Das sind oft solche Lehrmethoden, die nicht alles bis ins Detail vorgeben, sondern vieles den Lernenden anheim stellen, es sich selbst zu erarbeiten.

Auch hierin stecken bildungspolitische Konsequenzen. Auf der Grundlage dieser Zusammenhänge würde man wenig lenkende, also hoch beanspruchende Lehrmethoden einsetzen, wollte man ein Schulsystem konzipieren, das intellektuell Befähigte besonders fördert. Wollte man aber möglichst viele fördern, so wären stärker lenkende, konsequent schrittweise vorgehende Lehrverfahren angezeigt.

Clark (1982) hat hierzu jedoch einen bemerkenswerten Gesichtspunkt hinzugefügt. Er stellte ATI-Untersuchungen zusammen, bei denen nicht nur die Lernleistung erhoben wurde, sondern auch die Bewertung der Lehrmethode durch die Lernenden. Dabei stieß er auf etwas paradoxe Befunde: Lernende bevorzugen häufig jene Methode, bei der sie weniger lernen. Hochbegabte ziehen oft stark strukturierte Verfahrensweisen vor, die ihnen leichter erscheinen, bei denen sie aber keineswegs so stark glänzen können, und schwächer Begabte bevorzugen auffallend oft wenig strukturierte Lehrverfahren, die ihnen leichter *erscheinen*, eigentlich jedoch eine zu hohe Anforderung für sie darstellen, so dass sie weniger lernen.

Vielleicht spielen hier aber auch andere Faktoren eine Rolle. Denkbar ist, dass Strategien der Sicherung des Selbstkonzepts zum Zug kommen: Sind die Anforderungen zu hoch, so liegt es nicht an einem selbst, wenn man nicht klar kommt. Und ähnlich könnten besser Begabte sichergehen und das Verfahren vorziehen, bei denen sie kein Risiko des Misserfolgs eingehen müssen. Sicherungsstrategien dieser Art können also modifizierend eingreifen.

Solche Überlegungen führten schon bald dazu, das ATI-Konzept zu erweitern: Schließlich mögen auch andere Persönlichkeitseigenschaften die Wirkung von Lehrmethoden modifizieren, nicht nur die Intelligenz, so dass es sinnvoll sein kann, von einer *„Trait-Treatment-Interaction"* (TTI) zu sprechen. Beispielsweise vermuteten Schmidt und Ford (2003) einen Zusammenhang zwischen der Anwendung metakognitiver Strategien und dem Lernerfolg bei selbstgesteuertem Lernen am Computer. Sie boten 79 Studierenden die Möglichkeit, im Rahmen eines netzbasierten Programms die Erstellung einer Homepage zu erlernen, nachdem die Studierenden an einem Training metakognitiver Komponenten teilgenommen hatten. Neben anderen Zusammenhängen konnten die Autoren feststellen, dass sich das metakognitive Training positiv auswirkte bei leistungsstrebigen Teilnehmern und negativ bei solchen, die Anstrengungen lieber aus dem Weg gehen. In einem anderen Versuch stellten Dowalby und Schumer (1973) fest, dass die Angst zu versagen bei Collegestudenten die Wirkung von Rückmeldungen modifizieren kann. Von häufigen Rückmeldungen profitierten bevorzugt Studenten mit hoher Leistungsangst, von weniger Rückmeldungen profitierten bevorzugt Studenten, die weniger Ängste hatten zu versagen.

Man kann sich vorstellen, dass viele weitere Variablen eine modifizierende Rolle spielen mögen, wie dies tatsächlich auch wiederholt gezeigt werden konnte. Wie aber soll man dann mit dem so erweiterten TTI-Konzept umgehen? Welche Konsequenzen sind daraus in der Lehre zu ziehen? Das ATI-Konzept legte nahe, die Instruktion nach dem allgemeinen Fähigkeitsniveau der Lernenden, kurz nach deren Intelligenz oder der fachlichen Leistung zu differenzieren. Man würde dann Niveaustufen einrichten, sei es in getrennten Schulen, sei es in Zügen innerhalb der Schulen oder auch nur innerhalb von Klassen. Wenn aber andere Variablen ebenso modifizierend im Lehr-Lern-Prozess wirksam sein können, ergibt sich sehr rasch die Konsequenz, in vielerlei Hinsicht differenzierende Lehrangebote bereitstellen zu müssen. Überdies ließe sich leicht zeigen, dass Verfahren, die in einer Hinsicht förderlich sind, in anderer Hinsicht durchaus Nachteile bewirken können. Von daher kommt man sehr leicht an Grenzen der Differenzierung, zumal letztlich nur echte Individualisierung eine Lösung darstellen könnte. Das würde Lehrverfahren erfordern, die wirklich auf jeden einzelnen Lernenden zugeschnitten wären. Faktisch führt sich das Konzept so selbst *ad absurdum*.

Einige Auswege bieten sich gleichwohl an.

Erstens sollte die Forschung weiter getrieben werden, um herauszufinden, welche wenigen Eigenschaften der Lernenden in besonders starkem Maße modifizierend in den Lehr-Lern-Prozess eingreifen und deshalb zu berücksichtigen wären. Für einige wenige Persönlichkeitseigenschaften wie etwa Intelligenz oder das spezifische fachliche Vorwissen wäre es durchaus möglich, differenzierende Angebote zu entwickeln.

Zweitens könnte man die Möglichkeiten stärker erforschen, persönliche Benachteiligungen abzubauen und Lernvoraussetzungen zu verbessern. Leistungsängste lassen sich auch durch geeignete Interventionen und Hilfestellungen überwinden. Lern- und Leistungsmotivation können durch entsprechende Maßnahmen bedeutsam gefördert werden, und das gilt selbst für intellektuelle Schwächen wie für andere Eigenschaften, die das Lernen beeinträchtigen können. Auf diese Möglichkeiten wird weiter unten näher eingegangen werden.

Drittens könnte der Einsatz moderner Medien des Lehrens und Lernens differenzierende Möglichkeiten anbieten, die im herkömmlichen Unterricht nicht zu realisieren sind. Hierzu sei auf das folgende Kapitel verwiesen.

Viertens wäre durch Forschungen zu analysieren, genau welche Eigenschaften der *Instruktion* es sind, die unterschiedliche Effekte bei Lernenden bewirken. Möglicherweise hängen die differentiellen Lerneffekte nicht unbedingt von der Strukturierung der Instruktion ab, wie Snow (1977) vermutete. Im Hintergrund könnten auch andere Faktoren eine Rolle spielen, etwa solche, wie sie in einer Untersuchung von Helmke und van Aken (1995) sichtbar wurden.

In einer umfangreichen Längsschnittstudie der Autoren in Grundschulen, die über vier Jahre dauerte, wurden die Auswirkungen eines mehr autoritär lenkenden und eines freieren, mehr unterstützenden und fördernden Unterrichtsstils überprüft. Im mehr autoritären Fall wurde eine relativ gut strukturierte Instruktion geboten, im mehr unterstützenden Fall ein offeneres Angebot mit größeren Freiräumen für die Lernenden. Nach Snow (1977) sollte der Zusammenhang zwischen Intelligenz und Lernen im „autoritären" Unterrichtsstil weniger eng sein als im freieren Unterrichtsstil. Entsprechend sollten schwächere Schülerinnen und Schüler unter der mehr lenkenden Bedingung mehr gelernt haben. Helmke und van Aken (1995) fanden jedoch, dass die Kinder unter der freieren Bedingung generell mehr lernten, sich wohler fühlten, mehr von ihren eigenen Fähigkeiten hielten und weniger Prüfungsängste erlebten. Möglicherweise kommt es nicht so sehr auf das Niveau der Strukturierung des Unterrichts an als auf das Ausmaß an Unterstützung, das die Lernenden konkret erleben. Vielleicht geht es weniger um den Gegensatz von hoch versus niedrig strukturierter Instruktion, sondern um den Gegensatz von forderndem versus förderndem Verhalten der Lehrenden. Es wäre also zu prüfen, genau welche Merkmale der Instruktion es sind, die auf die Korrelation zwischen Intelligenz und Lernerfolg modifizierend einwirken.

15.3 Overachiever und Underachiever

Lehrkräfte kommen mitunter zur Auffassung, ein Schüler leiste eigentlich nicht das, was er leisten könnte angesichts seiner Fähigkeiten. Dafür mögen mangelnde Leistungsmotivation, Faulheit, Desinteresse, außerschulische Interessen, ungünstige Beziehungen zwischen Lehrkraft und Kind, didaktische Fehler, ungünstige Schulverhältnisse oder widrige familiäre Bedingungen verantwortlich sein. Gelegentlich entsteht sogar der Eindruck, ein Kind könne sogar hochbegabt sein und langweile sich deshalb im Unterricht.

Auf der anderen Seite wird von dem einen oder anderen Kind angenommen, es sei übermäßig stark gefördert worden und bringe nur deswegen weit mehr, als man von ihm eigentlich hätte erwarten können. Psychologen haben diese beiden Varianten präzisiert zur Definition von *Overachievement* und *Underachievement*. Gemeint ist damit eine Diskrepanz zwischen der tatsächlichen Leistung und der erwarteten Leistung. Mit letzterer ist die Leistung gemeint, die auf Grund der Intelligenz des Kindes zu erwarten wäre. Insofern spricht man auch vom *Overachievement* als erwartungswidrig hohen

Schulleistungen und vom *Underachievement* als erwartungswidrig niedrigen Leistungen. Der Grundgedanke sei an Abbildung 15.4 erläutert.

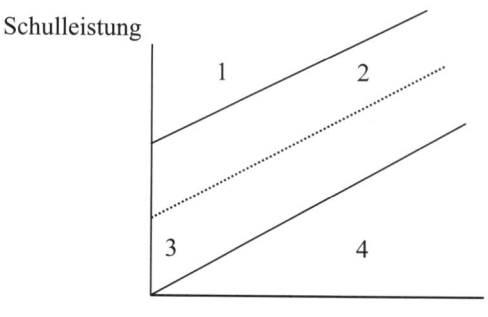

Abbildung 15.4. Zur Definition von Overachievement und Underachievement. (Schüler 1 ist Overachiever, Schüler 4 Underachiever, während die Schüler 2 und 3 zwar unterschiedlich intelligent sind, aber erwartungsgemäße Leistungen bringen.)

Der Ansatz basiert auf dem Zusammenhang zwischen Intelligenz und Schulleistung, die im Allgemeinen mittelhoch miteinander korrelieren. Wurde die Korrelation empirisch ermittelt, so ist man in der Lage, nach der Methode der kleinsten Quadrate die Regressionslinie zu bestimmen, die in Abbildung 15.4 punktiert ist. Die Regressionslinie ordnet jedem Wert auf der Intelligenzachse einen Wert auf der Schulleistungsachse zu, und zwar den Wert, der bei dem gegebenen Intelligenzniveau und der Höhe des Zusammenhangs zwischen beiden Variablen zu erwarten ist. Man kennt dann die beobachtete Schulleistung und die bei dieser Intelligenz zu erwartende Schulleistung. Markiert man nun die tatsächliche Schulleistung der Schüler im Diagramm, so liegen die Markierungen in aller Regel nicht genau auf der Regressionsgeraden, sondern bilden einen Schwarm um die Regressionslinie herum. Manche Punkte liegen näher an ihrem erwarteten Wert, andere weichen davon stärker ab. In Abbildung 15.4 sind nun zwei Parallelen zur Regressionsgeraden eingezeichnet. Sie zeigen an, ab welcher Abweichung nach unten oder oben eine erwartungswidrige Schulleistung angenommen wird. Der Abstand der Parallelen zur Regressionsgeraden ist letztlich willkürlich festgelegt, wobei natürlich eine Reihe von Überlegungen Eingang gefunden haben. Dabei berücksichtigt man unter anderem, dass insbesondere erst ein praktisch bedeutsamer Leistungsunterschied als erwartungswidrig eingestuft wird. Beispielsweise besteht eine Möglichkeit darin, nur solche Abweichungen als praktisch bedeutsam anzusehen, die dem Zuwachs von einem oder gar von zwei Schuljahren entsprechen. Außerdem werden die Folgen möglicher Fehlentscheidungen ebenfalls abgeschätzt und bei der Festsetzung des Abstands berücksichtigt.

Das Konzept der erwartungswidrigen Schulleistung hat zweifellos auch Schwächen.

▶ Zunächst einmal ist zu berücksichtigen, dass die Intelligenz nur mittelhoch mit der Schulleistung korreliert. Viele andere Faktoren üben ebenfalls ihren Einfluss aus. Dennoch gibt es keine andere Variable, die in dem Ausmaß und so konsistent wie die Intelligenz mit der Schulleistung korreliert. Körpergröße und Körpergewicht korrelieren auch nicht perfekt miteinander, und dennoch ist es sinnvoll, von Übergewicht und Untergewicht relativ zur jeweiligen Körpergröße zu sprechen.

▶ Selbstverständlich spielen dabei Messfehler eine Rolle, und zwar größere als bei der Messung von Körpergröße und Körpergewicht. In den Punkt, mit dem die tatsächliche Leistung eines Schülers nach Abbildung 15.4 markiert wird, gehen mindestens zwei Messfehler ein: Der Messfehler, der beim Intelligenztest angefallen war, und der Messfehler, der beim Schulleistungstest angefallen war. Insofern braucht man sich nicht zu wundern, wenn eine einmalige Diagnose als Over- oder Underachiever nicht unbedingt zuverlässig ist.

▶ In Computersimulationen wurde gezeigt, dass die Diagnosen erwartungswidriger Schulleistungen extrem instabil sind (Wahl, 1975). Allerdings wurden dabei die beiden möglichen Klassifikationsfehler – Hochbegabte fälschlich als weniger begabt einzustufen und weniger Begabte fälschlich als hochbegabt zu identifizieren – nicht gleich gewichtet (Klauer, 1990). Tatsächlich konnte aber in der Marburger Hochbegabtenstudie festgestellt werden, dass das Konzept des Underachievements über sechs bis sieben Jahre hinweg (von der dritten Grundschulklasse bis zum Abitur) stabil replizierbar war (Hanses, 2000; Hanses & Rost, 1998; Rost & Hanses, 1997; Sparfeldt, Schilling & Rost, 2006).

Im Wissen um die Begrenztheit des Konzepts hat die Erforschung erwartungswidriger Schulleistungen dennoch immer wieder die Aufmerksamkeit der Forscher auf sich gezogen. Tatsächlich existiert hierzu eine Fülle von Untersuchungen, die durch weitere ergänzt wird. Bemerkenswert ist jedoch, dass es kaum Forschungen zu Overachievern gibt. Die Forschung konzentriert sich nach wie vor eindeutig auf die Underachiever, eben weil hier am ehesten Hilfe angebracht ist. Man kann geradezu von einem Underachiever-Syndrom sprechen. Es ist gekennzeichnet durch (vgl. Glaser & Brunstein, 2004; Hanses & Rost, 1998; McCall, 1994; McCall, Evahn & Kratzer, 1992) ineffektives Arbeitsverhalten, Defizite bei metakognitiven Lernstrategien, geringere Interessen an schulischen Aktivitäten, ungünstige Motivation (weniger erfolgsmotiviert, eher mißerfolgsmeidend), Ängstlichkeit und emotionale Labilität, ferner durch ein eher negatives Selbstkonzept der eigenen Begabung und durch höheres Risiko, später im Beruf geringere Leistungen zu bringen.

Selbstverständlich gilt eine solche Kennzeichnung nicht für jeden einzelnen Fall. Aber die Liste verdeutlicht, dass Underachievement nicht auf die leichte Schulter zu nehmen ist. Leider haben Lehrer Schwierigkeiten, Underachiever zu erkennen, wie Hanses und Rost (1998) zeigen konnten. Diese Autoren untersuchten eine spezielle Untergruppe, nämlich die *hochbegabten* Underachiever, definiert durch einen IQ ≥ Prozentrang 96 und eine Schulleistung ≤ Prozentrang 50. Diese Schüler schätzten sich selbst in mancher Hinsicht schlechter ein als ihre Mitschüler sich einschätzten, und sie erhielten sowohl von ihren Lehrern als auch von ihren Eltern ungünstigere Beurteilungen.

15.4 Allgemeine und Teilleistungsschwäche

Der Begriff *Underachievement* wird im englischen Sprachraum auch weniger technisch gebraucht, und zwar einfach im Sinne von schulischer Leistungsschwäche oder Minderleistung. Gemeint ist damit eine zwar ebenfalls erwartungswidrige Minderleistung, jedoch bezogen auf die durchschnittliche Leistung gleichaltriger Kinder. Dabei geht es also um schlicht leistungsschwache Kinder, um Kinder mit deutlich unterdurchschnittlichen Schulleistungen. In diesem Sinne verwenden insbesondere Soziologen den Begriff des *Underachievement*. Wie eine große Londoner Untersuchung im Anschluss an eine OECD Studie von 2001 zeigte, findet man leistungsschwache Kinder dieser Definition überzufällig häufig in sozial deprivierten Stadtvierteln (Cooper, Lloyd-Reason & Wall, 2004), was bei uns ebenso der Fall ist. Nach der Untersuchung von Dyck et al. (2003) gibt es häufig zusätzliche Verhaltensstörungen bei Minderleistungen, wenn es sich um solche unterdurchschnittlichen Leistungen relativ zur Altersgruppe handelt.

So haben wir es mit zwei Begriffen von Minderleistungen zu tun. Die Minderleistung in Bezug auf Gleichaltrige sei deshalb als *einfache Minderleistung* bezeichnet, und die mit Bezug auf die Regression von Abbildung 15.4 als *erwartungswidrige Minderleistung*. Schließlich gibt es inzwischen noch eine dritte Variante, die *Diskrepanzdefinition von Minderleistung*. Sie ist verwandt mit der Definition der erwartungswidrigen Minderleistung, doch technisch etwas einfacher. Die Weltgesundheitsorganisation hat die Definition populär gemacht, und da klinische Psychologen nur dann eine Behandlung abrechnen können, wenn ein der Klassifikation entsprechender Fall vorliegt, setzt sich die Definition nach der internationalen Klassifikation psychischer Krankheiten ICD mehr und mehr durch (vgl. Weltgesundheitsorganisation, 2000, oder Saß et al., 2003).

Die Diskrepanzdefinition arbeitet mit dem statistischen Begriff der Standardabweichung (SD). Die Definition besteht aus zwei Elementen, die beide erfüllt sein müssen:

▶ Schulleistung um 2 SD unterhalb der Altersnorm,

▶ IQ im Normbereich (also höchstens um 1 SD unterhalb des Mittelwerts).

Mitunter sind die Zahlenwerte etwas anders festgelegt. So ist nach der ICD-10 nur dann eine Lese- oder Rechenstörung anzunehmen, wenn die Leistungen im Fach um zwei Standardabweichungen unterhalb des *Intelligenzquotienten* liegen (Weltgesundheitsorganisation 2000). Trotz solcher Varianten bleibt das Prinzip immer das gleiche: Die schulische Leistung liegt erheblich unter dem Durchschnitt bei mindestens soeben noch durchschnittlicher Intelligenz.

Die Definition ist sehr einfach anzuwenden, wenn standardisierte Tests zur Verfügung stehen. Bei Intelligenztests ist dies der Fall, in den USA auch bei Schulleistungstests. Beim Intelligenzquotienten rechnet ein IQ, der im Bereich 100 ± 1 SD einzuordnen ist, als im Normbereich liegend. Viele Tests sind so standardisiert, dass eine Standardabweichung genau 15 IQ-Punkten entspricht. Ist ein Schulleistungstest ebenfalls so standardisiert, dann fordert die Diskrepanzdefinition einen IQ größer als 84 bei einem Schulleistungswert, der kleiner als 70 sein muss.

Nur kurz erwähnt sei, dass bei der medizinischen Definition von Teilleistungsschwächen nicht nur unterdurchschnittliche Intelligenz auszuschließen ist, sondern mangelnder Schulbesuch ebenso wie Sinnesstörungen und andere körperliche Ursachen der Minderleistung.

15.4.1. Lese-Rechtschreib-Schwäche

Im Jahre 1916 hatte der ungarische Psychiater Paul Ranschburg eine Schrift mit dem Titel veröffentlicht „Die Leseschwäche (Legasthenie) und Arithmasthenie (Rechenschwäche) der Schulkinder im Lichte des Experiments". Über den Begriff der Legasthenie könnte man eine Erfolgsstory schreiben, während der Begriff Arithmasthenie in Vergessenheit geriet. Das ist wohl kein Zufall, denn bis heute hat die Lese-Rechtschreib-Schwäche enorm viele Forschungen ausgelöst, während die Rechenschwäche von der Forschung sehr vernachlässigt wurde. Die Forschung zum Problem der Leseschwäche hat insbesondere nach dem zweiten Weltkrieg weltweit große Beachtung gefunden. Für den deutschsprachigen Raum definierte die Schweizerin Maria Linder (1951) Legasthenie als eine Leseschwäche bei mindestens normaler Intelligenz, eine Definition, die prinzipiell den jüngsten Festsetzungen zur *Learning Disability* wie den entsprechenden Definitionen der WHO entspricht. Diese Definition setzte sich zunächst auch bei uns allgemein durch.

Danach musste man zwei Formen von Leseschwäche unterscheiden, die Legasthenie als eine Art Sonderfall und die Leseschwäche, die einer schwach ausgeprägten Intelligenz korrespondierte. Die Legasthenie war so abgehoben von einer gleichsam trivialen Leseschwäche, die als eine Folge mäßiger Intelligenz verständlich und zumeist von schwachen Leistungen in anderen Fächern begleitet ist. Weiterhin lag es nahe, bei der so definierten Legasthenie nach speziellen Ursachen und Ausfällen zu forschen, die das „Krankheitsbild" bedingten. Tatsächlich geriet die Legasthenie so in das Umfeld behandlungsbedürftiger Krankheiten, wie dies heute ja auch wieder der Fall ist als Folge der WHO-Definitionen. Insofern stellt die Definition nach der Internationalen Klassifikation psychischer Störungen ICD-10 einen Rückschritt dar. So werden die Bemühungen vieler Pädagogischen Psychologen und Pädagogen konterkariert, die sich gegen die Einordnung der Lese-Rechtschreib-Schwäche als Krankheit wandten. Um dies zu dokumentieren, vermieden viele von ihnen fortan den Begriff der Legasthenie und sprachen nur noch von der Lese-Rechtschreib-Schwäche (LRS).

Insbesondere von Pädagogischen Psychologen wurde gleichwohl intensive Ursachenforschung betrieben. So wurde eine Fülle von Vermutungen überprüft, worauf alles die Minderleistung im Lesen und in der Rechtschreibung zurückzuführen sei. Als Kandidaten kamen zum Beispiel in Frage (vgl. Schenk-Danzinger, 1991; Swanson & Hoskyn, 1998):

▶ Störungen der visuellen Wahrnehmung,

▶ Störungen der Rechts-Links-Orientierung (Verwechslung von b und d),

▶ Störung der optischen Gliederungsfähigkeit,

▶ Störungen der akustischen Wahrnehmung,

▶ minimale cerebrale Dysfunktionen,

▶ Speicherschwächen,

▶ genetische Faktoren,

▶ Mängel in der psycholinguistischen Entwicklung,

▶ Ausfälle im metakognitiven Bereich,

▶ Entwicklungsrückstände in der phonologischen Bewusstheit

und vieles andere mehr. Bislang konnte keine dieser Hypothesen bestätigt werden, wenngleich eine Unterentwicklung der phonologischen Bewusstheit zur Entstehung der Lese-Rechtschreib-Schwäche beiträgt. Schwache Rechtschreibleistungen gegen Ende der Grundschule konnten noch mit fortbestehenden Unsicherheiten im phonologischen Rekodieren in Verbindung gebracht werden (Klicpera & Gasteiger-Klicpera, 2000).

Der Versuch, Lesefehler nachzuweisen, die typisch sind für eine Lese-Rechtschreib-Schwäche, ist eindeutig misslungen. Kinder mit dieser Teilleistungs-schwäche machen keine anderen Fehler als „normale" Kinder, die sich auf der gleichen Stufe im Leselernprozess befinden oder als Kinder mit schwacher Intelligenz und entsprechend schwachen Leistungen im Bereich Lesen und Rechtschreiben. Auch sonst gibt es keine konsistenten Abweichungen (vgl. etwa Marx, Weber & Schneider, 2002). Für Overachiever im Lesen und in der Rechtschreibung gilt übrigens dasselbe (Metz, Marx, Weber & Schneider, 2003). Die Autoren zeigen, dass sich lese-rechtschreib-schwache Kinder in ihren Schwierigkeiten nicht unterscheiden von Kindern, die von mäßiger Intelligenz sind und ebenfalls Schwierigkeiten mit dem Lesen und der Recht-schreibung haben. Offenbar gibt es spezielle Entwicklungsverzögerungen, die den Leselernprozess erschweren, so etwa im Bereich der Phonologie. Allerdings betrifft dies Kinder mit der Teilleistungsschwäche Lesen-Rechtschreiben ebenso wie generell leis-tungsschwache Kinder (Gasteiger-Klicpera & Klicpera, 2004).

Was die Behandlung angeht, so ist Unterschiedliches versucht worden. Letztlich bewährt hat sich nur sorgfältiger Unterricht mit vielen abwechslungsreichen Übungen. In den USA wurde ein Konzept entwickelt, das den Namen „Success for All" trägt und insofern an das *Mastery Learning* erinnert, obwohl es nur am Rande damit zu tun hat. Es ist ein Modell, das den Unterricht in der ganzen Grundschule modifiziert, um sicher zu stellen, dass möglichst alle Kinder am Ende der Grundschulzeit lesen können (Slavin, Madden, Dolan & Wasik, 1996; Datnow & Castellano, 2000). Der Leseunterricht findet täglich in Blöcken zu 90 Minuten statt. Die Kinder werden in kleine, leistungshomogene Gruppen aufgeteilt, kooperatives Lernen und selbst Einzelunterricht sind vorgesehen, während regelmäßige Leistungstests nicht nur den Druck nehmen, sondern auch den Fortschritt oder weiteren Bedarf signalisieren. Ein solcher intensiver Leseunterricht ist sicher für Kinder mit Schwierigkeiten auf dem Gebiet sehr hilfreich. Dabei wird deutlich, wie förderlich es ist, wenn die Grundschule hinreichend flexibel ist (oder sein darf), um Kinder nach ihrem vordringlichen Bedarf zu fördern.

Wie steht es aber, wenn Kinder im Einzelunterricht gefördert werden? Eine umfangreiche Metaanalyse ging der Frage nach, wie wirksam die Einzelförderung im Lesen von Kindern ist, für die zu befürchten steht, dass sie im Lesen Schwierigkeiten behalten werden (Elbaum, Hughes, Moody & Vaughn, 2000). Die Autorinnen konnten insgesamt 29 Berichte über 42 Versuche zusammentragen, in die 1 539 Kinder einbezogen waren. Die Einzelförderung war im Durchschnitt mit einer Effektstärke von $d+ = 0,41$ erfolgreich, bezogen auf den Fortschritt, den jene Kinder erzielten, die keine Einzelförderung erhalten hatten. Zwei Untersuchungen, in denen kleine Gruppen statt Einzelkinder im Lesen gefördert wurden, zeigten allerdings gleich gute Ergebnisse. Zu beachten ist, dass es auch Fälle gab, bei denen der Einzelunterricht nicht nur nichts brachte, sondern sich sogar als nachteilig erwies. Dabei spielte das Ausbildungsniveau der Tutoren eine Rolle: Lehrpersonen und anderes ausgebildetes Personal waren deutlich erfolgreicher als Tutoren, die keine entsprechende Vorbildung erhalten hatten.

15.4.2. Rechenschwäche

Ranschburgs Begriff der Arithmasthenie hat sich, wie bereits angedeutet, nicht durchgesetzt. Im englischen Sprachraum stößt man öfters auf den Begriff der „*dyscalculia*", der im Deutschen unnötigerweise mitunter auch als Dyskalkulie übernommen wird (vgl. Jacobs & Petermann, 2003).

Im Hinblick auf die Rechenschwäche ist die Forschungslage insofern desolater, als hierzu international wie auch im deutschsprachigen Raum sehr viel weniger geforscht wurde. Einen Überblick über den Forschungsstand bietet Lorenz (2003), während Lobeck (1992) über die Geschichte der Forschung zur Rechenschwäche informiert. Über neurologische und neurowissenschaftliche Untersuchungen berichtet von Aster (2003). Offenbar gibt es – wie im Fall der LRS – gewisse pathologische Veränderungen im Gehirn, die zu Rechenstörungen führen können, doch sind sie nicht die Ursache bei den typischen Rechenschwächen von Kindern. In der Gegenwart gibt es auch interessante neuropsychologische Ansätze zur Erforschung des Zahlverständnisses und des Rechnens (vgl. etwa Dehaene, 1992), doch sind sie noch weit davon entfernt, etwas zum Verständnis der Rechenschwierigkeiten von Kindern beizutragen, falls das überhaupt je der Fall sein sollte.

Eine Reihe von Untersuchungen kommt zum Ergebnis, eine zentrale Schwierigkeit rechenschwacher Kinder bestehe darin, elementare arithmetische Sachverhalte zu beherrschen. Die Kinder sind nicht wie andere in der Lage, einfache Aufgaben aus dem Gedächtnis richtig lösen zu können. Beispielsweise referierten Geary und Hoard (2001) die kognitiven Untersuchungen zum Zahlverständnis sowie zum Zählen und Rechnen von rechenschwachen Kindern. Sie fanden zwei zentrale Schwächen bei rechenschwachen Kindern, (1) Probleme bei komplexen Rechenoperationen einerseits und (2) mangelnde Abrufbarkeit einfachster Zahlenfakten andererseits (zum Beispiel $5 + 7 = 12$ oder $8 - 3 = 5$). Sie nehmen überdies an, dass die verminderte Abrufbarkeit einfachster Wissensbestände rechenschwache und leseschwache Kinder gemeinsam haben. Im Rahmen der LRS-Forschung gab es tatsächlich immer wieder Beobachtungen, dass Leseschwäche und Rechenschwäche gemeinsam vorkommen können. In dem Fall ist es aber meist wenig sinnvoll, noch von Teilleistungsschwächen zu reden.

Eine jüngere englische Untersuchung verglich deshalb vier Gruppen von Kindern miteinander: Leseschwache, rechenschwache, ferner solche, die in beiden Bereichen auffällig waren, und Kontrollkinder, die in keinem der Bereiche unter dem Durchschnitt lagen (Landerl, Bevan & Butterworth, 2004). Die Kinder mit den Teilleistungsschwächen waren gemäß der Diskrepanzdefinition ausgewählt, zeigten also normales Intelligenzniveau. Differenzierte Untersuchungen führten die Autoren zur Schlussfolgerung, dass die Rechenschwäche ein Ergebnis *elementarer Zahlverarbeitungsprozesse* darstellt und dass dabei keine anderen kognitiven Defizite eine Rolle spielen.

Die Analyse der Rechenfertigkeiten rechenschwacher Kinder stand im Mittelpunkt einer weiteren Untersuchung. Dabei wurde eine Versuchsanordnung gewählt, die sich in der Entwicklungspsychologie bei irgendwie behinderten Kindern oft bewährt hat (Micallef & Prior, 2004). Die Autorinnen verglichen nämlich die Rechenleistungen von drei Gruppen von Kindern, nämlich von rechenschwachen Kindern, von gleichaltrigen Kindern mit durchschnittlichen Rechenleistungen sowie von jüngeren, normal rechnenden Kinder auf dem gleichen *Leistungsniveau* wie die älteren rechenschwachen Kinder.

Definitionsgemäß zeigten die rechenschwachen Kinder erheblich geringere Leistungen als ihre gleichaltrigen Mitschüler. Sie bedienten sich bei Rechenaufgaben der langsamen Lösungsstrategie, die auf dem Zählprozess beruht. Bei 5 + 3 zählen sie mit 5 beginnend um 3 weiter. Das ist genau das Verfahren, das die jüngeren Kinder anwenden, aber viel eher überwinden, weil sie die meisten der elementaren Zahlenfakten bald behalten und aus dem Gedächtnis abrufen können. Die Abrufstrategie setzten die rechenschwachen Kinder entsprechend erheblich seltener ein als die gleichaltrigen mit durchschnittlichen Rechenleistungen.

Offensichtlich entstehen die Schwierigkeiten rechenschwacher Kinder schon sehr früh. Das zeigte auch eine bayerische Untersuchung, die Gaupp, Zoelch und Schumann-Hengsteler (2004) im Anschluss an die oben bereits erwähnte Arbeit von Geary und Hoard (2001) durchführten. Sie untersuchten 24 rechenschwache und 24 parallel zugeordnete normal rechnende Grundschüler aus dritten und vierten Klassen. Dabei ging es darum, elementare Basiskompetenzen wie Zahlen lesen und schreiben, Zahlen vergleichen (die Kinder hörten Paare von einstelligen bis dreistelligen Zahlen und mussten angeben, welche Zahl die größere von beiden ist), Zahlen am Zahlenstrahl positionieren, Punktmengen schätzen, Zählen (von 1-20 vorwärts und rückwärts, in Dreierschritten von 2 bis 25 usw.), Rechenaufgaben (die vier Grundrechenarten im Zahlenraum bis 20; Rechenstoff, der am Ende des zweiten Schuljahres regulär beherrscht wird). Dabei wurde festgehalten, wie viele dieser Aufgaben durch Abruf aus dem Gedächtnis gelöst wurden.

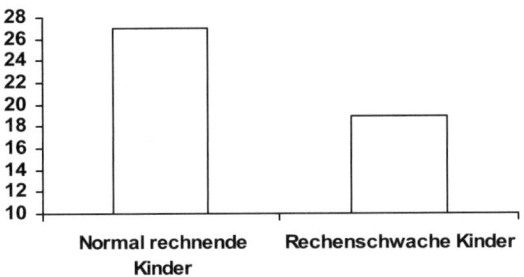

Abbildung 15.5. Mittlere Anzahl einfachster Rechenaufgaben im Zahlenraum bis 20, die von Grund-schülern der 3. und 4. Klasse „aus dem Kopf" richtig gelöst wurden (nach Gaupp et al., 2004)

Bei allen diesen Aufgabengruppen zeigten die rechenschwachen Kinder bedeutsam schwächere Leistungen. In Abbildung 15.5 sind die durchschnittlichen Leistungen der beiden Gruppen abgebildet, die sich auf den direkten Abruf der richtigen Lösungen beim Rechnen bezogen. Wie bei Geary und Hoard (2001) so stellte sich nämlich auch in dieser Untersuchung heraus, dass rechenschwache Kinder deutlicher weniger richtige Lösungen unmittelbar aus dem Gedächtnis abrufen können.

Es kann also kein Zweifel daran bestehen, dass die Rechenschwäche vieler Kinder schon in den ersten beiden Schuljahren offenbar und vermutlich nicht hinreichend erkannt, mindestens aber nicht hinreichend behandelt wird. Unabhängig davon wird – ähnlich wie bei der Lese-Rechtschreib-Schwäche – noch in verschiedene Richtungen geforscht. Beispielsweise finden sich mitunter Hinweise auf Aufmerksamkeitsstörungen (Lindzay et al., 1999), wobei allerdings nicht klar ist, was Ursache und was Wirkung sein soll. Außerdem gibt es Untersuchungen, ob nicht auch hier genetische Faktoren eine Rolle spielen können (Shalev et al., 2001) oder in Einzelfällen sogar Hirnverlet-zungen (Stoianov et al., 2004). Sieht man aber von solchen Varianten ab, die sicher nicht für die große Zahl rechenschwacher Kinder repräsentativ sind, so bleibt doch eine relativ gut begründete Vermutung: Die meisten der rechenschwachen Kinder zeigen – aus welchen Gründen auch immer – Defizite bei den ganzen elementaren Prozessen des Zahlverständnisses, des Zählens und Rechnens, und der Unterricht in den ersten Schul-jahren schreitet rascher voran als es diesen Kindern zuträglich ist.

15.4.3. Kritik an der Diskrepanzdefinition

Neben den bereits erwähnten Schwierigkeiten, die sowohl die Definition erwartungswidriger Minderleistungen als auch die Diskrepanzdefinition von Minderleistungen
kennzeichnen, haben sich noch einige weitere Aspekte als kritisch herausgestellt, die
abschließend kurz erläutert werden sollen. Bekanntlich wird Jungen häufiger eine Lese-
Rechtschreib-Schwäche attestiert als Mädchen. Nun konnte inzwischen an einem Beispiel nachgewiesen werden, dass dieses Ergebnis auch durch eine artifizielle Verzerrung
resultieren kann (Share & Silva, 2003): Jungen zeigen in der Grundschule einen etwas
niedrigeren Mittelwert im Bereich Lesen und Rechtschreiben; außerdem streuen ihre
Werte weiter um den Mittelwert. Beides zusammen führt zwangsläufig dazu, dass Jungen in der Praxis häufiger als lese-rechtschreib-schwach eingestuft werden im Vergleich
zu Mädchen, gleichgültig welche der beiden Definitionen verwendet werden. An einer
Untersuchung mit über 900 Kindern konnten die Autoren zeigen, dass mehr Jungen als
Mädchen entsprechend diagnostiziert werden, wenn man beide Geschlechter *gemeinsam*
analysierte. Führten die Autoren jedoch die Prozedur *getrennt* für die Geschlechter
durch, so verschwand der Unterschied zwischen den Geschlechtern zwangsläufig.

Speziell die Diskrepanzdefinition der Teilleistungsschwäche hat den Nachteil, dass
generell minderbefähigte Kinder *per definitionem* weder eine Lese-Rechtschreib-
Schwäche noch eine Rechenschwäche haben *können*. Die Diagnose dieser Teilleistungsschwächen setzt ja in der Regel eine normale Intelligenz voraus. Warum soll es
aber bei einem schwach begabten Kind nicht noch zusätzlich eine Rechenschwäche
oder zusätzlich eine Lese-Rechtschreib-Schwäche geben können? Diese Möglichkeit
wird von der Diskrepanzdefinition ausgeschlossen, nicht aber von der Definition erwartungswidriger Minderleistungen.

Ein weiterer Punkt setzt an der Tatsache an, dass es gemäß der Diskrepanzdefinition zwei Arten von leistungsschwachen Schülerinnen und Schülern im Bereich Lesen-
Rechtschreiben und Rechnen gibt, zum einen die schwach begabten und zum anderen
die Jungen und Mädchen, die trotz normaler Intelligenz Minderleistungen in einem oder
in beiden Bereichen zeigen. Welchen Grund gibt es, zwischen diesen beiden Gruppen
zu differenzieren? Vermutlich waren und sind viele der Meinung, es gäbe wohl spezifi-

sche Ursachen für die partiellen Minderleistungen normal befähigter Kinder. Denkbar ist auch, dass man es für vorteilhaft hält, beide Gruppen in ihrer Förderung zu trennen.

Inzwischen gibt es aber empirische Befunde, die beide Überlegungen erheblich in Frage stellen. In der bereits erwähnten Arbeit von Metz, Marx, Weber & Schneider (2003) wurden vier Gruppen von Kindern einbezogen. (1) Kinder mit niedriger Intelligenz und schwachen Lese-Rechtschreib-Leistungen, (2) Kinder mit niedriger Intelligenz, aber besseren Lese-Rechtschreib-Leistungen (Overachiever), (3) Legastheniker (Kinder mit normaler Intelligenz, aber schwachen Lese-Rechtschreib-Leistungen) und (4) eine Kontrollgruppe unauffälliger Kinder.

Die erste und die dritte Gruppe unterschieden sich in keiner Weise, was die verschiedenen Leistungen im Bereich Lesen-Rechtschreiben betraf, und das Gleiche traf zu für die Gruppen zwei und vier. Die Autoren stellen daher die Diskrepanzdefinition von Minderleistungen prinzipiell in Frage.

Allerdings kam schon eine umfangreiche amerikanische Metaanalyse zur gleichen Schlussfolgerung. Stuebing, Fletcher, LeDoux, Lyon, Shaywitz und Shaywitz (2002) konnten in einer Metaanalyse 44 ähnliche Untersuchungen zusammenfassend auswerten. Sie stellten ihre Arbeit ausdrücklich unter die Fragestellung nach der Gültigkeit der IQ-Diskrepanzdefinition der Lese-Rechtschreib-Schwäche. Ihre Ergebnisse lassen sich kurz so umschreiben. Im Vergleich von leseschwachen Schülerinnen und Schülern, die entweder

▶ IQ-diskrepant (also normal intelligent)

▶ oder IQ-konsistent (also intelligenzschwach)

sind, zeigten sich praktisch keinerlei Unterschiede in den überprüften Aspekten bis auf einen einzigen: Die IQ-diskrepanten waren im Durchschnitt intelligenter – und dies ist trivial, weil die Gruppen ja so definiert waren. Man wird also annehmen können, dass sich die beiden Kindergruppen in ihren Lese-Rechtschreib-Leistungen praktisch nicht unterscheiden. Von daher bezweifeln die Autoren die Zweckmäßigkeit, weiterhin die Diskrepanzdefinition anzuwenden, die in den USA erst einen Anspruch auf sonderpädagogische Förderung begründet. Die Definition erwartungswidriger Leistungen ist in mehrfacher Hinsicht weniger problematisch.

15.5 Training kognitiver Lernvoraussetzungen

Die Schulen wären im Interesse der Schülerinnen und Schüler gut beraten, wenn sie flexibler in der Unterrichtsorganisation würden, insbesondere auch um Trainingskurse durchführen zu können, die es gestatten, die Lernvoraussetzungen von Kindern zu verbessern. Einen Überblick über Trainingsprogramme zur schulischen Förderung hat Langfeldt (2003) herausgegeben. Besonders bemerkenswert sind darin zunächst das Programm von Lauth und Schlottke (1993) für aufmerksamkeitsgestörte Kinder und das Programm von Fritz und Hussy (2000) zum Training der Planungsfähigkeit bei Grundschulkindern. Beide Programme sind mindestens einmal experimentell erprobt worden und haben sich dabei bewährt. Ungewöhnlich umfangreich empirisch erprobt wurden weitere Programme, über die im Folgenden berichtet werden soll, nämlich die Programme zum Training der phonologischen Bewusstheit von Küspert und Schneider (2003) sowie von Plume und Schneider (2005) sowie die Programme zum Training des induktiven Denkens von Klauer (1989a, 1991, 1993).

15.5.1 Training der phonologischen Bewusstheit

Kinder, die gefährdet sind, eine Lese-Rechtschreib-Schwäche zu entwickeln, lassen sich schon im Kindergartenalter mit einer gewissen Wahrscheinlichkeit diagnostizieren. Es gibt nämlich Vorläuferleistungen, die für den Erwerb schriftsprachlicher Kompetenzen erforderlich sind und die sich schon relativ früh diagnostizieren lassen. Dazu gehört insbesondere der Komplex, der heute als phonologische Bewusstheit bezeichnet wird. Gemeint ist damit die Fähigkeit, die Lautstruktur der Sprache erfassen und analysieren zu können. Dazu gehört die Zerlegung von Sätzen in Worteinheiten, die Zerlegung von Wörtern in Silben und schließlich in einzelne Phoneme. Man kann sich vorstellen, dass das Erlernen des Lesens wie des Schreibens eine Phonem-Graphem-Zuordnung erfordert, und wenn auf der Seite der Analyse der gesprochenen Sprache keine entsprechende Differenzierung stattfindet, so muss der Leselernprozess erheblich erschwert sein.

Schon Bosch (1937) war diesem Aspekt bei seinen Untersuchungen zum Erstleseunterricht nachgegangen. Er bot Kindern Wortpaare und bat sie zu vergleichen, welches Wort länger sei, wobei er „Wort" besonders hervorhob:

Klitzeklein – groß

Piepvögelchen – Kuh

Haus – Streichholzschächtelchen

Kinder, die noch nicht verstanden, ein Wort als *Wort* „abzuhören", orientierten sich eben nicht an der Lautgestalt, sondern an der Bedeutung des Wortes. Tatsächlich haben spätere Forschungen gezeigt, dass der verspätete Erwerb von Kompetenzen der phonologischen Bewusstheit den Prozess des Lesen- und Schreibenlernens erheblich beeinträchtigt, ja sogar die Entwicklung einer Lese-Rechtschreib-Schwäche oft nach sich zieht (Klicpera & Gasteiger-Klicpera, 1993). In anderen Sprachkulturen stellen sich ähnliche, zum Teil sogar noch schwerer wiegende Probleme ein. Im Englischen ist die Wahrscheinlichkeit nicht gering, dass selbst einzelne Studenten noch Schwierigkeiten haben, Phoneme und Grapheme einander richtig zuzuordnen, so dass es sinnvoll erscheint, angehende Lehrerinnen und Lehrer entsprechend zu unterweisen, damit sie in der Lage sind, den Kindern beim Lesenlernen die Zuordnung richtig zu demonstrieren (Connelly, 2002).

In Schweden wurde ein Trainingsprogramm entwickelt, das Kindern helfen soll, schon im Kindergarten phonologische Kompetenzen zu erwerben (Lundberg, Frost & Petersen, 1988). Das Training hat sich vielfach bewährt. Selbst noch in der Grundschule zeigten die trainierten Kinder deutlich bessere Leistungen als die Kinder der Kontrollgruppen. Eine längerfristig angelegte Untersuchung an einer schwedisch sprechenden Bevölkerungsgruppe in Finnland bestätigte die schwedischen Befunde. Hier zeigten sich selbst noch im zweiten Schuljahr Vorteile für die trainierten Kinder beim Lesen. Beim Rechtschreiben waren allerdings nur noch jene trainierten Kinder im Vorteil, die im Kindergarten als LRS-gefährdet diagnostiziert worden waren (Kjeldsen, Niemi & Olofsson, 2003).

Das schwedische Programm war für Schneider Anlass, entsprechende deutsche Programme zu entwickeln (Küspert & Schneider, 2001; Plume & Schneider, 2005). Auch für diese Programme ist vorgesehen, dass sie schon im Kindergarten durchgeführt werden. Die Kinder üben dabei, Geräusche zu identifizieren, Reimwörter erkennen und finden, Sätze in Wörter und Wörter in Silben zerlegen (z. B. durch Silbenklatschen), Wörter in Laute zu zerlegen und Laute zu Wörtern zu verbinden.

Das zweite Programm besteht aus Übungen zur Buchstaben-Laut-Zuordnung und zielt darauf ab, die akustische Seite eines Lautes mit seiner visuellen Repräsentation, dem Graphem, zu verknüpfen. Darüber hinaus enthält das Programm Übungen zur Assoziation von Anlauten, wobei dann zu erkennen ist, dass Wörter wie „Affe" und „Apfel" mit dem gleichen Laut beginnen und dass sie auch mit dem gleichen Buchstaben beginnen. Dabei geht es keineswegs darum, alle Buchstaben kennen zu lernen, sondern nur das Zuordnungsprinzip.

Der metamorphologische Transfertest sollte prüfen lassen, ob und wie gut die einzelnen Leistungen, die im Training geübt werden, auch tatsächlich durch das Training besser geworden sind. Die Ergebnisse zweier Subtests, die in einer der Effektivitätsstudien ermittelt wurden, sind in Abbildung 15.6 wiedergegeben.

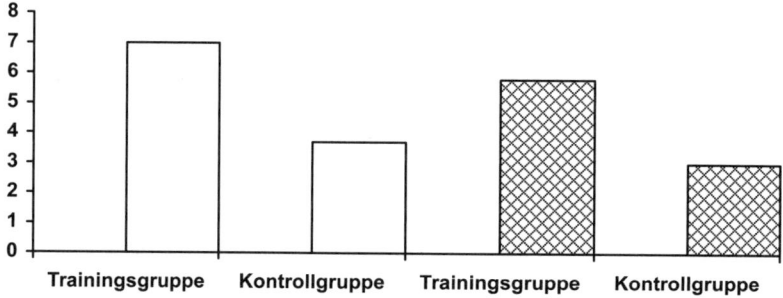

Abbildung 15.6. Effekte des Trainings beim Subtest „Anlaut erkennen" (links) und beim Subtest „Endlaut erkennen" (rechts)

In fünf der sechs Subtests erzielten die trainierten Kinder statistisch signifikant bessere Werte als die Kinder der Kontrollgruppe. Bei dieser Studie waren immerhin 277 Kinder auf eine Trainings- und eine Kontrollgruppe verteilt worden. Selbstverständlich zeigen Befunde wie die von Abbildung 15.6 nur, dass die trainierten Kinder im Training etwas davon lernten, was sie lernen sollten. Ob ihnen das aber später in der Schule weiterhilft?

In einer groß angelegten Längsschnittstudie war der Frage zum Transfer des Trainings auf den Prozess des Schriftspracherwerbs nachgegangen worden. Am Beginn wurde ein umfangreicher Screeningtest in Kindergärten erhoben, mit dessen Hilfe Kinder identifiziert werden sollten, für die das Risiko bestand, später beim Lesen und

Rechtschreiben Schwierigkeiten zu bekommen. Insgesamt konnten 149 solcher Kinder identifiziert werden, die dann auf drei Gruppen verteilt wurden. Die erste Gruppe erhielt das Training der phonologischen Bewusstheit, die zweite ein Hybridtraining, nämlich das Training der phonologischen Bewusstheit und zusätzlich ein Buchstaben-Laut-Training, wohingegen die dritte Gruppe verkürzt nur das Buchstaben-Laut-Training bekam. Im Kontrast zu diesen Kindern wurde eine Gruppe unausgelesener Kindergartenkinder als Kontrollgruppe hinzugezogen, die keinerlei Training erhielt. Von den Kontrollkindern war zu erwarten, dass sie später durchschnittliche Leistungen im Lesen und Rechtschreiben zeigen würden. Sie sollten dann den Maßstab abgeben, an denen man den Erfolg der Trainingsvarianten einschätzen könnte. Der Vergleich mit einer Gruppe von Risikokindern, die keine besondere Förderung erhielt, wäre natürlich auch interessant gewesen, doch mögen ethische Bedenken dem entgegengestanden haben.

Diese vier Gruppen von Kindern wurden zunächst bis Ende der zweiten Klasse verfolgt (Schneider, Roth & Ennemoser, 2000), dann aber auch noch bis zum Ende der dritten Klasse (Roth & Schneider, 2002). Bemerkenswerte Ergebnisse zum Lesen und zur Rechtschreibung konnten festgestellt werden: Am Ende des ersten wie des zweiten Schuljahres gab es keine Unterschiede zwischen der Gruppe mit dem kombinierten Training und der unausgelesenen Kontrollgruppe. Das kombinierte Training war insofern sehr erfolgreich. Die beiden anderen Trainingsgruppen zeigten zwar geringere Leistungen im Durchschnitt, doch waren die praktisch nicht sehr bedeutsam.

Am Ende des dritten Schuljahres ließ sich folgende Bilanz ziehen. In der Rechtschreibung bestand weiterhin kein Unterschied zwischen dem kombinierten Training und der Kontrollgruppe. Dem gegenüber zeigten die beiden anderen Varianten, das rein phonologische und das Buchstaben-Laut-Training, etwas geringere Durchschnittsleistungen. Die Lesegeschwindigkeit unterschied zwischen den vier Gruppen nur noch geringfügig, wobei die alte Rangordnung allerdings noch erkennbar war. Beim Leseverständnis dagegen gab es überhaupt keinen Gruppenunterschied mehr.

Insgesamt darf man feststellen, dass sich von den Trainingsvarianten eindeutig das Hybridtraining als am effektivsten herausgestellt hat. Es kombiniert das phonologische Training mit einem Buchstaben-Laut-Training. Ein solches Training kann wesentlich beitragen zur Prophylaxe von Lese-Rechtschreib-Schwierigkeiten bei Kindern, die davon bedroht sind. Insofern dürfte es sinnvoll sein, das Programm flächendeckend einzusetzen.

15.5.2 Training des induktiven Denkens

Induktives Denken ist für das Lernen in Schule und Wissenschaft von zentraler Bedeutung. Man sollte allerdings zwischen induktivem Denken und induktivem Schließen unterscheiden. Beim induktiven Denken werden *Regelhaftigkeiten* und *Gesetzmäßigkeiten* erkannt, während beim induktiven Schließen darüber hinaus angenommen wird, dass die Regelhaftigkeit für die ganze Grundgesamtheit (für "alle Schwäne") gilt. Induktives *Denken* geht nicht über die empirisch gegebene Datenbasis hinaus, was beim induktiven *Schließen* der Fall ist. Induktives Denken stellt eine zentrale Leistung der Intelligenz dar, weswegen Intelligenztests in aller Regel auch mehrfach induktive Aufgaben bieten.

Regelhaftigkeiten entstehen dadurch, dass Gemeinsamkeiten vorliegen. Nun beziehen sich Gemeinsamkeiten entweder auf *Merkmale* von Objekten oder auf *Beziehungen* zwischen Objekten. Will man also Regelhaftigkeiten entdecken, so muss man auf gemeinsame Merkmale von Objekten oder auf gemeinsame Beziehungen zwischen Objekten achten, wobei es allerdings entscheidend ist, relevante Unterschiede nicht zu übersehen.

Vergleichen bedeutet nichts anderes als Gemeinsamkeiten und Unterschiede zu entdecken, Gleichheit und Verschiedenheit zu beachten. Die *Strategie des Vergleichens* ist demnach der Königsweg zur Lösung induktiver Aufgaben. Sie begegnete aber schon mehrfach, so zum Beispiel im Zusammenhang mit den Lehrfunktionen, insbesondere bei der Informationsverarbeitung, beim Speichern und Abrufen und beim Transfer (vgl. Seite 109 f, 121 f, 134 f, 138, 142, 147 f, 228). Von daher wird deutlich, dass diese Strategie in Lernprozessen eine zentrale Rolle spielt.

Die Bildung von Allgemeinbegriffen ist beispielsweise in allen Fächern und in allen Wissenschaften gefordert. Aufgaben, bei denen es um Merkmalsvergleiche geht, haben es aber mit der Bildung und Unterscheidung von Allgemeinbegriffen zu tun. Und Aufgaben, bei denen es um Relationsvergleiche geht, haben es mit Gesetzmäßigkeiten oder Regelhaftigkeiten zu tun, die eben auch in allen Wissenschaften vorkommen. So wäre gut möglich, Beispiele zu jeder dieser Aufgabenklassen aus einem Wissensgebiet zu entnehmen, etwa aus der Geschichte, der Grammatik, der Erdkunde, der Mathematik, oder der Biologie. Das macht deutlich, warum Transfer des Trainings sowohl auf die Intelligenz als auch auf schulisches Lernen zu erwarten ist.

Um die induktive Strategie des Vergleichens systematisch einzuüben, stehen drei Programme zur Verfügung (Klauer, 1989a; 1991; 1993), "Denktraining für Kinder I" für etwa 5 - bis 8-jährige Kinder, "Denktraining für Kinder II" für etwa 10 - 13-jährige Kinder, "Denktraining für Jugendliche" für junge Menschen etwa ab 15 Jahren. Die Programme I und II kommen für alle Begabungsgruppen in Frage, also für schwach begabte, normal begabte wie für hochbegabte Kinder. Mit Hochbegabten können die Programme entsprechend früher, mit Schwachbegabten entsprechend später durchgearbeitet werden. Dagegen wendet sich das dritte Programm an leistungsschwache Jugendliche, die Schwierigkeiten haben dürften bei der Eingliederung in das Berufsleben (z. B. Jugendliche ohne Hauptschulabschluss oder ehemalige Sonderschüler).

Die Programme des induktiven Denkens wurden – auch im internationalen Vergleich – überdurchschnittlich häufig experimentell erprobt. Dabei war mindestens eine Trainingsgruppe und mindestens eine Kontrollgruppe einbezogen. Die Kontrollgruppe setzte zumeist in der Zeit, während die anderen trainiert wurden, den regulären Unterricht fort oder sie erhielt ein nicht induktives Alternativtraining. Im letzteren Fall konnte ermittelt werden, ob die Teilnahme an einem Training als solchem, also unabhängig von den Inhalten des Trainings, einen vergleichbaren Effekt erzielt.

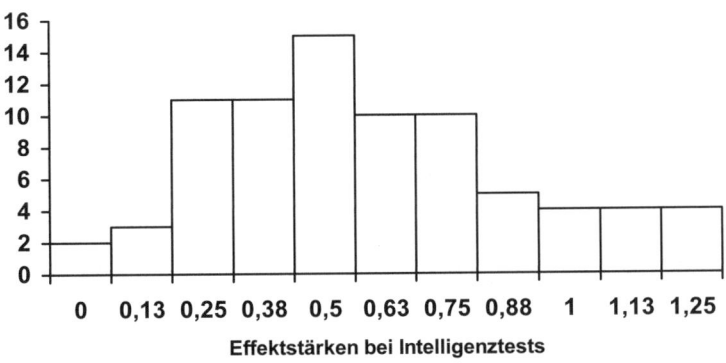

Abbildung 15.7. Verteilung der Effektstärken aus 74 Experimenten (N = 3 595 Probanden*)*

Die folgenden Ergebnisse basieren auf 74 Experimenten, die hauptsächlich in Deutschland, aber auch in den Niederlanden, in Österreich und den USA durchgeführt wurden. Abbildung 15.7 bietet einen Überblick über die dabei erzielten Effektstärken bei Intelligenztests. Wie die Abbildung zeigt, resultierten breit gestreute Effektstärken, die um einen mittleren Wert von etwa einer halben Standardabweichungen kulminieren (d+ = 0,52). Erwartungsgemäß fördert das Training also die intellektuelle Leistungsfähigkeit der Kinder. Diese Effekte halten auch an. In 24 Studien wurde ein zweiter Posttest erhoben, und zwar zwischen drei und 15 Monaten später, im Mittel nach sieben Monaten. Die mittlere Effektstärke blieb unverändert. Kurze Auffrischungssitzungen, die etwa ein halbes Jahr später durchgeführt wurden, erwiesen sich als besonders wirksam (Möller, 1999; Möller & Appelt, 2001; Sonntag, 2006). Darüber hinaus konnte gezeigt werden, dass das Training Kinder mit speziellen Schwierigkeiten wirksam fördert, so etwa sprachbehinderte Kinder (Marx, 2005a), hörgeschädigte Kinder (Marx, 2005b) oder Jugendliche ohne Hauptschulabschluss (Marx, 2006).

Pädagogisch besonders interessant ist natürlich auch, ob ein Transfer des induktiven Trainings auf normales Lernen in der Schule stattfindet. In 44 der Experimente erhielten Trainings- und Kontrollgruppe nach Abschluss des Trainings *gemeinsam* eine Unterrichtsstunde zu einem neuen Thema, wobei nahezu alle wichtigen Unterrichtsfächer vertreten waren. Vor und nach den Unterrichtsstunden wurde ein lehrzielorientierter Test zum Thema gegeben. So ließ sich der Transfer des Trainings auf schulisches Lernen ermitteln. Solche Studien wurden in allen allgemeinbildenden Schulformen durchgeführt, also von der Grundschule über Gesamtschule, Realschule und Gymnasium bis hin zur Sonderschule. Dabei resultierte eine ähnliche Verteilung wie in Abbildung 15.7, nur dass die beim Lernen erzielten Effekte im Durchschnitt *größer* waren. Mittlere gewogene Effektstärke bei Intelligenztests (vgl. Klauer, 2003):

$$d+ = 0,52$$

Mittlere gewogene Effektstärke beim schulischen Lernen:

$$d+ = 0,67$$

Erfreulicherweise haben sich Hager und Hasselhorn mit eigenen Untersuchungen mehrfach wissenschaftlich-kritisch mit dem Denktraining I auseinandergesetzt. Solche Kontroversen sind wissenschaftlich zu begrüßen, bringen sie doch neue Aspekte zur

Geltung. Drei unterschiedliche Alternativerklärungen konnten die Autoren zur Erklärung der gefundenen Effekte vortragen. Sie hielten die Trainingseffekte entweder für

▶ unspezifische Zuwendungseffekte (Hager & Hasselhorn, 1995) oder für

▶ Coachingeffekte (Hager, Hübner & Hasselhorn, 2000) oder für

▶ Effekte, die auf die Wahrnehmung beschränkt seien (Hager & Hasselhorn, 1993).

Zuwendungseffekte konnten in neun Experimenten (N = 230) mit d+ = 0,004 geschätzt werden (Klauer, 2003). Der Schätzwert ist nicht von Null verschieden. *Coachingeffekte* sind Effekte eines Testtrainings, bei dem zwar die Leistung im Test verbessert wird, ohne dass eine Kompetenz gefördert würde. Für eine Förderung der Kompetenz spricht nach Hasselhorn und Hager (1996), dass die Förderung (a) überdauert und (b) auch zu Transferleistungen befähigt. Die Trainingseffekte wirken jedoch nachweislich längerfristig und bringen beachtlichen Transfer auf Lernen in der Schule. Coachingeffekte können also ebenfalls ausgeschlossen werden. Der Transfer auf schulisches Lernen widerspricht schließlich auch dem Argument, das Training fördere nur die *Wahrnehmung*, denn die meisten dieser Leistungen erfordern im Kern *mentale* Prozesse.

Die Argumente von Hager und Hasselhorn waren jedoch für andere Autoren Anlass, ebenfalls entsprechende Versuche durchzuführen. So ist es nur diesen Kontroversen zu verdanken, dass eine Datenbasis geschaffen wurde, wie man sie auch international selten findet. Beispielsweise gibt es kein anderes Trainingsprogramm, dessen Transfer auf Intelligenz und schulisches Lernen so intensiv und so erfolgreich überprüft worden ist.

15.6 Zusammenfassung

Unter *Aptitude-Treatment*-Interaktion versteht man die Wechselwirkung von Persönlichkeitsmerkmalen mit Lehrmethoden. Wenn solche Interaktionen stattfinden, so wirkt eine Lehrmethode nicht in der gleichen Weise auf alle Lernenden.

Overachievement und *underachievement* bezeichnen erwartungswidrige Schulleistungen. Bezogen auf ihre Intelligenz leisten Overachiever vergleichsweise viel, Underachiever vergleichsweise wenig. Das Konzept von Over- und Underachievement wird mitunter in Frage gestellt, da die Intelligenz nur mittelhoch mit Schulleistungen korreliert und da Einstufungen als Over- oder Underachiever stark durch Messfehler belastet und folglich nicht sehr stabil sind. Berücksichtigt man dies, so ist nichts gegen die Konzepte einzuwenden. Sie haben viele pädagogisch wertvolle Forschungen stimuliert.

Allgemeine Schulleistungsschwäche bedeutet Minderleistungen in mehr oder minder allen Fächern. Minderleistungen sind dabei mit Bezug auf die durchschnittlichen Leistungen der Altersgruppe definiert.

Spezielle Leistungsschwächen oder Teilleistungsschwächen werden zumeist definiert als Diskrepanz zwischen der (schwachen) Schulleistung und der Intelligenz. Die Diskrepanzdefinitionen sind einfacher anzuwenden als die Definition von Over- und Underachievement, weil man nicht auf die Regressionsrechnung zurückzugreifen braucht. Lese-Rechtschreib-Schwäche und Rechenschwäche sind die bekanntesten Beispiele.

Die Diskrepanzdefinition von Teilleistungsschwächen ist nicht unproblematisch. Die Leistungen etwa von lese-rechtschreibschwachen Kindern unterscheiden sich weder von den Leistungen jüngerer Kinder der gleichen Lernstufe noch von den Leistungen älterer, allgemein leistungsschwacher Kinder. Überdies schließen manche Diskrepanzkonzepte durch Definition die Möglichkeit aus, dass ein allgemein schwaches Kind noch zusätzlich durch eine Lese-Rechtschreib-Schwäche oder eine Rechenschwäche belastet sein kann.

Flexible Unterrichtsorganisationen insbesondere in den Grundschulen eröffnen die Möglichkeit, den unterschiedlichen Lernbedürfnissen der Kinder besser Rechnung zu tragen.

Spezifische Trainingsmaßnahmen können darüber hinaus manchen Kindern helfen, ihre Schwierigkeiten zu überwinden.

Beim Training der phonologischen Bewusstheit wird insbesondere die Analyse der Lautsprache und die Zuordnung lautsprachlicher zu schriftsprachlichen Elementen gefördert. Ein solches Training erweist sich als hilfreich in der Prophylaxe von Lese-Rechtschreib-Schwächen.

Ein Training des induktiven Denkens ist für alle Kinder förderlich, denn es bewirkt eine Steigerung zentraler intellektueller Prozesse und fördert daher das Problemlösen und insbesondere das Lernen in der Schule.

16 Lernen mit neuen Medien

Zwar brachte die programmierte Instruktion schon relativ früh erste Anfänge des Lehrens und Lernens mit neuen Medien, doch wurden die wichtigsten Möglichkeiten hierzu erst in den letzten Jahrzehnten entwickelt. Heute schälen sich schon einige Grundstrukturen heraus. So informiert das Kapitel über *Informationssysteme, Tutorielle Systeme, Übungssysteme* und *Simulationssysteme*. Psychologisch interessieren insbesondere die Möglichkeiten, wie diese *optimiert* werden können. Dazu bieten sich Gestaltungen unter kognitionspsychologischer, instruktionspsychologischer wie konstruktivistischer Perspektive an. Das Kapitel endet mit einem Überblick über Forschungen zur *experimentellen Erprobung* verschiedener Gestaltungsvarianten. Dabei wird deutlich, wie stark die instruktionspsychologische Forschung und Entwicklung gegenwärtig im Bereich der neuen Medien engagiert ist.

16.1 Alte und neue Lehr- und Lernmedien

Lehren und Lernen ist ohne ein Medium als Träger oder Übermittler von Information kaum denkbar. Insofern gibt es Lehr- Lernmedien seit jeher, seien es erfahrene Jäger, die jungen Leuten beibrachten, Pfeil und Bogen herzustellen, Höhlenbilder, auf denen Jagdszenen dargestellt sind, oder Texte, anhand derer Erfahrungen bei der Jagd schriftlich fixiert werden konnten. Aber auch Pfeil und Bogen selbst können als Lehr-Lernmedium betrachtet werden, weil man aus der Benutzung lernt, den Einsatz noch wirkungsvoller zu gestalten: Im Extremfall hat man Pfeil und Bogen in die Hand gedrückt bekommen, um selbst herauszufinden, wie man damit jagen kann. Vor diesem Hintergrund ist es eine Frage des technischen Wandels, was „alte" und was „neue" Lehr-Lernmedien sind, und was heute noch neu ist, kann schon morgen völlig veraltet sein. Man denke nur an die Sprach(lern)labore und die mechanischen Lehrmaschinen der 1960er und 1970er Jahre oder die ersten PC-basierten Lehrprogramme der 1980er Jahre (vgl. Leutner, 1992a).

Wenn heutzutage von Lernen mit Neuen Medien die Rede ist, dann geht es in aller Regel um „Lernen mit Multimedia". Auch wenn „Multimedia" keineswegs klar definiert ist, zeigt die Verwendung des Begriffs im Kontext von Lehren und Lernen, dass „Lernen mit informations- und kommunikationstechnischer Unterstützung" (Brünken, Seufert & Leutner, 2006) gemeint ist. Dabei dominiert im Alltag eine eher hard- und softwaretechnische Sicht der Integration verschiedener digitaler Medien zur Informationsdarstellung (wie Text, Graphik, Bild, Video, Ton etc.; vgl. Kliemsa, 2002) und zur Kommunikation (Newsgroups, Chat, E-Mail etc.; vgl. Dörr & Strittmatter, 2002). Aus psychologischer Sicht geht es beim Lernen mit Multimedia dagegen nicht um die Art der Medien, sondern um die primär kognitionspsychologische Frage, in welchem Format Informationen präsentiert und über welchen Sinneskanal sie verarbeitet werden, sowie um die primär instruktionspsychologische Frage, welche Möglichkeiten bestehen, die Informationen so zu gestalten und den Lernprozess so zu steuern, dass möglichst effektiv und effizient gelernt wird. Medien-Technologie und Medien-Technik setzen bei der Beantwortung dieser Fragen nur einen Rahmen, in dem psychologisch begründete Lehr- und Lernstrategien ihre Wirkung entfalten können (vgl. die diesbezügliche Diskussion zwischen Clark, 1994, und Kozma, 1991).

„Neue" Lehr-Lernmedien werden im Folgenden also als solche Medien verstanden, die informations- und kommunikationstechnische Entwicklungen, letztendlich also Computersysteme, für Lehr-Lernzwecke nutzbar machen. Sie sind durch folgende Merkmale gekennzeichnet, die jedoch nicht alle realisiert sein müssen, um von einem „neuen" Medium zu reden:

► *Multimedia* bezieht sich auf die Verwendung multipler Repräsentationsformate und die Verarbeitung über verschiedene Sinneskanäle, was neue Möglichkeiten lernförderlicher Präsentation von Informationen eröffnet.

► *Interaktivität* bezieht sich darauf, dass die Lernenden individuell mit dem System interagieren, was neue Möglichkeiten einer lernförderlichen kognitiven Aktivierung und tieferen Informationsverarbeitung eröffnet.

► *Adaptation* bezieht sich darauf, dass das Lehr-Lerngeschehen an die Lernenden angepasst werden kann, und zwar einerseits durch die Anpassung an zeitlich weitgehend stabile persönliche Eigenschaften wie Lernstile und Lernpräferenzen (Adaptierbarkeit; vgl. Leutner, 1992a, 2002, 2004), andererseits durch die dynamische Anpassung an zeitlich variable Eigenschaften wie den momentanen Unterstützungsbedarf und den Lernfortschritt (Adaptivität; vgl. Leutner, 1992a, 2002, 2004), was neue Möglichkeiten der individuell angepassten Lernförderung eröffnet.

▶ *(Tele-) Kommunikation* bezieht sich auf die Möglichkeit, dass die beteiligten Personen, d.h. sowohl Lehrende als auch Lernende, unter Nutzung moderner Kommunikationsmittel zeitgleich oder zeitversetzt miteinander kommunizieren können, was neue Möglichkeiten des kooperativen Lernens und des Fernstudiums eröffnet (vgl. Hesse, Garsoffky & Hron, 2002).

16.2 Klassische Einsatz- und Gestaltungsformen neuer Lehr-Lernmedien

Im Zuge der rasanten Entwicklung der PC-Technik haben computergestützte oder computerbasierte Lehr-Lernmedien seit den 1980er Jahren eine zunehmend weite Verbreitung gefunden, auch bis in die privaten Haushalte hinein. Prominentestes Beispiel ist wohl die Möglichkeit, sich seit Mitte der 1990er Jahre via Internet über nahezu jeden beliebigen Sachverhalt multimedial informieren zu können. Darüber hinaus findet man in den Softwareabteilungen der Kaufhäuser heutzutage eine Fülle an didaktisch aufbereiteten Lern- und Trainingsmaterialien, deren Qualität allerdings mitunter mehr als fragwürdig ist. Letztendlich lassen sich die meisten dieser Lehr-Lernmedien auf einige wenige Grundformen oder Kombinationen von Grundformen zurückführen, die im Folgenden überblicksweise dargestellt werden (vgl. Brünken, Seufert & Leutner, 2006; Leutner, 2001b; Seufert, Leutner & Brünken, 2004).

16.2.1 Informationssysteme

Informationssysteme erfüllen primär die Lehrfunktion „Information". Sie ermöglichen den Zugriff auf Informationen, ohne dass gezielt weitere Lehrfunktionen realisiert werden. Typische Beispiele sind der Karteikasten und seine informationstechnische Übertragung als Datenbank und das Lexikon und dessen Übertragung als Hypertext oder

Hypermediasystem sowie Filme oder andere Veranschaulichungshilfen und deren Übertragung als Graphik- und Simulationsprogramme z.B. zur Darstellung mathematischer Funktionen oder naturwissenschaftlicher Prozesse. Insbesondere auch das Internet ist als Informationssystem zu klassifizieren, das den Zugriff auf nahezu jedwede Information ermöglicht. Computerbasierte Informationssysteme können also Skripte, Bücher, Filme und andere herkömmliche Informationsträger ersetzen. Beim Ersatz von papiergebundenen Medien entfallen die Druck- und auch die postalischen Versandkosten, so dass sie elektronisch besonders kostengünstig vervielfältigt und verteilt werden können.

Alle anderen Systeme, bei denen neben „Information" gezielt weitere Lehrfunktionen realisiert werden, lassen sich als *Lehrsysteme* bezeichnen. Prototypische Formen sind „Übungssysteme", „tutorielle Systeme" und „Simulationssysteme".

16.2.2 Übungssysteme

Übungssysteme realisieren primär die Lehrfunktion des Speicherns und Abrufens bereits erworbenen Wissens. Historisch gesehen sind sie der Ausgangspunkt technologiegestützter Lehrsysteme (vgl. die von Pressey im Jahr 1927 entwickelte Lehrmaschine; Pressey, 1965). Im Sinne von „drill & practice" sind die Übungen gewöhnlich sehr einfach strukturiert: Es wird eine Frage oder Aufgabe präsentiert; die vom Lerner gegebene Antwort wird entgegengenommen und beurteilt; es erfolgt eine Rückmeldung (feedback), ob die Antwort richtig ist (knowledge of result) und ggf. was die richtige Antwort (knowledge of correct response) aus welchem Grund (informative feedback) gewesen wäre; es folgt die nächste Frage oder Aufgabe etc. Beispiele für solche Übungssysteme sind Vokabel-, Rechen- und Rechtschreibtrainer, Übungsprogramme für das Tastaturschreiben oder für die Führerschein- und andere Prüfungen. Ihre Konstruktion ist vergleichsweise simpel, aber äußerst lernwirksam – insbesondere dann, wenn sie adaptiv im Sinne zielerreichenden Lernens gestaltet sind (vgl. Leutner, 1992a, 2002, 2004; Niegemann, 1995; vgl. auch den Abschnitt über Adaptivität weiter unten).

16.2.3 Tutorielle Systeme

Während Übungssysteme der Festigung bereits erworbenen Wissens dienen, geht es bei tutoriellen Systemen um den Erwerb neuen Wissens. Sie zielen damit primär auf die Lehrfunktionen „Information" und „Informationsverarbeitung" ab und stellen historisch den Ausgangspunkt des so genannten Programmierten Unterrichts nach Skinner (1954) und Crowder (1961) in den 1950er Jahren dar (vgl. Leutner, 2001b). Bei Skinners „Linearen Programmen" wird der Lehrstoff in möglichst kleine „Lehrschritte" zerlegt: Bei jedem „Schritt" liest der Lernende einen kurzen Text und beantwortet eine sehr leichte Frage, deren Antwort über eine positive Rückmeldung verstärkt wird. Bei Crowders „Verzweigten Programmen" dominiert im Gegensatz zum Lernen durch Verstärkung die Idee des Lernens durch informative Rückmeldung. Der Lehrstoff wird in größere Einheiten zerlegt, die zusammen mit Verständnisfragen mit mehreren Antwortmöglichkeiten präsentiert werden. Im Fall einer richtigen Antwort wird davon ausgegangen, dass der Lernende den Sachverhalt verstanden hat, so dass zur nächsten Lehreinheit „verzweigt" werden kann. Im Fall einer falschen Antwort wird zu einer Lehreinheit „verzweigt", anhand derer das Missverständnis behoben werden kann.

In den 1980er Jahren gab es Bemühungen, die Lehrwirksamkeit von Übungssystemen und Tutoriellen Systemen durch Nutzung von Verfahren der so genannten Künstlichen Intelligenz zu verbessern (Kunz & Schott, 1987; Wenger, 1987). Derartige „*Intelligente Tutorielle Systeme*" bestehen aus mindestens drei Modulen: (1) einem Expertenmodul, das neue Problemstellungen des Lehrstoffs selbständig (d.h. nicht vorprogrammiert) bearbeiten kann, (2) einem Diagnostikmodul, das Wissenslücken auf Seiten des Lernenden feststellen kann, und (3) einem Tutormodul, das weiß, welche tutoriellen Maßnahmen bei welcher Wissenslücke zu ergreifen sind.

Die Entwicklung solcher Systeme war für die Informatik eine große Herausforderung, und es gelang tatsächlich, Prototypen für einige sehr begrenzte Lehrstoffe vorzustellen. Aus instruktionspsychologischer Perspektive handelte es sich letztlich aber um eine Sackgasse, und zwar aus mindestens zwei Gründen: Zum einen wurde bei der Implementation der Tutormodule kaum der einschlägige Forschungsstand rezipiert, und zum anderen steht der mit der Entwicklung verbundene Aufwand in keiner Relation zum erwarteten Nutzen. Statt künstlich „intelligente" tutorielle Systeme zu entwickeln, spricht einiges dafür, den informationstechnischen Anspruch zu Gunsten instruktions-psychologischer Ansprüche deutlich zu reduzieren und eher auf die Entwicklung adaptiver oder adaptierbarer Lehrsysteme zu setzen (vgl. Leutner, 1992a, 2002, 2004).

16.2.4 Simulationssysteme

Simulationssysteme (vgl. Leutner, 1990, 2001b) können sowohl dem Erwerb neuen als auch der Festigung, der Anwendung und dem Transfer vorhandenen Wissens dienen, so dass sie nahezu alle Lehrfunktionen erfüllen können. Simulationen stellen dem Lernenden ein Modell eines bestimmten Realitätsbereiches zur Verfügung, anhand dessen er Veränderungen beobachten kann, die auf den simulierten Realitätsbereich übertragbar sind. Es lassen sich verschiedene Typen unterscheiden:

▶ Im einfachsten Fall handelt es sich um eine *Prozess-Simulation*, bei welcher der Lernende einen Vorgang zum Zwecke der Beobachtung lediglich ein- und ausschalten kann (z.B. Beobachtung einer Animation oder einer Videosequenz).

▶ Bei einem *simulierten Experiment* kann der Lernende einzelne Parameter des simulierten Realitätsbereiches verändern und den simulierten Vorgang erneut ablaufen lassen (z.B. als Ergänzung zu naturwissenschaftlichen Experimenten).

▶ Bei einem *simulierten Planspiel* (vgl. Leutner, 1989, 1994) wird der Lernende selbst zu einer Komponente des simulierten Realitätsbereiches; er greift (z. B. als Fahrer in einem Fahr-Simulator oder als Bauer in einem schulischen Simulationsspiel) dynamisch in einen über mehrere Zeittakte hinweg und nach festgelegten Regeln ablaufenden Prozess ein, den er im Allgemeinen nicht beliebig oft anhalten oder neu starten kann.

▶ Bei einer *Mikrowelt* schließlich besteht die Aufgabe des Lernenden darin, einen Ausschnitt eines Realitätsbereichs selbst zu modellieren (z.B. anhand von Programmiersprachen wie LOGO oder Modellbildungssystemen wie STELLA, vgl. Penner, 2001) und das Verhalten des Modells mit dem Verhalten des Realitätsausschnitts zu vergleichen.

Neben den genannten prototypischen Formen von Lehr- und Informationssystemen entstanden in den 1990er Jahren im Rahmen der Diskussion um konstruktivistische Lernprinzipien Konzepte wie „Kognitive Werkzeuge" (Kommers, Jonassen & Mayes,

1992), „Powerful Learning Environments" (DeCorte, 1990) und multimediale Lernumgebungen für „situiertes Lernen" (vgl. Mandl, Gruber & Renkl, 2002; zur Kritik Klauer, 1999, 2001b). Von Tele-Lernen, Online-Lernen oder E-Learning (vgl. Kerres & Jechle, 2002) wird gesprochen, wenn Telemedien, insbesondere das Internet, eingesetzt werden, um Lernmaterialien zu verteilen und zu kommunizieren (vgl. auch die Forschung zu „netzbasiertem kooperativen Lernen"; Hesse, Garsoffky & Hron, 2002). Seit Beginn der 2000er Jahre verbreitet sich aus dem Bereich der betrieblichen Aus- und Weitebildung heraus der Begriff des „Blended Learning", wenn eine Mixtur aus E-Learning und traditionellen Lernangeboten mit Präsenz aller Lernenden gemeint ist (Sauter, Sauter & Bender, 2002).

16.3 Möglichkeiten der Optimierung von Lehrfunktionen beim und durch den Einsatz neuer Medien

16.3.1 Kognitionspsychologische Perspektive: Optimierung der Darbietung, Aufnahme und Verabeitung von Informationen beim Lernen mit Multimedia

Lernen mit Multimedia bedeutet – aus kognitionspsychologischer Perspektive betrachtet – Lernen mit verbal und bildlich kodiertem Lernmaterial. R.E. Mayer hat mit seiner Arbeitsgruppe an der University of California at Santa Barbara zahlreiche Untersuchungen zum Lernen und Verstehen komplexer Sachverhalte wie z.B. das Entstehen eines Gewitters oder die Funktionsweise einer Luftpumpe oder einer Bremsanlage für Automobile durchgeführt. Die Ergebnisse mit ihren ungewöhnlich großen Effektstärken (häufig d > 1) veranlassten Mayer, so genannte „Prinzipien des Lernens mit Multimedia" zu formulieren (zusammenfassend Mayer, 2001):

Multimedia-Prinzip. Das Multimedia-Prinzip besagt, dass man mit aufeinander bezogenen verbalen und bildlichen Informationen besser lernt als mit verbalen Informationen allein. Mit verbalen Informationen sind Worte gemeint (sowohl gesprochen als auch geschrieben), mit bildlichen Informationen sowohl Bilder als auch Animationen,

Videos und Filme.

Kontiguitäts-Prinzip. Das Kontiguitätsprinzip besagt, dass der Multimedia-Effekt gesteigert werden kann, wenn die jeweils aufeinander bezogene verbale und bildliche Information in räumlicher und zeitlicher Nähe präsentiert wird (räumliche und zeitliche Kontiguität).

Modalitäts-Prinzip. Der Multimedia-Effekt kann ebenfalls gesteigert werden, wenn die verbale Information als gesprochener statt als geschriebener Text präsentiert wird. Unter dieser Bedingung wird – hinsichtlich der ersten Stufen der Informationsverarbeitung – bei der Verarbeitung der Texte primär der auditive Informationsverarbeitungskanal und bei der Verarbeitung der Bilder primär der visuelle Informationsverarbeitungskanal verwendet. Damit steht eine insgesamt größere Verarbeitungskapazität zur Verfügung, als wenn sowohl für die verbale Information als auch für die bildliche Information ausschließlich der visuelle Kanal genutzt werden kann und der verbale Kanal gewissermaßen brach liegt.

Redundanz-Prinzip. Der Modalitäts-Effekt wird reduziert, wenn neben der bildlichen Information die verbale Information nicht nur als gesprochener Text, sondern gleichzeitig auch als geschriebener Text präsentiert wird. In einer solchen Situation ist die gleichzeitige Nutzung des visuellen und des auditiven Kanals zur Verarbeitung identischen verbalen Materials lernabträglich.

Kohärenz-Prinzip. Das Kohärenz-Prinzip besagt, dass ablenkende, für das Verständnis der präsentierten Sachverhalte nicht erforderliche zusätzliche Informationen (z.B. irrelevante Textteile oder Bilder, irrelevante Töne oder Musik) den Lernerfolg beeinträchtigen.

Prinzip der individuellen Unterschiede. Das Prinzip der individuellen Unterschiede besagt, das Unterschiede z.B. im Vorwissen, im räumlichen Vorstellungsvermögen, in sprachlichen Kompetenzen und in der Präferenz für verbales bzw. bildliches Lernmaterial die Wirkung der vorgenannten Prinzipien in komplexer und sehr unterschiedlicher Weise verändern (moderieren) können (vgl. auch Brünken & Leutner, 2005; Brünken, Steinbacher & Leutner, 2000; Leutner & Plass, 1998; Plass, Chun, Mayer & Leutner, 1998, 2003; Plass, Jones & Leutner, 2002; Sumfleth & Telgenbüscher, 2000a, b). Besonders interessant ist in diesem Zusammenhang der so genannte *expertise reversal effect* (Kalyuga et al., 2003). So konnten Kalyuga et al. (1998) z.B. zeigen, dass der von

Mayer beschriebene lernförderliche Effekt des Kontiguitätsprinzips zwar bei Lernern mit geringem, nicht aber bei Lernern mit hohem fachspezifischem Wissen zu erwarten ist. Im Gegenteil: Bei Lernern mit hohem Vorwissen kann der Effekt sich sogar in sein Gegenteil umdrehen, indem die räumlich integrierte Präsentation von Text und Bild bei hohem Vorwissen redundant wird und dann in unnötiger Weise kognitive Ressourcen bindet (vgl. auch Kalyuga, Chandler & Sweller, 2000, zur Umkehrung des Modalitätseffektes). Derartige Umkehrungen von Effekten sind in besonderer Weise interessant, weil sie nicht nur den Gültigkeitsbereich der betroffenen Multimedia-Prinzipien abstecken, sondern insbesondere auch Anlass geben, den psychologisch-theoretischen Hintergrund der Prinzipien zu überdenken und gegebenenfalls zu präzisieren.

Theoretischer Hintergrund der Mayerschen „Prinzipien des Lernens mit Multimedia" sind folgende, durch zahlreiche Untersuchungen belegte kognitionspsychologische Annahmen:

1. Lernen ist ein aktiver Prozess der Verarbeitung von Informationen (*Active Processing Assumption*; Mayer, 1999b; Wittrock, 1989).

2. Die Verarbeitung der Informationen erfolgt in zwei getrennten Kanälen (*Dual Channel Assumption*; visueller und auditiver Kanal mit korrespondierenden visuellen und auditiven Subsystemen des Arbeitsgedächtnis; Baddeley, 1992) und zwei getrennten Kodierungsformen (*Dual Coding Assumption*; mit korrespondierenden Speichersystemen im Langzeitgedächtnis; Paivio, 1986; vgl. Seite 97, 106).

3. Die Informationsverarbeitungskapazität des kognitiven Systems ist begrenzt, und zwar insbesondere auch auf der Ebene der Subsysteme des Arbeitsgedächtnisses (*Limited Capacity Assumption*; Baddeley, 1992; Brünken, Plass & Leutner, 2003; Chandler & Sweller, 1991).

Zur Integration der ersten beiden Annahmen verwendet Mayer (2001, 2005) das in Abbildung 16.1 dargestellte kognitive Modell des Lernens mit Multimedia. Die *Active Processing*-Annahme kommt darin zum Ausdruck, dass der Lerner Informationen seligieren, organisieren und integrieren muss, um einen Sachverhalt auf der Basis vorliegenden Lernmaterials angemessen verstehen zu können. Dabei kommt dem Teilprozess der Integration, bei dem sog. „referentielle" Verknüpfungen zwischen einem verbalen und einem bildlichen Modell sowie dem vorhandenen Wissen herzustellen sind, eine besondere Bedeutung zu.

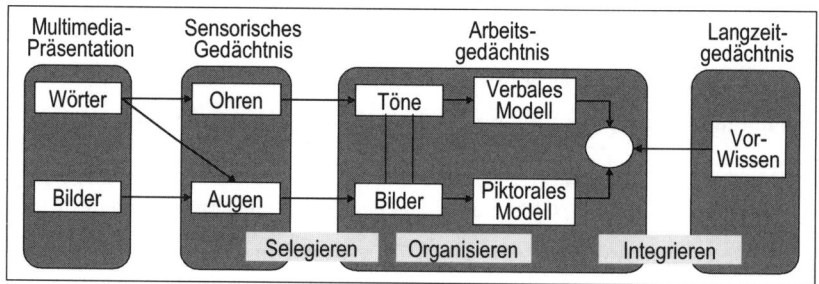

Abbildung 16.1. Kognitives Modell des Lernens mit Multimedia (nach Mayer, 2001, 2006)

Die *Dual Channel*- und die *Dual Coding*-Annahme sind in Abbildung 16.1 offensichtlich und betreffen zum einen die beiden sensorischen Kanäle, zum anderen die beiden Speichersysteme im Arbeitsgedächtnis, wobei allerdings offen bleibt, in welcher Kodierungsform die Informationen dann im Langzeitgedächtnis abgelegt werden.

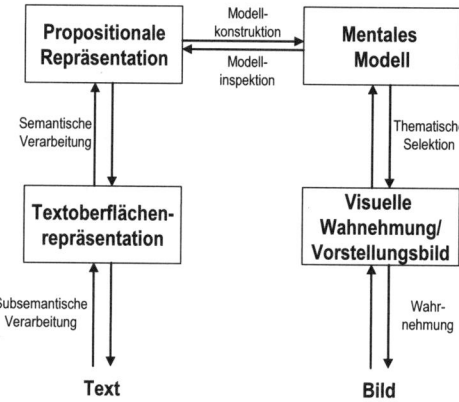

Abbildung 16.2. Integratives Modell des Text- und Bildverstehens (nach Schnotz, 2002, 2006; Schnotz & Bannert, 1999)

Ein vergleichbares, aber in einigen Punkten konkurrierendes kognitives Modell des Lernens mit Multimedia (Abbildung 16.2) wurde von Schnotz und Bannert (1999, 2003) vorgeschlagen (vgl. Schnotz, 2002, 2005). Im Hinblick auf die Repräsentation von Wissen betont das Modell, dass beim verstehenden Lesen oder Hören eines Textes zunächst eine propositionale Repräsentation der Textinhalte aufgebaut wird, während beim verstehenden Betrachten eines Bildes zunächst ein mentales Model entsteht. Entscheidend ist, dass das Ergebnis der Texterarbeitung, die propositionale (eher verbale) Repräsentation, genutzt wird, um ein (eher bildliches) mentales Modell des beschriebenen Sachverhaltes zu erzeugen. Umgekehrt wird das Ergebnis der Bildverarbeitung, das (eher bildliche) mentale Modell, genutzt, um eine (eher verbale) propositionale Repräsentation des dargestellten Sachverhaltes zu erzeugen. Mit anderen Worten: Es findet eine permanente Interaktion zwischen der propositionalen Repräsentation eines Sachverhaltes und der Repräsentation desselben Sachverhaltes in einem mentalen Modell statt. Im Sinne der *Dual-Coding Theory* (Paivio, 1986, vgl. oben Seite 97, 106) müsste man konsequenterweise erwarten, dass instruktionale Maßnahmen, die beim Lesen von Texten (bzw. beim Hören von Wortbeiträgen) *geeignete* bildliche Repräsentationen im Sinne von mentalen Modellen der dargestellten Sachverhalte hervorrufen, besonders lernwirksam sind. Eine Möglichkeit, solche Repräsentationen zu erreichen, besteht darin, einem Lerner – unter Beachtung der von Mayer und seiner Arbeitsgruppe untersuchten Multimedia-Prinzipien – sprachliches und bildliches Lernmaterial zu präsentieren, welches aufeinander bezogen ist und den Lerner veranlasst, fachlich richtige integrative Verknüpfungen herzustellen. Die aktuelle instruktionspsychologische Forschung zum Lernen mit Bildern, Diagrammen und Graphiken folgt dieser Linie (vgl. die Überblicksarbeiten von Carney & Levin, 2002; Lewalter, 1997; Mayer & Moreno, 2002; Schnotz, 2002a, b, 2005; Shah & Hoeffner, 2002; Vekiri, 2002; Verdi & Kulhavy, 2002; Weidenmann, 1994; O'Donnel, Dansereau & Hall, 2002).

Die kognitionspsychologische Forschung zum Lernen mit Multimedia ist sehr produktiv, so dass zwischenzeitlich neben den von Mayer (2001) ursprünglich beschriebenen „Prinzipien des Lernens mit Multimedia" zahlreiche weitere Prinzipien formuliert worden sind (vgl. das von Mayer 2005 herausgegebene „Cambridge Handbook of Multimedia Learning"). Ein Beispiel ist das

▶ das „Split-Attention"-Prinzip (Ayres & Sweller, 2005; vgl. Seite 97 f oben), nach dem man beim Design von Lernmaterial solche Formate vermeiden sollte, bei denen die Lernenden ihre Aufmerksamkeit zwischen verschiedenen Informationsquellen aufteilen müssen. Weitere Beispiele sind

▶ das „Worked-Out Examples"-Prinzip (Renkl, 2005b; vgl. Seite 164 f oben) und das

▶ das „Guided-Discovery"-Prinzip (DeJong, 2005; vgl. Seite 155 oben).

Interessant – letztendlich aber nicht erstaunlich - ist, dass die ursprünglich von Mayer (2001) untersuchten und formulierten „Prinzipien" nicht nur für das Lernen mit „neuen", sondern auch für das Lernen mit „alten" Medien relevant sind. So konnten Sumfleth, Hüllen und Telgenbüscher (2002) z.B. in einer Untersuchungen zur Nutzung von Abbildungen im Chemieunterricht zeigen, dass der Lernerfolg erheblich verbessert werden kann, wenn vorhandene Abbildungen aus Lehrbüchern unter Beachtung dieser Prinzipien umstrukturiert und ergänzt werden.

Zwischenzeitlich mehren sich allerdings einige Hinweise, dass nicht alle der von Mayer (2001) beschriebenen „Prinzipien" universelle Gültigkeit beanspruchen können. So hängt die Lernwirksamkeit des Hinzufügens von Bildern zu Texten (und damit der Multimedia-Effekt) z.B. entscheidend davon ab (vgl. de Westelinck et al., 2005), dass die einzelnen Elemente und Komponenten der verwendeten Bilder richtig verstanden werden (was insbesondere bei Graphiken wie z.B. Wetterkarten keineswegs trivial ist; Lowe, 2003) und dass die Bilder geeignet sind, den Aufbau eines angemessenen mentalen Modells des im Text dargestellten Sachverhaltes zu unterstützen, statt im Extremfall sogar zu behindern (Leutner et al., 2005; Schnotz & Bannert, 2003).

Andererseits mehrt sich empirische Evidenz, dass einige der von Mayer (2001) beschriebenen „Prinzipien" wenn auch nicht universelle, so doch zumindest breite Gültigkeit beanspruchen können. So zeigte sich z.B., dass das Modalitäts-Prinzip nicht nur bei den von Mayer typischerweise verwendeten nur wenige Minuten andauernden Lehreinheiten gilt, sondern auch bei Lehreinheiten, die wesentlich längere Lernzeiten erfordern (z. B. 15 Minuten; Brünken & Leutner, 2001). Darüber hinaus konnten Brünken et al. (2002; vgl. auch Brünken, Plass & Leutner, 2003; 2004b) in Dual-Task-Experimenten zu den *cognitive load*-theoretischen Grundlagen des Modalitäts-Prinzips zeigen (siehe Kasten), dass eine ausschließlich visuelle Präsentation von verbalem und zugeordnetem bildlichem Lernmaterial (geschriebener Text plus Bilder) den visuellen Kanal der Informationsverarbeitung tatsächlich deutlich stärker beansprucht als eine audiovisuelle Präsentation desselben Lernmaterials (gesprochener Text plus Bilder). Eine von Ginns (2005) veröffentlichte Metaanalyse über insgesamt 43 Einzelvergleiche ergab für den Modalitäts-Effekt eine mittlere Effektstärke von $d = 0{,}72$. In einer Lernumgebung, in der der Lerner die Präsentation des Informationsmaterials nicht unterbrechen und am

PC-Bildschirm auch nicht vor- oder zurückblättern kann, erreicht der Modalitäts-Effekt sogar eine mittlere Effektstärke von d = 0,92.

Der *Modalitätseffekt* beim Lernen mit Multimedia äußert sich darin, dass der Lernerfolg bei nur visuellem Lernmaterial (Bild und geschriebener Text) geringer ist als der Lernerfolg bei audiovisuellem Lernmaterial (Bild und gesprochener Text). Erklärt wird der Effekt damit, dass bei nur visuellem Lernen der visuelle Kanal der Informationsverarbeitung überlastet ist, während beim audiovisuelle Lernen sowohl der visuelle als auch der verbale Kanal zum Einsatz kommen, so dass die doppelte Verarbeitungskapazität zur Verfügung steht und keine Überlast auftritt. Bei diesen theoretischen Überlegungen handelt es sich aber lediglich um eine Annahme. Mit anderen Worten: Der Modalitätseffekt wird im Sinne eines in der visuellen gegenüber der audiovisuellen Lernbedingung überhöhten (dazu oben Seite 98, 224, 314) interpretiert, ohne dass man jedoch weiß, ob dies tatsächlich der Fall ist. In einer solchen Situation hilft die Befragung der Lernenden, wie belastend sie die Lernbedingung erlebt haben, im Grunde genommen nicht viel weiter. Um die *Cognitive Load*-Hypothese angemessen prüfen zu können, ist ein Messverfahren erforderlich, anhand dessen der beim Lernen entstehende *Cognitive Load* direkt gemessen werden kann.

Brünken et al. (2002) berichten zwei Experimente, anhand derer sie zeigen konnten, dass die kognitive Kapazität des visuellen Informationsverarbeitungskanals beim Lernen mit nur visuellem Material tatsächlich höher ausgelastet ist als beim Lernen mit audiovisuellem Lernmaterial. Um die kognitive Belastung des visuellen Kanals zu messen, bedienten sie sich des in der experimentellen Psychologie häufig verwendeten Dual-Task-Paradigmas: Die Probanden werden in eine Situation versetzt, in der sie zwei Aufgaben zu bearbeiten haben, in diesem Fall eine Lernaufgabe (als so genannte Primäraufgabe) und eine visuelle Überwachungsaufgabe (als Sekundäraufgabe). Konkret heißt das, dass die Probanden im ersten Experiment ein multimediales Lehrsystem über den menschlichen Blutkreislauf und im zweiten Experiment ein multimediales Lehrsystem über den Stadtplan von Florenz als Primäraufgabe bearbeiteten (Lernzeit durchschnittlich ca. 14 bzw. 12 Minuten). Die Bildschirmseiten beider Lehrsysteme lagen sowohl in einer nur visuellen (Bild und geschriebener Text) als auch in einer audiovisuellen (Bild und gesprochener Text) Variante vor, und in anderen Untersuchungen mit diesen Lehrsystemen war zuvor gezeigt worden, dass der Modalitätseffekt in den Lernerfolgswerten nachweisbar ist.

In den beiden Dual-Task-Experimenten wurden die Bildschirmseiten alternierend visuell und audiovisuell präsentiert: Die Probanden erhielten die erste Seite im visuellen Format, die zweite Seite im audiovisuellen Format, die dritte Seite wieder im visuellen Format etc. Als Sekundäraufgabe war auf allen Bildschirmseiten in der Mitte des oberen Bildschirmrandes ein großes schwarzes „A" in einem Fenster zu überwachen. Nach einem zufälligen Zeitintervall von 5-10 Sekunden wechselte der Buchstabe seine Farbe von schwarz nach rot, und die Probanden waren aufgefordert, möglichst schnell die Leertaste zu drücken. Sobald die Taste gedrückt war, wechselte der Buchstabe seine Farbe zurück nach schwarz, und das nächste Zeitintervall begann. Die Reaktionszeit der Tastendrücke wurde als Leistungsvariable der Sekundäraufgabe und damit als direkte Messung des *Cognitive Load* beim Lernen aufgezeichnet und anschließenden ausgewertet. Zur Kontrolle der individuellen Reaktionsgeschwindigkeiten hatten die Probanden vor den Lerndurchgängen nur die Sekundäraufgabe ohne die Primäraufgabe zu bearbeiten.

Ist der Modalitätseffekt tatsächlich durch Unterschiede in der kognitiven Belastung des visuellen Verarbeitungskanals bedingt, sollten sich entsprechende Unterschiede in der Leistung bei der Sekundäraufgabe zeigen, nämlich durchschnittlich längere Reaktionszeiten bei den nur visuell präsentierten Bildschirmseiten und durchschnittlich kürzere Reaktionszeiten bei den audiovisuell präsentierten Seiten. Die kürzesten Reaktionszeiten sollten dann zu messen sein, wenn nur die Sekundäraufgabe zu bearbeiten ist. Abbildung 16.3 zeigt, dass die Ergebnisse beider Experimente perfekt der Erwartung entsprechen, und zwar (mit einer einzigen Ausnahme bei den Kontrollmessungen) bei jeder einzelnen der jeweils 10 untersuchten Probanden. Ingesamt erreichte der Modalitäts-Effekt eine Effektstärke von $d = 0,82$ beziehungsweise 0,75.

Es handelt sich um die erste Untersuchung, bei der durch direkte Messung der kognitiven Belastung der visuellen Informationsverarbeitung gezeigt werden konnte, dass der Modalitätseffekte nicht nur in *Cognitive Load*-Begriffen interpretiert werden kann, sondern dass Unterschiede im *Cognitive Load* den Modalitätseffekt tatsächlich *erklären*.

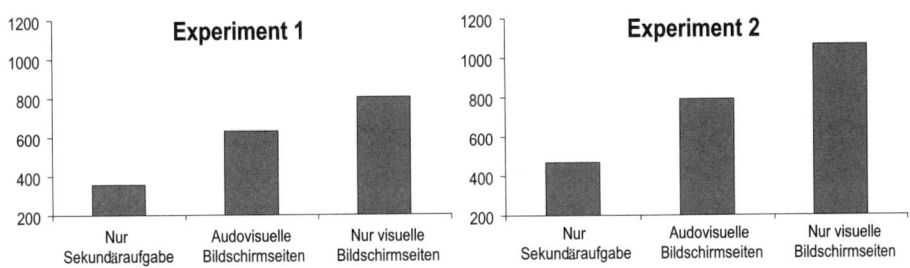

Abbildung 16.3. Reaktionszeiten (in msec) bei einer Sekundäraufgabe als direktes Maß für die kognitive Belastung des visuellen Informationsverarbeitungskanals beim Lernen mit audiovisuell und nur visuell präsentiertem Lernmaterial (nach Brünken et al., 2002)

Fazit. Die kognitionspsychologisch orientierte Forschung zum Lernen mit Multimedia ist zur Zeit ein sehr aktives Forschungsfeld, und in der bisherigen Forschung konnte empirische Evidenz gewonnen werden für eine ganze Reihe kognitionspsychologisch begründeter Prinzipien, deren Beachtung den Erfolg beim Lernen mit Multimedia deutlich verbessern kann. Einblicke in die Aktivitäten im deutschsprachigen Raum geben Sammelbände zu Tagungen wie z.B. Leutner und Brünken (2000) oder Niegemann, Brünken & Leutner (2004), Themenhefte einschlägiger Fachzeitschriften wie z.B. Brünken, Müller-Kalthoff und Möller (2005), Kirschner und Gerjets (2006) oder Paas, Renkl und Sweller (2003) und Lehrbücher wie Issing und Klimsa (2002) oder Niegemann (2001b). Einen Überblick über naturwissenschaftliche Anwendungen geben Urhahne et al. (2001), und im „Cambridge Handbook of Multimedia Learning" finden sich Beiträge zur Multimedia-Forschung in verschiedenen Inhaltsbereichen: Lesen (Reinking, 2005), Geschichte (Wiley & Ash, 2005), Mathematik (Atkinson, 2005), Chemie (Kozma & Russel, 2005), Meteorology (Lowe, 2005), Physik (Hegarty, 2005), Zweitspracherwerb (Plass & Jones, 2005) und kognitive Fertigkeiten (Lajoie & Nakamura, 2005).

16.3.2 Instruktionspsychologische Perspektive: Nutzung von Interaktivität und Adaptivität zur optimierten Steuerung von Lernprozessen

Wie im Abschnitt zuvor dargestellt, lassen sich aus den Ergebnissen kognitionspsychologischer Forschung zum Lernen mit Multimedia Empfehlungen ableiten, wie Lernmaterial gestaltet werden sollte, damit die enthaltenen Informationen möglichst gut aufgenommen und verarbeitet werden können. Während die von Mayer (2001) beschriebenen Prinzipien des Lernens mit Multimedia primär auf die lernförderliche *Präsentation* von Informationen fokussieren, mehren sich in jüngster Zeit Untersuchungen, die der Frage nachgehen, wie die *Interaktivität* multimedialer Lernumgebungen gezielt eingesetzt werden kann, um eine tiefere kognitive Verarbeitung der multimedial präsentierten Informationen zu erreichen. Darüber hinaus stellt sich die Frage, wie die bei computerbasierten Lernumgebungen prinzipiell mögliche *Adaptivität* genutzt werden kann, um den Lernprozess zielführend zu steuern.

Auch wenn die Mayerschen kognitionspsychologischen Prinzipien große instruktionale Bedeutung haben (schließlich geht es um die lernförderliche Gestaltung von Lernmaterialien), betreffen die Fragen nach der lernförderlichen Nutzung der Interaktivitäts- und Adaptivitätsoptionen genuin instruktionspsychologische Fragen. Denn vor dem Hintergrund der in den Abbildungen 16.1 (Mayer, 2001, 2005) und 16.2 (Schnotz, 2002a, b, 2005) dargestellten theoretischen Modelle interessiert beim Lernen mit Multimedia in besonderer Weise die Frage, wie kognitive Prozesse angeregt werden können, die zu einer angemessenen Integration von Text und Bild führen. Aus *cognitive load*-theoretischer Perspektive geht es dabei darum, bei dem durch die Art des Lehrstoffs gegebenem *intrinsic load* und dem durch Anwendung der Mayerschen Multimedia-Prinzipien reduziertem *extraneous load* die bei einem Lerner noch freie Kapazität des Arbeitsgedächtnisses so zu nutzen, dass der *germane load*, der durch die für verstehendes Lernen erforderliche kognitive Verarbeitung induziert wird, die Kapazitätsgrenzen nicht übersteigt.

Interaktivität. Bei der Integration von Text und Bild handelt es sich um komplexe Strukturabbildungsprozesse, die nicht immer gelingen (vgl. zusammenfassend Ainsworth, 1999; DeJong et al, 1998; Seufert, 2000, 2003; Seufert, Leutner & Brünken, 2004). Ein Grund dafür kann sein, dass die verstehensförderlichen Prozesse des Selegie-

rens, Organisierens und Integrierens relevanter Informationen durch die alleinige Präsentation von Text und Bild nicht ausreichend unterstützt werden, sondern dem Lernenden selbst überlassen bleiben. So ist in Mayers Modell die Bedeutung von Selektions-,
Organisations- und Integrationsprozessen zwar hervorgehoben, sie werden jedoch nur
indirekt, d.h. über die Präsentation des Lehrmaterials, induziert und nur wenig systematisch unterstützt. Ob der Lernende die tatsächlich relevanten Konzepte selegiert, organisiert und integriert hat, bleibt dabei offen. Entsprechend befassen sich einige Untersuchungen damit, wie die Interaktivität multimedialer Lernumgebungen gezielt genutzt
werden kann, um die Selektion, Organisation und Integration relevanter Konzepte zu
fördern. So fanden Mayer und Chandler (2001) z.B. heraus, dass es lernförderlich ist,
wenn Lernende die zeitliche Abfolge einer Animation durch Weiterklicken selbst kontrollieren können. Bodemer, Plötzner, Feuerlein und Spada (2004) konnten zeigen, dass
es lernförderlich ist, wenn Lernende angeregt werden, Bilder am Computerbildschirm
per *drag-und-drop* mit vorgegebenen Begriffen selbst zu beschriften und dadurch refe-
renzielle Verknüpfungen zwischen Text und Bild selbst herzustellen. Umgekehrt weisen
Ergebnisse von Sumfleth und Telgenbüscher (2000b) darauf hin, dass Lernende auch
davon profitieren können, wenn sie aufgefordert werden, vorgegebene Bilder passenden
Abschnitten eines Chemietextes zuzuordnen (vgl. auch Bodemer & Faust, 2006; Keller
et al., 2006; Scheiter et al., 2006; zu Aufmerksamkeitslenkung und Kohärenzbildung
siehe Brünken, Seufert & Zander, 2005, Seufert, 2000, 2003, sowie Brünken, Plass &
Leutner, 2004a). Brünken et al. (2001) zeigen, dass bei solchen Untersuchungen allerdings nicht nur das Format der in der Lernphase präsentierten Informationen (Text oder
Bild), sondern auch das Format der in der Abrufphase zur Überprüfung von Lerneffekten präsentierten Testfragen und Aufgabenstellungen zu berücksichtigen ist.

Adaptivität. Aufgrund ihrer Interaktivität bieten multimediale (bzw. allgemeiner:
computerbasierte) Lernumgebungen weit reichende Möglichkeiten, Lernende gezielt bei
der Steuerung ihrer kognitiven Lernprozesse zu unterstützen. Voraussetzung dafür ist,
dass die Interaktion eines Lernenden mit der Lernumgebung beobachtet und protokol-
liert wird. Aus den Beobachtungen lassen sich dann – geeignete fachliche und lernfort-
schritts-diagnostistische Kenntnisse vorausgesetzt - Rückschlüsse darüber ziehen, ob
der Lernende augenblicklich auf einem guten „Lern"-Weg ist oder nicht. Bei subopti-
malem Lernfortschritt besteht dann – geeignete instruktionspsychologische Theorien

vorausgesetzt – unmittelbar die Möglichkeit, unterstützend einzugreifen. Eine sehr einfache Form der Adaptivität besteht darin, die Interaktion des Lernenden zu kommentieren (Feedback; vgl. Narziss & Huth, 2004) und ihn, z.B. in Abhängigkeit von der Richtigkeit seiner Antwort auf eine Frage, zu neuem Lernmaterial zu „verzweigen" (vgl. Leutner, 1992a). Eine sehr komplexe Form der Adaptivität besteht darin, einen sokratischen Dialog zu simulieren, wie es bei den so genannten „Intelligenten Tutoriellen Systemen" mitunter versucht wurde (Kunz & Schott, 1987; Wenger, 1987). Zwischen diesen beiden Extremen gibt es viele Möglichkeiten, den Lernenden adaptiv zu unterstützen. Einige dieser Möglichkeiten sollen anhand von „Adaptationsprinzipien" im Folgenden vorgestellt werden, und zwar nach einheitlichem Schema: Zuerst wird das instruktionale Problem und seine Diagnostik beschrieben; dann werden der Adaptationsansatz und empirische Evidenz für seine Wirksamkeit dargestellt (vgl. Leutner, 2002, 2004).

Prinzip zur Adaptation der Aufgabenmenge und Instruktionszeit. Eines der wichtigsten instruktionalen Probleme besteht darin zu entscheiden, wann ein vorgegebenes Lehrziel erreicht ist und mit dem Lernen bzw. Lehren im Hinblick auf dieses Ziel aufgehört werden kann. Insbesondere beim selbstgesteuerten Lernen haben viele Lernende Schwierigkeiten, das erreichte Kompetenzniveau angemessen einzuschätzen. Entsprechend hören sie zu früh mit dem Lernen auf, bevor sie das Lernziel erreicht haben, und sie werden bei nachfolgenden Prüfungen entgegen der eigenen Erwartung schlecht abschneiden. Andererseits gibt es Lernende, die ihr Kompetenzniveau weit unterschätzen. Entsprechend lernen und üben sie viel mehr, als eigentlich erforderlich ist, und sie schneiden bei Prüfungen viel besser ab, als sie erwartet haben. Letztendlich haben sie möglicherweise aber Lernzeit verschwendet, die sie zwischenzeitlich besser für das Erarbeiten neuer Lernziele hätten einsetzen können. Es gibt eine vergleichsweise einfache Möglichkeit, das instruktionale Problem zu lösen und die Unfähigkeit eines Lernenden, sein beim Bearbeiten von Übungsaufgaben zwischenzeitlich erreichtes Kompetenzniveau richtig einzuschätzen, zu kompensieren. Der Adaptationsansatz beruht auf der Verwendung eines so genannten „gleitenden Testfensters" (Leutner, 1992b), das folgendermaßen funktioniert (vgl. Abbildung 16.4).

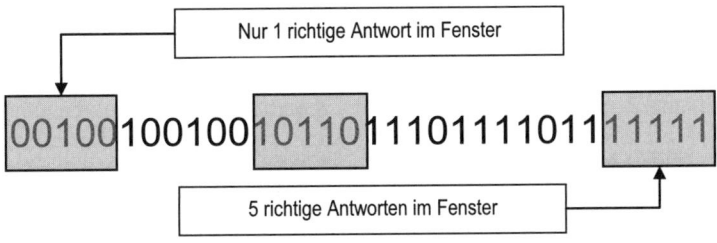

Abbildung 16.4. Das gleitende Testfenster (nach Leutner, 2004)

Vorausgesetzt, dass das zu erreichende Lehr- oder Lernziel durch eine große Menge von Aufgaben repräsentierbar ist (ein Aufgaben-„Universum"), bearbeitet der Lernende so lange zufällig gezogene Übungsaufgaben, bis er fünf richtige Antworten in Serie gegeben hat. Sobald dieses Leistungskriterium erreicht ist, beträgt die binomial berechenbare Wahrscheinlichkeit (vgl. Klauer, 1987), dass der Lerner ein Kompetenzniveau von p = 0,75 oder größer erreicht hat, 75 %. Anders formuliert: Bei fünf aufeinander folgenden richtigen Antworten kann man davon ausgehen, dass der Lerner mindestens 75 % aller Aufgaben des Universums richtig bearbeiten kann, und man würde dann, wenn man den Lern- und Übungsprozess stoppen würde, in nur 25 % aller Fälle mit dieser Aussage irren. Experimentelle Untersuchungen zeigen (Leutner, 1993b), dass das gleitende Testfenster sehr robust ist und sich die tatsächlich von den Lernenden erreichten Fähigkeitsparameter nur unwesentlich von den binomial berechneten Parametern unterscheiden. Insbesondere schneidet das gleitende Testfenster nicht schlechter ab als andere Entscheidungsregeln, die auf wesentlich komplexeren statistisch-diagnostischen Modellen beruhen (z.B. Tennyson & Rothen, 1977; vgl. auch Vos, 1995). Die durch ein gleitendes Testfenster implementierte Entscheidungsregel kann damit einigermaßen gut garantieren, dass ein Lernender sein Üben weder zu früh, noch zu spät beendet, so dass das jeweils zu erreichende Lehr- oder Lernziel in angemessener Weise erreicht wird. Anwendbar ist die Entscheidungsregel nicht nur bei sehr einfach strukturierten *drill-and-practice* Aufgaben zu einem einzigen Lehrziel, sondern auch bei mehreren gleichzeitig zu erreichenden Zielen (vgl. Leutner, 1993b, mit Beispielen zum Lernen von Geometrie-Begriffen und zum Lernen von Kommasetzungsregeln).

Prinzip zur Adaptation der Aufgabenschwierigkeit. Viele Lerner haben Schwierigkeiten, Aufgaben eines angemessenen Schwierigkeitsgrades auszuwählen; sie wählen dann Aufgaben, die entweder zu schwierig oder aber zu leicht sind. Unabhängig davon, was letztendlich gewählt wird: Wenn die Aufgabenschwierigkeit nicht an das Kompetenzniveau angepasst ist, wird die Effektivität und die Effizienz des Lernens beeinträchtigt sein. Gesucht sind also Möglichkeiten, Defizite eines Lerners bei der Auswahl von Aufgaben zu kompensieren. Eine Möglichkeit besteht nun darin, die Ergebnisse einer Untersuchung von Nußbaum und Leutner (1986a; vgl. oben S. 159 f) zum entdeckenden Lernen von Aufgabenlösungsregeln zu nutzen. In dieser Untersuchung wurde in einem Prätest zunächst die Fähigkeit zur Bearbeitung von Aufgaben eines bestimmten Typs anhand eines Rasch-skalierten Tests (Rasch, 1960) diagnostiziert. Im Anschluss darin erhielt jeder einzelne Lerner eine Menge (Rasch-skalierter) Übungsaufgaben, deren Schwierigkeit auf sein individuell gegebenes Fähigkeitsniveau abgestimmt war. Einer Idee von Litchfeld et al. (1990) folgend implementierten Weinberg, Hornke und Leutner (1994) den Nußbaum und Leutner-Ansatz dahingehend, dass jeder Lerner nach der Eingangsdiagnostik eine Folge von Items dynamisch angepasster Schwierigkeit, indem nach jeder Itembearbeitung die Schätzung des Fähigkeitsparameters adjustiert wurde und der solchermaßen adjustierte Fähigkeitsparameter benutzt wurde, um das nächste Item auszuwählen. Wenn also das Fähigkeitsniveau anstieg, wurden schwierigere, und wenn das Fähigkeitsniveau abfiel, wurden leichtere Aufgaben ausgewählt und zwar in jedem Fall so, dass die erwartete Lösungswahrscheinlichkeit ca. 50 % betrug. Anhand eines Experiments mit Studierenden konnten Weinberg et al., zeigen, dass das Fähigkeitsniveau der Lernenden insbesondere dann in bemerkenswerter Weise vom Prätest zum Posttest anstieg, wenn sie während des entdeckenden Lernens mit solcherart ausgewählten Aufgaben detailliertes informatives Feedback über die richtige Lösung erhielten.

Prinzip zur Adaptation der System-Wartezeit. Beim Aufbau kognitiver Fertigkeiten sollte zu Beginn vermieden werden, dass Lernende bei der Bearbeitung von Aufgaben Fehler machen, die auf unzureichendem Wissen beruhen (Anderson, 1983, 1993). Dieses kann diagnostiziert werden, wenn viel Zeit zur Bearbeitung einer Übungsaufgabe benötigt wird, die Lösung aber falsch ist. In Anlehnung an Arbeiten von Tennyson und Park (1984) lässt sich vor diesem Hintergrund ein sehr effektives und effizientes Adaptationsprinzip formulieren. Die grundlegende Idee besteht darin zu verhindern, dass der Lernende eine falsche Aufgabenlösung findet und damit gleichzeitig auch einübt, indem man seinen Aufgabenbearbeitungsprozess rechtzeitig unterbricht und ihm erläutert, wie die richtige Lösung zu finden ist. Um dies zu realisieren, muss kontrolliert werden, wie lange eine Aufgabe auf dem Computerbildschirm erscheint, bevor die Musterlösung und eine passende Erklärung präsentiert werden. Die Adaptationsregel gestaltet sich dann folgendermaßen: Wenn der Lernende innerhalb der vorgegebenen Wartezeit eine falsche Antwort gibt, wird die Wartezeit für die nächste Aufgabe verkürzt und der Lernende erhält die Erklärung für die richtige Lösung, bevor er eine falsche Antwort geben kann. Dabei kann erwartet werden, dass die Erklärung den Fertigkeitserwerb voran bringt, so dass der Lernende bei der dann folgenden Aufgabe die richtige Antwort möglicherweise innerhalb der vorgegebenen Wartezeit selbständig geben kann. Das wäre dann ein Indikator für zunehmenden Fertigkeitserwerb, und die Wartezeit für die folgenden Aufgaben kann verlängert werden, um dem Lernenden mehr Gelegenheit zum Üben auf einem höheren Kenntnisstand zu geben. Wenn in der Folge dennoch wieder ein Fehler auftritt, wird die Wartezeit wieder reduziert etc. In zwei Experimenten mit Gymnasiasten und Studierenden zum Lernen von Kommasetzungsregeln konnte gezeigt werden, dass das Adaptationsprinzip tatsächlich gute Dienste leistet (Leutner & Schumacher, 1990).

Prinzip zur Adaptation von Hinweisen beim explorierenden Lernen. Computersimulationen haben sich in den vergangenen Jahren zu einem populären Werkzeug des entdeckenden Lernens entwickelt (vgl. DeJong & VanJoolingen, 1998; DeJong, 2005). Dabei sind die zu lernenden Sachverhalte und Informationen in vielen Fällen nicht explizit gegeben, sondern sie müssen vom Lernenden durch eigenes Tun exploriert werden. Dabei hängt der Lernerfolg entscheidend davon ab, wie geschickt der Lernende vorgeht, um die in der Simulation implizit, versteckt enthaltene Information explizit zu machen. Viele Lerner haben erhebliche Schwierigkeiten, derartige Computersimulationen erfolgreich zu explorieren. Im Ergebnis übersehen sie wichtige Informationen, und wenn sie – z.B. in computersimulierten Planspielen - Entscheidungen treffen müssen, sind diese falsch oder zumindest suboptimal. Solche Defizite im Explorationsverhalten (vgl. Kröner, 2001; Süß, 1996; Wirth, 2004, 2005) lassen sich dann, wenn ein Lernender wiederholt falsche oder zumindest suboptimale Entscheidungen trifft, durch adaptiv präsentierte Hinweise kompensieren. Die Wirksamkeit dieses Adaptationsprinzips wurde anhand eines für den Einsatz im Geographieunterricht entwickelten computer-simulierten Planspiels namens „Hunger in Nordafrika" untersucht (Leutner & Schret-tenbrunner, 1989; vgl. auch Leutner, 1993b, 2002, und Seite 163 oben). Bei diesem Spiel übernimmt der Lernende die Rolle eines Bauern in der Sahel-Zone Nordafrikas, der seine Familie durch Ackerbau und Viehzucht ernähren muss, Dürre und Starkregen aber den landwirschaftlichen Ertrag beeinträchtigen können. Obwohl es sich um ein Spielszenario handelt, besteht das Lehrziel nicht darin, das Spiel effektiv und effizient spielen zu lernen. Vielmehr besteht das geographiebezogene unterrichtliche Lehrziel darin, Wissen darüber zu erwerben, wie man in der Sahelzone überleben kann. Um dieses Ziel zu erreichen, wurden adaptive Hinweise in das Spiel implementiert. So erhält der Lernende zum Beispiel dann, wenn es nötig ist, automatisch Warnhinweise (z.B. „Wenn Du zu viele Wasserlöcher gräbst, kann der Grundwasserspiegel absin-ken."), Korrekturhinweise (z.B. „Es sind zu viele Rinder auf Deiner Weide. Willst Du sie auf die Fernwiese schicken?") und elaborierte Kommentare (z.B. „Dürre! Nicht genug Wasser für die Pflanzen. Ohne Bewässerung wird die Ernte schlecht ausfallen."). Darüber hinaus wird der Lernende dynamisch darauf hingewiesen, eine Seite mit Hin-tergrundinformationen zu benutzen. Über eine Serie von Experimenten mit Schülern und Studierenden hinweg konnte gezeigt werden, dass die Verfügbarkeit von Hinweisen in einer Situation, in der sie benötigt werden und tatsächlich auch hilfreich sind, den Erwerb von Wissen über den simulierten Gegenstandsbereich wirksam unterstützt. Die mittlere Effektstärke beträgt dabei $d = 0,46$ (vgl. Leutner, 1992a, 1993b).

Fazit. Aufgrund ihrer Interaktivität ermöglichen computer-basierte Lernumgebun-gen es, den Lernprozess adaptiv, d.h. individuell angepasst, zu unterstützen, indem Informationen über das augenblickliche Lernverhalten aufgenommen, verarbeitet und direkt in instruktionale Maßnahmen umgesetzt werden. Das ganze geschieht online und setzt voraus, dass der Lernende mit dem Computersystem interagiert (sonst lässt sich kein Lernverhalten beobachten). Darüber hinaus müssen fachliche Kenntnisse und diagnostische Methoden verfügbar sein, die es gestatten, den augenblicklichen Lernfort-schritt zu beurteilen. Diese Kenntnisse und Methoden müssen explizit formulierbar sein, so dass sie im Computerprogramm implementiert werden können. Schließlich sind instruktionspsychologische Theorien erforderlich, die angeben, was unter bestimmten

Bedingungen zu tun ist, um die kognitiven Prozesse des Lernenden in eine Richtung zu lenken, die einen verbesserten Lernerfolg erwarten lässt. Auch diese Theorien müssen explizit formulierbar sein, so dass auch sie im laufenden Computersystem implementierbar sind. Wenn alles dieses gegeben ist, dann lassen sich adaptive computer-basierte Lernumgebungen entwickeln, die im Vergleich zu ähnlichen, jedoch nicht-adaptiven Lernumgebungen den Lernerfolg mit zumindest mittlerer Effektstärke verbessern.

In den späten 1990er und beginnenden 2000er Jahren sind zwar vergleichsweise wenige neue kognitions- oder instruktionspsychologisch fokussierte Arbeiten zur adaptiven Gestaltung computergestützter Lernumgebungen entstanden; dieses Bild scheint sich jedoch wieder zu ändern (z.B. Schwonke et al., 2006; Kester et al., 2006; Bartholomé et al., 2006; Ainsworth & Fleming, 2006).

16.3.3 Konstruktivistische Perspektive: Entdeckendes Lernen in computersimulierten Lernumgebungen

Aus konstruktivistischer Perspektive wird Wissen beim Lernen nicht einfach von einem Lehrer zu einem Schüler transferiert, sondern jegliches Wissen muss vom Schüler grundsätzlich selbst aktiv konstruiert werden. Dies ist aus kognitions- und instruktionspsychologischer Perspektive keineswegs zu dementieren (man denke z.B. nur an Mayers *Active Processing Assumption* des Lernens mit Multimedia; Mayer, 1999b, 2001, 2005). Dennoch plädieren konstruktivistisch orientierte Lehr-Lernforscher – den Bogen mitunter weit überspannend (vgl. Klauer, 1999; Mayer, 2004) – vehement dafür, dass Schülerinnen und Schüler sich neues Wissen grundsätzlich selbstreguliert in möglichst offenen Lernumgebungen selbst erarbeiten sollten, wobei häufig komplexe und realistische ("authentische") Ausgangsprobleme aus multiplen Perspektiven betrachtet und im sozialen Austausch mit anderen Schülerinnen und Schülern bearbeitet werden sollten (vgl. Mandl, Gruber & Renkl, 2002). Als typische Lernumgebungen, in denen dies realisierbar ist, werden z.B. Hypertexte benannt (vgl. Spiro et al., 1989; zu Möglichkeiten und Grenzen des Lernens mit Hypertext siehe z.B. Astleitner, 1997; Astleitner & Leutner, 1995, 1996; Tergan, 2002), aber auch Mikrowelten und computersimulierte Experimente und Planspiele, in denen – im weitesten Sinne – entdeckendes Lernen gefordert wird. Nun ist bekannt, dass entdeckendes Lernen alles andere als einfach ist (vgl. Kapitel „Das Lernen lehren", Seite 239 ff), aber beim selbstregulierten entdecken-den Lernen mit Computersimulationen kommen spezifische Aspekte hinzu, die Gegenstand dieses Abschnitts sind.

Lernen mit Computersimulationen erfreut sich zunehmender Beliebtheit, und zwar nicht nur als computersimulierte Experimente in den naturwissenschaftlichen Fächern (vgl. Urahne et al., 2000), sondern auch als computersimulierte Planspiele in den geis-teswissenschaftlichen und sozialwissenschaftlichen Fächern (vgl. das im vorherigen Abschnitt vorgestellte Computersimulationsspiel „Hunger in Nordafrika"). Unabhängig davon, ob es sich um computersimulierte Experimente oder um computersimulierte Planspiele handelt, besteht die zentrale Aufgabe des Lernenden darin, das in der Com-putersimulation dargestellte System (d.h. die Systemkomponenten und deren Relatio-nen) zu verstehen, indem er Veränderungen am System oder an einzelnen Komponenten vornimmt, dann das Verhalten des Systems beobachtet und schließlich Schlussfolge-rungen aus den Beobachtungen zieht. Da der Lerner aktiv in das simulierte System eingreifen muss, handelt es sich bei dieser Art des Lernens um eine spezifische Form des *Learning by Doing* (vgl. Leutner et al., 2004, 2005). Aus kognitionspsychologischer Perspektive handelt es sich in vielen Fällen um *Problemlösen*, und zwar dann, wenn in der Aufgabenbeschreibung ein konkretes Ziel vorgegeben ist. In solch einem Fall bleibt allerdings oft unklar, ob dann, wenn das Problem gelöst werden konnte, tatsächlich auch Lernen stattgefunden hat. Ein kleines gedankliches Beispiel mag diesen Unterschied zwischen Problemlösen und Lernen verdeutlichen: Stellen Sie sich vor, Sie schreiben einen längeren Text und wollen erst nach dem Inhaltsverzeichnis beginnen, die Seiten mit 1 beginnend zu nummerieren. Sie probieren dieses und jenes, mit Ihrem Textverar-beitungsprogramm aus und finden – nach mehreren Rückschlägen – schließlich eine Lösung des Problems. Aber sind Sie sich sicher, dass Sie auch etwas gelernt haben? Das können Sie feststellen, wenn Sie zwei Wochen später bei einem neuen Text wieder vor demselben Problem stehen. Wenn Sie mit Ihrer Suche nach der Lösung quasi wieder bei null beginnen müssen, werden Sie kaum davon ausgehen können, dass sie zwei Wochen vorher etwas gelernt haben. Mit anderen Worten: Erfolgreiches Problemlösen ist in solch einem Fall des entdeckenden *Learning by Doing* zwar eine notwendige, aber keine hinreichende Bedingungen für erfolgreiches Lernen. Übertragen auf „Lernen" mit

Computersimulationen bedeutet dies, dass über das erfolgreiche Problemlösen hinaus in besonderer Weise dafür Sorge getragen werden muss, dass tatsächlich auch etwas gelernt wird (vgl. Wirth, Meyer & Leutner, 2005).

In der Literatur wird das zuvor skizzierte experimentierende *Learning by Doing* unter der Bezeichnung *Inquiry Learning* bzw. *Scientific Discovery Learning* untersucht (z.B. Azevedo, Cromley & Seibert, 2004; Chen & Klahr, 1999; DeJong & VanJoolingen, 1998; Löhner, VanJoolingen, Savelsbergh & VanHout-Wolters, 2005). Im Gegensatz zu „statischem Lernmaterial", wie z.B. Texten, besteht die besondere Herausforderung beim Lernen mit „dynamisch-interaktivem Lernmaterial", wie z.B. Computersimulationen", darin, dass die relevanten Informationen nicht nur selegiert, organisiert und in die bestehende Wissensstruktur integriert werden müssen, sondern die relevanten Informationen müssen in einem ersten Schritt überhaupt erst durch eigenes Handeln erzeugt werden (vgl. Wirth & Leutner, 2006). Nach Wirth (2004, 2005) müssen sie demnach erst erarbeitet („*identifiziert*") werden, bevor sie im Sinne von Mayer (2001, 2005) und Wittrock (1989) verarbeitet („*integriert*") werden können. Erfolgreiches *Scientific Discovery Learning* lässt sich nach Klahr und Dunbar (1988, vgl. VanJoolingen & DeJong, 1997) als erfolgreiche Suche in einem Hypothese- und einem Experimente-Raum beschreiben: Das Finden einer Hypothese löst im Experimente-Raum die Suche nach einem Experiment aus, anhand dessen die Hypothese überprüft werden kann. Die Ergebnisse des Experiments können wiederum zur Falsifizierung oder Modifizierung der Hypothese genutzt werden, die dann ihrerseits wieder die Suche nach einem weiteren Experiment auslöst.

Es ist offensichtlich, dass *Inquiry Learning* bzw. *Scientific Discovery Learning* erhebliche Anforderungen an die Lernenden stellt, und zwar sowohl auf Seiten der kognitiven wie auch der metakognitiven Prozesse (vgl. Kapitel „Das Lernen lehren", Seite 239 ff). Als kognitive Strategie (vgl. Wirth & Leutner, 2006) eignet sich z.B. die „Vary one Thing at a Time"-Strategie (VOTAT; vgl. Tschirgi, 1980; Chen & Klahr, 1999; Lin & Lehmann, 1999). Diese Strategie der „isolierenden Variablenkontrolle" besteht darin, dass man bei einem Experiment nur eine einzige Hypothese testet, indem man die Werte einer einzigen Variablen variiert, während man die Werte aller anderen Variablen konstant hält. Experimentelle Untersuchungen zeigen, dass die Anwendung dieser Strategie zu umfangreichem und sicher anwendbarem Wissen führt (Klahr & Dunbar, 1993; Kröner, 2001; Vollmeyer & Rheinberg, 1998; Wirth, Meyer & Leutner, 2005).

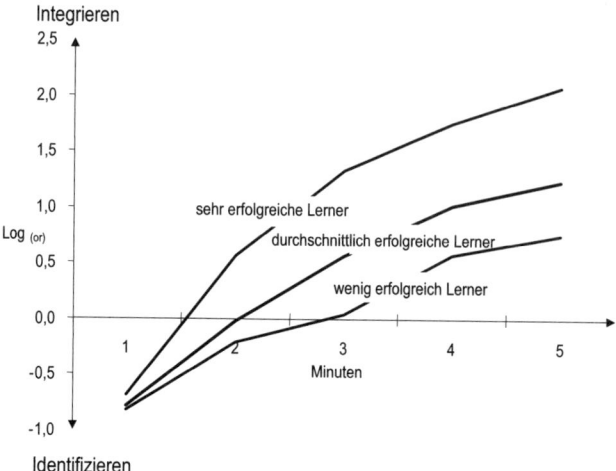

Abbildung 16.5. Identifizieren und Integrieren beim Experimentieren mit einem komplexen computersimulierten System (nach Wirth, 2004; vgl. Wirth & Leutner, 2006)

Im Hinblick auf die metakognitive Regulation des Lernprozesses konnte Wirth (2004) anhand von PISA-2000-Daten zeigen (Abbildung 16.5) dass diejenigen Lerner besonders erfolgreich sind, die nach dem anfänglichen (notwendigen) Identifizieren neuer Informationen vergleichsweise früh dazu übergehen, die neu identifizierten Informationen konsequent zu integrieren (indem sie z.B. bestimmte, zuvor erstmalig hergestellte Systemzustände auf dieselbe Art und Weise erneut herstellten, um sich ihrer zu vergewissern). Anhand latenter Wachstumskurvenmodelle konnte Wirth (2004) nachweisen, dass der Lernprozess zu Beginn auf das Identifizieren neuer Informationen ausgerichtet wird (negativer Wert „Intercept-Faktors"). Im weiteren Verlauf gewinnt das Integrieren an Bedeutung (positiver Wert des „linearen Faktors"). Schließlich weist der Verlauf eine Krümmung auf, die gegen Ende des Lernprozesses eine erneut stärkere Ausrichtung auf das Identifizieren impliziert (negativer Wert des quadratischen Faktors).

Fazit. Entdeckendes Lernen in computer-simulierten Lernumgebungen ist ein sehr aktives Arbeitsfeld, in dem zur Zeit vor allem Arbeiten zur Entwicklung komplexer Computersysteme dominieren (unter starker Beteiligung der Informatik). Was jedoch noch in den Anfängen steckt, sind kontrollierte und instruktionspsychologisch orientierte Untersuchungen zur Wirksamkeit der entwickelten Lernumgebungen sowie experimentelle Arbeiten zur kognitiven und metakognitiven Unterstützung der Lernenden im Sinne von *Guided Discovery Learning* (Mayer, 2004; Thillmann et al., 2006; vgl. auch die im vorausgehenden Abschnitt vorgestellten Arbeiten zu adaptiven Hinweisen beim Lernen mit der Computersimulation „Hunger in Nordafrika").

16.4 Nutzen: Wirksamkeit und Rentabilität

Dass ein Lernmedium als solches keine eigenständige Lernwirksamkeit beanspruchen kann, dürfte seit Clark (1994) und Kozma (1991) klar sein: Nicht das Medium, z.B. Computer gegenüber Schultafel, sondern die unter Nutzung des jeweiligen Mediums eingesetzte Lehrmethode wird lernwirksam sein (oder auch nicht). Bestimmte Lernmedien ermöglichen aber erst bestimmte Lehrmethoden. Typisches Beispiel ist der Einsatz computersimulierter Experimente in Verbindung mit Modellbildungssystemen beim *Inquiry Learning*, wie es im vorangegangenen Abschnitt vorgestellt worden ist: Man kann Schüler zwar z.B. reale Experimente im Physiklabor der Schule durchführen lassen, ist dabei aber – in Abhängigkeit von den Möglichkeiten der Schule und im Hinblick darauf, dass bestimmte Experimente grundsätzlich nicht an Schulen realisierbar sind – auf bestimmte Inhaltsbereiche beschränkt. Darüber hinaus gibt es ohne Computer keine realistische Möglichkeit, die Ergebnisse von Experimenten, bei denen es um komplexe physikalisch beschreibbare Prozesse geht, zu modellieren. Und schließlich bestehen bei realen Schülerexperimenten in einer Klasse mit einer Lehrperson nur sehr begrenzte Möglichkeiten, den Lernfortschritt aller Schüler zu verfolgen und ggf. individuell fördernd einzugreifen, was mit eine Erklärung dafür sein könnte, dass die Lernwirksamkeit traditioneller Schülerexperimente offensichtlich sehr begrenzt ist (vgl. Fischer et al., 2005).

Auch wenn einem Lernmedium ohne Beachtung der jeweils eingesetzten Lehrmethode keine eigenständige Lernwirksamkeit zugesprochen werden kann, wurde in der Vergangenheit und wird auch heute noch häufig die globale Frage aufgeworfen, ob computer-unterstützter Unterricht wirksamer ist als herkömmlicher Unterricht ohne Computereinsatz. Ältere Metaanalysen, wie z.B. die von Kulik und Kulik (1989), haben nachweisen können (vgl. Leutner, 2001b), dass der Einsatz von Computern – bei durchschnittlich 30 % Lernzeitreduktion – mit d = 0,35 (d = 0,30 bei Kulik & Kulik, 1991) einen zumindest kleinen positiven Effekt auf den Lernerfolg hat, wobei die Variationsbreite der einzelnen Effektstärken mit -1,20 < d < +2,27 allerdings vergleichsweise groß ist (Kulik & Kulik, 1991).

Tabelle 16.1. Neuere Metaanalyen zur Wirkung pädagogischer Technologie (nach Waxman, Lin & Michko, 2003)

Studie	Schwerpunkt	Anzahl Studien	Effekt-stärke
Bayraktar (2001-2002)	CAI in den Naturwissenschaften (Sekundarstufe, College)	42	0,273
Blok, Oostdam, Otter & Overmaat (2002)	Computer-basierte instruktionale Simulationen	42	0,190
Cavanaugh (2001)	Interaktive Fernstudien-Technologie	19	0,147
Christman & Badgett (1999)	CAI in den Naturwissenschaften	11	0,266
Christmann, Badgett & Lucking (1997)	CAI in verschiedenen Unterrichtsfächern	27	0,209
Christmann, Lucking & Badgett (1997)	CAI in der Sekundarstufe	28	0,172
Lee (1999)	Computer-basierte instruktionale Simulationen	19	0,410
Lou, Abrami & d'Apollonia (2001)	Kleingruppen versus individualisiertes Lernen mit Technologie	122	0,150
Whitley (1997)	Geschlechtsunterschiede in computerbezogenen Einstellungen und Verhalten	82	0,209
	Median	28	0,209

Legende: CAI = Computer-Assisted Instruction (Computer-Unterstützter Unterricht)

Waxman, Lin und Michko (2003; siehe auch http://www.ncrel.org/tech/effects2/) geben einen Überblick über neun neuere, in referierten wissenschaftlichen Zeitschriften publizierte Metaanalysen zum Vergleich von Unterricht mit und ohne Einsatz unterschiedlicher Formen pädagogischer Technologie. Über die neun Metaanalysen hinweg beträgt der Median der Effektstärken d = 0,21 (Tabelle 16.1). Die Autoren berichten darüber hinaus auch eine eigene Metaanalyse. Aufgenommen wurden solche Studien der Jahre 1997 bis 2003, die (a) auf technologie-unterstütztes Lehren und Lernen in so genannten K-12-Klassen fokussieren, (b) eine Technologie-Gruppe mit einer Non-Technologie-Gruppe oder eine Gruppe im Prä- und im Posttest eines Interventionsprogramms miteinander vergleichen und (c) die für die Berechnung von Effektstärken erforderlichen

Statistiken berichten. 42 Originalstudien mit insgesamt 282 Effektstärken von insgesamt etwa 7000 Schülern entsprachen den Kriterien. Die von spezifischen Eigenschaften der untersuchten Studien unabhängige mittlere Effektstärke beträgt d = 0,41 (mit einem 95%igen Vertrauensintervall von 0,175 bis 0,644), was einen – im Vergleich zu herkömmlichem Unterricht ohne pädagogisch-technologische Unterstützung – kleinen bis mittelgroßen Effekt indiziert. Die Autoren interpretieren die im Vergleich zu früheren Metaanalysen etwas größere Effektstärke dahingehend, dass sie möglicherweise die instruktionstechnologischen Fortschritte der zwischenzeitlich verstrichenen Jahre widerspiegelt.

Bei den bisher vorgestellten Metaanalyen ging es um den Vergleich von Lehren und Lernen mit versus ohne Computerunterstützung. Derartige Vergleiche sind sehr global, und hinter dem Etikett „mit Computerunterstützung" verbergen sich sehr unterschiedlich Formen des Computereinsatzes und unterschiedlichste Lehrmethoden. Eine wesentlich spezifischere Beurteilung der Möglichkeiten des Computereinsatzes erhält man, wenn man auf die durch den Computereinsatz möglich gewordene Lehrmethode fokussiert. Entsprechend vergleicht man Lehrsysteme miteinander, bei denen das Medium, in diesem Fall der Computer, konstant gehalten und sowohl in der Experimental- als auch in der Kontrollbedingung verwendet wird. Beide Lernbedingungen unterscheiden sich dann nur durch die Lehrmethode (in der Experimentalbedingung eine spezifische, erst durch den Computereinsatz realisierbare Lehrmethode; in der Kontrollbedingung die traditionelle Lehrmethode). Berechnet man auf diese Weise z.B. die Wirkung adaptiv gestalteter Lernhilfen (siehe zwei Abschnitte zuvor), dann ergeben sich für den Erwerb von Wissen über eine Reihe von Experimenten hinweg nahezu ausschließlich positive Effektstärken von durchschnittlich d = 0,48 bzw. d = 0,61 (Leutner, 1992a): Wenn man sich also bemüht, die dynamisch-adaptiven Möglichkeiten von Neuen Medien angemessen einzusetzen, dann verbessert sich der Lernerfolg deutlich, was letztendlich aber nicht dem Medium selbst, sondern der mit Hilfe dieses Mediums realisierten Lehrmethode zuzuschreiben ist (vgl. Leutner, 2001b). In vergleichbarer Weise lässt sich z.B. zeigen, dass instruktionale Animationen von Sachverhalten lernwirksamer sind als Standbilder derselben Sachverhalte: In einer Metaanalyse über 26 Studien mit insgesamt 76 paarweisen Vergleichen dynamischer und statischer Visualisierungen ergab sich eine mittlere Effektstärke von d = 0,46 (Höffler & Leutner, 2006).

Neben der Frage nach der Lernwirksamkeit neuer Medien interessiert aus praktisch-pragmatischer Perspektive natürlich auch die Frage, ob sich der Einsatz neuer Medien angesichts hoher Kosten professioneller Systementwicklungen (vgl. Kerres, 2002) denn überhaupt rentiert. Diese Frage hat verschiedene Aspekte, die zu unterschiedlichen klaren Antworten führen. Im einfachsten Fall des selbstgesteuerten Lernens anhand nicht interaktiver Materialien liegen die Dinge recht einfach: Wenn man die Lernmaterialien auf eine CD-ROM brennt oder direkt ins Inter- oder Intranet stellt, entfallen Druck- und Versandkosten. Baut man jedoch interaktive oder gar adaptive Elemente in die computerbasierten Lernmedien ein, dann steigen die Entwicklungskosten erheblich. Ähnlich verhält es sich, wenn man traditionelle Präsenzlehre (eine Gruppe von Lernenden mit einem Lehrer oder Trainer) durch den Einsatz neuer Medien ersetzen möchte, was insbesondere dann interessant wird, wenn die Lernenden von weit auseinander liegenden Orten heranreisen müssen. Hier sind gegebenenfalls Ausfallzeiten im Betrieb sowie die Reise- und Trainerkosten den Entwicklungs- und Betriebskosten entgegenzuhalten, die entstehen, wenn man die traditionelle Präsenzlehre z.B. durch netzbasierte Lernmaterialien und virtuelle Lerngruppen oder Seminare mit netzbasierter Kommunikation (vgl. Astleitner & Leutner, 1998; Hesse et al., 2002) ersetzen möchte. Angesichts der laufenden technischen Entwicklungen ist es allerdings außerordentlich schwierig, verlässliche Angaben zu den anfallenden Kosten zu machen: Angaben, die heute noch stimmen, werden morgen möglicherweise schon völlig überholt sein.

Rentabilitätsberechnungen werden vor allem dort angestellt, wo es darauf ankommt, Kosten zu senken. Es gibt aber auch Situationen (vgl. Leutner, 2002), bei denen es in allererster Linie darauf ankommt, den Lernenden genau diejenigen Fördermöglichkeiten zukommen zu lassen, die vor dem Hintergrund persönlicher Eigenschaften und Randbedingungen benötigt werden, um ein bestimmtes Lehr- oder Qualifikationsziel überhaupt erst erreichen zu können. Dies könnte z.B. dann der Fall sein, wenn das Erreichen des Ziels ohne spezielle Simulationsmöglichkeiten oder ohne individuell adaptierte Betreuung des Lernprozesses kaum möglich erscheint. Dabei ist es letztendlich unerheblich, ob es sich um einen Grundschüler handelt, der Unterstützung beim Rechnen in den vier Grundrechenarten benötigt, oder um einen hoch qualifizierten Radiologen, der trainieren muss, auch selten auftretende Röntgenbilder richtig zu diagnostizieren (Brünken, Leutner & Tolxdorff, 1997; Prümer et al., 1995).

16.5 Zusammenfassung: Neue Lernqualität durch Neue Medien?

Das Lehren und Lernen mit Neuen Medien ist ein außerordentlich aktives Forschungsfeld, auf dem technische Fragen zwar häufig dominieren, kognitions- und instruktionspsychologische Forschung aber zunehmend an Bedeutung gewinnt. Neue Lehr-Lernmedien lassen sich durch die Merkmale Multimedia, Interaktivität, Adaptation und Kommunikation kennzeichnen. Typische Einsatz- und Gestaltungsformen sind Informationssysteme (die Information ohne weitere Lehrfunktion präsentieren), tutorielle Systeme (die Informationen präsentieren und über weitere Lehrfunktionen eine tiefere kognitive Verarbeitung anregen), Übungssysteme (die primär auf die Lehrfunktion „Speichern und Abrufen" ausgerichtet sind) und Simulationssysteme (die sehr vielfältige instruktionale Funktionen erfüllen können).

Eine neue Lernqualität kann durch den Einsatz neuer Medien erst dann erreicht werden, wenn ihre besonderen Eigenschaften gezielt genutzt werden, um die Umsetzung von Lehrfunktionen zu optimieren. Aus kognitionspsychologischer Perspektive geht es dabei insbesondere um die Optimierung der Darbietung, der Aufnahme und der Verarbeitung von Informationen beim Lernen mit Multimedia. Auf der Basis der Ergebnisse zahlreicher experimenteller Studien lassen sich Prinzipien des Lernens mit Multimedia formulieren (wie z.B. das Multimedia-Prinzip, das Kontiguitätsprinzip, das Modalitätsprinzip, das Redundanz-Prinzip, das Kohärenz-Prinzip und das Prinzip der individuellen Unterschiede), die auf drei grundlegenden, empirisch abgesicherten kognitionspsychologischen Annahmen beruhen: (1) Lernen ist ein aktiver Prozess der Informationsverarbeitung; (2) die Verarbeitung erfolgt in zwei mehr oder weniger getrennten Informationsverarbeitungskanälen; (3) die Informationsverarbeitungskapazität der Kanäle ist begrenzt. Werden die Prinzipien beim instruktionalen Design multimedialer Lernumgebungen beachtet, sind – mit Ausnahme einiger weniger, aber theoretisch interessanter Fälle - bessere Lernerfolge zu erwarten als wenn gegen sie verstoßen wird.

Aus instruktionspsychologischer Perspektive geht es bei der Optimierung von Lehrfunktion insbesondere um Fragen der Steuerung des Lernprozesses unter Nutzung der Interaktions- und Adaptationsmöglichkeiten neuer Medien. Auch hier lassen sich auf der Basis der Ergebnisse zahlreicher experimenteller Studien Empfehlungen formulieren, wie Lernumgebungen so gestaltet werden können, dass Defizite der Lernenden im Hinblick auf die Lehrfunktion „Steuern und Kontrollieren" kompensiert werden können, z.B. durch Kohärenzbildungshilfen sowie durch online-dynamische Adaptationsmöglichkeiten wie die Anpassung der Aufgabenmenge und der Instruktionszeit, die Anpassung der Aufgabenschwierigkeit und Systemwartezeit sowie der Anpassung von Hinweisen beim explorierenden Lernen. Aus konstruktivistischer Perspektive geht es schließlich um die zentrale Frage, wie Lernende in komplexen computersimulierten Lernumgebungen so unterstützt werden können, dass sie durch die „Offenheit" der Lernumgebung und die Vielzahl an Handlungsmöglichkeiten (*Learning by Doing*) nicht hoffnungslos überfordert werden. Ein Problem ist z.B. darin zu sehen, dass Lernende häufig lediglich versuchen, die gegebenen Aufgabenstellung erfolgreich zu bearbeiten, ohne gleichzeitig aber Sorge dafür zu tragen, dass tatsächlich auch etwas gelernt wird. Vor dem Hintergrund von Theorien des *Inquiry Learning* und des *Scientific Discovery Learning* lassen sich auch auf diesem Gebiet Empfehlungen formulieren, welche kognitiven Strategien Lernende beim explorierenden Lernen einsetzen sollten und wie sie dabei metakognitiv unterstützt werden können. Leider dominieren in diesem Feld technisch orientierte Entwicklungsarbeiten; instruktionspsychologisch fokussierte Lehr-Lernforschung steckt noch in den Anfängen.

Metaanalysen zeigen über viele Jahre hinweg sehr konsistent, dass computerunterstütztes Lernen mit neuen Medien bei kleinen bis mittelgroßen Effektstärken tatsächlich wirksamer ist als herkömmlicher Unterricht und herkömmliche Aus- und Weiterbildung. Allerdings ist nicht davon auszugehen, dass es sich um einen Effekt des Mediums selbst handelt, sondern um einen Effekt der mit dem Medium möglichen Lehrmethoden. So zeigen sich denn auch vor allem dann gute Effekte, wenn die spezifischen Möglichkeiten der neuen Medien zur Förderung individueller Lernprozesse in geeigneter Weise genutzt werden. Bei der Frage nach der Rentabilität des Einsatzes neuer Medien sind zwei Aspekte zu unterscheiden: Geht es nur darum, Kosten zu senken, dann sind die aufwändigen und kostenintensiven Entwicklungsarbeiten mit den durch den Medieneinsatz möglichen Einsparungen zu verrechnen. Neue Medien rechnen sich gewöhnlich dann, wenn die Zahl der in gleicher Weise zu qualifizierenden Personen hinreichend groß ist. Andererseits kann es aber auch darum gehen, durch den Einsatz neuer Medien überhaupt erst zu ermöglichen, dass bestimmte Personen Qualifizierungsziele erreichen, die ansonsten außerhalb ihrer Reichweite liegen würden. In diesem Fall wäre die Frage nach dem Kostensenkungspotential sekundär.

Im vorliegenden Kapitel wurde das Lernen mit neuen Medien aus einer primär kognitiven Sicht untersucht. Es konnte gezeigt werden, dass die Kognitions- und die Instruktionspsychologie eine ganze Reihe von Theorien und Forschungsergebnissen zur Verfügung stellt, um die spezifischen Möglichkeiten neuen Medien so zu nutzen, dass mit verbesserten Lernerfolgen gerechnet werden kann. Was in diesem Kapitel ausgeblendet wurde sind motivationale und emotionale Aspekte des Lernens mit neuen Medien (vgl. z.B. Astleitner & Leutner, 2000; Astleitner & Wiesner, 2004) und Untersuchungen zum netzbasierten kooperativen Lernen (Hesse et al., 2002). Ebenfalls nicht thematisiert wurden Untersuchungen zur Mediennutzung in Schulen und Betrieben (z.B. zur Frage, ob Laptopklassen sinnvoll sind; vgl. Schaumburg & Issing, 2002). Sowohl die Forschung zum netzbasierten kooperativen Lernen als auch die Forschung zu motivationalen und emotionalen Aspekten des Lernens mit neuen Medien ist aus psychologischer Sicht interessant und relevant, da sie nicht nur praktische, sondern insbesondere auch theoretische Implikationen hat. Forschung z.B. zu Laptopklassen ist dagegen aus psychologischer Sicht eher weniger interessant: Wie es scheint, gibt es auf diesem Gebiet viel Aktivismus, bisher aber wenig Forschung, die in der Lage ist, psychologische Theoriebildung voranzutreiben.

Lernerfolgsmessung

17 Lernerfolg: Feststellung und Bewertung

Lernerfolg kann auf verschiedene Weisen festgestellt werden. Am gängigsten ist die Verwendung von *Noten*. Deshalb soll hier im Lichte der empirischen Forschung auch auf die Kritik am bisherigen Notensystem kurz eingegangen werden. Die üblichen *Schulleistungstests* kommen in der Regel nicht in Frage, um die Erreichung eines Lehrziels zu erfassen. Sie sind dafür nicht spezifisch genug auf das jeweilige Lehrziel zugeschnitten. Hierzu eignen sich aber *lehrzielorientierte Tests*, die Lehrende allerdings selbst konstruieren müssen. Das Kapitel bietet eine erste Einführung in solche Tests. Mit Hilfe von *Zensierungsmodellen* ist es weiterhin möglich, Noten gemäß den verschiedenen Bezugsnormen zu erteilen. *Zensierungsmodelle* auf der Basis unterschiedlicher Bezugsnormen und mit lehrzielorientierten Tests bieten das heute mögliche Optimum zur Feststellung und Bewertung von Lernleistungen.

17.1 Bezugsnormen

Wenn es darum geht, den Lernerfolg von Schülerinnen und Schülern einzuschätzen, so sind dabei grundsätzlich zwei Prozesse zu unterscheiden, nämlich die *Feststellung* des Lern- oder Leistungsstandes einerseits und dessen *Bewertung* andererseits. Um mit Letzterem zu beginnen, so unterscheidet man heute drei Arten von Bezugsnormen (vgl. Rheinberg, 2001b),

▶ die soziale Norm,

▶ die sachliche (oder kriteriale oder Lehrziel-) Norm und

▶ die individuelle Norm.

Die soziale Norm setzt die Leistung der einzelnen in Bezug zur Leistung einer Referenzgruppe. Bei Intelligenztests geschieht dies beispielsweise in Bezug zum Mittelwert in der Standardisierungsstichprobe, der definitorisch auf den IQ = 100 festgesetzt ist. In Schulklassen kann man sich entsprechend am Mittelwert der Klasse orientieren.

Tabelle 17.1. Mögliche Beurteilungsergebnisse gemäß den drei Bezugsnormen

Leistung	Soziale Norm	Kriteriale Norm	Individuelle Norm
+	überdurchschnittlich	Lehrziel übertroffen	verbessert/ über Erwarten gut
±	durchschnittlich	Lehrziel erreicht	unverändert/ erwartungsgemäß
-	unterdurchschnittlich	Lehrziel verfehlt	verschlechtert/ wider Erwarten schwach

Die sachliche Norm vergleicht die Leistung des einzelnen dagegen mit einem festen Außenkriterium. Das ist in der Regel das Lehrziel, das vorher festgelegt worden ist. Die individuelle Norm vergleicht die Leistung des einzelnen mit einem Indikator seiner Leistungsfähigkeit, beispielsweise mit seiner früheren Leistung. Am deutlichsten wird der Unterschied zwischen den Normen, wenn man wie in Tabelle 17.1 die drei wichtigsten Ergebnisse eines Beurteilungsprozesses miteinander vergleicht.

Die Anwendung der *sozialen Bezugsnorm* bedeutete bisher, dass sich Lehrkräfte am Mittelwert ihrer Klasse orientieren mussten. Das hatte den Vorteil, über die relative Position des Kindes in der Klasse zu informieren, was für viele Eltern eine wichtige Information darstellt. Damit waren aber auch ernstzunehmende Nachteile verbunden:

► Auf diese Weise wurde ausschließlich das Wettbewerbsmotiv angesprochen, während andere Motive unbeachtet blieben (Rheinberg, 2001b).

► Ein weiterer Nachteil ist darin zu sehen, dass sich die relative Position eines Kindes in der Klasse über längere Zeiträume hinweg nur wenig ändert. Deshalb festigt sich dann das Bild der guten, mittleren und schwachen Schüler (Rheinberg, 2001b).

► Schließlich hängt die Bewertung der Leistung des einzelnen unter der sozialen Norm von der Leistung der anderen Kinder ab.

Dieselbe Leistung kann gut oder mäßig oder gar schlecht bewertet werden, je nachdem, wie gut die Klasse insgesamt ist. Erst in der Gegenwart eröffnet sich die Möglichkeit, auf landesweite, bundesweite oder gar auf weltweite Vergleichswerte zugreifen zu können. Eine angemessene Information würde sich also auf beide Normen beziehen, auf die Klassennormen und auf die übergreifenden Landes- oder Bundesnormen.

Der Einsatz der *sachlichen Bezugsnorm* vermittelt dagegen eine Information, die der sozialen Bezugsnorm nicht zugänglich ist. Bezogen auf das Lehrziel informiert diese Norm darüber, ob das jeweilige Ziel übertroffen, erreicht oder nicht erreicht worden ist. Man kann sich leicht vorstellen, dass die Ergebnisse variabler sind als im Fall der sozialen Bezugsnorm: Mal dürfte ein Ziel auf Anhieb erreicht werden, mal könnte es verfehlt werden. Motivationspsychologisch hebt diese Norm auf eine intrinsische Lernmotivation statt auf das Wettbewerbsmotiv ab. Honoriert wird hier eben die Erreichung des Lehrziels. Die alleinige Orientierung an der sachlichen Bezugsnorm, dem Lehrziel, ist allerdings auch nicht unproblematisch. Eine Beurteilung nach dieser Norm verrät nicht, wie das Kind in der Klasse einzuordnen ist, und sie macht nicht deutlich, ob es sich verbessert hat oder nicht. Ein guter Schüler, eine gute Schülerin mag das Ziel hervorragend erreicht, sich aber in letzter Zeit nicht mehr angestrengt und daher nicht verbessert haben. In solchen Fällen könnte ein Tadel durchaus förderlich sein, den die Note „sehr gut" oder „gut" aber nicht erkennen lässt.

Unter der *individuellen Bezugsnorm* erhielten diese Schülerin und dieser Schüler keine besonders guten Noten. Unter Umständen bekämen sie sogar mäßige Noten, wenn sie sich nicht verbessert haben oder unter dem Leistungsniveau blieben, das von ihnen erwartet werden konnte. Noten werden unter der individuellen Norm besonders variabel ausfallen, weil sie wesentlich von der Anstrengung, vom Einsatz der Lernenden abhängig sind. Deshalb fördert ihr Einsatz die Lernmotivation besonders stark (Rheinberg, 2000), denn jede besondere Anstrengung wird honoriert, und es wird sofort deutlich, wenn sich jemand nicht angestrengt, nichts getan hat. Denkbar ist jedoch, dass sich ein Kind stetig in kleinen Schritten verbessert, am Ende aber doch weit unterhalb des Leistungsniveaus der anderen Kinder bleibt und auch das Lehrziel klar verfehlt. Nach der individuellen Norm beurteilt, erhielte das Kind fortwährend gute Noten, die ihm selbst wie den Eltern jedoch wesentliche Fakten verschleierten. Man sieht, mit einer alleinigen Anwendung der individuellen Norm sind ebenfalls deutliche Nachteile verbunden. Manche Lehrkräfte beurteilen daher gelegentlich nach der individuellen Norm, um dann aber auch die Lehrzielnorm wieder zum Zug kommen zu lassen.

Da nun alle drei Normen spezifische Informationen vermitteln, sich gegenseitig ergänzen und darüber hinaus in jeweils anderer Weise die Lernmotivation ansprechen, hat Klauer (1987b; 1989b) wiederholt vorgeschlagen, grundsätzlich *drei* Noten entsprechend den drei Bezugsnormen zu erteilen. Der Vorschlag hat sich jedoch nicht durchgesetzt. Lehrkräfte haben offiziell auch nicht die Wahl zwischen den Bezugsnormen. War die ältere Notenskala (mit Ausnahmen) an der sozialen Norm orientiert, so ist die gegenwärtig gültige Notenskala weitgehend an die sachliche oder Lehrzielnorm gebunden. Für die individuelle Norm gibt es keine offiziell zugelassene Notenskala. Inoffiziell dürfen Lehrkräfte natürlich alle drei Normen anwenden, solange es sich nicht um zeugnisrelevante Zensuren handelt.

Das Schema von Tabelle 17.1 verdeutlicht noch einen weiteren Aspekt der Leistungsbeurteilung, weil es jeweils nur *drei* Beurteilungsstufen ausweist. Die drei Beurteilungsstufen haben zwar den Vorteil, dass sie sich markant unterscheiden lassen. In der Praxis schulischer Beurteilung besteht jedoch oft das Bedürfnis, feiner zu differenzieren. Beispielsweise sieht unsere sechsstufige Notenskala je zwei Noten für jeden der drei Fälle von Tabelle 17.1 vor, nämlich

▶ wenn die Leistung klar über der Zielmarke liegt („sehr gut" und „gut"),

▶ wenn das Ziel erreicht wurde („befriedigend" und „ausreichend") und

▶ wenn es verfehlt ist („mangelhaft" und „ungenügend").

Vielen Lehrkräften reichen diese Differenzierungsmöglichkeiten zwischen sechs (in Österreich: fünf) Noten noch nicht aus, denn sie stufen feiner ab mit Zusätzen wie „plus" und „minus" oder mit Zwischennoten. Von „1 plus" bis „6 minus" entstehen so 15 Abstufungen, und werden noch Zwischennoten erteilt, so kommt man gar auf 20 Abstufungen. Auf der anderen Seite ist bekannt, dass Lehrkräfte die Notenskala in aller Regel bei weitem nicht voll ausnutzen, und es gibt Fächer sogar in Universitäten, die außer den Noten „sehr gut" und „gut" kaum noch weitere Noten verwenden. Dadurch werden die *wirklich guten* Leistungen natürlich nicht angemessen gewürdigt.

Im Gymnasium und anderen Schulformen sind verschiedene Punktsysteme in Gebrauch, die bis zu 20 oder gar bis zu 100 Punkte vorsehen, welche in eine Notenskala transformiert werden können. Solch feine Abstufungen sind nicht unproblematisch: Gibt es wirklich reale Unterschiede in der Leistung zwischen 12 und 13 von 20 Punkten oder zwischen 72 und 73 von 100 Punkten?

Andere Länder haben andere Bewertungssysteme. Im amerikanischen Notensystem werden Noten von A bis D und F erteilt, wobei A die beste und F („failure") die schlechteste Bewertung darstellt. Das E kommt in der Notenskala nicht vor. So entspricht das amerikanische System einer älteren deutschen Notenskala (Sehr gut, gut, genügend, ungenügend).

17.2 Unser Notensystem auf dem Prüfstand

Zunächst erscheint es angebracht zu prüfen, wie die derzeit gültigen Noten definiert sind. Diese Festlegungen gelten für den Schulbereich, soweit dort Noten vergeben werden. Sie sind aber für andere Sektoren nicht verbindlich, beispielsweise nicht für universitäre Zensuren, wohl aber für Staatsexamina.

Die Definition der Noten

Sehr gut	Die Leistung entspricht den Anforderungen in besonderem Maße.
Gut	Die Leistung entspricht voll den Anforderungen.
Befriedigend	Die Leistung entspricht im Allgemeinen den Anforderungen.
Ausreichend	Die Leistung enthält zwar Mängel, entspricht aber im Ganzen noch den Anforderungen.
Mangelhaft	Die Leistung entspricht nicht den Anforderungen, doch können die Mängel in absehbarer Zeit behoben werden.
Ungenügend	Die Kenntnisse sind so lückenhaft, dass die Mängel nicht in absehbarer Zeit behoben werden können.

Achtung: Erkennen Sie einen Bruch in den Festlegungen?

Wie man der Definition der Noten entnehmen kann, soll das Notensystem beide Aufgaben der Leistungsbeurteilung erfüllen: Zunächst ist der Leistungsstand zu ermitteln, der dann anschließend an der Norm der Anforderungen beurteilt werden soll. Es stellt sich aber die Frage, inwieweit die Notengebung in der Praxis dazu in der Lage ist. Die in unseren Schulen erteilten Zensuren wurden und werden immer wieder, wenn auch aus unterschiedlichen Gründen, starker Kritik unterzogen. So wird mehr oder minder deutlich auf die Abschaffung der Ziffernnoten gedrängt, was in den ersten Schuljahren ja bereits zum Erfolg geführt hat. Hier ersetzen verbale Beschreibungen die konventionellen Noten. Wie stellen sich nun Zeugnis und Zensur im Lichte der empirischen Forschung dar?

Ingenkamp veröffentlichte 1971 einen zusammenfassenden Überblick über die Forschungslage unter dem Titel „Die Fragwürdigkeit der Zensurengebung", wobei der Titel die nahezu vernichtende Kritik noch beschönigte. Empirische Studien verschiedener Autoren veranlassten jedoch Klauer (1982c) im Gegenzug, die Rehabilitation des

Lehrerurteils einzuleiten. Gegenwärtig besteht wohl weitgehende Übereinstimmung in folgenden Punkten, was Zeugnisse und Zensuren angeht.

▶ Die Schulfächer werden unterschiedlich streng benotet. Das Lebensalter der Schülerinnen und Schüler spielt auch eine Rolle. Je älter sie sind, desto strenger wird in den Hauptfächern (Deutsch, Mathematik, Fremdsprachen) geurteilt und desto milder in den Nebenfächern (Religion, Musik, Kunst). Ein und dieselbe Note hat also unterschiedlichen Aussagewert, je nach Fach, was zum Beispiel schon Lienert und Hopp (1964) feststellen konnten (vgl. auch Langfeldt & Tent, 1999).

▶ In der Grundschule verschlechtern sich die Mittelwerte der Noten im Lauf der Schuljahre. Beim Wechsel in weiterführende Schulen entsteht ein deutlicher „Notenknick" nach unten; nur beim Wechsel in die Hauptschule steigen die mittleren Noten an (Sauer & Gamsjäger, 1996).

▶ Obwohl die Definition der Noten eine Orientierung an der sozialen Norm ausschließt, wird das Niveau der Klasse doch bei der Benotung der einzelnen Schülerinnen und Schüler berücksichtigt. Deswegen bedeuten gleiche Noten in verschiedenen Klassen nicht auch gleiche Leistungen (Langfeldt & Tent, 1999). Allerdings fehlt den Lehrkräften bislang eine Orientierung an Daten, die Auskunft über den Stand der Klasse auf Landes- oder Bundesebene geben (Schrader & Helmke, 2001). Deswegen haben Lehrpersonen auch keine Chance, sich daran zu orientieren. Das kann sich ändern wie schon oben deutlich wurde.

▶ Innerhalb der Klassen entsprechen die Noten jedoch relativ gut dem Leistungsstand der einzelnen (Tent, 2001).

▶ Nehmen mehrere Prüfer im universitären Bereich an derselben mündlichen Prüfung teil und urteilen sie unabhängig voneinander, so kommen sie oft zu verschiedenen Einstufungen, die allerdings zumeist nicht sehr stark voneinander abweichen (Preiser, 1975).

▶ Verschiedene Lehrkräfte urteilen unterschiedlich streng. Dabei gibt es gewisse Tendenzen, die sich immer wieder bestätigen: Ältere urteilen milder als jüngere, was unter Umständen auch mit der Dauer der Berufserfahrung zusammenhängt (Birkel, 1978).

▶ Zensuren werden auch von Eigenschaften der Schüler beeinflusst, die nicht sachlich zu begründen sind. Wer gut reden kann, erhält bessere Noten (Birkel & Fritz, 1980), Kinder mit gutem sozialen Hintergrund, aber auch physisch attraktive Schülerinnen und

Schüler haben bessere Chancen auf gute Noten (Rost & Schilling, 2001). Obwohl diese Zusammenhänge gut belegt sind, steht auch fest, dass solche sachfremden Aspekte insgesamt nur einen geringen Einfluss auf die Notengebung ausüben (Diegelmann, 1986; Schrader & Helmke, 1990).

▶ *Mittelwerte* von Noten sagen den Studienerfolg relativ gut voraus, und das gilt auch für den Erfolg in der beruflichen Ausbildung für ehemalige Realschüler und Gymnasiasten. Der prognostische Wert der Notenmittelwerte ist demnach beachtlich, und zwar gerade auch im Hinblick auf längerfristige Effekte. Das geht aus umfassenden Metaanalysen deutscher Untersuchungen hervor (Baron-Boldt, Funke & Schuler, 1989). Eine spätere Studie von Höppel und Moser (1993) bei nahezu tausend Absolventen eines agrarwissenschaftlichen Studiums bestätigte diese Ergebnisse: Die Abiturnote sagte den Studienerfolg voraus (r = 0,42). In anderen Fächern gibt es ähnliche Ergebnisse.

▶ Verbale Beurteilungen statt Zensuren bringen in den Grundschulen nicht die Vorteile, die man von ihnen erwartet hat, etwa dass sie den Lernfortschritt der Kinder besser unterstützten als Ziffernnoten, die Persönlichkeitsentwicklung günstiger beeinflussten und insbesondere schwache Kinder stärker förderten (Wagner & Valtin, 2003). Verbale Beurteilungen wenden zumeist die individuelle und mitunter auch die sachliche Bezugsnorm an (Ulbricht, 1993), werden von den Eltern aber oft falsch interpretiert (Tarnai, 2001b).

Insgesamt wird man feststellen müssen, dass Zeugnisnoten zweifellos fehlerbelastet sind, auch wenn sie sich keineswegs so ungünstig darstellen, wie behauptet wird. Verbesserungsmöglichkeiten bieten sich insbesondere in zwei Aspekten an. Der eine betrifft die Tatsache, dass Lehrkräften Vergleichswerte fehlen, um den Leistungsstand ihrer Klasse zutreffender einschätzen zu können. Das wurde bereits deutlich. Der andere Aspekt betrifft die Feststellung des Leistungsstandes, der durch die Note bewertet werden soll. Faktisch sind die Lehrkräfte weitgehend allein gelassen, soweit es darum geht zu ermitteln, was die einzelnen Schülerinnen und Schüler können und nicht können. Häufig stützen sie sich dabei auf die Beteiligung am Unterricht, soweit sie diese in Erinnerung haben, sowie auf die Noten der vorausgegangenen Klassenarbeiten. Letztere haben den Vorteil, dass sie notfalls aktenkundige Beweismittel darstellen können, aber auch den Nachteil, nur sporadisch den Leistungsstand abzubilden.

In den einzelnen Fächern werden mitunter spezielle Verfahren tradiert, um den Leistungsstand der Lernenden möglichst objektiv zu ermitteln. So entwickeln beispielsweise Mathematiklehrer vielfach Bewertungsschemata nach Punkten, die dazu dienen, die Feststellung der erbrachten Leistungen objektiver zu machen. Jeder Aufgabe wird dann eine Anzahl Punkte zugeordnet. Am Ende kann man die Gesamtpunktzahl ermitteln, der dann (im Idealfall zuvor) eine Zensur zugeordnet wird. Im Sinne der Objektivität sind solche Vorgehensweisen zu begrüßen. Allerdings haben Lehrkräfte nachweislich Probleme, die Schwierigkeit von Aufgaben richtig einzuschätzen (Bromme, 1997; Schrader, 2001), weswegen die Anzahl der Punkte, die einzelnen Aufgaben zugeordnet sind, vielleicht nicht immer gerechtfertigt ist. Überregionale Itembanken, also Sammlungen von Aufgaben, deren Schwierigkeitsgrad vorher ermittelt worden ist, könnten hier weiterhelfen.

Sehr viel schwieriger ist es allerdings, die Beurteilung von Aufsätzen zu objektivieren. Aber auch hierzu existieren Verfahren, die zu bemerkenswerten Ergebnisse führen, insbesondere wenn analytische Elemente und Kriterien in den Beurteilungsprozess eingeführt werden (Lehmann, 1990; Grzesik & Fischer, 1984).

17.3 Schulleistungstests: Vorteile und Nachteile

Für die wichtigsten Fächer und Schulstufen existieren Schulleistungstests, die herangezogen werden können, um den Leistungsstand in einer Klasse zu ermitteln. Über aktuell verfügbare Schulleistungstests informiert eine Schriftenreihe, die jährlich mit einem Band erscheint und von Hasselhorn, Schneider und Marx herausgegeben wird (Tests und Trends. Neue Folge. Jahrbuch der pädagogisch-psychologischen Diagnostik. Göttingen: Hogrefe). Selbstverständlich orientieren auch Verlage über ihr Angebot. Schließlich hat Weinert (2001) ein von der Kultusministerkonferenz gefördertes Werk herausgegeben, das insbesondere Lehrkräfte über die Möglichkeiten von Leistungsmessungen durch Tests umfassend informiert.

Vielfach werden Schulleistungstests in der Forschung eingesetzt, etwa wenn es darum geht, den Einfluss anderer Variablen auf die Schulleistung oder den Einfluss der Schulleistung auf andere Variablen zu erfassen. Bei ihrer Konstruktion orientieren sich die Autoren an den Lehrplänen, was allerdings nicht problemlos möglich ist, weil die Lehrpläne der einzelnen Bundesländer doch deutlich divergieren. Über die Schwierigkeiten, die dabei entstehen, berichten Marx und Krocker (2005) recht anschaulich am Beispiel von Rechentests.

Es gibt natürlich gute und weniger gute Schulleistungstests. In aller Regel zeichnen sie sich aber mindestens durch folgende Merkmale aus (Heller & Hany, 2001).

▶ Schulleistungstests erfüllen das Kriterium der Objektivität. Es gibt präzise Vorgaben für die Durchführung der Tests und insbesondere auch für deren Auswertung. Subjektive Einflüsse der Lehrkräfte bei der Erhebung und Auswertung der Tests sind daher weitgehend ausgeschlossen.

▶ Schulleistungstests sind inhaltlich valide, d. h. sie erfassen nachweislich solche Leistungen, die vom Lehrplan her gefordert sind. Allerdings sind sie meist nicht repräsentativ für den Lehrplan des jeweiligen Bundeslandes.

▶ Schulleistungstests sind reliabel, d. h. die Messfehler, die mit jedem Testvorgang unvermeidlich verbunden sind, halten sich in nachgewiesenen engen Grenzen.

▶ Schulleistungstests sind standardisiert, d. h. sie bieten Normwerte, an Hand deren es möglich ist, die Leistung jedes einzelnen Kindes relativ zu den Werten der Standardisierungsstichprobe Gleichaltriger zu beurteilen. Schulleistungstests verwenden also die soziale Norm zur Leistungsbeurteilung.

▶ Da sich das Leistungsniveau und auch die Lehrpläne im Laufe der Jahre verändern, ist ein Schulleistungstest nach etwa zehn Jahren nicht mehr gültig.

Klassische Schulleistungstests bieten keine Alternative, wenn es darum geht, den Leistungsstand der Kinder etwa nach einer Lehreinheit zu ermitteln und zu bewerten. Vergleicht man Klassenarbeiten mit Schulleistungstests, so können Klassenarbeiten in aller Regel weit besser auf den unmittelbar vorangegangenen Unterricht zugeschnitten, also lehrzielvalide sein. Noch besser eignen sich dazu lehrzielorientierte Tests.

17.4 Lehrzielorientierte Tests

Lehrzielorientierte Tests werden mitunter als kriteriumsorientierte Tests bezeichnet, dies vor allem in psychologischen und in internationalen Kontexten. Solche Tests ermöglichen die Feststellung, ob jemand ein gegebenes Kriterium – ein Lehrziel – erreicht hat oder wie gut er es erreicht hat. Ein lehrzielorientierter Test bietet also entweder eine Ja-Nein-Entscheidung, ob das Ziel erreicht worden ist oder nicht. Oder er bietet darüber hinaus die Möglichkeit zu differenzieren, wie gut die einzelnen Teilnehmer das Lehrziel beherrschen. Im ersteren Fall teilt der Test die Teilnehmer in zwei Klassen ein, in die Klasse der Könner und in die Klasse der Nichtkönner. Man spricht dann von der *lehrzielorientierten Klassifikation*. Im zweiten Fall werden die Testteilnehmer auf einer Dimension nach Maßgabe ihrer Beherrschung des Lehrziels eingeordnet. In dem Fall spricht man von der *lehrzielorientierten Messung*. Zu lehrzielorientierten Tests existiert ein Lehrbuch, das insbesondere auch die technischen Details enthält (Klauer, 1987a). Die folgenden Abschnitte geben deshalb nur einen groben Überblick, der für manche Zwecke allerdings genügen dürfte.

Lehrzielorientierte Tests ermöglichen, den Leistungsstand objektiver und zuverlässiger zu erheben als dies mit mündlichen Prüfungen oder mit Klassenarbeiten möglich ist. Die auch dabei unvermeidbare Belastung durch Messfehler ist jedoch einschätzbar. Darüber hinaus bewerten lehrzielorientierte Tests die Leistungen der Lernenden nach Maßgabe der sachlichen Norm, eben nach Maßgabe des Lehrziels. Insofern verbinden sie die Vorteile herkömmlicher Schulleistungstests mit der sachlichen Bezugsnorm, wie sie durch den Notenerlass vorgeschrieben ist. Deshalb empfiehlt es sich, Klassenarbeiten in Form lehrzielorientierter Tests durchzuführen. Im Vergleich zu traditionellen Klassenarbeiten hat man dabei vorher zwar mehr Arbeit, die Auswertung vollzieht sich jedoch viel zügiger und vor allem objektiver. Der Gesamtaufwand dürfte daher nicht größer sein.

Ausgangspunkt einer jeden Testentwicklung ist die Definition des Lehrziels. Wie Abbildung 2.2 Seite 25 verdeutlicht, ist es sinnvoll, die Lehrziele so zu definieren, dass auf dieser Basis einerseits die Instruktion geplant und andererseits die Zielerreichung getestet werden kann. Insofern ist es entscheidend, Lehrziele im Sinn von Abbildung 2.5 Seite 31 mit Hilfe von *Aufgabenmengen* zu definieren, die die Lernenden am Ende beherrschen sollen. Setzt man dann gemäß Abbildung 2.5 den angestrebten *Kompetenzgrad* fest, so lässt sich durch Aufgabenstichproben aus der Grundmenge von Aufgaben entscheiden, ob jemand das Lehrziel erreicht hat oder wie gut es erreicht worden ist. Von daher liegt es nahe, für jedes Lehrziel des Curriculums einen solchen Test zu entwickeln. Sehr hilfreich ist es, bei der Definition der Lehrziele als Aufgabenmengen die Teilmengen auszuweisen, wie man dies etwa nach dem Muster der Tylermatrix von Tabelle 2.1 Seite 33 vornehmen kann.

Aufgabenmengen werden durch eine Klasse von Inhalten festgelegt, auf die eine Klasse von Verhaltensweisen oder Prozessen anzuwenden ist. Bildet man aus den so definierten Mengen repräsentative oder Zufallsstichproben, so hat man eine gute Grundlage, um leistungsfähige lehrzielorientierte Tests zu entwickeln. Solche „teacher made tests" können vielfach an die Stelle von Klassenarbeiten treten und erlauben, die Zielerreichung zu prüfen.

Die Entwicklung eines lehrzielorientierten Tests kann in drei Schritten erfolgen.

Schritt 1: Definition des Lehrziels als Aufgabenmenge. Dies geschieht durch Angabe des Inhalts und durch Angabe der Prozesse, die auf den Inhalt anzuwenden sind. Vereinfacht bestimmt der Inhalt das, was den zu Prüfenden vorgelegt wird, und die Prozesse bestimmen, was die Prüfenden daran zu tun haben. Durch diese Angaben ist die Form der Aufgaben festgelegt, wie weiter unten noch deutlich wird. Die Aufgabenmengen sind mitunter unendlich groß, wie dies oft in der Mathematik der Fall ist, oder sie umfassen eine bestimmte Anzahl von Aufgaben. Sollten sich wichtige Teilmengen unterscheiden lassen, wie dies in der Tylermatrix von Seite 33 demonstriert ist, so ist dies für das weitere Procedere vorteilhaft.

Schritt 2: Aus der definierten Aufgabenmenge wird repräsentativ oder zufällig eine Stichprobe von Aufgaben formuliert. Wurden gemäß Schritt 1 Teilmengen definiert, so wird man hier festlegen, in welchem Verhältnis die Teilmengen in der zu erzeugenden Stichprobe vertreten sein sollen. Grundsätzlich gilt, dass ein Test umso zuverlässiger ist, je mehr Testaufgaben auf diese Weise gebildet worden sind. Zur raschen Auswertung empfiehlt es sich, die zulässigen Antworten festzulegen. Dazu kann man eine Schablone erstellen, mit deren Hilfe die Auswertung sehr rasch und objektiv durchführbar ist.

Eine moderne Möglichkeit bieten computergesteuerte Testverfahren. Dabei kann der Computer jedem Teilnehmer eine eigene Zufallsstichprobe von Aufgaben generieren und die dann auch objektiv an Hand vorgegebener Kriterien auswerten. Ein solches Verfahren hat viele Vorteile.

Schritt 3: Das Lehrziel ist quantitativ festzulegen, indem der Kompetenzgrad bestimmt wird, der erreicht werden soll. Entscheidet man sich für ein lehrzielorientiertes

Zensierungsmodell, wie dies unten vorgestellt wird, so übernimmt man zweckmäßig die Marke von 60 % richtiger Lösungen als quantitatives Kriterium. Selbstverständlich ist es nicht nur möglich, sondern mitunter auch sinnvoll, ein höheres Kriterium anzusetzen, beispielsweise 90 % richtiger Lösungen zu fordern. Nicht sinnvoll ist es allerdings, 100 % richtiger Lösungen zu fordern, denn Fehler unterlaufen gelegentlich sogar den Könnern.

17.5 Zensierungsmodelle

Wie erinnerlich ist es sinnvoll und notwendig, zwischen der Leistungsfeststellung und der Leistungsbewertung zu unterscheiden. Tests dienen der Leistungs*feststellung* und eine Leistungs*bewertung* kann sich daran anschließen, muss aber nicht. Eine *objektive* Bewertung der Leistung ist mit Hilfe von Zensierungsmodellen möglich. Die Zensierungsmodelle, die vorgestellt werden sollen, basieren auf einem speziellen wahrscheinlichkeitstheoretisch-statistischen Hintergrund. Hier soll dieser Hintergrund aber ausgeklammert bleiben, damit der Text allgemeinverständlich bleibt. Die technischen Einzelheiten und weiterführende Literatur findet man jedoch in Klauer (1989b).

Ein Zensierungsmodell ist eine Funktion, die fehlerkontrolliert Schülerleistungen Noten zuordnet gemäß einer Bezugsnorm. Wie alle Funktionen so kennt auch ein Zensierungsmodell mindestens eine Inputvariable und eine Outputvariable. Output ist die Note, als Input kommen jedoch nur Leistungspunkte in Frage, so beispielsweise die Anzahl (oder der Prozentsatz) richtiger Lösungen bei einer gegebenen Menge von Aufgaben. Die Modelle sind also einsetzbar, wenn Schülerinnen und Schülern eine Anzahl von Aufgaben vorgelegt bekommen und danach festgestellt wird, wie viele davon richtig gelöst worden sind. Nur wenn solche Quantifizierungen möglich und sinnvoll sind, lässt sich ein Zensierungsmodell anwenden. Für die Bewertung der Qualität von Aufsätzen oder der Güte der Übersetzung in eine andere Sprache sind sie nicht geeignet. Dennoch bleibt eine Fülle potentieller Anwendungsmöglichkeiten.

Die Ermittlung von Noten geschieht bei den Zensierungsmodellen auf eine fehlerkontrollierte Weise. Das gilt in einem doppelten Sinn. Zunächst lässt sich für jede Modellanwendung die Reliabilität ermitteln. Das ist eine Messgröße für die Fehlerbelastetheit der Zuordnung. Sie ermöglicht insbesondere, für jede Note ein Intervall zu bestimmen, innerhalb dessen die wahre Note des Lernenden mit angegebener Wahrscheinlichkeit liegt (z. B. mit 50 %-iger Wahrscheinlichkeit). Man spricht in dem Zusammenhang von einem *Konfidenzintervall*. Für herkömmliche Noten gibt es nichts Vergleichbares. Darüber hinaus verwenden Zensierungsmodelle *Verlustfunktionen*, in denen der Nachteil quantifiziert und entsprechend berücksichtigt wird, der mit einem Benotungsfehler verbunden ist. Als mögliche Benotungsfehler kommen zu gute und zu schlechte Noten in Frage. Bei den Modellen, die im Folgenden dargestellt werden, wird unterstellt, dass beide Fehlerarten gleich gravierend sind und dass kleine Abweichungen ebenso schwerwiegend sind wie große Abweichungen. Selbstverständlich kann man auch andere Annahmen machen, und das führt dann zu anderen Modellen. So hat Lühmann (1980) ein Modell vorgestellt, bei dem angenommen wird, dass eine fälschliches „mangelhaft" statt eines angemessenen „ausreichend" deutlich schwerer wiegt als zum Beispiel ein fälschliches „befriedigend" und deswegen eher vermieden werden soll. Manche Lehrkräfte stellen zwar ähnliche Überlegungen an, wenn sie Noten erteilen. Nur muss man damit rechnen, dass dies relativ unkontrolliert und im einen Fall so, im anderen Fall anders geschieht (die „eins" würde der Grete vielleicht gar nicht gut tun, die „fünf" dem Hans jedoch den Mut nehmen; also wird im ersten Fall die Note gedrückt, im zweiten angehoben). Letztlich läuft dies auf Willkür hinaus.

Im Folgenden wird auf die Reliabilität, die Konfidenzintervalle der Noten sowie auf die Fehlerverlustfunktionen nicht weiter eingegangen. Nähere Einzelheiten hierzu findet man in dem erwähnten Beitrag.

17.5.1 Zensierungsmodell zur sozialen Bezugsnorm

Schon Lienert (1969, Seite 331, Seite 562) hat folgendes Zensierungsmodell vorgeschlagen.

$$\text{Note} = 3 - (x_j - M_x)/s_x = 3 - z \qquad (1)$$

x_j: Summe richtiger Aufgaben des Schülers j

M_x: Arithmetisches Mittel der x-Werte aller beteiligten Schüler

s_x: Standardabweichung der x-Werte

Mittelwert und Standardabweichung stellen elementare Größen der Statistik dar, die leicht zu berechnen sind, und das gilt auch für den z-Score. Im Falle normal verteilter Werte variiert z zwischen +3 und -3; die Note gemäß Formel (1) variiert dann zwischen 0 und 6. Daher gilt Formel (1) mit der Einschränkung, dass alle Noten, die kleiner als eins sind, auf eins aufzurunden und alle Noten größer sechs auf sechs (in Österreich auf fünf) abzurunden sind. Diese Bedingung gilt für alle darzustellenden Zensierungsmodelle und wird daher nicht mehr besonders erwähnt.

Die Note 3 wird genau dann vergeben, wenn jemand soviel Aufgaben richtig gelöst hat wie im Mittel die ganze Klasse. Bei einigermaßen normal verteilten Summen führt dieses Modell dazu, dass die Note 3 die häufigste Note wird. Eine Klassenarbeit kann nach der sozialen Norm nie „schlecht ausfallen", denn die Mehrzahl der Schüler erhält die Note 3.

17.5.2 Zensierungsmodell zur Lehrzielnorm

Diesem von Klauer entwickelten Zensierungsmodell liegt das verallgemeinerte Binomialmodell zugrunde, in das vergleichsweise wenig strenge Annahmen eingehen und das sich deshalb für schulische Zwecke gut eignet. Es arbeitet mit dem *Prozentsatz* richtig gelöster Aufgaben, wobei der Prozentsatz p noch in die Größe π zu transformieren ist. Diese Einzelheiten können hier jedoch ausgeklammert bleiben, weil Tabellen zur Verfügung stehen, um die zuzuordnenden Noten direkt abzulesen.

Entscheidend bei lehrzielorientierter Benotung ist die Vorgabe eines Zielwertes. Er erhält die Bezeichnung π_u und entspricht dem unteren Wert der Notenskala, der soeben eine nicht mehr ausreichende Leistung darstellt. Daher wird π_u der Note 4,5 gleichgesetzt, die ja auf 5 zu runden ist. Ferner ist auch ein oberer Grenzwert anzusetzen, bezeichnet als π_o. Dieser Wert soll 99,5 % richtiger Lösungen entsprechen, weil man dann auf 100% aufrunden würde. Somit ergibt sich folgendes lehrzielorientierte Zensierungsmodell:

$$\text{Note} = 4{,}5 - (\pi_j - \pi_u)/[(\pi_o - \pi_u)/e] \qquad\qquad (2)$$

π_j: transformierter Prozentsatz richtiger Aufgaben des Schülers j

π_u: unterer Grenzwert auf der π – Skala entsprechend der Note 4,5

π_o: oberer Grenzwert auf der π- Skala entsprechend 99,5 % richtiger Lösungen und Note 0,5 e: Zahl der Notenstufen zwischen π_o und π_u

Nach diesem Modell erhält ein Schüler die Note 4,5, wenn sein π – Wert genau dem normativ festgelegten unteren Grenzwert π_u entspricht. Klauer hat vorgeschlagen, mit 60 % richtigen Lösungen soeben noch bestehen zu lassen. Das Lehrziel lautet dann $p_z = 0,60$. Geht es allerdings um folgenreichere Inhalte, so wird man das Lehrziel höher ansetzen, z. B. auf $p_z = 0,75$. Wer eine dieser Festsetzungen übernimmt, kann die lehrzielorientierten Noten direkt folgender Tabelle entnehmen (vgl. Klauer, 1987a, 1989 b). Für andere Festsetzungen hat Sacher (1984) Tabellen veröffentlicht.

Tabelle 17.1. Lehrzielorientierte Zensierung

Prozent richtiger Aufgaben bei Lehrziel $p_z = 0,60$	Note	Prozent richtiger Aufgaben bei Lehrziel $p_z = 0,75$
96 % - 100 %	sehr gut	97 % - 100 %
87 % - 95 %	gut	92 % - 96 %
75 % - 86 %	befriedigend	85 % - 91 %
60 % - 74 %	ausreichend	75 % - 84 %
45 % - 59 %	mangelhaft	54 % - 74 %
0 % - 44 %	ungenügend	0 % - 53 %

Auf der Grundlage eines anderen Schätzmodells und etwas anderer Annahmen konnten Michelsen und Cordes (2005) zeigen, dass der Anteil richtigen Ratens höher sein kann als nach dem Verallgemeinerten Binomialmodell anzunehmen ist. Bei Bedenken gegen die Festsetzung, mit 60 % richtigen Lösungen noch bestehen zu lassen, kann man auf Zweifach-Wahlaufgaben zugunsten von Vierfach-Wahlaufgaben verzichten oder den p_z-Wert anheben. Die Handwerks- wie die Industrie- und Handelskammern vergeben zwar mit 50 % richtigen Lösungen schon die Note „ausreichend", doch das ist bei Zweifachwahlaufgaben sicher zu niedrig angesetzt, um bestehen zu lassen. Normalerweise wird man deutlich höhere Grenzwerte festsetzen müssen, um folgenreiche Fehlentscheidungen auszuschließen.

17.5.3 Zensierungsmodelle zur individuellen Bezugsnorm

Zur individuellen Bezugsnorm hat Klauer zwei Zensierungsmodelle entwickelt, das ipsative und das regressive Modell. Das ipsative ist zwar nur für spezielle Aufgaben geeignet, realisiert dann aber die Idee der individuellen Bezugsnorm besonders klar, sozusagen reinrassig. Das regressive Modell kommt nicht ganz ohne Bezug zu Gruppendaten aus, ist aber in seinem Anwendungsbereich viel weniger eingeengt.

Das *ipsative Modell* ist anwendbar, wenn aus ein und derselben Menge von Aufgaben wiederholt Zufallsstichproben von Aufgaben gezogen und zur Bearbeitung vorgelegt werden. Das können Aufgaben zum kleinen Einmaleins, zur schriftlichen Addition, zur Thermodynamik, zu Stoffwechselvorgängen bei Zellen oder zur Faustinterpretation sein. Dabei wird der Fortschritt ermittelt, den jeder einzelne Proband gegenüber seiner früheren Testung erzielt hat. Stellt jemand seine frühere Leistung ein, so erhält er die Note 3, übertrifft er die frühere Leistung, so gibt es eine bessere Note, und bleibt er darunter, so resultiert eine schlechtere Bewertung.

Auch hier sind die individuellen Prozentwerte p in ein π zu transformieren (s. Klauer, 1987a, S. 295). Das Zensierungsmodell stellt sich nun wie folgt dar, wenn in beiden Fällen N Aufgaben gestellt werden.

$$\text{Note} = 3 - (\pi_2 - \pi_1)\,\sqrt{(N/2)} = 3 - v \qquad\qquad (3)$$

Wurden unterschiedlich viele Aufgaben gegeben, so ist der Term N/2 zu ersetzen durch $[(N_1 N_2)/(N_1 + N_2)]$. Dieses wie auch die beiden vorhergehenden Modelle werden weiter unten in ihrer Anwendung demonstriert.

Das *regressive Zensierungsmodell* ähnelt in den Grundzügen dem Konzept, das oben zur Definition von Overachievement und Underachievement herangezogen wurde (vgl. Seite 281 f). Die Benotung orientiert sich daran, ob jemand seine erwartete Leistung erreicht, gar übertrifft, oder verfehlt. Der entscheidende Unterschied besteht jedoch in der Variablen, mit deren Hilfe die erwartete Leistung vorhergesagt wird. Im Gegensatz zum Overachievement – Underachievement – Konzept dient nicht die Leistung in einem Intelligenztest zur Schätzung der erwarteten Leistung, sondern die Leistung in einem früheren Test *genau des Fachs*, um das es gerade geht. Dabei wird unter anderem ermittelt, wie hoch die beiden Tests, der frühere und der jetzige, miteinander korrelieren. Mittels der Regressionsrechnung lässt sich dann die Regressionsgerade bestimmen, die jedem Lernenden den Wert zuordnet, der für ihn beim zweiten Test zu erwarten ist angesichts seiner Leistung im ersten Test. Die rechnerischen Details sind andernorts demonstriert (Klauer, 1987c).

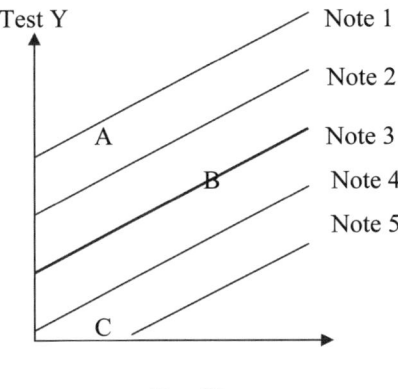

Abbildung 17.1. Beispiel der Notengebung nach dem Regressionsmodell. Die Regressionsgerade ist fett ausgezogen, die Notenstufen sind durch Parallelen hierzu markiert

Zur Erläuterung: Schüler A arbeitete über Erwarten gut, seine Note liegt zwischen 2 und 1. Die Leistung von Schüler B entspricht genau dem, was von ihm zu erwarten war, sein Wert liegt auf der Regressionslinie. Deshalb erhält er die Note 3. Schüler C bleibt deutlich unter seinen Möglichkeiten, seine Note liegt zwischen 4 und 5.

Die regressive Note ist dann wie folgt definiert.

$$\text{Note} = 3 - (y - y^*)/s_{y.x} = 3 - u \qquad (4)$$

y: Leistung des Schülers im zweiten Test

x: Leistung des Schülers im ersten Test

y^*: regressionsanalytisch erwarteter Wert des Schülers im zweiten Test

$s_{y.x}$: Residualstandardabweichung

Dieses Zensierungsmodell ist im Prinzip bei jedem Lehrstoff anwendbar. Dennoch ist es durch eine Besonderheit gekennzeichnet, die zu beachten bleibt: In das Modell gehen auch Gruppendaten ein, so insbesondere die Korrelation zwischen den beiden Tests und die Standardabweichungen der Tests. Diese Gruppendaten bewirken eine gewisse Nähe des Zensierungsmodells zum Modell nach der sozialen Bezugsnorm von Formel (1). Im Grenzfall, wenn die Korrelation zwischen den beiden Tests gleich null wird, geht das regressive Modell in das der sozialen Bezugsnorm über. Je weniger eng der Zusammenhang zwischen den beiden Tests ist, desto mehr wird die soziale Bezugsnorm angelegt werden. Normalerweise ist das fachspezifische Vorwissen jedoch der beste Prädiktor der Lernleistung, korreliert also hoch mit ihr.

17.5.4 Vergleich der Zensierungsmodelle

Vier Zensierungsmodelle wurden vorgestellt, so dass es sinnvoll erscheint, sie an einem Datensatz miteinander zu vergleichen. Tabelle 17.2 bietet zunächst die Daten von 10 Schülern bei *zwei* Tests mit je 20 Aufgaben. Außerdem bringt es die Noten für den *zweiten* Test, wie sie sich nach den vier Modellen ergeben.

Die Noten nach der sozialen Norm wie die nach der Lehrzielnorm sind unabhängig von der Leistung im ersten Test. Deshalb haben innerhalb eines jeden dieser beiden Modelle gleiche Testleistungen auch gleiche Noten. Das ändert sich jedoch nach den beiden anderen Modellen. So haben die Schüler 8 und 9 im zweiten Test gleiche Leistungen. Nach der sozialen Norm erhalten beide die Note 3,2, nach der sachlichen Norm die etwas schwächere Note 3,7. Das Regressionsmodell gibt ihnen allerdings verschiedene Noten, und das ipsative Modell sogar extrem verschiedene, weil sich Schüler 9 drastisch verschlechtert hat. Dieser Schüler hat zwar das Lehrziel zweifellos erreicht, er liegt auch gemäß der sozialen Norm im Mittel der Klasse, aber er hat - aus welchen Gründen auch immer - dieses Mal eine besonders schwache Leistung abgeliefert.

Anders dagegen Schüler 2. Er hat das Ziel nicht erreicht und liegt im Vergleich zum Klassenmittel ziemlich weit unten. Die regressive Note zeigt, dass er seine Fähigkeit zwar noch nicht voll ausgeschöpft hat, doch macht die ipsative deutlich, wie stark er sich dieses Mal verbessert hat, was zweifellos motivierend wirken kann.

Vergleicht man die Mittelwerte und Standardabweichungen der Noten miteinander, so werden interessante Zusammenhänge deutlich. Im vorliegenden Fall unterscheiden sich die soziale wie die regressive Note am wenigsten, und beide kommen zur gleichen Durchschnittsnote. Sind die Daten einigermaßen normalverteilt, so sollten beide einen Mittelwert um 3 und eine Standardabweichung um 1 bringen, was hier ja auch der Fall ist. Die Notengebung im einzelnen wird aber stärker zwischen den beiden Modellen variieren, wenn die beiden Tests höher miteinander korrelieren. Hier beträgt die Korrelation nur r = 0,41, was für Leistungstests im gleichen Fach ein niedriger Wert ist.

Tabelle 17.2. Noten für Test 2 ($N_2 = N_1 = 20$ Aufgaben) nach den vier Modellen (M = arithmetisches Mittel; s = Standardabweichung)

Proband	Test 2	Test 1	Soziale Norm Modell 1	Lehrzielnorm Modell 2	Individuelle Norm Ipsatives Modell (3)	Regressives Modell (4)
1	17	7	2	2,6	-0,4*	1,3
2	10	8	4,7	5,1	2,4	4,4
3	17	17	2	2,6	3	2,4
4	13	10	3,5	4,1	2,0	3.3
5	12	10	3,9	4,4	2,3	3,8
6	13	11	3,5	4,1	2,4	3,5
7	18	16	1,6	2,1	2,1	1,8
8	14	12	3,2	3,7	2,3	3,1
9	14	20	3,2	3,7	6,2+	4
10	16	13	2,4	3	1,9	2,4
M	14,4	12,4	3,0	3,54	2,42	3,0
s	2,55	4,14	0,98	0,94	1,60	1,0

*) Die Note ist auf eins zu runden
+) Die Note ist auf sechs zu runden

Absolut gesehen bewertet hier an diesem Datensatz das lehrzielorientierte Zensierungsmodell die Leistungen am strengsten und das ipsative Modell am mildesten. Bei anderen Datensätzen kann das anders ausfallen.

17.6 Zusammenfassung

Leistungsbeurteilungen erfordern die Feststellung der Leistungen einerseits und ihre Bewertung andererseits.

Zur Bewertung von Leistungen stehen drei Bezugsnormen zur Verfügung, die soziale, die sachliche und die individuelle Bezugsnorm. Nach der sozialen Norm werden die

Leistungen auf die Leistungen des Durchschnitts bezogen, nach der sachlichen Norm auf vorher festgesetzte Kriterien wie etwa das Lehrziel, nach der individuellen Norm auf die eigene frühere Leistung oder die eigene Leistungsfähigkeit. Die soziale Norm informiert darüber, wie der einzelne mit Bezug zur Referenzgruppe steht, etwa zum Durchschnitt der eigenen Klasse. Die individuelle Norm informiert darüber, ob sich der einzelne verbessert hat oder nicht oder wie die eigene Leistungsfähigkeit ausgeschöpft wurde. Sie beeinflusst die Lernmotivation besonders günstig. Die Lehrzielnorm informiert darüber, ob und wie gut das Lehrziel erreicht worden ist. Unser Notensystem fordert die Anwendung dieser Norm.

Wie empirische Forschungen zeigen, erfolgt die Notengebung im großen Ganzen zwar vertretbar, bringt jedoch im Einzelnen auch systemwidrige Ergebnisse.

Klassische Schulleistungstests und moderne lehrzielorientierte Tests dienen zunächst der Leistungsfeststellung. Sie zeichnen sich insbesondere durch objektive, reliable und valide Ergebnisse aus. Klassische Schulleistungstests informieren darüber hinaus unter der sozialen Bezugsnorm über den Stand des einzelnen in der Klasse, aber auch über den Stand der jeweiligen Klasse oder Schule im Spektrum des Bundeslandes beziehungsweise der Bundesrepublik oder gar über ihren Stand im internationalen Vergleich. Lehrzielorientierte Tests haben dagegen den Vorteil, von der Lehrkraft selbst erstellt werden zu können, um unter der sachlichen Bezugsnorm die Erreichung des aktuellen Lehrziels zu testen. Sie dienen insofern der Steuerung des Unterrichtsfortgangs.

Zensierungsmodelle ordnen Schulleistungen Noten zu. Dies geschieht auf fehlerkontrollierte Weise und gemäß einer der drei Bezugsnormen. Für die soziale und die Lehrzielnorm existiert je ein Zensierungsmodell, für die individuelle Norm existieren zwei solcher Modelle. Obwohl die Orientierung an der Lehrzielnorm durch den Notenerlass vorgegeben ist, erscheint es sinnvoll, zusätzlich oder in Abständen auch noch die Modelle zu den beiden anderen Bezugsnormen einzusetzen.

Literatur

Achtenhagen, F. & Tramm, T. (1993). Übungsfirmenarbeit als Beispiels handlungsorientierten Lernens in der kaufmännischen Berufsausbildung. In C. K. Friede & K. Sonntag (Hrsg.), *Berufliche Kompetenz durch Training* (S. 161-184). Heidelberg: Sauer.

Ainsworth, S. (1999). The functions of multiple representations. *Computers and Education, 33*, 131-151.

Ainsworth, S. & Fleming, P. (2006). Evaluating authoring tools for teachers as instructional designers. *Computers in Human Behavior, 22*, 130-148.

Alfassi, M. (1998). Reading for meaning: The efficacy of reciprocal teaching in fostering reading comprehension in high school students in remedial reading classes. *Review of Educational Research, 35*, 309-332.

Anderson, J. R. (1983). *The architecture of cognition*. Cambridge: Harvard University Press.

Anderson, J. R. (1987). Skill acquisition: Compilation of weak-method problem solutions. *Psychological Review, 94*, 192-210.

Anderson, J. R. (1993). *Rules of the mind*. Hillsdale, NJ.: Erlbaum.

Anderson, R. C. & Biddle, W. B. (1977). Über die Auswirkung von Fragen zu Lehrtexten auf das Lernen und Behalten. In L. T. Frase, R. C. Anderson & W. B. Biddle (Hrsg.), *Lernen aus Lehrtexten* (S. 69-119). Düsseldorf: Schwann.

Antil, L. R., Jenkins, J. R., Wayne, S. K. & Vadasy, P.F. (1998). Cooperative learning: Prevalence, conceptualizations, and the relation between research and practice. *American Educational Research Journal, 35*, 419-454.

Applebee, A. N., Langer, J. A., Nystrand, M. & Gamoran, A. (2003). Discussion-based approaches to developing understanding: Classroom instruction and student performance in middle and high school English. *American Educational Research Journal, 40*, 685-730.

Artelt, C. (2000). Wie prädiktiv sind retrospektive Selbstberichte für den Gebrauch von Lernstrategien für strategisches Lernen? *Zeitschrift für Pädagogische Psychologie, 14*, 72-84.

Artelt, C., Demmrich, A. & Baumert, J. (2001). Selbstreguliertes Lernen. In Deutsches PISA-Konsortium (Hrsg.), *Basiskompetenzen von Schülerinnen und Schülern im internationalen Vergleich* (S. 271-298). Opladen: Leske und Budrich.

Arzi, H. J., Ben-Zvi, R. & Ganiel, U. (1985). Proactive and retroactive facilitation of long-term retention by curriculum continuity. *American Educational Research Journal, 22*, 369-388.

Aschersleben, G. & Weber, G. (1988). Analyse des tutoriellen Verhaltens in individuellen Lernsituationen. *Psychologie in Erziehung und Unterricht, 35*, 283-288.

Astleitner, H. (1997). *Lernen in Informationsnetzen*. Frankfurt: Lang.

Astleitner, H. & Leutner, D. (1995). Learning strategies for unstructured hypermedia - a framework for theory, research, and practice. *Journal of Educational Computing Research, 13*, 387-400.

Astleitner, H. & Leutner, D. (1996). Applying standard network analysis to hypermedia systems: implications for learning. *Journal of Educational Computing Research, 14*, 285-303.

Astleitner, H. & Leutner, D. (1998). Fernunterricht und neue Informationstechnologien: Aktuelle Entwicklungen. *Zeitschrift für Pädagogik, 44*, 105-123.

Astleitner, H. & Leutner, D. (2000). Designing instructional technology from an emotional perspective. *Journal of Research on Computing in Education, 32*, 497-510.

Astleitner, H. & Wiesner, C. (2004). An integrated model of multimedia learning and motivation. *Journal of Educational Multimedia and Hypermedia, 13*, 3-21.

Azevedo, R., Cromley, J.G. & Seibert, D. (2004). Does adaptive scaffolding facilitate students' ability to regulate their learning with hypermedia? *Contemporary Educational Psychology, 29*, 344-370.

Atkinson, R. C. (1975). Mnemotechnics in second-language learning. *American Psychologist, 30*, 821-828.

Atkinson, R.K. (2005). Multimedia learning of mathematics. In R.E. Mayer (Hrsg.), *The Cambridge handbook of multimedia learning* (pp. 393-408). Cambridge: Cambridge University Press.

Atkinson, R. K., Derry, S. J., Renkl, A. & Wortham, D. (2000). Learning from examples: Instructional principles from the worked examples research. *Review of Educational Research, 70*, 181-214.

Atkinson, R. K., Renkl, A. & Merrill, M. M. (2003). Transitioning from studying examples to solving problems: Effects of self-explanation prompts and fading worked-out steps. *Journal of Educational Psychology, 95*, 774-783.

Ausubel, D. P. (1960). The use of advanced organizers in the learning and retention of meaningful verbal material. *Journal of Educational Psychology, 51*, 267-272.

Ausubel, D. P. (1963). *The psychology of meaningful verbal learning*. New York: Grune & Stratton.

Ausubel, D. P. (1968). *Educational psychology: A cognitive view*. New York: Holt, Rinehart & Winston.

Ayres, P. & Sweller, J. (2005). The split-attention principle in multimedia learning. In R.E. Mayer (Hrsg.), *The Cambridge handbook of multimedia learning* (pp. 135-167). Cambridge: Cambridge University Press.

Baddeley, A. D. (1986). *Working Memory*. Oxford: Clarendon Press.

Baddeley, A.D. (1992). Working memory. *Science, 255*, 556-559.

Bandura, A. (1977). Self-efficacy: Toward a unifying theory of behavioral change. *Psychological Review, 84*, 191-215.

Bandura, A. (1979). *Sozial-kognitive Lerntheorie*. Stuttgart: Klett.

Bandura, A. (1986). *Social foundations of thought and action: A social cognitive theory*. Englewood Cliffs: Prentice-Hall.

Bandura, A. (1993). Perceived self-efficacy in cognitive development and functioning. *Educational Psychologist, 28*, 117-148.

Bangert-Drowns, R. L., Hurley, M. M. & Wilkinson, B. (2004). The effects of school-based writing-to-learn interventions on academic achievement: A meta-analysis. *Review of Educational Research, 74*, 29-58.

Bannert, M. (1996). *Gestaltung und Evaluation von EDV- Schulungsmaßnahmen. Eine empirische Studie zur Effektivität und Akzeptanz*. Landau: Empirische Pädagogik.

Bannert, M. (2003). Effekte metakognitiver Lernhilfen auf den Wissenserwerb in vernetzten Lernumgebungen. *Zeitschrift für Pädagogische Psychologie, 17*, 13-25.

Barlow, D. H. & Hersen. M. (1984). *Single case experimental designs. Strategies for studying behavior change*. New York: Pergamon Press.

Baron-Boldt, J., Funke, U. & Schuler, H. (1989). Prognostische Validität von Schulnoten. Eine Metaanalyse der Prognose des Studien- und des Ausbildungserfolgs. In R. S. Jäger, R. Horn & K. Ingenkamp (Hrsg.), *Tests und Trends 7. Jahrbuch der Pädagogischen Diagnostik* (S. 11-39). Weinheim: Beltz.

Bart, W. M. & Read, S. A. (1984). A statistical test for prerequisite relations. *Educational and Psychological Measurement, 44*, 223-227.

Barth, A.-R. (1991). Burnout bei Lehrern. In D. H. Rost (Hrsg.), *Handwörterbuch Pädagogische Psychologie* (S. 70-75). Weinheim: BeltzPVU.

Bartholomé, T., Stahl, E., Pieschl, S. & Bromme, R. (2006). What matters in help-seeking? A study of help-effectiveness and learner-related factors. *Computers and Education, 33*, 113-129.

Bartlett, F. (1951). *Denken und Begreifen*. Köln: Kiepenheuer & Witsch.

Bauer, P. J., Abbema, D. L. van, Wiebe, S. A., Cary, M. S., Phill, C. & Burch, M. M. (2004). Props, not pictures are worth a thousand words: Verbal accessibility of early memories under different conditions of contextual support. *Applied Cognitive Psychology, 18*, 373-392.

Baumert, J., Roeder, P. M., Sang, F. & Schmitz, B. (1986). Leistungsentwicklung und Ausgleich von Leistungsunterschieden in Gymnasialklassen. *Zeitschrift für Pädagogik, 32*, 639-660.

Baumert, J., Lehmann, R. et al. (1997). *TIMSS – Mathematisch-naturwissenschaftlicher Unterricht im internationalen Vergleich*. Opladen: Leske + Budrich.

Bean, T. W., Searles, D., Singer, H. & Cowen, S. (1990). Learning concepts from biology text through pictorial analogies and an analogical study guide. *Journal of Educational Research, 83*, 233-237.

Beck, M., Bromme, R., Heymann, H. W., Mannhaupt, G., Skowronek, H. & Treumann, K. (1988). Gefangen im Datenlabyrinth. Kritische Sichtung eines Forschungsberichts zum schulischen Chancenausgleich. *Zeitschrift für Pädagogische Psychologie, 2*, 91-111.

Beckerman, T. M. & Good, T. L. (1981). The classroom ratio of high- and low-aptitude students and its effect on achievement. *American Educational Research Journal, 18*, 317-327.

Beermann, L., Heller, K. A. & Menacher, P. (1992). *Mathe: nichts für Mädchen?* Bern: Huber.

Begoray, D. L. & Banister, E. (2005). Using curriculum design principles to improve health education for adolescent girls. *Health Care for Women International, 26*, 295-307.

Benbow, C. P. & Minor, L. L. (1986). Mathematical talented males and females and achievement in the high school sciences. *American Educational Research Journal, 23*, 425-436.

Bernard, R. M., Abrami, P. C., Lou, Y., Borokhovsky, E., Wade, A., Wozney, L., Wallet, P. A., Fiset, M. & Huang, B. (2004). How does distance education compare with classroom instruction? A meta-analysis of the empirical literature. *Review of Educational Research, 74*, 379-439.

Berlyne, D. E. (1981). Neugier und Erziehung. In H. Neber (Hrsg.), *Entdeckendes Lernen* (S. 222-238). Weinheim: Beltz.

Biemans, H. J. A., Deel, O. R. & Simons, P. R.-J. (2001). Differences between successful and less successful students while working with the CONTACT-2 strategy. *Learning and Instruction, 11,* 265-282.

Billett, S. (1996). Situated learning: Bridging sociocultural and cognitive theorizing. *Learning and Instruction, 6,* 263-280.

Birkel, P. (1978). Schriftliche Prüfungen und Klassenarbeiten in Geographie und Biologie. In K. J. Klauer (Hrsg.), *Handbuch der Pädagogischen Diagnostik, Band 3* (S. 683-688). Düsseldorf: Schwann.

Birkel, P. & Fritz, V. (1980). Sprechflüssigkeit und Vorinformationen als validitätsmindernde Faktoren bei mündlichen Prüfungen. *Zeitschrift für Entwicklungspsychologie und Pädagogische Psychologie, 12,* 282-289).

Blatchford, P. (2003). A systematic observational study of teachers' and pupils' behaviour in large and small classes. *Learning and Instruction, 13,* 569-595.

Blatchford, P., Moriarty, V., Edmonds, S. & Martin, C. (2002). Relationship between class size and teaching: A multimethod analysis of English infant schools. *American Educational Research Journal, 39,* 101-132.

Block, J. H. (Hrsg.). (1971). *Mastery Learning – Theory and Practice.* New York: Holt, Rinehart & Winston.

Blok, H., Oostdam, R., Otter, M.E. & Overmaat, M. (2002). Computer-assisted instruction in support of beginning reading instruction: a review. *Review of Educational Research, 72.* 101-130.

Bloom, B. S. (Hrsg.). (1956). *Taxonomy of educational objectives. The classification of educational objectives. Handbook I: Cognitive domain.* New York: McGraw-Hill.

Bloom, B. S. (1968). Learning for Mastery. Nachdruck in J. H. Block (Hrsg.), *Mastery Learning. Theory and practice* (S. 47-63). New York: Holt, Rinehart & Winston, 1971.

Bloom, B. S. (Hrsg.). (1972). *Taxonomie von Lernzielen im kognitiven Bereich.* Weinheim: Beltz.

Bodemer, D. & Faust, U. (2006). External and mental referencing of multiple representations. *Computers in Human Behavior, 22,* 27-42.

Bodemer, D., Plötzner, R., Feuerlein, I. & Spada, H. (2004). The active integration of information during learning with dynamic and interactive visualizations. *Learning and Instruction, 14,* 325-342.

Boerner, S., Seeber, G., Keller, H. & Beinborn, P. (2005). Lernstrategien und Lernerfolg im Studium: Zur Validierung des LIST bei berufstätigen Studierenden. *Zeitschrift für Entwicklungspsychologie und Pädagogische Psychologie, 37,* 17-26.

Boreas, Th. (1930). Experimental studies on memory: II. The rate of forgetting. *Praktika de L'Academia d'Athènes, 5,* 382-423.

Boreham, N. C., Ellis, M. R. & Morgan, C. H. (1985). The effect of sequence of instruction on students' cognitive preferences and recall in the context of a problem-oriented method of teaching. *Instructional Science, 13,* 329-345.

Borsch, F., Jürgen-Lohmann, J. & Giesen, H. (2002). Kooperatives Lernen in Grundschulen: Leistungssteigerung durch den Einsatz des Gruppenpuzzles im Sachunterricht. *Psychologie in Erziehung und Unterricht, 49,* 172-183.

Bos, W. & Tarnai, Ch. (1996). *Computerunterstützte Inhaltsanalyse in den Empirischen Sozialwissenschaften. Theorie, Anwendung, Software.* Münster: Waxmann.

Bos, W., Lankes, E.-M., Prenzel, M., Schwippert, K., Walther, G. & Valtin, R. (Hrsg.) (2004). *IGLU. Einige Länder der Bundesrepublik Deutschland im nationalen und internationalen Vergleich.* Münster: Waxmann.

Bosch, B. (1937). *Grundlagen des Erstleseunterrichts.* Beiheft 76 der „Zeitschrift für Angewandte Psychologie und Charakterkunde". Leipzig: Barth.

Bourke, S. (1986). How smaller is better: Some relationships between class size, teaching practices, and student achievement. *American Educational Research Journal, 23,* 558-571.

Bower, G. H., Clark, M. C., Lesgold, A. M. & Winzenz, D. (1969). Hierarchical retrieval schemes in recall of categorized word lists. *Journal of Verbal Learning and Verbal Behavior, 8,* 323-343.

Brand-Gruwel, S., Aarnoutse, C. A. J. & Van den Bos, K. P. (1998). Improving text comprehension strategies in reading and listening. *Learning and Instruction, 8,* 63-82.

Brenner, M. E., Mayer, R. E., Moseley, B., Brar, T., Durán, R., Smith Reed, B. & Webb., D. (1997). Learning by understanding: The role of multiple representations in learning algebra. *American Educational Research Journal, 34,* 663-689.

Brezinka, W. (1974). *Grundbegriffe der Erziehungswissenschaft.* München: Reinhardt.

Bromage, B. K. & Mayer, R. E. (1986). Quantitative and qualitative effects of repetition on learning from technical texts. *Journal of Educational Psychology, 78,* 271-278.

Bromme, R. (1997). Kompetenzen, Funktionen und unterrichtliches Handeln von Lehrern. In F. E. Weinert (Hrsg.), *Psychologie des Lernens und der Instruktion* (S. 177-212). Göttingen: Hogrefe.

Brophy, J. (2005). Goal theorists should move on from performance goals. *Educational Psychologist, 40,* 167-176.

Brown, A. & Palincsar, A. S. (1989). Guided, cooperative learning and individual knowledge acquisition. In L. B. Resnick (Hrsg.), *Knowing, learning, and instruction: Essays in honor of Robert Glaser* (S. 393-452). Hillsdale, N. J.: Erlbaum.

Brown, D. A. & Clement, J. (1989). Overcoming misconceptions via analogical reasoning: Abstract transfer versus explanatory model construction. *Instructional Science, 18,* 237-261.

Bru, E., Stephens, P. & Torsheim, T. (2002). Students' perception of class management and reports of their own misbehaviour. *Journal of School Psychology, 40,* 287-307.

Bruner, J. S. (1960). *The process of education.* Cambridge, MA: Harvard University Press.

Bruner, J. S. (1961). The act of discovery. *Harvard Educational Review, 31,* 21-32.

Bruner, J. S. (1964). Some theorems on instruction illustrated with reference to mathematics. In E. Hilgard (Hrsg.), *The sixty-third yearbook of the National Society for the Study of Education: Part 1: Theories of learning and instruction* (S. 306-335). Chicago: National Society for the Study of Education.

Bruner, J. S. (1966). *Toward a theory of instruction:* New York: Norton.

Brunstein, J. C. & Spörer, N. (2001). Selbstgesteuertes Lernen. In D. H. Rost (Hrsg.), *Handwörterbuch Pädagogische Psychologie* (S. 622-629). Weinheim: Beltz*PVU*.

Brünken, R. & Leutner, D. (2001). Aufmerksamkeitsverteilung oder Aufmerksamkeitsfokussierung? Empirische Ergebnisse zur „Split-Attention-Hypothese" beim Lernen mit Multimedia. *Unterrichtswissenschaft, 29,* 357-366.

Brünken, R. & Leutner, D. (2005). Individuelle Unterschiede beim Lernen mit neuen Medien – neue Wege in der ATI-Forschung? In S. R. Schilling, J. R. Sparfeldt & C. Pruisken (Hrsg.), *Aktuelle Aspekte pädagogisch-psychologischer Forschung. Detlef H. Rost zum 60. Geburtstag* (S. 25-40). Münster: Waxmann.

Brünken, R., Leutner, D. & Tolxdorff, T. (1997). RADIOLIS: Ein Lehr- und Informationssystem für die Radiologie. In H. Conradi, R. Kreutz & K. Spitzer (Hrsg.), *CBT in der Medizin - Methoden, Techniken, Anwendungen (Proceedings des Aachener Workshops am 6. und 7. Juni 1997)* (S. 31-37). Aachen: Verlag der Augustinus Buchhandlung.

Brünken, R., Müller-Kalthoff, T. & Möller, J. (2005). Lernen mit Hypertext und Multimedia: Aktuelle Trends und Stand der Entwicklung (Editorial zum Themenschwerpunkt). *Zeitschrift für Pädagogische Psychologie, 19,* 1-3.

Brünken, R., Plass, J. L. & Leutner, D. (2003). Direct Measurement of Cognitive Load in Multimedia Learning. *Educational Psychologist, 38,* 53-61.

Brünken, R., Plass, J. & Leutner, D. (2004a). How instruction guides attention in multimedia learning. In H. Niegemann, R. Brünken & D. Leutner (Hrsg.). *Instructional Design for Multimedia Learning.* Proceedings of the EARLI SIG 6 Biannual Workshop 2002 in Erfurt (p.113-125). Münster: Waxmann.

Brünken, R., Plass, J. L., & Leutner, D. (2004b) Assessment of cognitive load in multimedia learning with dual-task methodology: Auditory load and modality effects. *Instructional Science, 32,* 115-132.

Brünken, R., Seufert, T. & Leutner, D. (2006). Lernen mit informations- und kommunikationstechnischer Unterstützung (im Druck).

Brünken, R., Seufert, T. & Zander, S. (2005). Förderung der Kohärenzbildung beim Lernen mit Multiplen Repräsentationen. *Zeitschrift für Pädagogische Psychologie,19,* 61-75.

Brünken, R., Steinbacher, S. & Leutner, D. (2000). Räumliches Vorstellungsvermögen und Lernen mit Multimedia. In D. Leutner & R. Brünken (Hrsg.), *Neue Medien in Unterricht, Aus- und Weiterbildung* (S. 37-46). Münster: Waxmann.

Brünken, R., Steinbacher, S., Plass, J. L. & Leutner, D. (2002). Assessment of cognitive load within multimedia learning by the dual task methodology. *Experimental Psychology, 49,* 109-119.

Brünken, R., Steinbacher, S., Schnotz, W. & Leutner, D. (2001). Mentale Modelle und Effekte der Präsentations- und Abrufkodalität beim Lernen mit Multimedia. *Zeitschrift für Pädagogische Psychologie, 15,* 16-27.

Buchanan, D., Rohr, L., Kehoe, L., Glick, S. B. & Jain, S. (2004). Changing attitudes toward homeless people: A curriculum evaluation. *Journal of Internal Medicine, 19 (5, Part 2),* 566-568.

Bundesministerium für Bildung und Forschung (2003). *Expertise. Zur Entwicklung nationaler Bildungsstandards.* Bonn: BMBF.

Bulgren, J. A., Deshler, D. D., Schumaker, J. B. & Lenz, B. K. (2000). The use and effectiveness of analogical instruction in diverse secondary content classrooms. *Journal of Educational Psychology, 92,* 426-441.

Burkam, D. T., Lee, V. E. & Smerdon, B. A. (1997). Gender and science learning early in high school: Subject matter and laboratory experiences. *American Educational Research Journal, 34,* 287-331.

Burris, C. C., Heubert, J. P. & Levin, H. M. (2006). Accelerating mathematics achievement using heterogeneous grouping. *American Educational Research Journal, 43,* 105-136.

Buzan, T. & North, V. (1999). *Business Mind Mapping.* Frankfurt: Ueberreuter Wirtschaftsverlag.

Cameron, J. (2001). Negative effects of reward on intrinsic motivation – a limited phenomenon: Comment on Deci, Koestner, and Ryan. *Review of Educational Research, 71,* 29-42.

Cameron, J. & Pierce, W. D. (1994). Reinforcement, reward, and intrinsic motivation: A meta-analysis. *Review of Educational Research, 64,* 363-423.

Carney, R.N. & Levin, J.R. (2002). Pictorial illustrations still improve students' learning from text. *Educational Psychology Review, 14,* 5-26.

Carroll, J. (1963). A model of school learning. *Teachers College Record, 64,* 723-733.

Case, R. (1980). The underlying mechanism of intellectual development. In J. R. Kirby & J. B. Biggs (Hrsg.), *Cognition, Development and Instruction.* New York: Academic Press.

Case, R. (1985). A developmentally based approach to the problem of instructional design. In. S. F. Chipman, J. W. Segal & R. Glaser (Hrsg.), *Thinking and Learning Skills.* Volume 2, Hillsdale, N.J.: Erlbaum.

Cavanaugh, C.S. (2001). The effectiveness of interactive distance education technologies in K-12 learning: a meta-analysis. *International Journal of Educational Telecommunications, 7,* 73-88.

Chan, C., Burtis, J. & Bereiter, C. (1997). Knowledge building as a mediator of conflict in conceptual change. *Cognition and Instruction, 15,* 1-40.

Chandler, P. & Sweller, J. (1991). Cognitive load theory and the format of instruction. *Cognition and Instruction, 8,* 293-332.

Chase, C. I. (1974). *Measurement for educational evaluation.* Reading, MA: Addison-Wesley.

Chen, Z. & Klahr, D. (1999). All other things being equal: Acquisition and transfer of the control of variable strategy. *Child Development, 70,* 1098-1120.

Chemnitz, G. (1980). Untersuchungen und Ergebnisse zum sozio-emotionalen Klima in Schulklassen. In K. J. Klauer & H. J. Kornadt (Hrsg.), *Jahrbuch für empirische Erziehungswissenschaft 1980* (S. 9-41). Düsseldorf: Schwann.

Chen, Z. (1999). Schema induction in children's analogical problem solving. *Journal of Educational Psychology, 91,* 703-715.

Chou, C. (1999). Developing hypertext-based learning courseware for computer networks: The macro and micro stages. *IEEE Transaction on education, 42,* 39-44.

Christmann, E. & Badgett, J. (1999). A comparative analysis of the effects of computer-assisted instruction on student achievement in differing science and demographic areas. *Journal of Computers in Mathematics and Science Teaching, 18,* 135-143.

Christmann, E. P., Badgett, J. & Lucking, R. (1997). Microcomputer-based computer-assisted instruction within differing subject areas: A statistical deduction. *Journal of Educational Computing Research, 16,* 281-296.

Christmann, E. P., Lucking, R. A. & Badgett, J. L. (1997). The effectiveness of computer-assisted instruction on the academic achievement of secondary students: A meta-analytic comparison between urban, suburban, and rural educational settings. *Computers in the Schools, 13(3/4),* 31-40.

Clark, R. E. (1982). Antagonism between achievement and enjoyment in ATI studies. *Educational Psychologist, 17,* 92-101.

Clark, R. E. (1983). Reconsidering research on learning from media. *Review of Educational Research, 53,* 445-459.

Clark, R. E. (1994). Media will never influence learning. *Educational Technology Research and Development, 42(2),* 21-29.

Clark, R. E. (2000). Evaluating distance education: Strategies and cautions. *Quarterly Review of Distance education, 1,* 3-16.

Cohen, J. (1977). *Statistical power analysis for the behavioral sciences.* New York: Academic Press.

Cohen, P. A., Kulik, J. A. & Kulik, C.-L. C. (1982). Educational outcomes of tutoring: A meta-analysis of findings. *American Educational Research Journal, 19*, 237-248.

Collins, A., Brown, J. S. & Newman, S. E. (1989). Cognitive apprenticeship: Teaching the crafts of reading, writing, and mathematics. In L. B. Resnick (Hrsg.), *Knowing, learning, and instruction* (S. 453-494). Hillsdale, N.J.: Erlbaum

Collins, L., Halter, R. H., Lightbown, P. M. & Spada, N. (1999). Time and the distribution of time in L2 instruction. *Tesol Quarterly, 33(4)*, 655-680.

Connelly, V. (2002). Graphophonemic awareness in adults after instruction in phonic generalisations. *Learning and Instruction, 12*, 627-649.

Cooper, M., Lloyd-Reason, L. & Wall, S. (2004). Social deprivation and educational underachievement: Lessons from London. *Education + Training, 45*, 79-88.

Cortis, R. V. (1988). When is a science analogy like a social studies analogy? A comparison of text analogies across two disciplines. *Instructional Science, 17*, 169-177.

Cothran, D., Kulinna, P.-H. & Garrahy, D. A. (2003). „This is kind of giving a secret away ..."; Students' perspectives on effective class management. *Teaching and Teacher Education, 19*, 435-444.

Craik, F. I. M. & Lockhart, R. S. (1972). Levels of processing: A framework for memory research. *Journal of Verbal Learning and Verbal Behavior, 11*, 671-684.

Cronbach, L. J. & Snow, R. E. (1977). *Aptitudes and instructional methods.* New York: Irvington Press.

Crowder, N. A. (1961). Characteristics of branching programs. In O. M. Haugh (Hrsg.), *The university of Kansas conference on programmed learning* (Bd. 2, S. 22-27). Lawrence: University of Kansas Publications.

Dansereau, D. F. (1985). Learning strategies research. In J. W. Segal, S. F. Chipman & R. Glaser (Hrsg.), *Thinking and learning skills.* Vol. 1 *Relating instruction to research.* Hillsdale, NJ: Erlbaum.

Dansereau, D. F., Collins, K. W., McDonald, B. A., Holley, C. D., Garland, J. C., Diekhoff, G. & Evans, S. H. (1979). Development and evaluation of a learning strategy training program. *Journal of Educational Psychology, 71*, 64-73.

Dansereau, D. F., Long, G. L., Evans, S. H. & Atkinson, T. R. (1980). Objective ordering of instructional material using multidimensional scaling. *Journal of Structural Learning, 6*, 299-313.

Datnow, A. & Castellano, M. (2000). Teachers' responses to success for all. *Review of Educational Research, 37*, 775-799.

Davey, B. & McBride, S. (1986). Effects of question-generation training on reading comprehension. *Journal of Educational Psychology, 78*, 256-262.

Deci, E. L., Koestner, R. & Ryan, R. M. (1999). A meta-analytic review of experiments examining the effects of extrinsic rewards on intrinsic motivation. *Psychological Bulletin, 125*, 625-668.

Deci, E. L., Koestner, R. & Ryan, R. M. (2001). Extrinsic rewards and intrinsic motivation in education: Reconsidered once again. *Review of Educational Research, 71*, 1-27.

DeCorte, E. (1990). Towards powerful learning environments for the acquisition of problem-solving skills. *European Journal of Education, 5*, 1-39.

Dehaene, S. (1992). Varieties of numerical abilities. *Cognition, 44*, 1-42.

DeJong, T. (2005). The guided-discovery principle in multimedia learning. In R.E. Mayer (Hrsg.), *The Cambridge handbook of multimedia learning* (pp. 215-228). Cambridge: Cambridge University Press.

DeJong, T. & VanJoolingen, W. R. (1998). Scientific discovery learning with computer simulations of conceptual domains. *Review of Educational Research, 68*, 179-201.

DeJong, T., Ainsworth, S., Dobson, M., VanDerHulst, A., Levonen, J., Reimann, P. et al. (1998). Acquiring knowledge in science and mathematics. The use of multiple representations in technology-based learning environments. In M. W. van Someren, P. Reimann, H. B. A. Boshuizen & T. de Jong (Hrsg.), *Learning with multiple representations* (S. 9-40). Kidlington, Oxford: Elsevier Science.

De Koning, E. (2000). *Inductive reasoning in primary education.* Dissertation Universität Utrecht.

Demant, M. S. & Yates, G. C. (2003). Primary teachers' attitudes toward the direct instruction construct. *Educational Psychology, 23*, 483-489.

Demmrich, A. & Brunstein, J. C. (2004). Förderung sinnverstehenden Lesens durch „Reziprokes Lehren". In G. W. Lauth, M. Grünke & J. C. Brunstein (Hrsg.), *Interventionen bei Lernstörungen. Förderung, Training und Therapie in der Praxis* (S. 279-290). Göttingen: Hogrefe.

Deutsches PISA-Konsortium (Hrsg.).(2000a). *Schülerleistungen im internationalen Vergleich.* Berlin: Max Planck Institut für Bildungsforschung.

362

DeWestelinck, K., Valcke, M., DeCraene, B. & Kirschner, P. (2005). Multimedia learning in social sciences: limitations of external graphical representations. *Computers in Human Behavior, 21,* 555-573.

Deutsches PISA-Konsortium (Hrsg.). (2000b). *PISA 2000. Basiskompetenzen von Schülerinnen und Schülern im internationalen Vergleich.* Opladen: Leske + Budrich.

Diakidoy, I.-E. N. & Kendeou, P. (2001). Facilitating conceptual change in astronomy: A comparison of the effectiveness of two instructional approaches. *Learning and Instruction, 11,* 1-20.

Dickhäuser, O. (2003). Überprüfung des erweiterten Modells des internal/external frame of reference. *Zeitschrift für Entwicklungspsychologie und Pädagogische Psychologie, 35,* 200-207.

Dickhäuser, O. & Galfe, E. (2004). Besser als ..., schlechter als ... Leistungsbezogene Vergleichsprozesse in der Grundschule. *Zeitschrift für Entwicklungspsychologie und Pädagogische Psychologie, 36,* 1-9.

Diegelmann, H. (1986). *Sachfremde Einflüsse auf die Mathematikzensuren des neunten Schuljahres.* Unveröffentlichte Diplomarbeit, Philipps-Universität Marburg.

Dochy, F., Segers, M., Van den Bossche, P. & Gijbels, D. (2003). Effects of problem-based learning: A meta-analysis. *Learning and Instruction, 13,* 511—568.

Dörr, G. & Strittmatter, P. (2002). Multimedia aus pädagogischer Sicht. In L.J. Issing & P. Klimsa (Hrsg.), *Information und Lernen mit Multimedia und Internet – Lehrbuch für Studium und Praxis* (S. 29-42). Weinheim: Beltz-PVU.

Donovan, J. J. & Radosewich, D. J. (1999). A meta-analytic review of the distribution of practice effects: Now you see it, now you don't. *Journal of Applied Psychology, 84,* 795-805.

Dowalby, F. J. & Schumer, H. (1973). Teacher-centered versus student-centered mode of college classroom instruction is related to manifest anxiety. *Journal of Educational Psychology, 64,* 125-132.

Duchastel, P. C. (1983). Testing to aid text processing. *Human Learning, 2,* 209-214.

Duit, R. (1992). Analogien und Metaphern, Brücken zum Verständnis im schülergerechten Physikunterricht. In P. Häußler (Hrsg.), *Physikunterricht und Menschenbildung* (S. 223-250). Kiel: IPN.

Dumke, D. & Mergenschröer, B. (1990). Soziale Kognition von Schülern in Integrationsklassen. *Psychologie in Erziehung und Unterricht, 37,* 111-122.

Dumke, D. & Wolff-Kollmar, S. (1997). Lernstrategien in der Beurteilung von Lehrern und Schülern. *Psychologie in Erziehung und Unterricht, 44,* 165-175.

Duncker, K. (1945). On problem solving. *Psychological Monographs, 58,* Nr. 270.

Dwyer, F. M. (1978). *Strategies for improving visual learning.* Pennsylvenia: Learning Services.

Dyck, M., Hay, D., Anderson, M., Smith, L. M., Piek, J. & Hallmayer, J. (2003). Is the discrepancy criterion for defining developmental disorders valid? *Journal of Child Psychology and Psychiatry and Allied Disciplines, 45,* 979-995.

Eder, F. (1989). Das Schul- und Klassenklima in der Wahrnehmung hochleistungsdisponierter Schüler. *Zeitschrift für Pädagogische Psychologie,3,* 109-122.

Eder, F. (1998). *Linzer Fragebogen zum Schul- und Klassenklima für die 8.-13. Klasse* (LSK 8-13). Göttingen: Hogrefe.

Eder, F. (2001). Schul- und Klassenklima. In D. H. Rost (Hrsg.), *Handwörterbuch Pädagogische Psychologie* (S. 578-586). Weinheim: BeltzPVU.

Eder, F. & Mayr, J. (2000). *Linzer Fragebogen zum Schul- und Klassenklima für die 4.-8. Klasse* (LSFK). Göttingen: Hogrefe.

Einsiedler, W. (1981). *Lehrmethoden.* München: Urban & Schwarzenberg.

Eisenberg, R., Pierce, W. D. & Cameron, J. (1999). Effects of rewards on intrinsic motivation – negative, neutral, and positive. Comment on Deci, Koestner, and Ryan (1999). *Psychological Bulletin, 125,* 667-691.

Elbaum, B., Hughes, M. T., Moody, S. W. & Vaughn, S. (2000). How effective are one-to-one tutoring programs in reading for elementary students at risk for reading failure? A meta-analysis of the intervention research. *Journal of Educational Psychology, 92,* 605-619.

Elliott-Faust, D. J. & Pressley, M. (1986). How to teach comparison processing to increase children's short- and long-term listening comprehension monitoring. *Journal of Educational Psychology, 78,* 27-33.

Ellson, D. G. (1976). Tutoring. In N. L. Gage (Hrsg.), *The Psychology of Teaching Methods. Seventy-fifth Yearbook of the National Society for the Study of Education.* Chicago: University of Chicago Press.

Emig, J. (1977). Writing as a mode of learning. *College Composition and Communication, 28,* 122-128.

Engfer, A. & Schneewind, K. A. (1984). Elterliche Erziehungsziele: Allgemeine Überlegungen und eine empirische Studie. In Trommsdorff (Hrsg.), *Erziehungsziele. Jahrbuch für empirische Erziehungswissenschaft* (S. 147-170). Düsseldorf: Schwann.

English, R. E. & Reigeluth, C. M. (1996). Formative research on sequencing with the elaboration theory. *Educational Technology Research and Development, 44,* 23-42.

Ericsson, K. A. & Polson, P. G. (1988). An experimental analysis of the mechanisms of a memory skill. *Journal of Experimental Psychology: Learning, Memory, and Cognition, 14,* 305-316.

Fall, R., Webb, N. M. & Chudowsky, N. (2000). Group discussion and large-scale language art assessment: Effect on students' comprehension. *American Educational Research Journal, 37,* 911-941.

Fawcett, L. M. & Garton, A. F. (2005). The effect of peer collaboration on children's problem-solving ability. *British Journal of Educational Psychology, 75,* 157-169.

Feger, B. & Prado, T. M. (1998). *Hochbegabung. Die normalste Sache der Welt.* Darmstadt: Primus.

Felson, R. B. & Reed, M. D. (1986). Reference groups and self-appraisal of academic ability and performance. *Social Psychology Quarterly, 49,* 103-109.

Finn, J. D., Gerber, S. B., Achilles, C. M. & Boyd-Zaharias, J. (2001). The enduring effects of small classes. *Teachers College Record, 103,* 45-83.

Finn, J. D., Pannozzo, G. M. & Achilles, C. H. (2003). The "why's" of class size: Student behavior in small classes. *Review of Educational Research, 73,* 321-368.

Fischer, H.E., Klemm, K., Leutner, D., Sumfleth, E., Thiemann, R. & Wirth, J. (2005). Framework for empirical research on science teaching and learning. *Journal of Science Teacher Education, 16,* 309-349.

Fitts, P. M. (1964). Perceptual-motor skill learning. In A. W.Melton (Hrsg.), *Categories of human learning* (S. 243-285). New York: Academic Press.

Fitzpatrick, H. & Hardman, M. (2000). Mediated activity in the primary classroom: Girls, boys and computers. *Learning and Instruction, 10,* 431-446.

Frey, K. (1990). *Die Projektmethode.* Weinheim: Beltz.

Fricke, R. & Treinies, G. (1985). *Einführung in die Metaanalyse.* Bern: Huber.

Friede, C. K. & Sonntag, K. (Hrsg.) (1993). *Berufliche Kompetenz durch Training.* Heidelberg: Sauer.

Friedrich, H.F., Fischer, P. M., Mandl, H. & Weis, T. (1987). *Vom Umgang mit Lehrtexten. Ein Lern- und Lesestrategieprogramm.* Tübingen: Deutsches Institut für Fernstudien.

Fries, S. (2002). *Wollen und Können. Ein Training zur gleichzeitigen Förderung des Leistungsmotivs und des induktiven Denkens.* Münster: Waxmann.

Fritz, A. & Hussy, W. (2000). *Das Zoo-Spiel. Ein Test zur Planungsfähigkeit bei Grundschulkindern.* Göttingen: Hogrefe.

Fuchs, L. S., Fuchs, D., Hamlett, C. L. & Karns, K. (1998). High-achieving students' interactions and performance on complex mathematical tasks as a function of homogeneous and heterogeneous pairings. *American Educational Research Journal 35,* 227-267.

Fuchs, L. S., Fuchs, D., Karns, K., Hamlett, C. L., Dutka, S. & Katzaroff, M. (1996). The relation between student ability and the quality and effectiveness of explanations. *American Educational Research Journal, 33,* 631-664.

Gage, N. L. (1967). Paradigmen für die Erforschung des Lehrens. In F. Weinert (Hrsg.), *Pädagogische Psychologie* (S. 70-101). Köln: Kiepenheuer & Witsch.

Gage, N. L. (1978). *The scientific basis of the art of teaching.* New York: Teachers College Press.

Gagné, R. M. & Paradise, N. E. (1961). *Abilities and learning sets in knowledge acquisition.* Psychological Monographs, Whole No. 518.

Gamoran, A., Nystrand, M., Berends, M. & LePore, P. C. (1995). An organizational analysis of the effects of ability grouping. *Review of Educational Research, 32,* 687-715.

Gasteiger-Klicpera, B. & Klicpera, C. (2004). Lese-Rechtschreib-Schwäche. In G. W. Lauth, M. Grünke & J. C. Brunstein (Hrsg.), *Interventionen bei Lernstörungen* (S. 46-54). Göttingen: Hogrefe.

Gaupp, N., Zoelch, C. & Schumann-Hengsteler, R. (2004). Defizite numerischer Basiskompetenzen bei rechenschwachen Kindern der 3. und 4. Klassenstufe. *Zeitschrift für Pädagogische Psychologie, 18,* 31-42.

Geary,D. C. & Hoard, M. K. (2001). Numerical and arithmetical deficits in learning-disabled children: Relation to dyscalculia and dyslexia. *Aphaseology, 15,* 635-647.

Gentner, D. (1983). Structure-mapping: A theoretical framework for analogy. *Cognitive Science, 7,* 155-170.

Gentner, D. (1989). The mechanisms of analogical learning. In S. Vosniadou & A. Ortony (Hrsg.), *Similarity and Analogical Reasoning* (S. 199-241). Cambridge: Cambridge University Press.

Gick, M. L. & Holyoak, K. J. (1983). Schema induction and analogical transfer. *Cognitive Psychology, 15*, 1-38.

Gillies, R. M. & Ashman, A. F. (1996). Teaching collaborative skills to primary school children in classroom-based work groups. *Learning and Instruction, 6*, 187-200.

Ginns, P. (2005). Meta-analysis of the modality effect. *Learning and Instruction, 15*, 313-331.

Glaser, C. & Brunstein, J. C. (2004). Underachievement. In G. W. Lauth, M. Grünke & J. C. Brunstein (Hrsg.), *Interventionen bei Lernstörungen* (S. 24-33). Göttingen: Hogrefe.

Gläser-Zikuda, M., Fuß, S., Laukenmann, M., Metz, K. & Randler, C. (2005). Promoting students' emotions and achievement. Instructional design and evaluation of the ECOLE-approach. *Learning and Instruction, 15*, 481-595.

Glass, G. V (1976). Primary, secondary and meta-analyses of research. *Educational Researcher, 5(10)*, 3-8.

Goetz, T., Pekrun, R., Zirngibl, A., Jullien, S., Kleine, M., vom Hofe, R. & Blum, W. (2004). Leistung und emotionales Erleben im Fach Mathematik. Längsschnittliche Mehrebenenanalysen. *Zeitschrift für Pädagogische Psychologie, 18*, 201-212.

Good, R. & Jefferson, G. (1998). Contemporary perspectives on curriculum-based measurement validity. In M. R. Shinn (Hrsg.), *Advanced Applications of Curriculum-based Measurement* (S. 61-88). New York: Guilford Press.

Good, R. H. III, Simmons, D. C. & Kameenui, E. J. (2001). The importance and decision-making utility of a continuum of fluency-based indicators of foundational reading skills for third-grade high stakes outcomes. *Scientific Study of Reading, 5(3)*, 257-288.

Gosin, M., Marsiglia, F. F. & Hecht, M. L. (2003). Keepin it R.E.A.L. A drog resistance curriculum tailored to the strength and needs of preadolescents of the Southwest. *Journal of Drog Education, 33*, 119-142.

Große, C. S. & Renkl, A. (2006). Effects of multiple solution methods in mathematics learning. *Learning and Instruction, 16*, 122-136.

Grzesik, J & Fischer, M. (1984). *Was leisten Kriterien für die Aufsatzbeurteilung?* Opladen: Westdeutscher Verlag.

Guilford, J. P. (1964). *Persönlichkeit*. Weinheim: Beltz.

Guskey, T. R. & Pigott, T. D. (1988). Research on group-based mastery learning programs: A meta-analysis. *The Journal of Educational Research, 81*, 197-216.

Gutacker, F. (1979). Fördert Lateinunterricht sprachliche Fertigkeiten im Deutschen? In K. J. Klauer & H.-J. Kornadt (Hrsg.), *Jahrbuch für Empirische Erziehungswissenschaft 1979* (S. 9-32). Düsseldorf: Schwann.

Guterman, E. (2003). Integrating written metacognitive awareness guidance as a ‚psychological tool' to improve student performance. *Learning and Instruction, 13*, 633-651.

Haag, L. (2001). Auswirkungen von Lateinunterricht – Ergebnisse nach zwei Lernjahren. *Psychologie in Erziehung und Unterricht, 48*, 30-37.

Haag, L. & Dann, H.-D. (2001). Lehrerhandeln und Lehrerwissen als Bedingungen erfolgreichen Gruppenunterrichts. *Zeitschrift für Pädagogische Psychologie, 15*, 5-15.

Haag, L., Fürst, C. & Dann, H.-D. (2000). Lehrervariablen erfolgreichen Gruppenunterrichts. *Psychologie in Erziehung und Unterricht, 47*, 266-279.

Haag, L. & Stern, E. (2000). Non scholae sed vitae discimus? Auf der Suche nach globalen und spezifischen Transfereffekten des Lateinunterrichts. *Zeitschrift für Pädagogische Psychologie, 14*, 146-157.

Haeberlin, U. (1991). Wertgeleitete Integrationsforschung, dargestellt an einem Forschungsprojekt zur empirischen Evaluation von Maßnahmen zur Integration von Lernbehinderten in der Schweiz. *Heilpädagogische Forschung, 17*, 34-42.

Hager, W., Barthelme, D. & Hasselhorn, M. (1989). Externe Zielvorgaben beim selbststeuerbaren Textlernen. Warum wirken sie, wenn sie wirken? *Zeitschrift für Pädagogische Psychologie, 3*, 265-274.

Hager, W. & Hasselhorn, M. (1993). Induktives Denken oder elementares Wahrnehmen? Prüfung von Hypothesen über die Art der Wirkung eines Denktrainings für Kinder. *Empirische Pädagogik, 7*, 421-458.

Hager, W. & Hasselhorn, M. (1995). Zuwendung als Faktor der Wirksamkeit kognitiven Trainings für Kinder. *Zeitschrift für Pädagogische Psychologie, 9*, 163-179.

Hager, W., Hübner, S. & Hasselhorn, M. (2000). Zur Bedeutung der sozialen Interaktion bei der Evaluation kognitiver Förderprogramme. *Zeitschrift für Pädagogische Psychologie, 14*, 106-115.

Hager, W. & Westermann, R. (1986). Zur Wirkungsweise von Zielvorgaben beim Lernen aus Texten. *Psychologie in Erziehung und Unterricht, 33,* 17-25.

Hamers, J. H. M. & de Koning, E. (1998). Inductive reasoning in third grade: Intervention promises and constraints. *Contemporary Educational Psychology, 23,* 132-148.

Hänggi, D. &. Hegar, K. (1992). Die Rolle des Wiederverarbeitungszeitraums beim Behalten von Vorlesungsinformation. *Zeitschrift für Pädagogische Psychologie, 6,* 175-183.

Hannover, B. & Kessels, U. (2002). Monoedukativer Anfangsunterricht in Physik in der Gesamtschule. Auswirkungen auf Motivation, Selbstkonzept und Einteilung in Grund- oder Fortgeschrittenenkurse. *Zeitschrift für Entwicklungspsychologie und Pädagogische Psychologie, 34,* 201-215.

Hanses, P. (2000). Stabilität von Hochbegabung. In D. H. Rost (Hrsg.), *Hochbegabte und hochleistende Jugendliche* (S. 93-159). Münster: Waxmann.

Hanses, P. & Rost, D. H. (1998). Das « Drama » der hochbegabten Underachiever. „Gewöhnliche" oder „außergewöhnliche" Underachiever. *Zeitschrift für Pädagogische Psychologie, 12,* 53-71.

Halisch, F. & Hoffmann, F. (1980). Hilfehandeln bei Sieben- bis Zehnjährigen in Abhängigkeit vom sozial-kognitiven und vom motivationalen Entwicklungsstand. *Zeitschrift für Entwicklungspsychologie und Pädagogische Psychologie, 12,* 3-29.

Halpern, D. F. (2002). Sex differences in achievement scores: Can we design assessments that are fair, meaningful and valid for girls and boys? *Issues in Education, 8(1),* 1-19.

Halpern, D. F., Hansen, C. & Riefer, D. (1990). Analogies as an aid to understanding and memory. *Journal of Educational Psychology, 82,* 298-305.

Hanke, B., Mandl, H. & Prell, S. (1973). *Soziale Interaktion im Unterricht.* München: Oldenbourg.

Hartley, J. & Davies, I. K. (1976). Preinstructional strategies: The role of pretests, behavioral objectives, overviews, and advanced organizers. *Review of Educational Research, 46,*239-265.

Haskell, R. E. (2001). *Transfer of Learning. Cognition, Instruction, and Reasoning.* San Diego, CA: Academic Press.

Hassall, T., Joyce, J., Montano, J. L. A. & Anes, J. A. D. (2003). The vocational skills gap for management accountants: The stakeholder's perspectives. *Innovation in Education and Teaching International, 40,* 78-88.

Hasselhorn, M. (2001). Metakognition. In D. H. Rost (Hrsg.), *Handwörterbuch Pädagogische Psychologie* (S. 466-471). Weinheim: Beltz*PVU.*

Hasselhorn, M. & Hager, W. (1996). Neuere Programme zur Denkförderung bei Kindern: Bewirken sie größere Kompetenzsteigerungen als herkömmliche Wahrnehmungsübungen? *Psychologie in Erziehung und Unterricht, 43,* 169-181.

Hasselhorn, M. & Schumann-Hengsteler, R. (2001). Arbeitsgedächtnis. In D. H. Rost (Hrsg.), *Handwörterbuch Pädagogische Psychologie* (S. 17-22). Weinheim: Beltz*PVU.*

Häußler, P., Bünder, B., Duit, R., Gräber, W. & Mayer, J. (1998). *Naturwissenschaftsdidaktische Forschung. Perspektiven für die Unterrichtspraxis.* Kiel: IPN.

Hattie, J., Biggs, J. & Purdie, N. (1996). Effects of learning skill interventions on student learning: A meta-analysis. *Review of Educational Research, 66,* 99-136.

Heckhausen, H. (1975). Fear of failure as a self – reinforcing motive system. In I. G. Sarason & C. Spielberger (Hrsg.), *Stress and anxiety.* (Volume II, S. 117-128). Washington: Hemisphere.

Hedges, L. V. & Stock, W. (1983). The effects of class size: An examination of rival hypotheses. *American Educational Research Journal, 20,* 63-85.

Hegarty, M. (2005). Multimedia learning about physical systems. In R.E. Mayer (Hrsg.), *The Cambridge handbook of multimedia learning* (447-465). Cambridge: Cambridge University Press.

Heiß, A., Eckhardt, A. & Schnotz, W. (2003). Selbst- und Fremdsteuerung beim Lernen mit Hypermedien. *Zeitschrift für Pädagogische Psychologie, 13,* 211-220.

Heller, K. A. (1990). Zielsetzung, Methode und Ergebnisse der Münchener Längsschnittstudie zur Hochbegabung. *Psychologie in Erziehung und Unterricht, 37,* 85-100.

Heller, K. A. & Hany, E. A. (1996). Psychologische Modelle der Hochbegabtenförderung. In F. E. Weinert (Hrsg.), *Psychologie des Lernens und der Instruktion* (S. 477-513). Göttingen: Hogrefe.

Helmke, A. (1988). Leistungssteigerung und Ausgleich von Leistungsunterschieden in Schulklassen: Unvereinbare Ziele? *Zeitschrift für Entwicklungspsychologie und Pädagogische Psychologie, 20,* 45-76.

Helmke, A., Hosenfeld, I., Schrader, F. W. &Wagner, W. (2002). Sozialer und sprachlicher Hintergrund. In A. Helmke & R. S. Jäger (Hrsg.), *Das Projekt MARKUS. Mathematik-Gesamterhebung Rheinland-Pfalz: Kompetenzen, Unterrichtsmerkmale, Schulkontext* (S. 71-153). Landau: Verlag Empirische Pädagogik.

Helmke, A. & Renkl, A. (1993). Unaufmerksamkeit in Grundschulklassen: Problem der Klasse oder des Lehrers? *Zeitschrift für Entwicklungspsychologie und Pädagogische Psychologie, 25,* 185-205.

Helmke, A. & van Aken, M. (1995). The causal ordering of academic achievement and self concept of ability during elementary school: A longitudinal study. *Journal of Educational Psychology, 87,* 624-637.

Helmke, A. & Weinert, F. E. (1997). Bedingungsfaktoren schulischer Leistungen. In F. E. Weinert (Hrsg.), *Enzyklopädie der Psychologie. Band 3: Psychologie des Unterrichts und der Schule* (S. 71-176). Göttingen: Hogrefe.

Heller, K. A. & Hany, E. A. (2001). Standardisierte Schulleistungsmessungen. In F. E. Weinert (Hrsg.), *Leistungsmessungen in Schulen* (S. 87-101). Weinheim: Beltz.

Henry, L. A. & MacLean, M. (2002). Working memory performance in children with and without intellectual disabilities. *American Journal on Mental Retardation, 107,* 421-432.

Herbig, M. (1976). *Praxis lehrzielorientierter Tests.* Düsseldorf: Schwann.

Herbig, M. P. & Becker, A. (1992). Wertorientierung. Eine Determinante für Schülereinstellungen und – verhalten? *Empirische Pädagogik, 6,* 337-358.

Herrmann, G. D. (1978). Learning by discovery: Incidental learning and presentation of rule. *Psychological Reports, 43,* 732-734.

Hesse, F.W., Garsoffsky, B. & Hron, A. (2002). Netzbasiertes kooperatives Lernen. In L.J. Issing & P. Klimsa (Hrsg.), *Information und Lernen mit Multimedia und Internet – Lehrbuch für Studium und Praxis* (S. 283-298). Weinheim: Beltz-PVU.

Hidi, S. & Harackiewicz, J. M. (2000). Motivating the academically unmotivated: A critical issue for the 21st century. *Review of Educational Research, 70,* 151-179.

Höffler, T.N. & Leutner, D. (2006, submitted). Instructional animations versus static pictures: a metanalysis.

Höppel, D. & Moser, K. (1993). Die Prognostizierbarkeit von Studiennoten und Studiendauer durch Schulabschlußnoten. *Zeitschrift für Pädagogische Psychologie, 7,* 25-32.

Hofer, B. K. & Patrick, P. R. (1997). The development of epistemological theories: Beliefs about knowledge and knowing and their relation to learning. *Review of Educational Research 67,* 88-140.

Hofer, M. (1984). Erziehungsleitende Zielvorstellungen von Lehrern. In G. Trommsdorff (Hrsg.), *Erziehungsziele. Jahrbuch für empirische Erziehungswissenschaft* (S. 105-126). Düsseldorf: Schwann.

Hofer, M. (1986). *Sozialpsychologie erzieherischen Handelns.* Göttingen: Hogrefe.

Hofer, M. (1997). Lehrer - Schüler - Interaktion. In F. E. Weinert (Hrsg.), *Psychologie des Unterrichts und der Schule. Pädagogische Psychologie, Band 3* (S. 213-252). Göttingen: Hogrefe.

Hofer, M. (2003). Wertewandel, schulische Motivation und Unterrichtsorganisation. In W. Schneider & M. Knopf (Hrsg.), *Entwicklung, Lehren und Lernen* (S. 235-253). Göttingen: Hogrefe.

Holyoak, K. J. (1985). The pragmatics of analogical transfer. In G. H. Bower (Hrsg.), *The Psychology of Learning and Motivation,* Volume, 19 (S. 59-87). Orlando, FL: Academic Press.

Holz-Ebeling, F. (2005). Selbständiges Lernen aus der Sicht der Betroffenen. Ergebnisse einer inhaltsanalytischen Untersuchung vor dem Hintergrund wissenschaftlicher Konzeptionen. In S. R. Schilling, J. R. Sparfeldt & C. Pruisken (Hrsg.), *Aktuelle Aspekte pädagogisch-psychologischer Forschung* (S. 197-222). Münster: Waxmann.

Holz-Ebeling, F., Grätz-Tümmers, J. & Schwarz, C. (2000). Jungen als „Nutznießer" der Koedukation? Eine empirische Studie zur Bedeutung der Koedukation für Jungen. *Zeitschrift für Entwicklungspsychologie und Pädagogische Psychologie, 32,* 94-107.

Holz-Ebeling, F. & Hansel, S. (1993). Gibt es Unterschiede zwischen Schülerinnen in Mädchenschulen und koedukativen Schulen? *Psychologie in Erziehung und Unterricht, 40,* 21-33.

Huber, G. L. (Hrsg.). (1993). *Neue Perspektiven der Kooperation.* Hohengehren: Schneider.

Hungerland, J. E., Taylor, J. E. & Brennan, M. F. (1976). *Utilization of Peer Instruction in Air Force Technical Training.* Alexandria, VA.: Human Ressources Research Organization.

Hyönä, J. & Lorch, R. F. (2004). Effects of topic headings on text processing: Evidence from adult readers' eye fixation patterns. *Learning and Instruction, 14,* 131-152.

Ingenkamp, K. (1971). *Die Fragwürdigkeit der Zensurengebung.* Weinheim: Beltz.

Issing, L.J. & Klimsa, P. (2002). (Hrsg.), *Information und Lernen mit Multimedia und Internet.* Weinheim: Beltz-PVU.

Jacobs, B. (1994). Graphische vs. tabellarische Präsentation von statistischen Daten. *Zeitschrift für Pädagogische Psychologie, 8,* 73-87.

Jacobs, C. & Petermann, F. (2003). Dyskalkulie. Forschungsstand und Perspektiven. *Kindheit und Entwicklung, 12,* 197-211.

Jerusalem, M. (1984). Reference group, learning environment, and self-evaluations. A dynamic multi-level analysis with latent variables. In R. Schwarzer (Hrsg.), *The self in anxiety, stress and depression* (S. 61-73). North Holland: Elsevier.

Jonassen, D. H. & Hernandez-Serrano, J. (2002). Case-based reasoning and instructional design: Using stories to support problem solving. *Educational Technology Research and Development, 50,* 65-77.

Jones, M. & Vesilind, E. (1995). Preservice teachers' cognitive frameworks for class management. *Teaching and Teacher Education, 11,* 313-330.

Jones, M. & Vesilind, E. (1996). Putting practice into theory: Changes in the organization of preservice teachers' pedagogical knowledge. *American Educational Research Journal, 33,* 91-117.

Jovanovich, J. & Steinbach King, S. (1998). Boys and girls in the performance-based science classroom: Who's doing the performance? *American Educational Research Journal, 35,* 477-496.

Judd, C. H. (1908). The relation of special training and general intelligence. *Educational Review, 36,* 28-42.

Kallison, J. M., Jr. (1986). Effects of lesson organization on achievement. *American Educational Research Journal, 23,* 337-347.

Kalyuga, S., Ayres, P., Chandler, P. & Sweller, J. (2003). The expertise reversal effect. *Educational Psychologist, 38,* 23-32.

Kalyuga, S., Chandler, P. & Sweller, J. (1998). Levels of expertise and instructional design. *Human Factors, 40,* 1-17.

Kalyuga, S., Chandler, P. & Sweller, J. (2000). Incorporating learner expertise into the design of multimedia instruction. *Journal of Educational Psychology, 92,* 126-136.

Keegan, D. (1996). *Foundations of distance education.* London: Routledge.

Keller, F. S. (1968). „Good bye, teacher …". *Journal of Applied Behavioral Analysis, 1,* 79-89.

Keller, J. M. (1987). Strategies for stimulating the motivation to learn. *Performance and Instruction, 26(8), 1-7.*

Keller, M., Weinert, F. E. & Zebergs, D. (1975). Kognitive Sozialisation. In F. Neidhart (Hrsg.), *Frühkindliche Sozialisation.* Stuttgart: Klett.

Keller, T., Gerjets, P., Scheiter, K. & Garsoffky, B. (2006). Information visualizations for knowledge acquisition: The impact of dimensionality and color coding. *Computers in Human Behavior, 22,* 43-65.

Kerres, M. (2002). Technische Aspekte multi- und telemedialer Lernangebote. In L. J. Issing & P. Klimsa (Hrsg.), *Information und Lernen mit Multimedia und Internet – Lehrbuch für Studium und Praxis* (S. 19-27). Weinheim: Beltz-PVU.

Kerres, M. & Jechle, T. (2002). Didaktische Konzepte des Telelernens. In L. J. Issing & P. Klimsa (Hrsg.), *Information und Lernen mit Multimedia und Internet – Lehrbuch für Studium und Praxis* (S. 267-281). Weinheim: Beltz-PVU.

Kerry, T. (1981). Teachers' class management problems with bright students. *Exceptional Children, 28,* 199-204.

Keseling, G. (1993). *Schreibprozess und Textstruktur. Empirische Untersuchungen zur Produktion von Zusammenfassungen.* Tübingen: Niemeyer.

Kester, L., Lehnen, C., VanGerven, P.W.M. & Kirschner, P.A. (2006). Just-in-time, schematic supportive information presentation during cognitive skill acquisition. *Computers and Education, 33,* 93-112.

Kiewra, K. A. (1983). The process of review: A levels of processing approach. *Contemporary Educational Psychology, 8,* 366-374.

King, A. (1990). Improving lecture-comprehension: Effects of a metacognitive strategy. *Applied Educational Psychology, 5,* 331-346.

King, A. (1991). Effects of training in strategic questioning on children's problem-solving performance. *Journal of Educational Psychology, 83,* 307-317.

King, A. (1992a). Comparison of self-questioning, summarizing, and notetaking. Review as strategies for learning from lectures. *American Educational Research Journal, 29,* 303-325.

King, A. (1992b). Facilitating elaborative learning through guided student-generated questioning. *Educational Psychologist, 27,* 111-126.

Kirkhoff, M. (1998). *Mind Mapping. Eine Einführung in eine kreative Arbeitsmethode.* Offenbach: Gabal.

Kirschner, P.A. & Gerjets, P. (2006). Instructional design for effective and enjoyable computer-supported learning. *Computers in Human Behavior, 22*, 1-8.

Kjeldsen, A.-C., Niemi, P. & Olofsson, A. (2003). Training phonological awareness in kindergarten level children: Consistency is more important than quantity. *Learning & Instruction, 40*, 349-365.

Klahr, D. & Dunbar, K. (1988). Dual space search during scientific reasoning. *Cognitive Science, 12*, 1-48.

Klahr, D., Fay, A. L., & Dunbar, K. (1993). Heuristics for scientific experimentation: A developmental study. *Cognitive Psychology, 25*, 111-146.

Klauer, K. J. (1968). Orthographisches Lernen als Funktion der Lehrmethode, des Leistungs- und des Intelligenzniveaus. *Zeitschrift für erziehungswissenschaftliche Forschung, 2*, 39-54.

Klauer, K. J. (1973). *Revision des Erziehungsbegriffs*. Düsseldorf: Schwann.

Klauer, K. J. (1974). *Methodik der Lehrzieldefinition und Lehrstoffanalyse*. Düsseldorf: Schwann.

Klauer, K. J. (1980). Experimentelle Unterrichtsforschung. *Unterrichtswissenschaft, 8, 61-72.*

Klauer, K. J. (1982a). Über die Notwendigkeit, Möglichkeiten und Grenzen empirisch - pädagogischer Lehrzielforschung. In E. König & P. Zedler (Hrsg.), *Erziehungswissenschaftliche Forschung: Positionen, Perspektiven, Probleme* (S. 125-149). Paderborn: Schöningh.

Klauer, K. J. (1982b). Die Zielangabe des persönlichen Bezugs. Ein theoretischer und experimenteller Beitrag zur Zielangabe im Unterricht. *Unterrichtswissenschaft, 10*, 260-276.

Klauer, K. J. (1982c). Perspektiven Pädagogischer Diagnostik. In K. J. Klauer (Hrsg.), *Handbuch Pädagogischer Diagnostik, Band 1* (S. 3-14). Düsseldorf: Schwann.

Klauer, K. J. (1984a). Die Wirksamkeit von Zielangaben im Unterricht. In G. Trommsdorff (Hrsg.), *Erziehungsziele. Jahrbuch für empirische Erziehungswissenschaft* (S. 85-103). Düsseldorf: Schwann.

Klauer, K. J. (1984b). Intentional and incidental learning with instructional texts: A meta-analysis for 1970-1980. *American Educational Research Journal, 21*, 323-339.

Klauer, K. J. (1985). Framework for a theory of teaching. *Teaching and Teacher Education, 1*, 5-17.

Klauer, K. J. (1987a). *Kriteriumsorientierte Tests*. Göttingen: Hogrefe.

Klauer, K. J. (1987b). Fördernde Notengebung durch Benotung unter drei Bezugsnormen. In R. Olechowski & E. Persy (Hrsg.), *Fördernde Leistungsbeurteilung. Ein Symposion* (S. 180-206). Wien: Jugend und Volk.

Klauer, K. J. (1987c). Notengebung unter individueller Bezugsnorm. *Zeitschrift für Entwicklungspsychologie und Pädagogische Psychologie, 19*, 158-169.

Klauer, K.J. (1989a). *Denktraining für Kinder I*. Göttingen: Hogrefe.

Klauer, K. J. (1989b). Zensierungsmodelle und ihre Konsequenzen für die Notengebung. In R. S. Jäger, R. Horn & K. Ingenkamp (Hrsg.), *Tests und Trends 7. Jahrbuch der Pädagogischen Diagnostik* (S. 40-68). Weinheim: Beltz.

Klauer, K. J. (1990). Overachievement & underachievement revisited: Ein zwei-Fehler-kontrolliertes Modell zur Diagnostik erwartungswidriger Leistungen. *Diagnostika, 36*, 299-309.

Klauer, K. J. (1991). *Denktraining für Kinder II*. Göttingen: Hogrefe.

Klauer, K. J. (1992). In Mathematik mehr leistungsschwache Mädchen, in Lesen mehr leistungsschwache Jungen? Zur Diagnostik von Teilleistungsschwächen. *Zeitschrift für Entwicklungspsychologie und Pädagogische Psychologie, 24*, 48-65.

Klauer, K. J. (1993a). *Denktraining für Jugendliche*. Göttingen: Hogrefe.

Klauer, K. J. (1993b). Über den Einfluss eines Trainings zum induktiven Denken auf den Erwerb und die Nutzung der Lernstrategie des „Networking". *Zeitschrift für Entwicklungspsychologie und Pädagogische Psychologie, 25*, 333-352.

Klauer, K. J. (1996). Denktraining oder Lesetraining? Über die Auswirkungen eines Trainings zum induktiven Denken sowie eines Lesetrainings auf Leseverständnis und induktives Denken. *Zeitschrift für Entwicklungspsychologie und Pädagogische Psychologie, 25*, 67-89.

Klauer, K. J. (1998). Begünstigt induktives Denken den Erwerb der Gedächtnisstrategie des Kategorisierens? *Zeitschrift für Pädagogische Psychologie, 12*, 73-84.

Klauer, K.J. (1999). Situated Learning: Paradigmenwechsel oder alter Wein in neuen Schläuchen? *Zeitschrift für Pädagogische Psychologie, 13*, 117-121

Klauer, K. J. (2000). Das Huckepack-Theorem asymmetrischen Strategietransfers. *Zeitschrift für Entwicklungspsychologie und Pädagogische Psychologie, 32*, 153-165).

Klauer, K. J. (2001a). Forschungsmethoden der Pädagogischen Psychologie. In A. Krapp & B. Weidenmann (Hrsg.), *Pädagogische Psychologie* (S. 75-97). Weinheim: BeltzPVU.

Klauer, K. J. (2001b). Situiertes Lernen. In D. H. Rost (Hrsg.), *Handwörterbuch Pädagogische Psychologie* (S. 635-641). Weinheim: Beltz*PVU*

Klauer, K. J. (2001c). Trainingsforschung: Ansätze, Theorien, Ergebnisse. In K. J. Klauer (Hrsg.), *Handbuch Kognitives Training* (S. 3-66). Göttingen: Hogrefe.

Klauer, K. J. (2003). Positive Effekte für Intelligenz und schulisches Lernen. *reportpsychologie, 28,* 162-167.

Klauer, K. J. (2006). Messung des Lernfortschritts oder Curriculumbasierte Messung. *Heilpädagogische Forschung, 32,* 16-26.

Klausmeier, H. J. & Feldman, K. V. (1975). Effects of a definition and a varying number of examples and nonexamples on concept attainment. *Journal of Educational Psychology, 67,* 174-178.

Kleiter, E. F. & Probst, H. (Hrsg.).(1994), *Lernwege–Abbildung. Anwendung und Verfahren der Voraussetzungs–Clusteranalyse.* Weinheim: Deutscher Studien Verlag.

Klicpera, C. & Gasteiger-Klicpera, B. (1993). *Lesen und Schreiben. Entwicklung und Schwierigkeiten.* Bern: Huber.

Klicpera, C. & Gasteiger-Klicpera, B. (2000). Sind Rechtschreibschwierigkeiten Ausdruck einer phonologischen Störung? *Zeitschrift für Entwicklungspsychologie und Pädagogische Psychologie, 32,* 134-142.

Kliegl, R., Smith, J. & Baltes, P. B. (1989). Testing the limits and the study of adult age differences in cognitive plasticity of a mnemonic skill. *Developmental Psychology, 25,* 247-256.

Klieme, E., Neubrand, M. & Lüdtke, O. (2001). Mathematische Grundbildung: Testkonzeption und Ergebnisse. In Deutsches PISA-Konsortium (Hrsg.), *PISA 2000. Basiskompetenzen von Schülerinnen und Schülern im internationalen Vergleich* (S. 139-190). Opladen: Leske + Budrich.

Klieme, E., Knoll, S. & Schümer, G. (1998). *Mathematikunterricht der Sekundarstufe 1 in Deutschland, Japan und den USA. Multimedia-CD-Dokumentation zur TIMSS-Videostudie.* Berlin: Max Planck Institute for Human Development.

Klimsa, P. (2002). Multimedianutzung aus psychologischer und didaktischer Sicht. In L.J. Issing & P. Klimsa (Hrsg.), *Information und Lernen mit Multimedia und Internet – Lehrbuch für Studium und Praxis* (S. 5-17). Weinheim: Beltz-PVU.

Kloster, A. M. & Winne, P. H. (1981). The effects of different types of organizers on students' learning from text. *Journal of Educational Psychology, 81,* 9-15.

Knopf, M., Mack, W. & Kressley-Mba, R. (2005). Wissen und Erinnern. Zur Genese des episodischen Gedächtnisses bei Säuglingen und präverbalen Kindern. *Psychologische Rundschau, 56,* 113-122.

Knopf, M. & Schneider, W. (1998). Die Entwicklung des kindlichen Denkens und die Verbesserung der Lern- und Gedächtniskompetenzen. In F. E. Weinert (Hrsg.). *Entwicklung im Kindesalter* (S. 75-94). Weinheim: Beltz*PVU.*

Köller, O. (2004). *Konsequenzen von Leistungsgruppierungen.* Münster: Waxmann.

Köller, O., Daniels, Z., Schnabel, K. U. & Baumert, J. (2000). Kurswahl von Mädchen und Jungen im Fach Mathematik. *Zeitschrift für Pädagogische Psychologie, 14,* 26-37.

Köller, O., Klemmert, H., Möller, J. & Baumert, J. (1999). Eine längsschnittliche Überprüfung des Modells des internal/external frame of reference. *Zeitschrift für Pädagogische Psychologie, 13,* 128- 134.

Köller, O. & Schiefele, U. (2001). Zielorientierung. In D. Rost (Hrsg.) *Handwörterbuch Pädagogische Psychologie* (S. 811-815). Weinheim: Beltz*PVU.*

Köller, O., Trautwein, U., Lüdtke, O. & Baumert, J. (2006). Zum Zusammenspiel von schulischer Leitung, Selbstkonzept und Interesse in der gymnasialen Oberstufe. *Zeitschrift für Pädagogische Psychologie, 20,* 27-39.

Kommers, P., Jonassen, D. & Mayes J.T. (Eds). (1992) *Cognitive Tools for Learning.* Heidelberg: Springer.

Konrad, K. (1997). Metakognition, Motivation und selbstgesteuertes Lernen bei Studierenden. *Psychologie in Erziehung und Unterricht, 44,* 27-43.

Konrad, K. (2001). Selbstregulative Prozesse und Wissenserwerb. Ein Vergleich zwischen Lerntandems und Einzellernern. *Psychologie in Erziehung und Unterricht, 48,* 120-134.

Kounin, J. S. (1970). *Discipline and group management in classrooms.* New York: Holt, Rinehart & Winston.

Kozma, R. (1991). Learning with media. *Review of Educational Research, 61,* 179-211.

Kozma, R. & Russel, J. (2005). Multimedia learning of chemistry. In R.E. Mayer (Hrsg.), *The Cambridge handbook of multimedia learning* (pp. 409-428). Cambridge: Cambridge University Press.

Kramarski, B. & Mevarech, Z. R. (2003). Enhancing mathematical reasoning in the classroom: The effects of cooperative learning and metacognitive training. *American Educational Research Journal, 40,* 281-310.

Krapp, A. (1999). Intrinsische Lernmotivation und Interesse. *Zeitschrift für Pädagogik, 45,* 387-406.

Krapp, A. (2002).Structural and dynamic aspects of interest development: Theoretical considerations from an ontogenetic perspective. *Learning and Instruction, 12,* 383-409.

Krause, U.-M., Stark, R. & Mandl, H. (2004). Förderung des computer-basierten Wissenserwerbs durch kooperatives Lernen und eine Feedbackmaßnahme. *Zeitschrift für Pädagogische Psychologie, 18,* 125-136.

Krings, H. P. (1992). Empirische Untersuchungen zu fremdsprachlichen Schreibprozessen – ein Forschungsüberblick. In W. Börner & K. Vogel (Hrsg.), *Schreiben in der Fremdsprache. Prozeß und Text, Lehren und Lernen* (S. 47-77). Bochum: AKS-Verlag.

Kronenberger, J. & Souvignier, E. (2005). Fragen und Erklärungen beim kooperativen Lernen in Grundschulklassen. *Zeitschrift für Entwicklungspsychologie und Pädagogische Psychologie, 37,* 91-100.

Kröner, S. (2001). *Intelligenzdiagnostik per Computersimulation.* Münster: Waxmann.

Krug, S. & Peters, J. (1977). Persönlichkeitsänderung nach Sonderschuleinweisung. *Zeitschrift für Entwicklungspsychologie und Pädagogische Psychologie, 9,* 181-184.

Kulhavy, R. W., Stock, W. A. & Caterino, L. C. (1994). Reference maps as a framework for remembering text. In W. Schnotz & R. W. Kulhavy (Hrsg.), *Comprehension of graphics* (S. 153-162). Amsterdam: Elsevier.

Kulik, C. L. & Kulik, J. (1989). Meta-analysis in education. *International Journal of Educational Research, 50,* 525-544.

Kulik, C.-L. C., Kulik, J. A. & Bangert-Drowns, R. L. (1990). Effectiveness of mastery learning programs: A meta-analysis. *Review of Educational Research, 60,* 265-299.

Kulik, C. L. & Kulik, J. (1991). Effectiveness of computer-bases instruction: An updated analysis. Computers in Human Behavior, 7, 75-94.

Kulik, J. A. & Kulik, C.-L. C. (1984). Effects of accelerated instruction on students. *Review of Educational Research, 54,* 409-425.

Kulik, J. A. & Kulik, C.-L. C. (1987). Effects of ability grouping on student achievement. *Equity and Excellence, 23,* 22-30.

Kulik, J. A. & Kulik, C.-L. C. (1991). *Research on ability grouping: Historic and contemporary perspectives.* Storrs: University of Connecticut, National Research Center on the Gifted and Talented.

Kulik, J. A. & Kulik, C.-L. C. (1992). Meta-analytic findings on grouping programs. *Gifted Child Quarterly, 36*(2), 73-77.

Kunz, G. C. & Schott, F. (1987). *Intelligente tutorielle Systeme* (S. 146-201). Göttingen: Hogrefe.

Küspert, P. & Schneider, W. (2003). *Hören, lauschen, lernen. Sprachspiele für Kinder im Vorschulalter.* Göttingen: Vandenhoeck & Ruprecht.

Lajoie, S.P. & Nakamura, C. (2005). Multimedia learning of cognitive skills. In R.E. Mayer (Hrsg.), *The Cambridge handbook of multimedia learning* (pp. 489-504). Cambridge: Cambridge University Press.

Landerl, K., Bevan, A. & Butterworth, B. (2004). Developmental dyscalculia and basic numerical capacities: A study of 8-9-year-old students. *Cognition, 93,* 99-125.

Langer, I., Schulz von Thun, F. & Tausch, R. (1981). *Sich verständlich ausdrücken.* München: Reinhardt.

Langer, J. A. (1995). *Envisioning literature: Literary understanding and literature instruction.* New York: Teachers College Press.

Langfeldt, H.-P. (Hrsg.). (2003). *Trainingsprogramme zur schulischen Förderung.* Weinheim: Beltz*PVU.*

Langfeldt, H.-P. & Tent, L. (1999). *Pädagogisch-psychologische Diagnostik. Band 2.* Göttingen: Hogrefe.

Lauth, D. W. & Schlottke, P. F. (1993). *Training mit aufmerksamkeitsgestörten Kindern.* Weinheim: PVU.

Lautrey, J. & Mazens, K. (2004). Is children's naive knowledge consistent? A comparison of the concepts of sound and heat. *Learning and Instruction, 14,* 399-423.

Lave, J. (1988). *Cognition in practice. Mind, mathematics, and culture in everyday life.* New York: Cambridge University Press.

Lee, J. (1999). Effectiveness of computer-based instructional simulation: A meta-analysis. *International Journal of Instructional Media, 26,* 71-85.

Lee, V. E. & Loch, S. (2000). School size in Chicago elementary schools: Effects on teachers' attitudes and students' achievement. *Review of Educational Research, 37,* 3-31.

Lee, V. E. & Smith, J. B. (1997). High school size: Which works best, and for whom? *Educational Evaluation and Policy Analysis, 19,* 205-227.

Lehmann, R. H. (1990). Aufsatzbeurteilung. Forschungsstand und empirische Daten. In K. Ingenkamp & R. S. Jäger (Hrsg.), *Tests und Trends 8. Jahrbuch der Pädagogischen Diagnostik* (S. 64-94). Weinheim: Beltz.

Lehmann, R., Peek, R., Gänsfuß, R. & Husfeld, V. (2002). *Aspekte der Lernausgangslage und der Lernentwicklung – Klassenstufe 9. Ergebnisse einer Längsschnittuntersuchung in Hamburg – (LAU 9).* Hamburg: Behörde für Bildung und Sport.

Leiter, J. (1983). Classroom composition and achievement gains. *Sociology of Education, 56,* 126-132.

Lemos, M. S. (1996). Students' and teachers' goals in the classroom. *Learning and Instruction, 6,* 151-171.

Leopold, C. & Leutner, D. (2002). Der Einsatz von Lernstrategien in einer konkreten Lernsituation bei Schülern unterschiedlicher Jahrgangsstufen. *Zeitschrift für Pädagogik, 45. Beiheft* (S. 240-258).

LePore, P. C. & Warren, J. R. (1997). A comparison of single-sex and coeducational catholic secondary schooling: Evidence from the National Educational Longitudinal Study of 1988. *American Educational Research Journal, 34,* 485-511.

Leutner, D. (1984). Zur Überprüfung affektiver Lehrziele durch Verfahren der Einstellungsmessung. In R. Lühmann (Hrsg.), *Spezielle Verfahren der pädagogischen Diagnostik* (S. 88-116). Braunschweig: Rössner.

Leutner, D. (1985). *Lehrstoffstruktur und Leistung. Eine empirische Studie zu Strukturen und Modellen prozeduralen Wissens, dargestellt an Bruchrechenleistungen.* Aachen: Dissertation Philosophische Fakultät der RWTH.

Leutner, D. (1989). Angeleitetes Lernen mit Planspielen: Lernerfolg in Abhängigkeit von Persönlichkeitseigenschaften sowie Ausmaß und Zeitpunkt der Anleitung. *Unterrichtswissenschaft, 17,* 342-358.

Leutner, D. (1990). Simulation und Modellbildung. In Deutsches Institut für Fernstudien (Hrsg.), *Lehren und Lernen mit dem Computer*, Bd. 1: *Computereinsatz im Fachunterricht* (S. 22-52). Tübingen: Deutsches Institut für Fernstudien (DIFF).

Leutner, D. (1992a). *Adaptive Lehrsysteme - Instruktionspsychologische Grundlagen und experimentelle Analysen.* Weinheim: PVU.

Leutner, D. (1992b). Das Testlängendilemma in der lernprozeß-begleitenden Wissensdiagnostik. *Zeitschrift für Pädagogische Psychologie, 6,* 233-238.

Leutner, D. (1993a). Das gleitende Testfenster als Lösung des Testlängendilemmas: Eine Robustheitsstudie. *Zeitschrift für Pädagogische Psychologie, 7,* 33-45.

Leutner, D. (1993b). Guided discovery learning with computer-based simulation games: Effects of adaptive and non-adaptive instructional support. *Learning and Instruction, 3,* 113-132.

Leutner, D. (1994). Computerunterstützte Planspiele als Instrument der Personalentwicklung. In T. Geilhardt & T. Mühlbradt (Hrsg.), *Planspiele im Personal- und Organisationsmanagement* (S. 105-116). Göttingen: Verlag für Angewandte Psychologie.

Leutner, D. (2001a) Instruktionspsychologie. In D. Rost (Hrsg.) *Handwörterbuch Pädagogische Psychologie* (S. 267-276). Weinheim: BeltzPVU.

Leutner, D. (2001b). Programmierter und computerunterstützter Unterricht. In D. Rost (Hrsg.) *Handwörterbuch Pädagogische Psychologie* (S. 555-561). Weinheim: BeltzPVU.

Leutner, D. (2002). Adaptivität und Adaptierbarkeit multimedialer Lehr- und Informationssysteme. In L.J. Issing & P. Klimsa (Hrsg.), *Information und Lernen mit Multimedia und Internet – Lehrbuch für Studium und Praxis* (S. 115-125). Weinheim: Beltz-PVU.

Leutner, D. (2004). Instructional-design principles for adaptivity in open learning environments. In N.M. Seel & S. Dijkstra (Eds.), *Curiculum, plans and processes of instructional design: international perspectives* (S. 289-307). Mahwah, NJ: Lawrence Erlbaum.

Leutner, D., Barthel, A. & Schreiber, B. (2001). Studierende können lernen, sich selbst zum Lernen zu motivieren: Ein Trainingsexperiment. *Zeitschrift für Pädagogische Psychologie, 15,* 155-167.

Leutner, D. & Brünken, R. (Hrsg.) (2000). *Neue Medien in Unterricht, Aus- und Weiterbildung.* Münster: Waxmann.

Leutner, D., Funke, J., Klieme, J. & Wirth, J. (2005). Problemlösefähigkeit als fächerübergreifende Kompetenz. In E. Klieme, D. Leutner & J. Wirth (Hrsg.), *Problemlösekompetenz von Schülerin-*

nen und Schülern. Diagnostische Ansätze, theoretische Grundlagen und empirische Befunde der deutschen PISA-2000-Studie (S. 19). Wiesbaden: VS Verlag für Sozialwissenschaften.

Leutner, D., Klieme, E., Meyer, K. & Wirth, J. (2004). Problemlösen. In PISA-Konsortium Deutschland (Hrsg.), *PISA 2003: Der Bildungsstand der Jugendlichen in Deutschland - Ergebnisse des zweiten internationalen Vergleichs* (S. 147-175). Münster: Waxmann.

Leutner, D. & Kretzschmar, R. (1988). Veranschaulichung und Aktivierung: Überraschende Effekte zweier didaktischer Prinzipien. *Zeitschrift für Entwicklungspsychologie und Pädagogische Psychologie, 20,* 263-276.

Leutner, D. & Leopold, C. (2003a). Selbstreguliertes Lernen. Lehr-/lerntheoretische Grundlagen. In U. Witthaus, W. Wittwer & C. Espe (Hrsg.), *Selbst gesteuertes Lernen. Theoretische und praktische Zugänge* (S. 43-67). Bielefeld: Bertelsmann.

Leutner, D. & Leopold, C. (2003b). Selbstreguliertes Lernen als Selbstregulation von Lernstrategien. Ein Trainingsexperiment mit Berufstätigen zum Lernen aus Lehrtexten. *Unterrichtswissenschaft, 31,* 38-56.

Leutner, D., Leopold, C., Hüllen, R. & Sumfleth, E. (2005). *Lernen aus populärwissenschaftlichen Texten und aus Schulbuchtexten mit Hilfe funktionaler Visualisierungen* (Vortrag, 67. Tagung der AEPF, Salzburg, 18.-21.9.2005). Salzburg, Österreich.

Leutner, D. & Nußbaum, A. (1986). Lehrstoffstrukturen als Netzwerke. *Unterrichtswissenschaft,* Heft 1, 80-93.

Leutner, D. & Plass, J.L. (1998). Measuring learning styles with questionnaires versus direct observation of preferential choice behavior: Development of the Visualizer/Verbalizer Behavior Observation Scale (VV-BOS). *Computers in Human Behavior, 14,* 543-557.

Leutner, D. & Schrettenbrunner, H. (1989). Entdeckendes Lernen in komplexen Realitätsbereichen: Evaluation des Computer-Simulationsspiels „Hunger in Nordafrika". *Unterrichtswissenschaft,* 327-341.

Leutner, D. & Schumacher, G. (1990). The effects of different on-line adaptive response time limits on speed and amount of learning in computer-assisted instruction and intelligent tutoring. *Computers in Human Behavior, 6,* 17-29.

Levin, A. (2005). *Lernen durch Fragen.* Münster: Waxmann.

Levy, J., Burton, G., Mickler, S. & Vigorito, M. (1999). A curriculum matrix for psychology program review. *Teaching of Psychology, 26,* 291-294.

Lewalter, D. (1997). *Lernen mit Bildern und Animationen.* Münster: Waxmann.

Lienert, G. A. & Hopp, A. D. (1964). Über die Interkorrelationen von Gymnasialzensuren. *Schule und Psychologie, 11,* 193-206.

Lienert, G. A. & Raatz, U. (1994). *Testaufbau und Testanalyse.* Weinheim: Beltz.

Lin, X. & Lehman, J.D. (1999). Supporting learning of variable control in a computer-based biology environment: Effects of prompting college students to reflect on their own thinking. *Journal of Research in Science Teaching, 36,* 837-858.

Linder, M. (1951). Über Legasthenie (spezielle Leseschwäche). *Zeitschrift für Kinderpsychiatrie, 17,* 97-112.

Lindsay, R. L., Tomazic, T., Levine, M. D. & Accardo, P. J. (1999). Impact of attentional dysfunction in dyscalculia. *Developmental Medicine & Child Neurology, 41,* 639-642.

Linnenbrink, E. A. & Pintrich, P. R. (2002). Motivation as an enabler for academic success. *School Psychology Review, 31,* 313-327.

Limón, M. (2001). On the cognitive conflict as an instructional strategy for conceptual change: A critical appraisal. *Learning and Instruction, 11,* 357-380.

Lissmann, U. (2001). Inhaltsanalyse von Texten - ein Lehrbuch zur computergestützten und konventionellen Inhaltsanalyse. Landau: Verlag Empirische Pädagogik VEP.

Litchfield, B. C., Driscoll, M. P. & Dempsey, J. V. (1990). Presentation sequence and example difficulty: Their effect on concept and rule learning in computer-based instruction. *Journal of Computer-Based Instruction, 17,* 35-40.

Lloyd, L. (1999). Multi-age classes and high ability students. *Review of Educational Research, 69,* 167-212.

Lobeck, A. (1992). *Rechenschwäche. Geschichtlicher Rückblick.* Luzern: Schweizerische Zentralstelle für Heilpädagogik.

Lochhead, J. (1985). Teaching reasoning skills through pair problem solving. In J. W. Segal, S. F. Chipman & R. Glaser (Hrsg.), *Thinking and learning skills.* Vol. 1 (S. 109-131). Hillsdale, NJ: Erlbaum.

Locke, E. A., Saari, L. M., Shaw, K. N. & Latham, G. P. (1981). Goal setting and task performance: 1969-1980. *Psychological Bulletin, 90,* 125-152.

Löhner, S., van Joolingen, W.R., Savelsberg, E.R. & van Hout-Wolters, B. (2005). Students' reasoning during modeling in an inquiry learning environment. *Computers in Human Behavior, 21,* 441-461.

Loewenstein, G. (1994). The psychology of curiosity: A review and reinterpretation. *Psychological Bulletin, 116,* 75-98.

Lorch Jr. R. F., Lorch, E. P., Ritchey, K., McGovern, L. & Coleman, D. (2001). Effects of headings on text summarization. *Contemporary Educational Psychology, 26,* 171-191.

Lorenz, J. H. (2003). Überblick über Theorien zur Entstehung und Entwicklung von Rechenschwächen. In A. Fritz, G. Ricken & S. Schmidt (Hrsg.), *Rechenschwäche. Lernwege, Schwierigkeiten und Hilfen bei Dyskalkulie* (S. 144-162). Weinheim: Beltz.

Lou, Y., Abrami, P. C., Spence, J. C., Poulsen, C. M., Chambers, B. & d'Apollonia, S. (1996). Within-class grouping: A meta-analysis. *Review of Educational Research, 66,* 423-458.

Lou, Y., Abrami, P. C. & d'Apollonia, S. (2001). Small group and individual learning with technology: A meta-analysis. *Review of Educational Research, 71,* 449-52.

Lowe, D. (2003). Animations and learning: selective processing of information in dynamic graphics. *Learning and Instruction, 13,* 157-176.

Lowe, D. (2005). Multimedia learning of meteorology. In R.E. Mayer (Hrsg.), *The Cambridge handbook of multimedia learning* (pp. 429-446). Cambridge: Cambridge University Press.

Lu, M. Y., Webb, J. M., Krus, D. J. & Fox, L. S. (1999). Using order analytic hierarchies of mnemonics to facilitate learning Chinese and Japanese characters. *Journal of Experimental Education, 67,* 293-311.

Lubinski, D. & Benbow, C. P. (1994). The study of mathematical precocious youth: The first three decades of a planned 50-year study of intellectual talent. In R. F. Subotnik & K. D. Arnold (Hrsg.), *Beyond Terman: Contemporary longitudinal studies of giftedness and talent* (S. 255-281). Norwood, NJ: Ablex.

Lubinski, D., Webb, R. M., Morelock, M. J. & Benbow, C. P. (2001). Top 1 in 10,000: A 10-year follow-up of the profoundly gifted. *Journal of Applied Psychology, 86,* 443-451.

Luchins, A. & Luchins, E. (1950). New experimental attempts at preventing mechanization in problem solving. *Journal of General Psychology, 42,* 279-297.

Ludlow, L. H. & Hillocks, G. Jr. (1985). Psychometric considerations in the analysis of reading skills hierarchies. *The Journal of Experimental Education, 54,* 15-21.

Luiten, J., Ames, W. & Ackerson, G. (1980). A meta – analysis of the effects of advance organizers on learning and retention. *American Educational Research Journal, 17,* 211-218.

Lundberg, I., Frost, J. & Petersen, O. P. (1988). Effects of an extensive program for stimulating phonological awareness in preschool children. *Reading Research Quarterly, 23,* 253-284.

Lüdtke, O. & Köller, O. (2002). Individuelle Bezugsnormorientierung und soziale Vergleiche im Mathematikunterricht. *Zeitschrift für Entwicklungspsychologie und Pädagogische Psychologie, 34,* 156-166.

Lühmann, R. (1980). Ein lehrzielorientiertes Zensierungsmodell. *Lernzielorientierter Unterricht, 3,* 17-28.

Mackay, S., Morgan, P., Datta, V., Chang, A. & Darzi, A. (2002). Practice distribution in procedural skills training. A randomized controlled trial. *Surgical Endoskopy and other Interventional Techniques, 16,* 957-961.

Mackowiak, K. (2004). Vermittlung von Lernstrategien. In G. W. Lauth, M. Grünke & J. C. Brunstein (Hrsg.), *Interventionen bei Lernstörungen* (S. 145-158). Göttingen: Hogrefe.

Mager, R. F. (1965). *Lernziele und programmierter Unterricht.* Weinheim: Beltz.

Mähler, C. & Hasselhorn, M. (2001). Transfer. In D. H. Rost (Hrsg.), *Handwörterbuch Pädagogische Psychologie* (S. 721-730). Weinheim: BeltzPVU.

Mandl. H. & Fischer, F. (Hrsg.) (2000). *Wissen sichtbar machen. Wissensmanagement mit Mapping-Techniken.* Göttingen: Hogrefe.

Mandl, H., Gruber, H. & Renkl, A. (2002). Situiertes Lernen in multimedialen Lernumgebungen. In L.J. Issing & P. Klimsa (Hrsg.), *Information und Lernen mit Multimedia und Internet* (S. 139-148). Weinheim: Psychologie Verlags Union.

Manor-Bullock, R., Look, C. & Dixon, D. N. (1995). Is giftedness socially stigmatizing? The impact of high achievement on social interactions. *Journal for the Education of the Gifted, 18,* 319-338.

374

Marks, H. M. (2000). Student engagement in instructional activity: Patterns in the elementary, middle, and high school years. *American Educational Research Journal, 37,* 153-184.

Marsh, H. W. (1986). Verbal and math self-concepts: An internal/external frame of reference model. *American Educational Research Journal, 23,* 129-149.

Marsh, H. W. (1987). The big-fish-little-pond effect on academic self-concept. *Journal of Educational Psychology, 79,* 280-295.

Marsh, H. W. (1989). Effects of attending single-sex and co-educational high schools on achievement, attitudes, behaviors and sex differences. *Journal of Educational Psychology, 81,* 70-85.

Marsh, H. W. (2005). Big-fish-little-pond effect on academic self-concept. *Zeitschrift für Pädagogische Psychologie, 19,* 119-127.

Marsh, H. W., Chessor, D., Craven, R. & Roche, L. (1995). The effects of gifted and talented programs on academic self-concept: The big fish strikes again. *American Educational Research Journal, 32,* 285-319.

Marsh, H. W., Köller, O. & Baumert, J. (2001). Reunification of east and west German school systems: Longitudinal multilevel modeling study of the big-fish-little-pond effect on academic self-concept. *American Educational Research Journal, 38,* 321-350.

Martin, A. J., Marsh, H. W. & Debus, R. L. (2001). A quadripolar need achievement representation of self-handicapping and defensive pessimism. *American Educational Research Journal, 38,* 583-610.

Marx, E. (2005a), Kognitive Entwicklungsförderung bei hörgeschädigten Kindern. *Zeitschrift für Entwicklungspsychologie und Pädagogische Psychologie, 37,* 36-45.

Marx, E. (2005 b), Bewirkt ein kognitives Training das, was es bewirken soll? *Zeitschrift für Pädagogische Psychologie, 19,* 237-247.

Marx, E. (2006). Kognitive Förderung Jugendlicher mit Lernstörungen. Zwei Trainingsexperimente. *Psychologie in Erziehung und Unterricht, 53,* 166-167.

Marx, H. & Krocker, N. (2005). Das Prokrustesbett deutscher Lehrpläne für die Entwicklung von lehrplanvaliden Testverfahren. In M. Hasselhorn, H. Marx & W. Schneider (Hrsg.), *Diagnostik von Mathematikleistungen* (S. 199-231). Göttingen: Hogrefe

Marx, P., Weber, J.-M. & Schneider, W. (2001). Legasthenie versus allgemeine Lese-Rechtschreibschwäche. *Zeitschrift für Pädagogische Psychologie, 15,* 85-98.

Marx, P., Weber, J. & Schneider, W. (2005). Phonologische Bewusstheit und ihre Förderung bei Kindern mit Störungen der Sprachentwicklung. *Zeitschrift für Entwicklungspsychologie und Pädagogische Psychologie, 37,* 80-90.

Mason, D. A. & Burns, R. B. (1996). "Simply no worse and simply no better" may simply be wrong: A critique of Veenman's conclusion about multigrade classes. *Review of Educational Research, 66,* 307-322.

Mayer, R. E. (1975). Forward transfer of different reading strategies evoked by testlike events in mathematics text. *Journal of Educational Psychology, 67,* 165-169.

Mayer, R. E. (1992). Cognition and instruction: Their historic meeting within educational psychology. *Journal of Educational Psychology, 84,* 405-412.

Mayer, R. E. (1993). Illustrations that instruct. *Advances in Instructional Psychology, 4,* 253-284.

Mayer, R. E. (1999a). Designing instruction for constructivist learning. In C. M. Reigeluth (Hrsg.), *Instructional-design theories and models: A new paradigm of instructional theory.* Band II (S. 141-159). Mahwah, N. J.: Erlbaum.

Mayer, R.E. (1999b). *The promise of educational psychology.* Upper Saddle River, NJ: Prentice Hall/Merrill.

Mayer, R.E. (2001). *Multimedia learning.* Cambridge: Cambridge University Press.

Mayer, R. E. (2003). *Learning and Instruction.* Upper Saddle River, N.J.: Merrill Prentice Hall.

Mayer, R. E. (2004). Should there be a three-strike rule against pure discovery learning? The case for guided methods of instruction. *American Psychologist,* 14-19.

Mayer, R.E. (2005). Cogntive theory of multimedia learning. In R.E. Mayer (Hrsg.), *The Cambridge handbook of multimedia learning* (pp. 31-48). Cambridge: Cambridge University Press.

Mayer, R.E. & Chandler, P. (2001). When learning is just a click away: Does simple user interaction foster deeper understanding of multimedia messages? *Journal of Educational Psychology, 93,* 390-397.

Mayer, R. E. & Moreno, R. (1998). A split-attention effect in multimedia learning: Evidence for dual processing systems in working memory. *Journal of Educational Psychology, 90,* 312-320.

Mayer, R.E. & Moreno, R. (2002). Animation as an aid to multimedia learning. *Educational Psychology Review, 14*, 87-99.

McCagg, E. C. & Dansereau, D. F. (1991). A convergent paradigm for examining knowledge mapping as a learning strategy. *Journal of Educational Research, 84*, 317-324.

McCall, R. B. (1994). Academic underachievers. *Current Directions in Psychological Science, 3*, 15-19.

McCall, R. B., Evahn, C. & Kratzer, L. (1992). *High school underachievers: What do they achieve as adults?* Newbury Park, CA: Sage.

McFarland, C. & Buehler, R. (1995). Collective self-esteem as a moderate of the frog-pond effect in reactions to performance feedback. *Journal of Personality and Social Psychology, 68*, 1055-1070.

McVee, M. B., Dunsmore, K. & Gavelek, J. R. (2005). Schema theory revisited. *Review of Educational Research, 75*, 531-566.

Metz, U., Marx, P., Weber, J. & Schneider, W. (2003). Overachievement im Lesen und Rechtschreiben: Folgerungen für die Diskrepanzdefinition der Legasthenie. *Zeitschrift für Entwicklungspsychologie und Pädagogische Psychologie, 35*, 127-134.

Mikkilä-Erdmann, M. (2001). Improving conceptual change concerning photosynthesis through text design. *Learning and Instruction, 11*, 241-257.

Mitzel, H. E. (Hrsg.) (1969). *Encyclopedia of Educational Research*. New York: The Free Press (5.Auflage).

Möller, J. (2001). Attributionen. In D. Rost (Hrsg.) *Handwörterbuch Pädagogische Psychologie* (S. 36-41). Weinheim: Beltz*PVU*.

Möller, J. & Jerusalem, M. (1997). Attributionsforschung in der Schule. *Zeitschrift für Pädagogische Psychologie, 11*, 151-166.

Möller, J. (1999), Denktraining für Jugendliche: Homogenität der Trainingsgruppen und Booster-Session. *Heilpädagogische Forschung, 25*, 2-7.

Möller, J. & Appelt, R. (2001). Auffrischungssitzungen zur steigerung der Effektivität des denktrainings für Kinder I. *Zeitschrift für Pädagogische Psychologie, 15*, 199-206.

Möller, J. & Köller, O. (2004). Die Genese akademischer Selbstkonzepte: Effekte dimensionaler und sozialer Vergleiche. *Psychologische Rundschau, 55*, 19-27.

Möller, J. & Müller-Kalthoff (2000). Lernen mit Hypertext: Effekte von Navigationshilfen und Vorwissen. *Zeitschrift für Pädagogische Psychologie, 14*, 116-123.

Molnar, A., Smith, P. & Zahorik,, J. (2000). *1999-2000 evaluation results of the Student Achievement Guarantee in Education (SAGE) program*. Milwaukee: University of Wisconsin, School of Education.

Moon, S. M., Swift, M. & Shallenberger, A. (2002). Perceptions of a self-contained class for fourth- and fifth-grade with high to extreme levels of intellectual giftedness. *Gifted Child Quarterly, 46*, 64-79.

Morrison, E. H., Rucker, L., Boker, J. R., Gabbert, C. C., Hubbell, F. A., Hitchcock, M. A. & Prislin, M. D. (2004). The effect of a 13-hour curriculum to improve residents' teaching skills: A randomized trial. *Annals of Internal Medicine, 141*, 257-263.

Moschner, B. (2001). Selbstkonzept. In D. Rost (Hrsg.) *Handwörterbuch Pädagogische Psychologie* (S. 629-635). Weinheim: Beltz*PVU*.

Mousavi, S. Y., Low, R. & Sweller, J. (1995). Reducing cognitive load by mixing auditory and visual presentation modes. *Journal of Educational Psychology, 87*, 319-334.

Mulholland, T. M., Pellegrino, J. W. & Glaser, R. (1980). Components of geometric analogy solution. *Cognitive Psychology, 12*, 252-284.

Müller-Kalthoff, T. & Möller, J. (2005). Zum Effekt unterschiedlicher Navigationshilfen beim Lernen mit Hypertexten. *Zeitschrift für Pädagogische Psychologie, 19*, 49-60.

Murray, F. B. (1982). Teaching through conflict. *Contemporary Educational Psychology, 7*, 257-271.

Narciss, S. & Huth, K. (2004). How to design informative tutoring feedback for multimedia learning. In H. M. Niegemann, R. Brünken & D. Leutner (Hrsg.). *Instructional Design for Multimedia Learning* (S. 181-195). Münster: Waxmann.

National Assessment of Education Progress (1999). *NAEP trends in academic progress*. Washington, D.C.: U. S. Department of Education.

Natkin, G. L. & Moore, J. W. (1972). The effects of instructional sequencing on learning from a simple knowledge structure. *American Educational Research Journal, 9*, 599-605.

Neber, H. (Hrsg.). (1981). *Entdeckendes Lernen*. Weinheim: Beltz.

Neber, H. (1987). Problemlösen und Instruktion. *Psychologie in Erziehung und Unterricht, 34*, 241-246.

Neber, H. (1991). Entdeckendes Lernen. In C. Perleth & A. Ziegler (Hrsg.), *Pädagogische Psychologie* (S. 227-235). Bern: Huber.

Neber, H. (1999). Aktives Lernen durch epistemisches Fragen: Generieren versus Kontrollieren im Kontext des Geschichtsunterrichts. *Zeitschrift für Pädagogische Psychologie, 13,* 212-222.

Neber, H. (2001). Entdeckendes Lernen. In D. Rost (Hrsg.) *Handwörterbuch Pädagogische Psychologie* (S. 115-121). Weinheim: Beltz*PVU.*

Niegemann, H. M. (1995). *Computergestützte Instruktion in Schule, Aus- und Weiterbildung.* Frankfurt: Lang.

Niegemann, H. (2001a). Lehr - Lern - Forschung. In D. H. Rost (Hrsg.) *Handwörterbuch Pädagogische Psychologie* (S. 387-393). Weinheim: Beltz*PVU.*

Niegemann, H. M. (2001b). Neue Lernmedien konzipieren, entwickeln, einsetzen. Bern: Huber.

Niegemann, H., Brünken & Leutner, D. (Hrsg.).(2004). *Instructional design for multimedia learning.* Münster: Waxmann.

Nielsen, M. E. (2002). Gifted students with learning disabilities: Recommendations for identification and programming. *Exceptionality, 10,* 93-111.

Nishikura, H. (2000). The impact of content organizers and instructional objectives on learner performance in a Web-based environment. Dissertation Arizona State University. Dissertation Abstracts. International Section A. Humanities and Social Sciences.

Norman, D. A. (1973). Memory, knowledge, and the answering of questions. In R. Solso (Hrsg.), *Contemporary issues in cognitive psychology.* Winston.

Nußbaum, A. & Leutner, D. (1986a). Die Auswirkung der Schwierigkeit textbegleitender Fragen auf die Lernleistung. *Zeitschrift für Entwicklungspsychologie und Pädagogische Psychologie, 28,* 230-244.

Nußbaum, A. & Leutner, D. (1986b). Entdeckendes Lernen von Aufgabenlösungsregeln unter verschiedenen Anforderungsbedingungen. *Zeitschrift für Entwicklungspsychologie und Pädagogische Psychologie, 18,* 153-164.

Nye, B., Hedges, L. V. & Konstantopoulos, S. (2000). The effects of small classes on academic achievement: The results of the Tennessee class size experiment. *American Educational Research Journal, 37,* 123-151.

Nystrand, M. (1997). *Opening dialogue: Understanding the dynamics of language and learning in the English classroom.* New York: Teachers College Press.

Nystrand, M. (1999). *Classroom language assessment system (CLASS 3.0).* Madison, WI.: Center on English Learning and Achievement.

Ochsner, R. & Fowler, J. (2004). Playing devil's advocate: Evaluating the literature of the WAC/WID movement. *Review of Educational Research, 74,* 117-140.

O'Donnell, A.M., Dansereau, D.F. & Hall, R.H: (2002). Knowledge maps as scaffolds for cognitive processing. *Educational Psychology Review, 14,* 71-86.

Olechowski, R. (Hrsg.).(1995). *Schulbuchforschung.* Frankfurt/M.: Peter Lang.

Osgood, C. E. (1962). *Method and Theory in Experimental Psychology.* New York: Oxford University Press.

Osterman, K. F. (2000). Students' need for belonging in the school community. *Review of Educational Research, 70,* 323-367.

Oppenheimer, S. (1956). Analogy in science. *American Psychologist, 11,* 127-135.

Paas, F., Renkl, A. & Sweller, J. (2003). Cognitive Load Theory and instructional design: recent developments. *Educational Psychologist, 38,* 1-4.

Paechter, M. (1996). *Visuelle und auditive Texte in Lernsoftware.* Münster: Waxmann.

Paivio, J. (1971). *Imagery and Verbal Processes.* New York: Holt, Rinehart & Winston.

Paivio, A. (1986). *Mental representations. A dual coding approach.* New York: Oxford University Press.

Pajares, F. (1996). Self-efficacy beliefs in academic settings. *Review of Educational Research, 66,* 543-578.

Palincsar, A. S. & Brown, A. L. (1984). Reciprocal teaching of comprehension fostering and comprehension-monitoring activities. *Cognition and Instruction, 2,* 117-175.

Peeck, J. (1977). Preinstructional strategies and extra reading time in learning from text. *Tijdschrift voor Onderwijsresearch, 2,* 202-207.

Peeck, J. (1978). Die Effekte von Illustrationen zu Texten. In K. J. Klauer & H.-J. Kornadt (Hrsg.), *Jahrbuch für Empirische Erziehungswissenschaft 1978* (S. 196-229). Düsseldorf: Schwann.

Peeck, J. (1994). Wissenserwerb mit darstellenden Bildern. In B. Weidenmann (Hrsg.), *Wissenserwerb mit Bildern* (S. 59-94). Bern: Huber.

Pekrun, R. (1992). The impact of emotions on learning and achievement: Towards a theory of cognitive/emotional mediators. *Applied Psychology. An International Review, 41,* 359-376.

Pekrun, R., Götz, T., Titz, W. & Perry, R. P. (2002). Academic emotions in students' self-regulated learning and achievement: A program of qualitative and quantitative research. *Educational Psychologist, 37(2),* 91-105.

Péladeau, N., Forget, J. & Gagné, F. (2003). Effect of paced and unpaced practice on skill application and retention : How much is enough ? *American Educational Research Journal, 40,* 769-801.

Penner, D.E. (2001). Cognition, computers, and synthetic science: building knowledge and meaning through modelling. *Review of Research in Education, 25,* 1-35.

Perrez, M., Huber, G. L. & Geißler, K. A, (2001). Psychologie der pädagogischen Interaktion. In A. Krapp & B. Weidenmann (Hrsg.), *Pädagogische Psychologie* (S. 357-413). Weinheim: BeltzPVU.

Petermann, F. (1992). *Einzelfalldiagnose und klinische Praxis.* München: Quintessenz.

Petersilka, G. J., Neuhoff, D. & Flemmig, T. F. (2004). Establishing dental hygiene education in Germany: Current facts and future perspectives. *International Journal of Dental Hygiene, 2,* 86-92.

Piaget, J. (1969). *Das Erwachen der Intelligenz beim Kinde.* Stuttgart: Klett.

Piekara, F. H., Ciesinger, K.-G. & Muthig, K.-P. (1987). Notizenanfertigen und Behalten. *Zeitschrift für Pädagogische Psychologie, 1,* 267-280.

Pierce, K. A., Duncan, M. K., Gholson, B., Ray, G. E. & Kamhi, A. G. (1993). Cognitive load, schema acquisition, and procedural adaptation in nonisomorphic analogical problems. *Journal of Educational Psychology, 85,* 66-74.

Pinar, W. F. (Hrsg.), *International Handbook of Curriculum Research.* Mahwah, NJ: Erlbaum.

Pintrich, P. R., Smith, D. A. F., Garcia, T & McKeachie, W. J. (1993). Reliability and predictive validity of the motivated strategies for learning questionnaire (MSLQ). *Educational and Psychological Measurement, 53,* 801-813.

Plass, J.L., Chun, D., Mayer, R.E. & Leutner, D. (1998). Supporting visualizer and verbalizer learning preferences in a second language multimedia learning environment. *Journal of Educational Psychology, 90,* 25-36.

Plass, J.L., Chun, D., Mayer, R.E. & Leutner, D. (2003). Cognitive load in reading a foreign language text with multimedia aids and the influence of verbal and spatial abilities. *Computers in Human Behavior, 19,* 211-220.

Plass, J.L. & Jones, L.C. (2005). Multimedia learning in second language learning. In R.E. Mayer (Hrsg.), *The Cambridge handbook of multimedia learning* (pp. 467-488). Cambridge: Cambridge University Press.

Plass, J.L., Jones, L.C. & Leutner, D. (2002). *The effect of verbal ans spatial ability on listening comprehension and vocabulary acquisition in multimedia learning* (Paper Discussion, Annual meeting of the American Educational Research Association, AERA, 1.-5.4.02). New Orleans, USA.

Plume, E. & Schneider, W. (2005). *Hören, Lauschen, Lernen II: Spiele mit Buchstaben und Lauten für Kinder im Vorschulalter.* Göttingen: Vandenhoeck & Ruprecht.

Pohlmann, B., Möller, J. & Streblow, L. (2004). Zur Fremdeinschätzung von Schülerselbstkonzepten durch Lehrer und Mitschüler. *Zeitschrift für Pädagogische Psychologie, 18,* 157-169.

Preiser, S. (1975). Zur „Objektivität" mündlicher Prüfungen im Fach Psychologie. *Psychologische Rundschau, 26,* 256-281.

Pressey, S. L. (1965). Eine Maschine zum automatischen Lehren von Übungsstoffen. In W. Correll (Hrsg.), *Programmiertes Lernen und Lehrmaschinen* (S. 32-36). Braunschweig: Westermann.

Prümer, D., Pelikan, E., Rings, C., Wein, B., Leutner, D., Bohndorf, K., Tolxdorff, T. (1995). RADIOLIS - Ein radiologisches Instruktions- und Trainingssystem zur systematischen Befundung von Röntgenbildern am Beispiel fokaler Knochenläsionen. *Der Radiologe, 35,* 598-603.

Pruisken, C. (2004). Interessen und Freizeitbeschäftigung hochbegabter (Grundschul-)Kinder. *Zeitschrift für Pädagogische Psychologie, 18,* 1-14.

Pruisken, C. & Rost, D. H. (2005). Hochintelligent und besonders interessiert? *Psychologie in Erziehung und Unterricht, 52,* 100-112.

Raatz, U. & Klein-Braley, C. (1983). Ein neuer Ansatz zur Messung der Sprachleistung. Der C-Test: Theorie und Praxis. In R. Horn, K. Ingenkamp & R. S. Jäger (Hrsg.). *Tests und Trends 3. Jahrbuch der Pädagogischen Diagnostik* (S.107-138). Weinheim: Beltz.

Raatz, U., Voss, B. & Klein-Braley, C. (1991). Diagnose der Fremdsprachenleistung in der Schule. In K. Ingenkamp & R. S. Jäger (Hrsg.). *Tests und Trends 9. Jahrbuch der Pädagogischen Diagnostik* (S. 43-79). Weinheim: Beltz.

Ranschburg, P. (1916). *Die Leseschwäche (Legasthenie) und Arithmasthenie (Rechenschwäche) der Schulkinder im Lichte des Experiments.* Berlin: Springer.

Rasch, G. (1960). *Probabilistic models for some intelligence and attainment tests.* Copenhagen: Nielsen & Lydicke.

Rau, C. (1994). *Revisionen beim Schreiben. Zur Bedeutung von Veränderungen in Textrevisionsprozessen.* Tübingen: Niemeyer.

Rauen, C. (2003). *Coaching.* Göttingen: Hogrefe.

Reed, S. K., Dempster, A. & Ettinger, M. (1985). Usefulness of analogous solutions for solving algebra word problems. *Journal of Experimental Psychology: Learning, Memory, and Cognition, 11,* 106-125.

Reed, S. K., Ernst, G. W. & Banerji, R. (1974). The role of analogy in transfer between similar problem states. *Cognitive Psychology, 6,* 436-450.

Reigeluth, C. M. (1983). *Instructional design theories and models.* Hillsdale, N. J.: Erlbaum.

Reigeluth, C. M. (1999). The elaboration theory: Guidance for scope and sequence decisions. In C. M. Reigeluth (Hrsg), *Instructional design theories and models: A new paradigm of instructional theory.* Volume 2 (S. 425-453). Mahwah, NJ: Erlbaum.

Reigeluth, C.M., Merrill, M. D., Wilson, B. G. & Spiller, R. T. (1980). The elaboration theory of instruction. A model for sequencing and synthesizing instruction. *Instructional Science, 9,* 195-219.

Reimann, R. & Heller, K. A. (2004). Das achtjährige Gymnasium mit besonderen Anforderungen (G 8) als Paradigma für schulische Akzelerationsprogramme zur (Hoch-) Begabtenförderung. Methoden und Ergebnisse einer zehnjährigen Längsschnitt-Evaluationsstudie. *Psychologie in Erziehung und Unterricht, 51,* 8-23.

Rein, W. (1899). Die Zielangabe im Unterricht. In W. Rein (Hrsg.), *Enzyklopädisches Handbuch der Pädagogik,* Band 7 (S. 795-799). Langensalza: Beyer & Söhne.

Reinking, D. (2005). Multimedia learning of reading. In R.E. Mayer (Hrsg.), *The Cambridge handbook of multimedia learning* (pp. 355-374). Cambridge: Cambridge University Press.

Reinmann-Rothmeier, G. & Mandl, H. (2001). Unterrichten und Lernumgebungen gestalten. In A. Krapp & B. Weidenmann (Hrsg.), *Pädagogische Psychologie* (S. 601-646). Weinheim: BeltzPVU.

Reis, S. M. (2002). Underachievement in gifted and talented students with special needs. *Exceptionality, 10,* 113-125.

Renkl, A. (1996). Träges Wissen. Wenn Erlerntes nicht genutzt wird. *Psychologische Rundschau, 47,* 78-92.

Renkl, A. (1997a). *Lernen durch Lehren.* Wiesbaden: Deutscher Universitäts Verlag.

Renkl, A. (1997b). Lernen durch Erklären: Was wenn Rückfragen gestellt werden? *Zeitschrift für Pädagogische Psychologie, 11,* 41-51.

Renkl, A. (2001). Lernen durch Lehren. In D. H. Rost (Hrsg.), *Handwörterbuch Pädagogische Psychologie* (S. 413-418). Weinheim: BeltzPVU.

Renkl, A. (2005a). Fünf Dogmen in der Diskussion zum Lernen und Lehren. Provokante Thesen zu dysfunktionalen Voreingenommenheiten. In S. R. Schilling, J. R. Sparfeldt & C. Pruisken (Hrsg.), *Aktuelle Aspekte pädagogisch-psychologischer Forschung. Detlef H. Rost zum 60. Geburtstag* (S. 11-23). Münster: Waxmann.

Renkl, A. (2005b). The worked-out examples principle. In R.E. Mayer (Hrsg.), *The Cambridge handbook of multimedia learning* (pp. 229-245). Cambridge: Cambridge University Press.

Renkl, A., Atkinson, R. K. & Maier, U. H. (2000). *From example study to problem solving.* Freiburg: Institut für Psychologie, Forschungsbericht Nr. 140.

Renkl, A., Gruber, H., Weber, S., Lerche, T. & Schweizer, K. (2003). Cognitive Load beim Lernen aus Lösungsbeispielen. *Zeitschrift für Pädagogische Psychologie, 17,* 93-101.

Renkl, A. & Mandl., H. (1995). Kooperatives Lernen: Die Frage nach dem Notwendigen und dem Ersetzbaren. *Unterrichtswissenschaft, 23,* 292-300.

Renkl, A. & Stern, E. (1994). Die Bedeutung von kognitiven Eingangsvoraussetzungen und schulischen Lerngelegenheiten für das Lösen von einfachen und komplexen Textaufgaben. *Zeitschrift für Pädagogische Psychologie, 8,* 27-39.

Renzulli, J. S. (1978). What makes giftedness? Reexamination of a definition. *Phi Delta Kappa, 60,* 180-184.

Resnick, L. B. (Hrsg.). (1973). Hierarchies in children's learning. A symposium. *Instructional Science, 2,* 311-362.

Resnick, M., Bearman, P. S., Blum, R. W., Bauman, K. E., Harris, K. M., Jones, J., Tabor, J., Beuhring, T., Sieving, R. E., Shew, M., Ireland, M., Bearinger, L.H., & Udry, J. R. (1997). Protecting adolescents from harm. *Journal of American Medical Association, 278 (10),* 823-832.

Rheinberg, F. (2000). *Motivation.* Stuttgart: Kohlhammer.

Rheinberg, F. (2001a). Motivationstraining und Motivierung. In D. H. Rost (Hrsg.) *Handwörterbuch Pädagogische Psychologie* (S. 478-483). Weinheim: Beltz*PVU.*

Rheinberg, F. (2001b). Bezugsnormorientierung. In D. H. Rost (Hrsg.) *Handwörterbuch Pädagogische Psychologie* (S. 55-62). Weinheim: Beltz*PVU.*

Rheinberg, F. & Enstrup, B. (1977). Selbstkonzept der Begabung bei Normal- und Sonderschülern gleicher Intelligenz: Ein Bezugsgruppeneffekt. *Zeitschrift für Entwicklungspsychologie und Pädagogische Psychologie, 9,*171-180.

Rheinberg, F. & Krug, S. (1999). *Motivationsförderung im Schulalltag.* Göttingen: Hogrefe.

Rice, D. C., Ryan, J. M. & Samson, S. M. (1998). Using concept maps to assess student learning in the science classroom. Must different methods compete? *Journal of Research in Science Teaching, 35,* 1103-1127.

Rieber, L. P., Tzeng, S.-C. & Tribble, K. (2004). Discovery learning, representation, and explanation within a computer-based simulation: Finding the right mix. *Learning and Instruction, 14,* 307-323.

Rindermann, H. & Heller, K. A. (2005). The benefit of gifted classes and talent schools for developing students' competences and enhancing academic self-concept. *Zeitschrift für Pädagogische Psychologie, 19,* 133-136.

Robins, S. & Mayer, R. E. (1993). Schema training in analogical transfer. *Journal of Educational Psychology, 85,* 529-538.

Robinson, G. E. (1990). Synthesis of research on effect of class size. *Educational Leadership, 47,* 80-90.

Roelofs, E., Veenman, S. & Voeten, M. (1994). Effecten van een teamgerichte nascholing en van coaching op leerprestaties. *Pedagogische Studien, 71,* 442-456.

Rohrbeck, C. A., Ginsburg-Block, M. D., Fantuzzo, J. W. & Miller, T. R. (2003). Peer-assisted learning interventions with elementary school children: A meta-analytic review. *Journal of Educational Psychology, 95,* 240-257.

Rosenshine, B. & Meister, C. (1994). Reciprocal teaching: A review of research. *Review of Educational Research, 64,* 479-530.

Rosenshine, B., Meister, C. & Chapman, S. (1996). Teaching students to generate questions: A review of the intervention studies. *Review of Educational Research, 66,* 181-221.

Rost, D. H. (Hrsg.). (2000). *Hochbegabte und hochleistende Jugendliche. Neue Ergebnisse aus dem Marburger Hochbegabtenprojekt.* Münster: Waxmann.

Rost, D. H. (2001). Hochbegabung. In D. H. Rost (Hrsg.) *Handwörterbuch Pädagogische Psychologie* (S. 239-248). Weinheim: Beltz*PVU.*

Rost, D. H., Dickhäuser, O., Sparfeldt, J. R. & Schilling, S. R. (2004). Fachspezifische Selbstkonzepte und Schulleistungen im dimensionalen Vergleich. *Zeitschrift für Pädagogische Psychologie, 18,* 43-52.

Rost, D. H. & Hanses, P. (1997). Wer nichts leistet, ist nicht begabt? Zur Identifikation hochbegabter Underachiever durch Lehrkräfte. *Zeitschrift für Entwicklungspsychologie und Pädagogische Psychologie, 29,* 167-177.

Rost, D. H. & Pruiskens, C. (2000). Vereint schwach? Getrennt stark? Mädchen und Koedukation. *Zeitschrift für Pädagogische Psychologie, 14,* 177-193.

Rost, D. H. & Schilling, S. (2001). Attraktive Schüler und Schülerinnen. In D. H. Rost (Hrsg.) *Handwörterbuch Pädagogische Psychologie* (S. 29-35). Weinheim: Beltz*PVU.*

Rost, D. H. & Sparfeldt, J. R. (2002). Facetten des schulischen Selbstkonzepts. Ein Verfahren zur Messung des differentiellen Selbstkonzepts schulischer Leistungen und Fähigkeiten (DISK-Gitter). *Diagnostica, 48,* 130-140.

Rost, J., Sievers, K., Häußler, P. Hoffmann, L. & Langeheine, R. (1999). Struktur und Veränderung des Interesses an Physik bei Schülern der 6. bis 10. Klassenstufen. *Zeitschrift für Entwicklungspsychologie und Pädagogische Psychologie, 31,* 18-31.

Roth, E. & Schneider, W. (2002). Langzeiteffekte einer Förderung der phonologischen Bewusstheit und der Buchstabenkenntnis auf den Schriftspracherwerb. *Zeitschrift für Pädagogische Psychologie, 16,* 99-107.

Rudinger, G., Espey, J., Neuf, H. & Simon, U. (1992). Alter und Technik (ALTEC). Kognitive Verarbeitung moderner Technologie. In J. Klauer & G. Rudinger (Hrsg.), *Kognitive, emotionale und soziale Aspekte des Alterns* (S. 1-36). Opladen: Westdeutscher Verlag.

Runde, A., Bromme, R. & Stahl, E. (2003). Gibt es Präferenzen bei der grafischen Darstellung logischer Relationen? *Zeitschrift für Pädagogische Psychologie, 17,* 103-114.

Rustenbach, S. J. (2003). *Metaanalyse.* Bern: Huber.

Ryle. G. (1949). *The concept of mind.* New York: Barnes & Noble.

Sacher, W. (1984). *Praxis der Notengebung. Hilfen für den Schulalltag.* Bad Heilbrunn: Klinkhardt.

Sagerman, N. & Mayer, R. E. (1987). Forward transfer of different reading strategies evoked by adjunct questions in science text. *Journal of Educational Psychology, 79,* 189-191.

Saleh, M., Lazonder, A. W. & De Jong, T. (2005). Effects of within-class ability grouping on social interaction, achievement, and motivation. *Instructional Science, 33,* 105-119.

Salomon, G. & Globerson, T. (1989). When teams do not function the way they ought to. *International Journal of Educational Research, 13,* 89-99.

Sander, E. (1986). *Lernhierarchien und kognitive Lernförderung.* Göttingen: Hogrefe.

Sander, E. & Berger, M. (1984). Lehrzielhierarchien – eine psychometrische Validierungsstudie. *Zeitschrift für Empirische Pädagogik und Pädagogische Psychologie, 8,* 143-158.

Saß, H., Wittchen, H.-U., Zaudig, M. & Houben, I. (2003). *Diagnostisches und Statistisches Manual psychischer Störungen.* Göttingen: Hogrefe.

Sauer, J. & Gamsjäger, E. (1996). *Ist Schulerfolg vorhersehbar? Die Determinanten der Grundschulleistung und ihr prognostischer Wert für den Sekundarschulerfolg.* Göttingen: Hogrefe.

Sauter, W., Sauter, A. & Bender, H. (2002). *Blended Learning - effiziente Integration von E-Learning und Präsenztraining.* Neuwied: Luchterhand.

Schacter, J. (2000). Does individual tutoring produce optimal learning? *Review of Educational Research, 37,* 801-829.

Schaumburg, H. & Issing, L. J. (2002). *Lernen mit Laptops. Ergebnisse einer Evaluationsstudie.* Gütersloh: Verlag Bertelsmann Stiftung.

Scheiter, K., Gerjets, P. & Catrambone, R. (2006). Making the abstract concrete: Visualizing mathematical solution procedures. *Computers in Human Behavior, 22,* 9-25.

Schenk-Danzinger, M. (1991). *Legasthenie.* München: Reinhardt.

Schiefele, U. (2004). Förderung von Interessen. In G. W. Lauth, M. Grünke & J. C. Brunstein (Hrsg.), *Interventionen bei Lernstörungen* (S. 134-144). Göttingen: Hogrefe.

Schiefele, U. & Köller, J. (2001). Intrinsische und extrinsische Motivation. In D. H. Rost (Hrsg.), *Handwörterbuch Pädagogische Psychologie* (S. 304-310). Weinheim: BeltzPVU.

Schiefele, U. & Schreyer, I. (1994). Intrinsische Lernmotivation und Lernen. Ein Überblick zu Ergebnissen der Forschung. *Zeitschrift für Pädagogische Psychologie, 8,* 1-13.

Schiefele, U., Streblow, L., Ermgassen, U. & Moschner, B. (2003). Lernmotivation und Lernstrategien als Bedingungen der Studienleistung. *Zeitschrift für Pädagogische Psychologie, 17,* 185-198.

Schildkamp-Kündiger, E. (1974). *Frauenrolle und Mathematikleistung.* Düsseldorf: Schwann.

Schilling, S. R., Sparfeldt, J. R. & Rost, D. H. (2003). Familien mit hochbegabten Jugendlichen. *Zeitschrift für Pädagogische Psychologie, 17,* 115-124.

Schilling, S. R., Sparfeldt, J. R. & Rost, D.H. (2004). Wie generell ist das Modell? Analysen zum Geltungsbereich des „Internal/External Frame of Reference"-Modells. *Zeitschrift für Pädagogische Psychologie, 18,* 221-230.

Schmid, U., Wirth, J. & Polkehn, K. (1999). Analogical transfer of non-isomorphic source problems. In M. Hahn & S. C. Stoness (Hrsg.), *Proceedings of the Twenty-First Annual Conference of the Cognitive Science Society, August 19-21, 1999* (S. 631-636). Mahwah: Erlbaum.

Schmid, U., Wirth, J. & Polkehn, K. (2003). A closer look at structural similarity in analogical transfer. *Cognitive Science Quarterly, 3(1),* 57-89.

Schmidt, A. M. & Ford, J. K. (2003). Learning with a learning control training environment: The interactive effects of goal orientation and metacognitive instruction on learning outcomes. *Personnel Psychology, 56,* 405-429.

Schmitz, G. (1998). Lernen mit Multimedia: Was kann die Medienpsychologie beitragen? In R. Schwarzer (Hrsg.), *Multimedia und TeleLearning. Lernen im Cyberspace* (S. 197-214). Frankfurt/M.: Campus.

Schneider, W. (2001). Training der phonologischen Bewusstheit. In K. J. Klauer (Hrsg.), *Handbuch Kognitives Training* (S. 69-95). Göttingen: Hogrefe.

Schneider, W., Körkel, J. & Weinert, F. E. (1989). Domain-specific knowledge and memory performance: A comparison of high- and low-aptitude children. *Journal of Educational Psychology, 81*, 306-312.

Schneider, W. & Küspert, P. (2004). Förderung von phonologischer Bewusstheit. In G. W. Lauth, M. Grünke & J. C. Brunstein (Hrsg.), *Interventionen bei Lernstörungen* (S. 219-227). Göttingen: Hogrefe.

Schneider, W., Küspert, P., Roth, E., Visé, M. & Marx, H. (1997). Short- and long-term effects of training phonological awareness in kindergarten: Evidence from two German studies. *Journal of Experimental Child Psychology, 66,* 311-340.

Schneider, W. & Pressley, M. (1997). *Memory development between two and twenty.* Mahwah, N. J.: Erlbaum.

Schneider, W., Roth, E. & Ennemoser, M. (2000). Training phonological skills and letter knowledge in children in risk for dyslexia: A comparison of three kindergarten intervention programs. *Journal of Educational Psychology, 92,* 284-295.

Schneider, W. & Stefanek, J. (2004). Entwicklungsveränderungen allgemeiner kognitiver Fähigkeiten und schulbezogener Fertigkeiten im Kindes- und Jugendalter. Evidenz für einen Schereneffekt? *Zeitschrift für Entwicklungspsychologie und Pädagogische Psychologie36,* 147-159.

Schnotz, W. (1983). Comparative instructional text organization. In H. Mandl, N. L. Stein & T. Trabasso (Eds.), *Learning and comprehension of text* (S. 53-81). Hillsdale, NJ: Erlbaum.

Schnotz, W. (1994). *Aufbau von Wissensstrukturen.* Weinheim: Beltz*PVU.*

Schnotz, W. (2001). Conceptual change. In D. H. Rost (Hrsg.), *Handwörterbuch Pädagogische Psychologie* (S. 75-81). Weinheim: Beltz*PVU.*

Schnotz, W. (2001). Visuelles Lernen. In D. H. Rost (Hrsg.), *Handwörterbuch Pädagogische Psychologie* (S. 778-783). Weinheim: Beltz*PVU.*

Schnotz, W. (2002a). Towards an integrated view of learning from text and visual displays. *Educational Psychology Review, 14,* 101-120.

Schnotz, W. (2002b). Wissenserwerb mit Texten, Bildern und Diagrammen. In L.J. Issing & P. Klimsa (Hrsg.), *Information und Lernen mit Multimedia und Internet* (S. 65-81). Weinheim: Psychologie Verlags Union.

Schnotz, W. (2005). An integrated model of text and picture comprehension. In R.E. Mayer (Hrsg.), *The Cambridge handbook of multimedia learning* (pp. 49-69). Cambridge: Cambridge University Press.

Schnotz, W. & Bannert, M. (1999). Support and interference effects in learning from multiple representations. In S. Bagnara (Hrsg.), *European Conference on Cognitive Science* (27th-30th Oct. 1999; pp. 447-452). Rome, Italy: Istituto di Psicologia Consiglio, Nazionale delle Ricerche.

Schnotz, W. & Bannert, M. (2003). Construction and interference in learning from multiple representation. *Learning and Instruction, 13,* 141-156.

Schnotz, W., Böckheler, J., Grzondziel, H., Gärtner, I. & Wächter, M. (1998). Individuelles und kooperatives Lernen mit interaktiven animierten Bildern. *Zeitschrift für Pädagogische Psychologie, 12,* 135-145.

Schnotz, W. & Zink, T. (1997). Informationssuche und Kohärenzbildung beim Wissenserwerb mit Hypertext. *Zeitschrift für Pädagogische Psychologie, 11,* 95-108.

Schott, F. (1992). The useful representation of instructional objectives: A task analysis of task analysis. In S. Dijkstra, H. P. M. Krammer & J. J. G. van Merrienboer (Hrsg.), *Instructional models in computer-based learning environments* (S. 43-60). Berlin: Springer.

Schott, F., Grzondziel, H. & Hillebrand, D. (2002). UCIT – instruktionstheoretische Aspekte zur Gestaltung und Evaluation von Lern- und Informationsumgebungen. In Issing & Klimsa (Hrsg.), *Information und Lernen mit Multimedia und Internet* (S. 179-195). Weinheim: Beltz*PVU.*

Schott, F., Neeb,, K.-E. & Wieberg, W. (1981). *Lehrstoffanalyse und Unterrichtsplanung.* Braunschweig: Westermann.

Schott, F. & Seidl, P. (1997). PLANA: An ID model focusing on instructional task analysis. In R. D. Tennyson, F. Schott, N. M. Seel & S. Dijkstra (Hrsg.), *Instructional design: International perspectives. Vol. 1: Theory, research, and models* (S. 395-412). Mahwah, NJ: Erlbaum.

Schrader, F.-W. (2001). Diagnostische Kompetenz von Eltern und Lehrern. In D. H. Rost (Hrsg.), *Handwörterbuch Pädagogische Psychologie* (S. 91-96). Weinheim: Beltz*PVU.*

Schrader, F.-W. & Helmke, A. (1990). Lassen sich Lehrer bei der Leistungsbeurteilung von sachfremden Gesichtspunkten leiten? *Zeitschrift für Entwicklungspsychologie und Pädagogische Psychologie, 22,* 312-324.

382

Schrader, F.-W. & Helmke, A. (2001). Alltägliche Leistungsbeurteilung durch Lehrer. In F. E. Weinert (Hrsg.), *Leistungsmessungen in Schulen* (S. 45-58). Weinheim: Beltz*PVU*.

Schreblowski, S. & Hasselhorn, M. (2001). Zur Wirkung zusätzlicher Motivänderungskomponenten bei einem metakognitiven Textverarbeitungstraining. *Zeitschrift für Pädagogische Psychologie, 15,* 145-154.

Schreiber, B. (1998). *Selbstreguliertes Lernen.* Münster: Waxmann.

Schuch, A. & Lück, H. E. (1980). Entwicklungs- und erziehungspsychologischer Aspekt prosozialen Verhaltens. In K. J. Klauer & H.-J. Kornadt (Hrsg.), *Jahrbuch für Empirische Erziehungswissenschaft 1980* (S. 209-242). Düsseldorf: Schwann.

Schwarzer, R. (1979). Bezugsgruppeneffekte in schulischen Umwelten. *Zeitschrift für Empirische Pädagogik, 3,* 153-166.

Seegers, G. & Boekaerts, M. (1993). Task motivation and mathematics achievement in actual task situations. *Learning and Instruction, 3,* 133-150.

Seidel, T., Rimmele, R. & Prenzel, M. (2005). Clarity and coherence of lesson goals as a scaffold for student learning. *Learning and Instruction, 15,* 539-556.

Semb, G. B. & Ellis, J. A. (1994). Knowledge taught in school : What is remembered ? *Review of Educational Research, 64,* 253-286.

Seufert, T. (2000). Kohärenzbildung beim Wissenserwerb mit multiplen Repräsentationen. In D. Leutner & R. Brünken (Hrsg*.), Neue Medien in Unterricht, Aus- und Weiterbildung* (S. 65-46). Aktuelle Ergebnisse empirischer pädagogischer Forschung. Münster: Waxmann.

Seufert, T. (2003). Supporting coherence formation in learning from multiple representations. *Learning and Instruction, 13,* 227-237.

Seufert, T., Leutner, D. & Brünken, R. (2004). *Psychologische Grundlagen des Lernens mit Neuen Medien* (Studienbrief). Rostock: Zentrum für Qualitätssicherung in Studium und Weiterbildung der Universität Rostock.

Shacha, H. & Fischer, S. (2004). Cooperative learning and the achievement of motivation and perceptions of students in 11th grade chemistry classes. *Learning and Instruction, 14,* 69-87.

Shah, P. & Hoeffner, J. (2002). Review of graph comprehension research: implications for instruction. *Educational Psychology Review, 14,* 47-69.

Shalev, R. S., Manor, O., Kerem, B., Ayali, M., Badichi, N., Friedlander, Y. & Gross-Tsur, V. (2001). Developmental dyscalculia is a familial learning disability. *Journal of Learning Disabilities, 34,* 59-65.

Shapka, J. D. & Keating, D. P. (2003). Effects of girls-only curriculum during adolescence: Performance, persistence, and engagement in mathematics and science. *American Educational Research Journal, 40,* 929-960.

Shin, J., Deno, S. L. & Espin, C. (2000). Technical adequacy of the maze task for curriculum-based measurement of reading growth. *The Journal of Special Education, 34,* 164-172.

Silvana, M. & Margot, P. (2004). Arithmetic learning difficulties in children. *Educational Psychology, 24,* 175-200.

Skinner, B. F. (1954). The science of learning and the art of teaching. *Harvard Educational Review, 24*(2), 86-97.

Slavin, R. (1982). *Cooperative learning: Students teams.* Washington, DC: National Education Association.

Slavin, R. E. (1987). Ability grouping and student achievement in elementary schools: A best-evidence synthesis. *Review of Educational Research, 57,* 293-336.

Slavin, R. (1990). *Cooperative learning: Theory, research, and practice.* Englewood Cliffs, NJ: Prentice Hall.

Slavin, R. E., Madden, N. A., Dolan, L. J. & Wasik, B. A. (1996). *Every child, every school: Success for All.* Newbury Park, CA.: Corwin.

Slotte, V. & Lonka, K. (1999). Review and process effects of spontaneous notetaking on text comprehension. *Contemporary Educational Psychology, 24,* 1-20.

Small, R.V. (1997). *Motivation in instructional design.* Syracuse, NY: ERIC Clearinghouse on Information and Technology (ED 409895).

Smith, M. L. & Glass, G. V (1980). Meta-analysis of research on class size and its relationship to attitudes and instruction. *American Educational Research Journal, 17,* 419-433.

Snow, R. E. (1977). Learning and individual differences. In L. S. Shulman (Hrsg.), *Review of Research in Education*, Vol. 4. Itasca, Ill.: Peacock.

Snow, R. E. & Swanson, J. (1992). Instructional psychology: Aptitude, adaptation, and assessment. *Annual Review of Psychology, 43,* 583-626.

Sonntag, W. (2004). Der Einfluss des Klauerschen Denktrainings auf mathematisches Denken und Lernen bei lernbehinderten Sonderschülern. *Zeitschrift für Pädagogische Psychologie, 18,* 101-111.

Sonntag, W. (2006). Auffrischungssitzungen zur Steigerung der effektivität des „Denktrainings für Jugendliche" bei lernbehinderten Sonderschülern. *Psychologie in Erziehung und Unterricht, 53,* 178-187.

Souvignier, E. & Gold, A. (2004). Lernstrategien und Lernerfolg bei einfachen und komplexen Leistungsanforderungen. *Psychologie in Erziehung und Unterricht, 51,* 309-318.

Souvignier, E., Küppers, J. & Gold, A. (2003). Lesestrategien im Unterricht: Einführung eines Programms zur Förderung des Textverstehens in 5. Klassen. *Unterrichtswissenschaft, 31,* 166-183.

Souvignier, E. & Mokhlesgerami, J. (2006). Using self-regulation as a framework for implementing strategy instruction to foster reading comprehension. *Learning and Instruction, 16,* 57-71.

Sparfeldt, J. R., Rost, D. H. & Schilling, S. R. (2004). Schulfachspezifische Interessen - ökonomisch gemessen. *Psychologie in Erziehung und Unterricht, 51,* 213-220.

Sparfeldt, J. R., Schilling, S. R. & Rost, D. H. (2004). Segregation oder Integration? Einstellungen potenziell Betroffener zu Fördermaßnahmen für hochbegabte Jugendliche. *reportpsychologie, 29(3),* 170-176.

Sparfeldt, J. R., Schilling, S. R. & Rost, D. H. (2006). Hochbegabte Underachiever als Jugendliche und als Erwachsene – des Dramas zweiter Akt? *Zeitschrift für Pädagogische Psychologie, xx,* xx-xx.

Spinath, B. & Stiensmeyer-Pelster, J. (2003). Goal orientation and achievement: the role of ability, self-concept and failure perception. *Learning and Instruction, 13,* 403-422.

Spiro, R.J., Coulson, R.L., Feltovich, P.J. & Anderson, D.K. (1988). Cognitive flexibility theory: Advanced knowledge acquisition in ill-structured domains. In *Tenth Annual Conference of the Cognitive Science Society* (pp. 375-383). Hillsdale, NJ: Erlbaum.

Springer, L., Stanne, M. E. & Donovan, S. S. (1999). Effects of small-group learning on undergraduates in science, mathematics, engineering, and technology: A meta-analysis. *Review of Educational Research, 69,* 21-51.

Stamm, M. (2005). Hochbegabung und Schulabsentismus. *Psychologie in Erziehung und Unterricht, 52,* 20-32.

Stark, R. (1999). *Lernen mit Lösungsbeispielen.* Göttingen: Hogrefe.

Stark, R., Gruber, H., Renkl, A. & Mandl, H. (2000). Instruktionale Effekte einer kombinierten Lehrmethode. Zahlt sich die Kombination von Lösungsbeispielen und Problemlöseaufgaben aus? *Zeitschrift für Pädagogische Psychologie, 14,* 206-218.

Steiner, G. (2001). Lernen und Wissenserwerb. In A. Krapp & B. Weidenmann (Hrsg.), *Pädagogische Psychologie* (S. 139-205). Weinheim: BeltzPVU.

Stepich, D. A. & Newby, T. J. (1988). Analogical instruction within the information processing paradigm: Effective means to facilitate learning. *Instructional Science, 17,* 129-144.

Stern, E. (1997). Erwerb mathematischer Kompetenzen. In F. E. Weinert & A. Helmke (Hrsg.), *Entwicklung im Grundschulalter* (S. 157-170). Weinheim: BeltzPVU.

Stern, E. (1998). Die Entwicklung schulbezogener Kompetenzen: Mathematik. In F. E. Weinert (Hrsg.), *Entwicklung im Kindesalter* (S. 95-113). Weinheim: BeltzPVU.

Stern, E. & Hardy, I. (2001). Schulleistungen im Bereich der mathematischen Bildung. In F. E. Weinert (Hrsg.), *Leistungsmessungen in Schulen* (S. 153-168). Weinheim: Beltz.

Stern, L. & Roseman, J. E. (2004). Can middle school science textbooks help students learn important ideas? Findings from Project 2061's curriculum evaluation study. *Journal of Research in Science Teaching, 41,* 538-568.

Stiller, K. & Mate, G. (2003). Frei selektierbarer vs. linear vorgegebener Textabruf in Computerlernprogrammen. *Zeitschrift für Pädagogische Psychologie, 17,* 43-54.

Stoianov, I., Zorzi, M. & Umiltà, C. (2004). The role of semantic and symbolic representations in arithmetic processing: Insight from simulated dyscalculia in a connectionist model. *Cortex, 40,* 194-196.

Stuebing, K. K., Fletcher, J. M., LeDoux, J. M., Lyon, G. R., Shaywitz, S. E. & Shaywitz, B. A. (2002). Analysis of IQ-discrepancy classifications of reading disabilities: A meta-analysis. *American Educational Research Journal, 39,* 469-518.

Süß, H.-M. (1996). *Intelligenz, Wissen und Problemlösen. Kognitive Voraussetzungen fuer erfolgreiches Handeln bei computersimulierten Problemen.* Goettingen: Hogrefe.

Sumfleth, E., Hüllen, R. & Telgenbüscher, L. (2002). Optimierung von Bildern für den Chemieunterricht. *Chemkon, 9,* 122-129.

Sumfleth, E. & Telgenbüscher, L. (2000a). Zum Einfluss von Bildmerkmalen und Fragen zum Bild beim Chemielernen mit Hilfe von Bildern - Beispiel Massenspektrometrie. *Zeitschrift für Didaktik der Naturwissenschaften, 6,* 59-78.

Sumfleth, E. & Telgenbüscher, L. (2000b). Chemielernen mit Bildern durch aktive Gestaltung der Lernumgebung - Beispiel Additionsreaktionen. *Zeitschrift für Didaktik der Naturwissenschaften, 6,* 97-113.

Swanson, H. L. (1999). *Interventions for students with learning disabilities.* New York: Guilford Press.

Sweller, J. (1988). Cognitive load during problem solving: Effects on learning. *Cognitive Science, 12,* 257-285.

Sweller, J. (1989). Cognitive technology: Some procedures for facilitating learning and problem solving in mathematics and science. *Journal of Educational Psychology, 81,* 457-466.

Sweller, J. (1994). Cognitive load theory, learning difficulty, and instructional design. *Learning and Instruction, 4,* 295-312.

Sweller, J. (1999). *Instructional design.* Melbourne: Acer Press.

Tarnai, C. (2001a). Erziehungsziele. In D. H. Rost (Hrsg.), *Handwörterbuch Pädagogische Psychologie* (S. 146-152). Weinheim: PVU.

Tarnai, C. (2001b). Verbale Schulleistungsbeurteilung. In D. H. Rost (Hrsg.), *Handwörterbuch Pädagogische Psychologie* (S.756-760). Weinheim: BeltzPVU.

Tatsuoka, M. M. (1986). Graph theory and its application in educational research. *Review of Educational Research, 56,* 291-329.

Tausch, R. & Tausch, A. - M. (1965). *Erziehungspsychologie.* Göttingen: Hogrefe.

Taylor, J. L. & Walford, R. (1974). *Simulationsspiele im Unterricht.* Ravensburg: Otto Maier.

Telecsan, B. L., Slaton, D. B. & Stevens, K. B. (1999). Peer tutoring: Teaching students with learning disabilities to deliver time delay instruction. *Journal of Behavioral Education, 9,* 133-154.

Tennyson, R.D. & Park, S.I. (1984). Process learning time as an adaptive design variable in concept learning using computer-based instruction. *Journal of Educational Psychology, 76,* 452-465.

Tennyson, R.D. & Rothen, W. (1977). Pre-task and on-task adaptive design strategies for selecting number of instances in concept acquisition. *Journal of Educational Psychology, 69,* 586-592.

Tennyson, R. D., Schott, F., Seel, N. & Dijkstra, S. (Hrsg.). (1997). *Instructional design: International perspectives.* Mahwah, NJ: Erlbaum.

Tent, L. (2001). Zensuren. In D. H. Rost (Hrsg.), *Handwörterbuch Pädagogische Psychologie* (S. 805-811). Weinheim: BeltzPVU.

Tergan, S.-O. (2002). Hypertext und Hypermedia: Konzeption, Lernmöglichkeiten, Lernprobleme und Perspektiven. In L.J. Issing & P. Klimsa (Hrsg.), *Information und Lernen mit Multimedia und Internet* (S. 99-112). Weinheim: Psychologie Verlags Union.

Terhart, E. (2002). Fremde Schwestern. Zum Verhältnis von Allgemeiner Didaktik und empirischer Lehr-Lern-Forschung. *Zeitschrift für Pädagogische Psychologie, 16,* 77-86.

Terman, L. M. (1925-1959). *Genetic studies of genius* (Vol. 1-4). Stanford, CA: Stanford University Press.

Thiele, R. B. & Treagust, D. F. (1994). The nature and extent of analogies in secondary chemistry textbooks. *Instructional Science, 22,* 61-74.

Thillmann, H., Künsting, J., Wirth, J., Fischer, H.E. & Leutner, D. (2006). Strategy knowledge and strategy use in self-regulated inquiry learning (submitted for publication).

Thompson, T. (2003). Failure-avoidance: Parenting, the achievement environment of the home and strategies for reduction. *Learning and Instruction, 14,* 3-26.

Thorndike, E. L. (1913). *Educational Psychology.* New York: Columbia University Press.

Thorndike, E. L. & Woodworth, R. S. (1901). The influence of improvement in one mental function upon the efficiency of other functions. *Psychological Review, 8,* 247-261.

Thußbas, C. & Chourdakis, D. (2002). Wie unterschiedlich sollten Beispiele sein? *Zeitschrift für Pädagogische Psychologie, 16,* 117-123.

Tiedemann, J. & Billmann-Mahecha, E. (2004). Kontextfaktoren der Schulleistung im Grundschulalter. Ergebnisse aus der Hannoverschen Grundschulstudie. *Zeitschrift für Pädagogische Psychologie, 18,* 113-124.

Tillema, H. (1983). Webteaching: Sequencing of subject matter in relation to prior knowledge of pupils. *Instructional Science, 12,* 321-332.

Tschirgi, J.E. (1980). Sensible reasoning: A hypothesis about hypotheses. *Child Development, 51,* 1-10.

Trautwein, U. & Köller, O. (2003). Was lange währt, wird nicht immer gut. Zur Rolle selbstregulativer Strategien bei der Hausaufgabenerledigung. *Zeitschrift für Pädagogische Psychologie, 17*, 199-209.

Treagust, D. F., Duit, R., Joslin, P. & Lindauer, I. (1992). Science teachers' use of analogies: Observations from classroom practice. *International Journal of Science Education, 14*, 413-422.

Treinies, G. & Einsiedler, W. (1996). Zur Vereinbarkeit von Steigerung des Lernleistungsniveaus und Verringerung von Leistungsunterschieden in Grundschulklassen. *Unterrichtswissenschaft, 24*, 290-311.

Trommsdorff, G. (Hrsg.). (1984). *Erziehungsziele. Jahrbuch für empirische Erziehungswissenschaft.* Düsseldorf: Schwann.

Tuovinen, J. E. & Sweller, J. (1999). A comparison of cognitive load associated with discovery learning and worked examples. *Journal of Educational Psychology, 91*, 334-341.

Tyler, R. (1950). *Basic principles of curriculum and instruction.* Chicago: University of Chicago Press.

Tyler, R. (1973). *Curriculum und Unterricht.* Düsseldorf: Schwann.

Ulbricht, H. (1993). *Wortgutachten auf dem Prüfstand.* Münster: Waxmann.

Underwood, B. J. (1961). Ten years of massed practiced on distributed practice. *Psychological Review, 68*, 229-247.

Underwood, J., Underwood, G. & Wood, D. (2000). When does gender matter? Interactions during computer based problem solving. *Learning and Instruction, 10*, 447-462.

Urbain, E. S. & Kendall, P. C. (1980). Review of social-cognitive problem-solving interventions with children. *Psychological Bulletin, 88*, 109-143.

Urdan, T., Midgley, C. & Anderman, E. M. (1998). The role of classroom goal structure in students' use of self-handicapping strategies. *American Educational Research Journal, 35*, 101-122.

Urhahne, D., Prenzel, M., von Davier, M., Senkbeil, M. & Bleschke, M. (2000). Computereinsatz im naturwissenschaftlichen Unterricht. Ein Überblick über die pädagogisch-psychologischen Grundlagen und ihre Anwendung. *Zeitschrift für Didaktik der Naturwissenschaften, 6*, 157-186.

Valtin, R. & Wagner, C. (2004). Der Übergang in die Sekundarstufe I: Psychische Kosten der externen Leistungsdifferenzierung. *Psychologie in Erziehung und Unterricht, 51*, 52-68.

Vamvakoussi, X. & Vosniadou, S. (2004). Understanding the structure of the set of rational numbers: A conceptual change approach. *Learning and Instruction, 14*, 453-467.

Van Dooren, W., De Bock, D., Hessels, A., Janssens, D. & Verschaffel, L. (2004). Remedying secondary school students' illusion of linearity: A teaching experiment aiming at conceptual change. *Learning and Instruction, 14*, 485-501.

Van Hout, J. F. & Mettes, C. T. (1976). The effect of egruleg versus ruleg and teacher-centredness versus student centredness on pupil gain and satisfaction. *Instructional Science, 5*, 181-187.

Van Joolingen, W.R. & de Jong, T. (1997). An extended dual search space model of scientific discovery learning. *Instructional Science, 25*, 307-346.

Van Overveld, C. W. & Louwe, J. J. (2005). Effecten van programma's ter bevordering van de sociale competentie in het Nederlandse primair onderwijs. *Pedagogische Studien, 82*, 137-159.

Van Patten, J, Chao, C.-I. & Reigeluth, C. M. (1986). A review of strategies for sequencing and synthesizing information. *Review of Educational Research, 56*, 437-471.

Veenman, S. (1995). Cognitive and noncognitive effects of multigrade and multi-age classes: A best evidence synthesis. *Review of Educational Research, 65*, 319-381.

Veenman, S. (1996). Effects of multigrade and multi-age classes reconsidered. *Review of Educational Research, 66*, 323-340.

Vekiri, I. (2002). What is the value of graphical displays in learning? *Educational Psychology Review, 12*, 261-312.

Verdi, M.P. & Kulhavy, R.W. (2002). Learning with maps and texts: an overwiew. *Educational Psychology Review, 14*, 27-46.

Verma, G. K. (1978). Conservatism and personality factors in a sample of adolescents. *Contemporary Educational Psychology, 3*, 51-56.

Volman, M. & Eck, E. van (2001). Gender equity and information technology in education: The second decade. *Review of Educational Research, 71*, 613-634.

Vollmeyer, R., & Rheinberg, F. (1998). Motivationale Einflüsse auf Erwerb und Anwendung von Wissen in einem computersimulierten System. *Zeitschrift für Pädagogische Psychologie, 12*, 11-23.

Vollmeyer, R. & Rheinberg, F. (2005). A surprising effect of feedback on learning. *Learning and Instruction, 15*, 589-602.

von Aster, M. (2003). Neurowissenschaftliche Ergebnisse und Erklärungsansätze zu Rechenstörungen. In A. Fritz, G. Ricken & S. Schmidt (Hrsg.), *Rechenschwäche. Lernwege, Schwierigkeiten und Hilfen bei Dyskalkulie* (S. 163-178). Weinheim: Beltz.

von Saldern, M. (2001). Klassengröße. In D. H. Rost (Hrsg.), *Handwörterbuch Pädagogische Psychologie* (326-331). Weinheim: Beltz*PVU*.

von Saldern, M. & Littig, K. E. (1987). *Landauer Skalen zum Sozialklima*. Weinheim: Beltz.

Vos, H. J. (1995). Application of Bayesian decision theory to intelligent tutoring systems. *Computers in Human Behavior, 11*, 149-162.

Vos, P. & Bos, K. (2005). The mathematics curriculum in The Netherlands: Measuring curricula alignment using TIMSS-99. *Educational Research and Evaluation, 11*, 201-219.

Vosniadou, S. & Brewer, W. F. (1992). Mental models of the earth. A study of conceptual change in childhood. *Cognitive Psychology, 24*, 535-585.

Vosniadou, S. & Schommer, M. (1988). Explanatory analogies can help children acquire information from expository text. *Journal of Educational Psychology, 80*, 524-536.

Wachtler, C. & Troein, M. (2003). A hidden curriculum: Mapping culturally competency in a medical programme. *Medical Education, 37*, 861-868.

Wagner, C. & Valtin, R. (2003). Noten oder Verhaltensbeurteilungen? *Zeitschrift für Entwicklungspsychologie und Pädagogische Psychologie, 35*, 27-36.

Wahl, D. (1975). *Erwartungswidrige Schulleistungen*. Weinheim: Beltz.

Waxman, H.C., Lin, M.-F. & Michko, G.M. (2003). *A meta-analysis of the effectiveness of teaching and learning with technology on students outcomes*. Naperville, Ill: Learning Point Associates.

Webb, N. M. (1991). Task-related verbal interaction and mathematics learning in small groups. *Journal for Research in Mathematics Education, 22*, 366-389.

Webb, N. M., Nemer, K. M. & Zuniga, S. (2002). Short circuits or superconductors? Effects of group composition on high-achieving students' science assessment performance. *American Educational Research Journal, 39*, 943-989.

Webb, N. M. & Palincsar, A. S. (1996). Group processes in the classroom. In D. Berliner & R. Calfee (Hrsg.), *Handbook of educational psychology* (S. 841-873). New York: Macmillan.

Webb, N. M., Trooper, J. & Fall, J. R. (1985). Constructive ability and learning in collaborative small groups. *Journal of Educational Psychology, 87*, 406-423.

Weidenmann, B. (Hrsg.). (1994). *Wissenserwerb mit Bildern*. Bern: Huber.

Weidenmann, B. (2001). Lernen mit Medien. In A. Krapp & B. Weidenmann (Hrsg.), *Pädagogische Psychologie* (S. 417-465). Weinheim: Beltz*PVU*.

Weidenmann, B., Paechter, M. & Hartmannsgruber, K. (1998). Strukturierung und Sequenzierung von komplexen Text-Bild-Kombinationen. *Zeitschrift für Pädagogische Psychologie, 12*, 112-124.

Weinberg, I., Hornke, L. F. & Leutner, D. (1994). Adaptives Testen und Lernen - Effekte von Rückmeldungen unterschiedlichen Informationsgehaltes. In K. Pawlik (Hrsg.). *39. Kongreß der Deutschen Gesellschaft für Psychologie* (Abstracts, Band II) (S. 780). Hamburg: Psychologisches Institut I der Universität.

Weinert, F. E. (Hrsg.). (1997). *Psychologie des Unterrichts und der Schule*. Göttingen: Hogrefe.

Weinert, F. E. (Hrsg.). (2001). *Leistungsmessungen in Schulen*. Weinheim: Beltz.

Weltgesundheitsorganisation (2000). *Internationale Klassifikation psychischer Störungen. ICD-10*. Bern: Huber.

Wember, F. B. (1994). Möglichkeiten und Grenzen der empirischen Evaluation sonderpädagogischer Interventionen in quasi-experimentellen Einzelfallstudien. *Heilpädagogische Forschung, 20*, 99-117.

Wember, F. B. (1999). Besser lesen mit System. Ein Rahmenkonzept zur individuellen Förderung bei Lernschwierigkeiten. Neuwied: Luchterhand.

Wenger, E. (1987). *Artificial intelligence and tutoring systems*. Los Altos, California: Morgan Kaufmann Publishers, Inc.

Wertheimer, M. (1959). *Productive thinking*. New York: Harper & Row.

West, L. H. T. & Fensham, P. J. (1976). Prior knowledge or advance organizers affective variables in chemical learning. *Journal of Research in Science Teaching, 13*, 297-306.

Westmeyer, H. (1973). *Kritik der psychologischen Unvernunft. Probleme der Psychologie als Wissenschaft*. Stuttgart: Kohlhammer.

Whitley, B. E., Jr. (1997). Gender differences in computer-related attitudes and behavior: A meta-analysis. *Computers in Human Behavior, 13*, 1-22.

Whitehead, A. N. (1929). *The aims of education*. New York: Macmillan.

Wilberg, S. & Rost, D. H. (1997). Klassengröße und Geschichtskenntnisse. *Zeitschrift für Pädagogische Psychologie, 11*, 65-68.

Wilberg, S. & Rost, D. H. (1999). Große Klassen – kleine Leistung? Klassenstärken und Geschichtskenntnisse in fünfzehn Ländern. *Zeitschrift für Entwicklungspsychologie und Pädagogische Psychologie, 31*, 138-143.

Wild, E., Hofer, M. & Pekrun, R. (2001). Psychologie des Lerners. In A. Krapp & B. Weidenmann (Hrsg.), *Pädagogische Psychologie* (S. 207-270). Weinheim: Beltz*PVU*.

Wild, K.- P. (2000). *Lernstrategien im Studium*. Münster: Waxmann.

Wild, K.–P. & Rost, D. H. (1995). Klassengröße und Genauigkeit von Schülerbeurteilungen. *Zeitschrift für Entwicklungspsychologie und Pädagogische Psychologie, 27*, 78-90.

Wild, K.-P. & Schiefele (1994). Lernstrategien im Studium. Ergebnisse zur Faktorenstruktur und Reliabilität eines neuen Fragebogens. *Zeitschrift für Differentielle und Diagnostische Psychologie, 15*, 185-200.

Wiley, J. & Ash, I.K. (2005). Multimedia learning of history. In R.E. Mayer (Hrsg.), *The Cambridge handbook of multimedia learning* (pp. 375-391). Cambridge: Cambridge University Press.

Wilhelm, T. (1977). *Pädagogik der Gegenwart*. Stuttgart: Kröner.

Wirth, J. (2004). *Selbstregulation von Lernprozessen*. Münster: Waxmann.

Wirth, J. (2005). Selbstreguliertes Lernen in komplexen und dynamischen Situationen. Die Nutzung von Handlungsdaten zur Erfassung verschiedener Aspekte der Lernprozessregulation. In C. Artelt & B. Moschner (Hrsg.), *Lernstrategien und Metakognition: Implikationen für Forschung und Praxis* (S. 101-127). Münster: Waxmann.

Wirth, J. & Leutner, D. (2006). Selbstregulation beim Lernen in interaktiven Lernumgebungen. In H. Mandl & H.F. Friedrich (Hrsg.), *Handbuch Lernstrategien* (S. 172-184). Göttingen: Hogrefe.

Wirth, J., Meyer, K. & Leutner, D. (2005). Assessing behavioral and reflective aspects of metacognition. In C.P. Constantinou et al. (Hrsg.), *Multiple perspectives on effective learning environments* (Abstracts of the 11. European Conference for Research on Learning and Instruction, S. 556). Nicosia: University of Cyprus.

Wittrock, M.C. (1989). Generative processes of comprehension. *Educational Psychologist, 24*, 345-376.

Wittrock, M. C. (1990). Generative processes of comprehension. *Educational Psychologist, 24*, 345-376.

Wittrock, M. C. & Alesandrini, K. (1990). Generation of summaries and analogies and analytic and holistic abilities. *American Educational Research Journal, 27*, 489-502.

Woodward, E. L. (1967). A comparative study of teaching strategies involving advanced organizers and post-organizers. *Dissertation Abstract, 27*, 3787 A.

Wragg, E. (1985) Training skillful teachers. *Teaching and Teacher Education, 1*, 199-208.

Young, J. D. (1996). The effect of self-regulated learning strategies on performance in learner controlled computer-based instruction. *Educational Technology Research and Development, 44*, 17-27.

Ysseldyke, J. E. (1979). Issues in psychoeducational assessment. In G. D. Phye & D. J. Reschly (Hrsg.), *School psychology, perspectives and issues* (S. 87-121). New York: Academic Press.

Zebrack, J. R., Mitchell, J. L., Davids, S. L. & Simpson. D. E. (2005). Web-based curriculum: A practical and effective strategy for teaching women's health curriculum. *Journal of General Internal Medicine, 20(1)*, 68-74.

Zeldin, A. L. & Pajares, F. (2000). Against the odds: Self-efficacy beliefs of women in mathematical, scientific, and technological careers. *American Educational Research Journal, 37*, 215-304.

Zetou, E., Tzetzis, G., Vernadakis, N. & Kioumourtzoglou, E. (2002). Modeling in learning two volley ball skills. *Perceptual and Motor Skills , 94*, 1131-1142.

Zimmerman, B. J., Bandura, A. & Martinez-Pons, M. (1992). Self-motivation for academic achievement: The role of self-efficacy beliefs and personal goal setting. *American Educational Research Journal, 29*, 663-676.

Zimmerman, B. J. & Schunk, D. H. (Hrsg.). (1989). *Self-regulated learning and academic achievement. Theory, research, and practice*. Berlin: Springer.

Zimmermann, R. (2000). L2 writing: subprocesses, a model of formulating and empirical findings. *Learning and Instruction, 10*, 73-99.

Ziv, A. (1988). Humor in teaching: Educational experiments in High School. *Zeitschrift für Pädagogische Psychologie, 2*, 127-133.

Zook, K. (1991). Effects of instructional and learner variables on children's analogical based misrepresentations. *Journal of Experimental Education, 61*, 289-203.

Zook, K. & Di Vesta, F. J. (1991). Instructional analogies and conceptual misrepresentations. *Journal of Educational Psychology, 83*, 246-252.

Sachverzeichnis

Personenverzeichnis